ANTHELME ÉDOUARD
CHAIGNET

PYTHAGORE
ET LA
PHILOSOPHIE PYTHAGORICIENNE
CONTENANT
LES FRAGMENTS DE PHILOLAÜS ET D'ARCHYTAS

TOME II

Elibron Classics
www.elibron.com

Elibron Classics series.

© 2005 Adamant Media Corporation.

ISBN 0-543-99080-X (paperback)
ISBN 0-543-99079-6 (hardcover)

This Elibron Classics Replica Edition is an unabridged facsimile
of the edition published in 1873 by Didier et Cie, Paris..

PYTHAGORE

ET LA

PHILOSOPHIE PYTHAGORICIENNE

II

OUVRAGES DU MÊME AUTEUR :

Les principes de la science du Beau. Paris, 1860, 1 fort vol.
in-8.. 7 fr. 50

De la psychologie de Platon. Ouvrage couronné par l'Académie
française. Paris, 1862, 1 vol. in-8.......................... 5 fr.

Vie de Socrate. Paris, 1868, 1 vol. in-12............... 3 fr.

La vie et les récits de Platon. Paris, 1871, 1 vol. in-12...... 4 fr.

Typographie Lahure, rue de Fleurus, 9, à Paris.

PYTHAGORE

ET LA

PHILOSOPHIE PYTHAGORICIENNE

CONTENANT

LES FRAGMENTS DE PHILOLAÜS ET D'ARCHYTAS

Traduits pour la première fois en français

PAR

A. ED. CHAIGNET

Professeur de littérature ancienne à la Faculté des Lettres
de Poitiers

OUVRAGE COURONNÉ PAR L'INSTITUT
[*Académie des sciences morales et politiques*]

II

PARIS

LIBRAIRIE ACADÉMIQUE

DIDIER ET Cie, LIBRAIRES-ÉDITEURS

35, QUAI DES AUGUSTINS, 35

—

1873

PYTHAGORE

ET LA

PHILOSOPHIE PYTHAGORICIENNE

TROISIÈME PARTIE

EXPOSITION DE LA DOCTRINE PHILOSOPHIQUE
DES PYTHAGORICIENS

§ 1. LE NOMBRE

C'est un fait constant, et par les fragments qui nous restent, et par les témoignages des historiens, et du plus considérable de tous, d'Aristote, que, jusqu'à Socrate, la philosophie a été presque exclusivement une physique[1]. Pythagore et les pythagoriciens, malgré le but pratique et politique qu'ils se proposent, malgré l'inspiration profondément religieuse qui pénètre leurs

---

1. Arist., *De partib. anim.*, I, 1. p. 10, Tauchn. « Les motifs qui ont retardé les progrès dans cette partie de la science, dit Aristote, c'est qu'on ne cherchait pas à définir l'essence, τὸ τί ἦν εἶναι. Démocrite le premier s'en occupa, mais sans considérer ce point comme nécessaire à une théorie de la physique, τῇ φυσικῇ θεωρίᾳ. C'est avec Socrate que la philosophie cesse d'étudier la nature, et se tourne vers la morale et la politique. »

maximes morales, n'ont pas fait perdre à la partie scientifique de leur vaste conception le caractère que les Ioniens avaient imprimé à la philosophie naissante. Eux aussi ne discourent, ne traitent que de la nature. Leur système n'est qu'une cosmologie, ou une conception du monde [1]. Ils ne cherchent à expliquer que la vraie nature, la vraie essence des êtres sensibles, des corps matériels et physiques; ils n'ont d'autre objet que le ciel, a nature, le monde [2]. Ce sont donc des physiciens, et comme ils sont les plus savants et les plus profonds, ce sont les vrais physiciens [3].

Et en effet, tandis que leurs prédécesseurs avaient été préoccupés de découvrir quelle était la substance et la matière des êtres de la nature, les pythagoriciens, par un coup d'œil plus profond et par un instinct plus sûr de la vraie question philosophique, ont porté leurs recherches sur le pourquoi, le comment des choses et des phénomènes.

---

1. *Met.*, I, 8, p. 989 b. Bekk. : διαλέγονται μέντοι καὶ πραγματεύονται περὶ φύσεως πάντα. *Id.*, XIV, 3 : Ἐπειδὴ κοσμοποιοῦσι καὶ φυσικῶς βούλονται λέγειν.

2. Arist., *Met.*, XIII, 6 : Οἱ Πυθ.... τὰς αἰσθητὰς οὐσίας συνεστάναι....
Id. : Ἐκ τῶν ἀριθμῶν ἐνυπαρχόντων ὄντα τὰ αἰσθητά.... XIII, 8 : Τὰ σώματα ἐξ ἀριθμῶν συγκείμενα.... XIV, 3 : Πολλὰ τῶν ἀριθμῶν πάθη ὑπάρχοντα τοῖς αἰσθήτοις σώμασιν.... Ποιεῖν ἐξ ἀριθμῶν τὰ φυσικὰ σώματα... XIII, 6 : Ils ne séparent pas les nombres des choses, mais ils les placent ἐν τοῖς αἰσθήτοις.... Τὸν ὅλον οὐρανὸν κατασκευάζουσιν.... I, 8 : Le nombre dont est fait le monde, ἐξ οὗ συνέστηκεν ὁ κόσμος. *De cœl.*, III, 1 : Τὴν φύσιν συνιστᾶσιν.... Ἐξ ἀριθμῶν συντιθέασι τὸν οὐρανόν....

3. Sext. Emp., *adv. Physic.*, X, 4, p. 735 : Οἱ ἐπιστημονέστατοι τῶν Φυσικῶν.... τοὺς ὄντως Φυσικούς.... C'est ce que tous les écrivains postérieurs répètent. Themist., *Or.*, XXVI, 317 b. Orig., *Phil.*, I, p. 8. Euseb., *Præp. Ev.*, XIV, xv, 11. Phot., *Cod.*, 249, p. 439 a, 33. Galen., *Hist. phil. init.*

Soit qu'on la considère dans les êtres particuliers et périssables, soit qu'on l'admire dans son vaste ensemble, tout dans la nature, et la nature elle-même obéit à un ordre, à une loi, à une harmonie, dont le nombre est la forme et la mesure. Qui peut ne pas être frappé des analogies que les êtres et les propriétés des êtres présentent avec les nombres et les propriétés des nombres[1]! Le nombre se manifeste et manifeste sa présence active, τὰν δύναμιν, dans les mouvements des corps célestes et divins, dans l'être de l'homme, dans sa vie et dans tout ce qu'il produit, dans les arts, même manuels, mais surtout dans les belles proportions, dans ces rapports harmonieux de la musique qui ravissent tous les hommes[2]. Ni la substance ni les propriétés de la terre, du feu, de l'air, ne rendent compte de cette harmonie essentielle et universelle des choses, et puisque cet ordre, se manifeste dans les nombres, et que d'un autre côté, il est l'élément persistant, constant, universel des choses, comment ne conclurait-on pas que l'être est identique au nombre, qui par tout en lui se révèle, le domine et le gouverne. Tout est fait de mesures[3], de poids, de

---

1. *Met.*, I, 5 : Ἐν τοῖς ἀριθμοῖς ἐδοκοῦν θεωρεῖν ὁμοιώματα πολλὰ τοῖς οὖσι καὶ γιγνομένοις, μᾶλλον ἢ ἐν πυρὶ καὶ γῇ καὶ ὕδατι.
Ἔτι δὲ τῶν ἁρμονικῶν ἐν ἀριθμοῖς ὁρῶντες τὰ πάθη καὶ τοὺς λόγους.... Τὰ μὲν ἄλλα τοῖς ἀριθμοῖς ἐφαίνετο τὴν φύσιν ἀφωμοιῶσθαι πᾶσαν.

2. *Philol.* Fr. 18. Boeckh, p. 139 : Καὶ θείω καὶ οὐρανίω καὶ ἀνθρωπίνω, ἀρχά.... ἴδοις δὲ καὶ οὐ μόνον ἐν τοῖς δαιμονίοις καὶ θείοις πράγμασι τὰν τῶ ἀριθμῶ φύσιν καὶ τὰν δύναμιν ἰσχύουσαν, ἀλλὰ καὶ ἐν τοῖς ἀνθρωπίνοις ἔργοις καὶ λόγοις πᾶσι παντᾶ καὶ κατὰ τὰς δαμιουργίας τὰς τεχνικὰς πάσας καὶ κατὰ τὰν μουσικάν.

3. Claud. Mam., *De stat. anim.*, II, 3 : « De mensuris, ponderibus, et numeris juxta geometricam, musicam, atque arithmeticam mirifice disputat (Philolaüs). » *Id.*, II, 7 : « Nunc ad Philolaum redeo.... qui in tertio voluminum quæ ῥυθμῶν καὶ μέτρων prænotat. » C'est certaine-

nombres : cette loi constante qui se manifeste en tout
être, et dans tout phénomène naturel, qui en est la condition nécessaire et universelle, peut et doit en être la
cause, le principe, la substance, l'essence. Pythagore
réalise, hypostatise le nombre, comme Platon réalisera
et hypostatisera l'idée. L'être vrai des choses est ce
principe interne dont le nombre est la forme. Toute
chose n'est donc qu'un nombre : l'être sensible et individuel est un nombre; le monde est un nombre; la
substance, la matière, les qualités actives ou passives
des choses, les êtres concrets et les êtres abstraits,
l'homme et le cheval, comme la justice et l'occasion,
l'âme, la vie, la sensation, la pensée, tout est un nombre. Or comme tout nombre est engendré par l'Un, père
du nombre [1], on peut dire que l'Un est le principe universel ἕν ἀρχὰ πάντων [2]. Si toutes choses sont des nombres, la science des nombres est donc la science des
choses, et la philosophie, d'après la conception des pythagoriciens, se ramène à une mathématique de la nature [3]. La nature est l'objet de la science; mais les mathématiques seules en donnent la méthode, la forme, la
solution. Les physiciens deviennent des mathématiciens [4].

---

ment à Philolaüs et aux pythagoriciens que Platon fait allusion, quand
il critique l'opinion de ces habiles gens, qui croient que ἡ μετρητικὴ
περὶ πάντ' ἐστὶ τὰ γιγνόμενα.
Plat., *Crat.*, 405 d : « Les habiles dans l'astronomie et la musique
disent que Dieu a tout fait avec harmonie. » Il s'agit ici des pythagoriciens, comme l'a prouvé Ruhnken, *ad Tim.*, p. 161. Conf. Cicér.,
Song. de Scip., c. v ; *de Nat. D.*, III, 11.
1. *Met.*, XIII, 8 : Ἀρχὴν αὐτῶν (les nombres) εἶναι αὐτὸ τὸ ἕν.
2. *Met.*, XIII, 6 : Τὸ ἕν στοιχεῖον καὶ ἀρχήν φασιν εἶναι τῶν ὄντων.
3. Arist., *Met*.,I, 7 : Ἀλλα γεγονε τὰ μαθηματικὰ τοῖς νῦν ἡ φιλοσοφία.
4. Sext. Emp., IV, 2, p. 231 : Οἱ ἀπο τῶν μαθημάτων.

Avant d'établir que telle est bien la doctrine des pythagoriciens, je crois utile d'aller au-devant d'une opinion généralement acceptée, parce qu'elle nous vient d'Aristote, et qui attribue la solution mathématique du problème philosophique aux prescriptions et aux préjugés inspirés aux partisans de cette école par leurs études favorites.

« Ceux qu'on nomme pythagoriciens, dit Aristote, s'appliquèrent d'abord aux mathématiques, et firent avancer cette science. Nourris dans cette étude, ils pensèrent que les principes des mathématiques étaient les principes des choses, et crurent apercevoir une foule d'analogies entre les nombres et les êtres [1]. » Ainsi, dans l'opinion d'Aristote, l'étude des mathématiques n'a pas été, chez les pythagoriciens, l'effet de leur manière de concevoir les choses, elle en a été la cause. Leur esprit obsédé par la considération des nombres, de leurs combinaisons et de leurs rapports, n'a plus su voir autre chose dans la nature. Ce fut comme un éblouissement, qui, grossissant hors de toute proportion les objets habituels de leurs méditations, les aveugla au point de leur faire confondre la réalité avec le nombre, l'ordre abstrait avec l'ordre concret. Mais je ne sais pas comment Aristote est arrivé à cette affirmation assez peu bienveillante [2]. Il est très-difficile de deviner par quelle inspiration intime, par quelle recherche lente ou quelle intuition rapide, le génie arrive à se poser certaines

---

1. *Met.*, I, 5.
2. Que dire de ceux qui supposent que la superstition des nombres, facile à signaler dans les religions antiques, et même dans Hésiode, a pu mettre Pythagore sur la voie de cette grande pensée ?

questions, et à en concevoir la réponse. Qui croira que la chute d'une pomme ait inspiré à Newton le système de la gravitation ? Que de gens ont vu tomber des pommes, que de pommes Newton lui-même a vues tomber sans y penser? Concevoir les propriétés des nombres, c'est le fait du mathématicien, mais apercevoir et affirmer le rapport du nombre avec l'être, n'est pas son affaire. Or c'est là le caractère de la conception pythagoricienne. Les mathématiques ne portent pas l'esprit vers les problèmes de la nature et de l'être, elles les renferment dans le monde abstrait. Les pythagoriciens au contraire sont éminemment des physiciens, préoccupés de l'être, de ses principes, de ses causes, de ses lois. Ils aboutissent aux mathématiques : ils n'en partent pas. Je croirais plus volontiers — car il est permis d'opposer une hypothèse à une hypothèse, — que si la philosophie s'est confondue avec les mathématiques, si les pythagoriciens se sont occupés avec tant d'ardeur de cette science, qui leur doit de grands progrès, c'est qu'une observation attentive et une vue de génie leur avaient montré partout, dans la nature, dans les œuvres et dans les pensées même de l'homme, l'influence merveilleuse du nombre [1], et qu'alors les mathématiques durent contenir, à leurs yeux, le secret de l'explication des choses, dont le nombre est le principe. Assurément ce n'est pas un mathématicien enfermé dans le cercle étroit de ses études, c'est un

---

1. *Philol.*, Fr. 18. Boeckh, p. 141 : Ἴδοις δὲ καὶ οὐ μόνον ἐν τοῖς δαιμονίοις καὶ θείοις πράγμασιν τὰν τῶ ἀριθμῶ φύσιν καὶ τὰν δύναμιν ἰσχύουσαν, ἀλλὰ καὶ ἐν τοῖς ἀνθρωπικοῖς ἔργοις καὶ λόγοις πᾶσι, παντᾶ.

métaphysicien et un métaphysicien de génie qui est arrivé à cette conception hardie et profonde de l'univers, et à n'y voir qu'un système de rapports et de nombres.

Il ne s'agit pas en ce moment de porter un jugement sur la solution pythagoricienne, et de savoir jusqu'à quel point les mathématiques, qui ne se proposent pour objet que l'élément intelligible de la quantité, abstrait des réalités sensibles, peuvent rendre compte des phénomènes de la nature, c'est-à-dire de l'être et du mouvement : nous devons commencer par établir sur des textes la doctrine de notre école, et ensuite chercher à en comprendre le sens obscur.

Pour les pythagoriciens, le nombre est l'être dans toutes ses catégories. Aristote le constate en des termes d'une précision énergique, et à plusieurs reprises :

« Sur ce point que l'unité est l'essence, et qu'on ne peut donner le nom d'être qu'à ce qui est un [1], Platon est d'accord avec les pythagoriciens ; il admet encore comme eux que les nombres sont causes, causes de l'essence des autres êtres [2].... La différence entre eux vient de ce qu'il pose les nombres en dehors des choses, comme des êtres intermédiaires entre les réalités sensibles et les Idées, tandis qu'eux soutiennent que les nombres sont les choses mêmes [3]. Voyant dans les choses sensibles se manifester de nombreuses propriétés des nombres [4], saisissant ou croyant saisir entre

---

1. *Met.*, I, 6 : Καὶ μὴ ἕτερόν τι τὸ ὂν λέγεσθαι εἶναι.

2. *Met* , I, 6 : Τοὺς ἀριθμοὺς αἰτίους εἶναι τοῖς ἄλλοις τῆς οὐσίας. *Id.*, XIV, 5 : Αἴτιοι τῶν οὐσίων καὶ τοῦ εἶναι.

3. *Met.*, I, 6 : Οἱ δ' ἀριθμοὺς εἶναί φασιν αὐτὰ τὰ πράγματα.

4. *Met.*, XIV, 3 : Πολλὰ τῶν ἀριθμῶν πάθη ὑπάρχειν τοῖς αἰσθητοῖς.

les nombres et les choses de frappantes analogies ¹, ils ont conclu que les êtres sont des nombres mêmes, ἀριθμοὺς ἐποίησαν τὰ ὄντα ² ; ils composent les êtres de nombres, ἐξ ἀριθμῶν τὰ ὄντα; ils composent de ces nombres toutes choses, même les corps naturels, les essences physiques. Le nombre et les propriétés et combinaisons du nombre sont causes de tout ce qui est et de tout ce qui devient, de tout ce qui a été et est devenu dès l'origine, de tout ce qui est et devient aujourd'hui. Le monde lui-même, dans son unité, est constitué par le nombre, et il n'y a pas de nombre en dehors de celui qui constitue le monde. La pensée, l'occasion, l'injustice, la séparation et le mélange, l'homme et le cheval ³, chacune de ces choses est un nombre : le ciel ou le monde, comme l'appelaient les pythagoriciens, est une harmonie, c'est-à-dire un nombre⁴. Le nombre est l'être même ⁵. Il est l'être dans toutes les catégories de l'être : il est l'élément matériel, ὡς ὕλην; il est l'élément formel, ὡς πάθη τε καὶ ἕξεις ; il est cause, αἰτίους ⁶; de toutes façons il est principe; et comme tous les êtres dans lesquels il se trouve ⁷ sont des êtres de la nature, c'est-à-dire

1. *Met.*, I, 5 : Πολλὰ ὁμοιώματα.
2. *Met.*, XIV, 3.
3. *Met.*, XIV, 5 : Ἀριθμὸς.... ὁδὶ μὲν ἀνθρώπου ὁδὶ δὲ ἵππου.
4. *Met.*, XIV, 3; XIII, 6 : Ἐκ τούτου τὰς αἰσθητὰς οὐσίας συνεστάναι, et un peu plus haut : .... Les nombres sont dans les choses sensibles mêmes, ἐνυπαρχόντων τοῖς αἰσθήτοις.... τὸν γὰρ ὅλον οὐρανὸν κατασκευάζουσιν ἐξ ἀριθμῶν.... *Met.*, I, 7; — I, 5 : Τὸν ὅλον οὐρανον ἁρμονίαν εἶναι καὶ ἀριθμὸν.... *Id.*, XIII, 8 : Τὸν ἀριθμὸν τὰ ὄντα λέγουσιν. Cf. *De cœl.*, III, 1 : Τὴν φύσιν ἐξ ἀριθμῶν συνιστᾶσιν.
5. *Met.*, I, 5; III, 5 : Τὴν οὐσίαν καὶ τὸ ὄν.
6. *Met.*, I, 5.
7. *Met.*, I. 6.

matériels et doués de mouvement, il est à la fois leur
substance, leur matière et le principe de leur mouvement comme de leur forme [1]. Ces principes sont dans
les choses, ἐνυπάρχει [2], et puisqu'ils en sont à la fois et
la forme et la matière, il est clair qu'ils en sont inséparables. Mais, quoique inséparables, les nombres semblent distincts des choses : car ils sont antérieurs aux
choses, antérieurs à tout être de la nature [3]. Ils semblent
donc à la fois transcendants et immanents. »

Mais alors s'ils sont antérieurs aux choses de la nature, n'en diffèrent-ils pas par essence ? ne doivent-ils
pas être des principes immatériels et incorporels ? ou,
au contraire, ont-ils une grandeur étendue, et une situation dans l'espace ? Le nombre est-il le principe absolument simple et un du multiple et de la diversité, le
principe purement intelligible du sensible et du réel?

Sur ce point capital, nos renseignements, jusque-là
d'accord, se contredisent les uns avec les autres, et ceux
même d'Aristote se contredisent entre eux.

Constatons d'abord les points sur lesquels ils s'accordent. Philolaüs dit : Toutes les choses, du moins toutes
celles qui sont connues de l'homme, ont le nombre :
car il n'est pas possible que quoi que ce soit puisse être
ni pensé ni connu sans le nombre [4]. Voulez-vous voir
quels sont les effets [5] et l'essence du nombre? Regardez
la puissance qui se manifeste dans la décade.... Sans

1. *Met.*, 1, 5 : Τῶν ὄντων ἀρχὰς πάντων.
2. *Met.*, I, 5 : Τούτων ἐνυπαρχόντων.
3. *Met.*, I, 5 : Οἱ ἀριθμοὶ φύσει πρῶτοι.... πάσης τῆς φύσεως πρῶτοι.
XIV, 3 : Οὐ χωριστοὺς δέ.
4. *Philol.*, Fr. 2. Boeckh, p. 58, et Fr. 18, p. 139.
5. Ἔργα....

elle tout est indéterminé, tout est obscur, tout se dérobe.

La décade donne la forme finie, parfaite, au nombre :
Tout être réel, tout nombre est décadique, parce que
la décade renferme en soi tout être, πᾶσαν φύσιν, parce
qu'elle renferme le pair et l'impair, le fini et l'infini, le
bien et le mal.

La nature du nombre est de donner à tout être une
loi, un guide, un maître[1]. C'est lui qui nous enseigne ce
que nous ignorons, et dissipe nos incertitudes[2]. Car
personne ne pourrait rien connaître des choses avec
certitude, ni dans leurs rapports à elles-mêmes, ni dans
leurs rapports les unes aux autres, si le nombre n'existait pas avec son essence. Mais maintenant le nombre
établissant l'harmonie dans l'âme, rend tout connaissable à la sensation, et forme entre les choses, les unes
par rapport aux autres, une correspondance semblable
au Gnomon : le nombre réalise dans des corps, il isole
et divise les raisons d'être[3], il individualise les êtres, et
ceux qui sont infinis, et ceux qui appartiennent à l'ordre
du fini. On peut voir régner la nature et la puissance
du nombre non-seulement dans les êtres démoniques
et divins, mais encore dans toutes les œuvres, toutes
les pensées, toutes les productions des arts, particulièrement dans la musique, et en un mot partout.

L'Un est le père des nombres, et par conséquent le

1. Frag. 18, p. 146.
2. Boeckh, p. 141 : Διδασκαλικὰ τῷ ἀπορουμένῳ παντὸς καὶ ἀγνοου-
μένῳ.
3. Id. : Σωματῶν καὶ σχίζων τοὺς λόγους χωρὶς ἑκάστους.

père des êtres, le père et le démiurge du monde[1]. C'est
lui qui par son unité efficace et éternelle maintient éternellement la permanence des choses et des êtres de la
nature[2]. Il est donc, et cela va de soi, le principe d'unité
des choses. Ce qui doit paraître au premier abord plus
étonnant, c'est qu'il est en même temps principe de
l'individualité. Mais cette contradiction n'est qu'apparente : car puisque tout être est un, et que l'être est un
tout, c'est l'un qui fait le tout, c'est-à-dire l'unité des
parties de chaque être, comme il fait l'unité du tout lui-
même. Nous le voyons, dans ce passage, principe de
l'être, principe du connaître, principe d'unité, principe
d'individuation : nous le voyons même principe de
mouvement; car c'est l'Un qui incorpore dans une matière les raisons, τοὺς λόγους, c'est-à-dire les éléments
idéaux des êtres : c'est-à-dire, si j'interprète bien le passage, c'est l'Un qui fait l'unité de la matière infinie et
du principe intelligible ou fini, raison idéale de tout
être.

Ce passage de Philolaüs, où l'Un est considéré comme
la puissance qui, par un acte spontané, αὐτόεργος, réalise
l'être dans l'individualité[3], et lie la raison d'être à un
corps, confirme la doctrine semblable reproduite par

1. *Philol.*, Fr. 22. Boeckh, p. 169 : Τῷ γεννήσαντι πατέρι καὶ δη-
μιουργῷ.
2. *Philol*, Fr. 22. Boeckh, p. 137 : Τῆς τῶν κοσμικῶν αἰωνίας διαμονῆς τὴν κρατιστευούσαν καὶ αὐτογενῆ συνοχήν. Syrian., *ad Arist.*
Met., XII. 71 b : « Philolaüs autem mundanorum æternæ permanentiæ
imperantem et sponte genitam numerum esse enuntiavit. » Cf. *id.*,
p. 85 b.
3. Sext. Emp., *adv. Math.*, X, 261. Pythagore a dit que le principe
des êtres est la monade, par participation de laquelle chaque être est
dit un.

Archytas avec une précision et dans des termes qui révèlent sans doute l'influence des idées platoniciennes et aristotéliques, mais n'en détruisent pas l'authenticité et l'origine pythagoricienne.

Ni la substance, dit Archytas[1], ne peut par elle-même participer à la forme, ni la forme par elle-même s'appliquer à la substance : il est donc nécessaire qu'il y ait une autre cause qui meuve la substance des choses et l'amène à la forme. Cette cause est première au point de vue de la puissance, et la plus excellente de toutes. Le nom qui lui convient est Dieu. Il y a donc trois principes : Dieu, la substance, la forme. Dieu est l'artiste, le moteur ; la substance est la matière, le mobile ; l'essence est comme l'art et ce à quoi la substance est amenée par le moteur. Mais le mobile contient des forces contraires : or les contraires ont besoin d'un principe qui établisse en eux l'harmonie et l'unité; il doit recevoir nécessairement les vertus efficaces et les proportions des nombres, capables de lier et d'unir dans la forme les contraires qui existent dans la substance.

Car les pythagoriciens ne commençaient pas, comme on l'a dit, par les contraires : au-dessus des contraires, ils posaient un principe supérieur, comme l'atteste Philolaüs, qui dit que Dieu hypostatise le fini et l'infini, et qui a montré qu'au fini se rattache toute la série des choses qui ont une plus grande affinité avec l'Un, et à l'infini, les autres. Ainsi au-dessus des deux principes contraires, ils ont posé une cause unifiante[2] et supérieure à tout. Cette cause c'est, d'après Archytas, la cause

1. Fr. 1. Hartenst.
2. Ἑνιαίαν.

avant la cause, d'après Philolaüs, l'Un, principe de tout,
ἕν ἀρχὰ πάντων [1].

Ce Dieu, cause avant la cause, est le nombre même,
mais le nombre ineffable, ou irrationnel[2]; c'est l'excès
du plus grand des nombres sur le nombre qui s'en rapproche le plus, c'est-à-dire l'Un, principe de tout, parce
qu'il donne à tout l'unité, parce qu'il concilie dans l'u-
nité de l'essence les contraires, parce qu'il réalise, sub-
stantialise, hypostatise les contraires : πέρατος καὶ ἀπειρίας
ὑποστάτην[3].

De ce qui précède nous serions autorisés à supposer
que les pythagoriciens admettaient deux sortes d'unité,
l'une immanente aux choses, constituant leur essence et
leur être, en tant qu'elles appartiennent à la classe du fini,
l'autre transcendante, antérieure, extérieure, supérieure
à tout être naturel, cause de cette unité, puissance qui
la dépose dans les choses, en établissant entre les principes contraires qui les constituent un rapport harmonieux. Or c'est ce que nous affirment plusieurs témoi-

1. Syrian., ad Met., XIV, I, p. 325. Schol. min. Archytas, fragm. 2.
Hartenst. : Μαρτυρεῖ Φιλόλαος τὸν θεὸν λέγων πέρας καὶ ἀπειρίαν ὑποστῆσαι, διὰ μὲν τοῦ πέρατος τὴν τῷ ἑνὶ συγγενεστέραν ἐνδεικνύμενος
πᾶσαν συστοιχίαν, διὰ δὲ τῆς ἀπειρίας τὴν ταύτης ὑφειμένην, καὶ ἔτι πρὸ
τῶν δύο ἀρχῶν τὴν ἑνιαίαν αἰτίαν,... ἣν Ἀρχαίνετος (leg. Ἀρχύτας) μὲν
αἰτίαν πρὸ αἰτίας εἶναι φησί, Φιλόλαος δὲ τῶν πάντων ἀρχὰν εἶναι διισχυ-
ρίζεται.
Fr. 19. Philol., p. 151. Boeckh ne connaissait de l'extrait de Syrianus que la traduction latine de Bagolini.... Il produit, en outre,
d'Iamblique le passage suivant : Ἡ μὲν μονὰς ὡς ἀν ἀρχὴ οὖσα πάντων.
κατὰ τὸν Φιλόλαον· οὐ γὰρ, ἕν, φησὶν, ἀρχὰ πάντων.
2. Athenag., Leg. p. Christ. : Ὁ μὲν (nom mutilé) ἀριθμὸν ἄρρητον
ὁρίζεται τὸν θεόν, ὁ δὲ τοῦ μεγίστου τῶν ἀριθμῶν τὴν παρὰ τοῦ ἐγγυ-
τάτω ὑπεροχήν.
3. Procl., Theol. Plat., III, 7, p. 136.

gnages. Eudore, cité par Simplicius[1], nous dit: « Pris dans son sens éminent et supérieur, l'Un est, pour les pythagoriciens, le principe universel ; mais il a un autre sens : en effet les choses produites ont deux principes : l'Un, et la nature contraire à l'Un. » Cette nature contraire à l'Un, c'est l'autre, τὸ ἄλλο : tel est le nom que Pythagore, d'après Aristote[2], donnait à la matière, parce qu'elle devient incessamment autre, et est soumise au changement.

Il y a donc deux sortes d'unités, auxquelles, dans l'état flottant et imparfait de leur langue philosophique, «' Archytas et Philolaüs donnaient indifféremment le même nom, appelant l'Un monade, et la monade, Un, quoique cependant la plupart des pythagoriciens ajoutassent au mot monade l'attribut de première, parce qu'il y a en effet une monade qui n'est pas première et qui est postérieure à la monade en soi, à la vraie unité »[3]. Syrianus contredit un peu ce témoignage, car il demande à son interlocuteur réel ou supposé, « de quelle unité veux-tu parler ? est-ce de l'unité suprême, ou de l'unité infiniment petite qui se produit par la division des parties ? En un mot les pythagoriciens distinguent l'Un et la monade, dont un grand nombre des anciens de l'École ont parlé, par exemple Archytas, qui dit : l'Un et la monade ont une affinité de nature, mais cependant diffèrent entre eux[4].... »

Ils ne diffèrent en effet que comme le Tout diffère de

1. In Phys., f. 39 a.
2. Dans ses Ἀρχυτεῖα, fr. tiré de Damascius, publié par Creuzer et Gruppe, Ueber d. Fragm. d. Archytas, p. 79.
3. Theon. Smyrn., Pla·. Math, 4, p. 27, cité par Gruppe, p. 113.
4. Syr., ad Met., XIII, 8. fr. 3. Hartenst.

a partie de ce Tout : l'Un étant le nombre du Tout, la monade étant la molécule indivisible, l'atome. La distinction établie ici n'a donc pas la valeur d'une distinction d'essence entre les deux sortes d'unités, comme la pose Proclus dans le passage suivant :

« Le premier principe, d'après les pythagoriciens, est l'Un, τὸ ἕν, qui s'élève au-dessus de tous les contraires ; le second la monade intelligible, ou le fini; et enfin la dyade indéfinie ou l'illimité[1]. » Naturellement alors, comme le dit Damascius, l'Un précède la monade[2].

Il s'agit bien ici d'une distinction d'essence, et le premier principe, qu'on l'appelle l'Un ou la monade, serait un intelligible transcendant; le second seul serait immanent et constituerait la substance des choses[3] : le premier serait le nombre des nombres, le second, le nombre des choses nombrées.

Si nous pouvions avec certitude attribuer aux premiers pythagoriciens cette doctrine qui ferait de la monade vivante, ou du nombre concret, un intermédiaire entre le nombre intelligible, ou Dieu, et la matière indéfinie et sans forme, bien des obscurités et des contradictions disparaîtraient du système, et bien des difficultés seraient évitées dans l'exposition que nous avons à en faire. Malheureusement il n'en est point ainsi. Nulle part Aristote ne leur attribue une définition de Dieu, et ne fait allusion à des principes purement théologiques. Il est possible, il est probable, et nous en avons des in-

---

1. *In Tim.*, 54 d.
2. *De princip.*, c. XLIII, XLVI, p. 115, 122.
3. S. Just., *Cohort.*, c. XIX; Phot., *Cod.*, 249, p. 238 : Τὴν μὲν μονάδα ἐν τοῖς νοητοῖς εἶναι, τὸ δὲ ἕν ἐν τοῖς ἀριθμοῖς (leg. ἀριθμήτοις).

dices significatifs, que les pythagoriciens ont eu le pressentiment d'un ordre d'existence supérieur à l'existence de l'être physique ; ils ont entrevu que le monde sensible ne s'explique pas par lui-même, et qu'il implique, qu'il atteste l'existence de son contraire ; mais ne se posant pas d'autre problème que celui de la nature, ils s'y sont renfermés, et ils y ont renfermé leur Dieu. Ce sont des panthéistes, avec quelques lueurs d'une doctrine supérieure que recueillera le génie de Platon. Toute chose est un nombre ; le nombre est l'essence immanente, ἐνυπάρχων des choses, et puisque le nombre est le principe souverain, supérieur, parfait, c'est-à-dire Dieu, Dieu est en tout et est tout. Mais néanmoins que telle est bien la pensée des pythagoriciens, c'est ce que nous ne pouvons pas facilement prouver.

Aristote qui a pris aussi souvent à partie les pythagoriciens que Platon, distingue leurs doctrines par trois différences :

1. Platon, au lieu de laisser à l'infini le caractère d'unité, comme l'avaient conçu les pythagoriciens, le fait double.

2. Il met en dehors des choses, et constitue à l'état d'essences séparables et séparées, les nombres, que les pythagoriciens considéraient comme l'essence inséparable des choses.

3. Il place entre les nombres sensibles et les nombres idéaux, des essences intermédiaires, ce que ne font pas les pythagoriciens qui n'admettent qu'une seule espèce de nombre, le nombre mathématique[1].

1. *Met.*, *passim* et XIII, 6.

Partout Aristote dans sa critique fait ressortir les absurdités qui résultent, pour les pythagoriciens, de n'admettre que le nombre mathématique, et de vouloir composer avec lui le monde des êtres sensibles et doués de mouvement. Il n'y a donc dans la doctrine des pythagoriciens qu'un seul nombre par lequel ils veulent tout expliquer, et c'est précisément aux yeux d'Aristote le caractère qui les distingue des platoniciens. Aristote n'est pas le seul à interpréter ainsi leur pensée : ceux même qui leur attribuent la doctrine de deux principes ne leur attribuent pas celle de deux sortes de nombres : Pythagore, dit Plutarque[1], pose deux principes, la monade, ou Dieu, — que Plutarque identifie à tort avec le Bien — et la dyade indéfinie, le mal, d'où naît la pluralité et le monde sensible. Modératus, qui, d'ailleurs, pour éviter les conséquences du système, n'admettait qu'une interprétation purement symbolique, reconnaît également deux principes. « Quelques-uns ont considéré comme principes des nombres, la monade, et comme principe des choses nombrées, l'Un, τὸ ἕν, ce dernier étant pris pour le corps résultant d'une division poussée à l'infini, de sorte que les choses nombrées différeraient des nombres, comme les corps des choses incorporelles. Les modernes, οἱ νεώτεροι, ont pris pour principes la monade et la dyade ; mais les pythagoriciens trouvaient les principes dans ce que pose la définition des nombres, qui ne sont conçus que comme pairs et impairs[2]. »

---

1. *Plac. Phil.*, I, 7. Stob., *Ecl. Phys.*, I, p. 58.
2. Stob., *Ecl.*, I, p. 20. Passage obscur : Αἱ τῶν ὅρων ἰχθέσεις δι' ὧν

Ainsi il n'y a qu'un nombre, et ce nombre est le nombre mathématique[1], car il est conçu comme le genre des espèces du pair et de l'impair, et tel est le principe suprême des choses[2]. Il semble donc que nous pourrions et que nous devrions nous arrêter à cette conclusion, que précise le passage suivant d'Aristote :
« Les pythagoriciens ne parlent que de deux principes, comme les physiciens d'Ionie. Mais voici ce qui leur appartient en propre : le fini, l'infini, et l'unité, ne sont pas, suivant eux, des natures à part (c'est-à-dire des êtres ayant une existence propre en dehors des sujets où ils se trouvent), comme le sont le feu ou la terre, ou tout

οἱ ἄρτιοι καὶ περιττοὶ νοοῦνται. « Sensus mihi videtur esse, Pythagoricos non monadem et dyadem, sed omnino parem atque imparem numerorum rationem pro principiis habuisse. » Heeren.

1. C'est la conclusion où nous conduisent également les passages suivants : Alex., *in Met.*, I, 5. Scholl., p. 540 b, 20 : « Les pythagoriciens appelaient l'esprit, la monade et l'Un, » ce qui prouve l'identité de sens des deux termes. Syrian., *ad Met.*, XIV, 1. Scholl. minor., p. 326 : « Il est intéressant de comparer à ces doctrines celle de Clinias le pythagoricien, qui, célébrant l'Un, τὸ ἕν, le proclame le principe des êtres, la mesure des choses intelligibles, incréé, éternel, unique, souverain, se manifestant lui-même. » *Id.*, p. 330 : « Platon et Brontinus le pythagoricien disent que le Bien est l'Un, et a sa substance dans l'unité, οὐσίωται ἐν τῷ ἕν εἶναι, » et un peu plus haut : « Chez Platon, l'Un et le Bien sont au-dessus de l'Être (ὑπερούσιον), comme aussi chez Brontinus le pythagoricien, et pour ainsi dire chez tous ceux qui sont sortis de l'École pythagoricienne. » Eudore disait, d'après Origène (*Philos.*, c. VI), que le nombre, c'est-à-dire l'Un, est le premier principe, indéterminé (c'est évidemment une erreur d'Origène), incompréhensible, contenant en lui-même tous les nombres qui peuvent aller jusqu'à l'infinie multitude. Le principe des nombres est double : quant à l'hypostase, καθ' ὑπόστασιν, c'est la première monade, mâle, engendrant à la façon du père; et en second lieu, la dyade, nombre femelle.
2. *Philol.*, Fr. 2 : Ὁ γα μὰν ἀριθμὸς ἔχει δύο μὲν ἴδια εἴδη πέρισσον καὶ ἄρτιον.

autre élément analogue. L'infini en soi, αὐτὸ τὸ ἄπειρον, et l'Un en soi, αὐτὸ τὸ ἕν, sont la substance même, οὐσίαν, des choses sensibles, auxquelles ils sont donnés comme attributs[1]. » Par conséquent le nombre est bien la substance des choses ; car en dehors du nombre, qui est le rapport du fini et de l'infini, rien n'a d'essence, pas même le fini et l'infini, qui n'ont pas une existence indépendante et n'existent que dans leur rapport, c'est-à-dire dans le nombre, dans l'Un, οὐκ ἄλλῳ τινὶ ὄντι ὑπάρχουσαι[2].

Le nombre vient de l'unité : l'unité et le nombre se confondent donc dans leur essence : ils ne sont tous deux qu'un rapport : ce rapport suppose au moins deux termes ; et, en effet, tout être est l'unité inséparable[3], le rapport, le nombre des deux termes, le pair et l'impair, le fini et l'infini : et voilà pourquoi l'un est à la fois pair-impair[4].

Mais de quelle nature est ce rapport? Faut-il dire avec M. Cousin qu'en lui s'évanouit la réalité des termes qu'il pose, unit, concilie, et que la conception mathématique

---

1. *Met.*, I, 5 : Αὐτὸ τὸ ἄπειρον καὶ αὐτὸ τὸ ἕν οὐσίαν εἶναι τούτων ὧν κατηγοροῦνται. M. Zeller (t. I, p. 247) traduit : « Diese sollen nicht blos Eigenschaften einer dritten Substanz, sondern unmittelbar an sich selbst Substanzen sein. » Ce qui me paraît tout à fait un contresens. L'ἄπειρον et le τὸ ἕν, identifié dans ce passage à τὸ πέρας, ne sont pas *des substances*, mais *la substance des choses*, οὐσίαν ; ce qui est tout le contraire. *Met.*, I, 6 : Τὸ μέντοι γε εἶναι καὶ μὴ ἕτερόν τι τὸ ὂν λέγεσθαι εἶναι. Conf. IX (X), 2; II (III), 1 et 4 : Οὐκ ἕτερόν τι ὂν, οὐδὲ τὸ ἕν, ἀλλὰ τοῦτο αὐτῶν τὴν φύσιν εἶναι, ὡς οὔσης τῆς οὐσίας ταὐτὸ τὸ ἕν εἶναι, καὶ ὄν τι.
2. Alexandre, *Scholl. Arist.*, p. 629 b, 19.
3. Procl., *Theol. Plat.*. III, 17, p. 132. *Philol.*, Fr. 1 b, p. 48 : ὑημιουργίαν ἄρρηκτον ἐξ ἐναντίων συνεστῶσαν.
4. *Met.*; I, 5 : Ἀρτιοπέρισσον. *Philol.*, Fr. 2.

est si exclusivement subjective et logique qu'elle va jusqu'à reconnaître pour substance, essence, principe de
forme et de mouvement, de devenir et de génération,
ce qui n'a ni mouvement, ni forme, ni essence, ni substance, un rapport purement subjectif, mental, abstrait,
c'est-à-dire quelque chose d'absolument vide et mort?

Je ne le pense pas : car 1° Aristote critique l'inconséquence des pythagoriciens, qui, malgré la tendance de
leurs principes, n'ont reconnu que des êtres physiques,
et ne sont point allés jusqu'à l'idéalisme qu'ils contenaient logiquement[1]. Donc l'Un des pythagoriciens, tout
rapport qu'il est, n'est pas un rapport abstrait, idéal,
subjectif.

2° Aristote reconnaît en effet qu'ils sont si loin d'a-
boutir à ce vain formalisme, à cette mathématique purement abstraite, qu'ils arrivent, au contraire, à confondre la pluralité avec l'unité, πολλὰ τὸ ἓν ἔσται κἀκείνοις
συνέβαινε[2].

3° Aussi reconnaît-il également que le principe pythagoricien, l'unité, le rapport numérique des contraires, a une grandeur étendue, et que cette monade concrète, ce rapport réel, substantiel, est le germe, germe
que Philolaüs appelle λόγος, posant ainsi pour principe,
non le bien, le parfait, mais l'imparfait, théorie dont il
fait sentir l'insuffisance et l'inexactitude[3].

Mais n'est-il pas absurde de concevoir ainsi un rapport
réel et substantiel, et n'est-il pas téméraire d'en supposer aux pythagoriciens la pensée? Téméraire, peut-être;

1. *Met.*, I, 7.
2. *Met.*, I, 5.
3. *Met.*, XIV, 4 et 5 ; XII, 7. Voir plus loin.

car nulle part ils n'ont donné d'explication sur la nature de ce rapport ; mais s'il règne à cet égard une confusion dans leurs esprits, on doit se rappeler dans cette période de la science le penchant à tout objectiver, à tout réaliser, plutôt qu'à tout réduire en unités abstraites. Le moment de l'idéalisme est pressenti, il est appelé : il n'est pas venu. Mais qu'il y ait une notion du rapport qui l'élève à une réalité vivante et concrète, c'est ce que la philosophie elle-même nous apprend.

Le rapport n'est, en effet, qu'une limite, et la limite n'est pas une notion vide, mais au contraire une notion pleine d'être, car c'est en elle que les termes relatifs ont leur réalité et leur substance : ils ne s'évanouissent pas, en effet, dans le rapport ; ils y pénètrent, s'y pénètrent l'un l'autre et, pour ainsi dire, s'y identifient.

Qu'on y pense, en effet. Tout être n'est autre chose que le rapport d'une forme et d'une matière. Il en est l'unité. Sans doute, il est possible, il est nécessaire de concevoir une forme pure, un acte pur, un être si parfaitement simple que la notion de rapport lui soit contradictoire ; mais les pythagoriciens ne se sont pas élevés jusqu'à ce monde intelligible au seuil duquel ils se sont arrêtés, laissant à Platon la gloire d'en affronter l'éblouissante clarté.

Mais dans le monde des choses cosmiques, pour me servir de leurs termes, où ils se sont renfermés, toute chose est vraiment un rapport, une limite, un nombre : et je trouve qu'on n'a pas assez reconnu la profondeur et la justesse de cette observation.

Lorsque les pythagoriciens définissent l'homme, l'harmonie d'une âme et d'un corps [1], il est clair que cette har-

1. Stob., *Floril.*, I, § 76, p. 43, Gaisf. : Ὁ δὲ ἄνθρωπος οὐχ ἁ ψυχὰ

monie constitue toute la réalité du corps et toute la réalité
de l'âme, puisque, disent-ils, ni le fini ni l'infini n'ont d'existence par soi, et qu'ils n'existent que dans le rapport où
ils se pénètrent et se soutiennent. Lorsqu'Aristote,
d'accord avec Platon, définit la sensation, le commerce, le
contact, le rapport du sujet sentant et de l'objet senti,
rapport qu'il appelle leur acte commun, la forme, le
point, la limite où ils ne font plus qu'un, ne dit-il pas,
comme Pythagore, que cet acte est un nombre et en
même temps une réalité? Aristote va même jusqu'à
appeler harmonie cet acte du sensible et du sentant, et
à rappeler que pour qu'il y ait sensation, il ne faut pas
qu'il y ait disproportion entre eux [1].

Nous pouvons donc donner ce sens au nombre pythagoricien sans absurdité ni invraisemblance, et nous ne
serons pas obligés pour sauver la vraisemblance et le
bon sens d'avoir recours, comme les pythagoriciens de
la seconde époque, à une interprétation purement symbolique et allégorique du mot. Mais nous sommes loin
de prétendre que nous ne rencontrerons pas dans le
développement et l'exposition de leur doctrine la confusion et la contradiction, inhérentes au problème lui-
même, et surtout à la solution imparfaite et incomplète
qu'ils lui ont donnée. Sachons cependant reconnaître ce
qu'il y a de profond et de beau dans cette conception,
qui fait du nombre le rhythme universel de la vie,
ῥυθμός, ἀριθμός, la loi, l'acte du développement des rai-

μόνον, ἀλλὰ καὶ τὸ σῶμα· τὸ γὰρ ἐξ ἀμφοτέρων ζῶον καὶ τὸ τοιοῦτον
ἄνθρωπος. C'est le mot même de Platon. *Phædr.*, 246. Ψυχὴ καὶ σῶμα
πάγεν· *Phædon.*, p. 79.

1. *De sensu*, II, xii, 23.

sons séminales contenues dans l'unité[1], et qui, allant
plus loin, confond cette notion du rhythme mesuré, dans
le développement du principe rationnel qui fait le fond
de toute existence, avec l'ordre, et l'ordre même avec la
substance de l'être. Et en effet, comme nous le verrons,
la loi de la vie est le développement progressif. L'être
part d'un germe imparfait et réalise le nombre[2] qui est en
lui, c'est-à-dire, l'ordre, c'est-à-dire encore, le bien, par
une série de développements progressifs : et comme c'est
dans sa fin qu'il obtient la perfection de son essence, et
que cette fin est le nombre, les pythagoriciens ont raison
de dire que le nombre, l'harmonie, l'ordre, c'est-à-dire
le Bien, est l'essence de l'être. Et comme ce qui fait l'essence d'une chose est l'être vrai de cette chose, encore
qu'un autre élément s'y puisse mêler, le nombre peut
être dit la chose même. C'est ainsi que Platon dira que
l'essence de l'objet sensible, et par conséquent son être
vrai est l'Idée: ce qu'il y a de réel dans l'être, c'est le
rationnel, le λόγος. Mais le nombre pythagoricien est-il
un élément purement rationnel, idéal, intelligible?

Ici règne une confusion dans nos fragments, une
contradiction entre eux qui se reproduisent jusque dans
les renseignements d'Aristote et qui sont telles, que nous
craignons bien de n'y pouvoir porter ni la clarté ni la
précision suffisantes.

---

1. Définition du nombre, d'après quelques pythagoriciens, cités par
Iambl., *in Arithm. Nicom.*, p. 11 : Προποδισμὸν ἀπὸ μονάδος μεγέθει
αὐτῆς.
2. *Philol.*, Fr. 18: Σωματῶν τοὺς λόγους. Fr. 1. Boeckh, p.54. Brand.,
De perd. lib. Arist., p. 35 : Πέρας καὶ ἀπειρίαν ὑποστῆσαι, d'où Proclus (*Theol. Plat.*, III, 7, p. 137) appelle Dieu ou le nombre des nombres, πέρατος καὶ ἀπειρίας ὑποστάτην.

Il semble en effet que la pensée des pythagoriciens s'est troublée devant cette grande idée de l'être supra-sensible. Comme ils ne reconnaissent pas une existence réelle en dehors des choses, comme ils déclarent l'intelligible inséparable du sensible, ils sont portés à les confondre, et il semble qu'à force de les unir ils les identifient. Cependant leurs principes protestent, et contiennent en germe le plus pur idéalisme comme le reconnaît Aristote lui-même.

Essayons donc d'en suivre la trace, et d'analyser, dans toute sa signification complexe et profonde, l'idée pythagoricienne du nombre.

Et d'abord, dit-on, le nombre ne peut être un élément purement idéal et intelligible, parce qu'il n'est pas simple. Ce nombre, principe de l'essence, a lui-même des principes, ou au moins des éléments : et de ces éléments l'un est le pair, l'illimité, la matière, l'autre est l'impair, la limite, τὸ πέρας et à la fois τὸ πεπερασμένον. Si l'on veut remonter plus haut encore, et considérer l'unité elle-même qui engendre tous les nombres, on verra qu'elle-même est un composé du pair et de l'impair[1]. Ainsi, de toute façon, la simplicité manque au nombre et à l'unité qui l'engendre, et partant elle n'est pas un élément idéal de l'être.

« Le monde de la nature, dit Philolaüs, est un composé harmonieux des principes infinis et des principes finis, ἐξ ἀπείρων καὶ περαινόντων; et il en est ainsi du monde dans son Tout, et de chacune des choses qui sont en lui.

« En effet les choses sont ou finies, ou infinies, ou un composé de ces deux espèces. »

Elles ne sauraient être toutes finies, car l'élément in-

1. Arist., *Met.*, I, 5. *Philol.*, Fr. 1.

fini qu'on observe dans la réalité n'aurait plus de cause
ni d'explication[1], elles ne sauraient être toutes infinies, car l'infini ne peut être connu[2]; il n'y aurait donc
plus aucune chose connue, tandis que nous sommes obligés d'avouer que la science et la connaissance existent.
Donc, puisque les choses ne peuvent être ni toutes
finies, ni toutes infinies, il est nécessaire que le monde
dans son Tout, et dans chacun des êtres qui sont en lui,
soit un composé harmonieux[3] du fini et de l'infini, ce que
nous attestent d'ailleurs l'observation et l'expérience[4]. Or
toutes ces choses, celles du moins que nous connaissons,
ont le nombre, ἔχοντι τὸν ἀριθμόν. Car il n'est pas possible
de connaître ni de penser quelque chose qui soit privé du
nombre[5], qui est lui-même pair ou impair, et provient
de l'unité qui est à la fois l'un et l'autre. Le monde est
donc bien fait, comme le dit Nicomaque, à l'image du
nombre, et l'un n'est pas moins que l'autre un composé
du fini et de l'infini[6].

Mais on ne remarque pas dans cette exposition, d'ailleurs assez confuse, que les choses sont dites *avoir* le
nombre, et non pas être absolument identiques à lui ;
c'est ainsi qu'Aristote dira : le nombre a grandeur, ἔχει,
et non est grandeur.

Voilà comment je m'explique l'apparente contradic-

1. J'ajoute cette partie du raisonnement au fragment mutilé, qui la
renfermait nécessairement.
2. C'est la maxime que répétera Aristote, et dont il fera le principe
de sa Logique : on ne peut pas remonter à l'infini la série des raisons
et des causes, ἀνάγκη στῆναι.
3. Συναρμόχθη.
4. *Philol.*, Fr. 1.
5. *Philol.*, Fr. 2 b, p. 58.
6. *Arithm.*, II, p. 259.

tion d'Aristote, qui, après nous avoir dit que les nombres
sont les êtres mêmes, ἀριθμοὺς τὰ ὄντα, ajoute dans le même
chapitre que les nombres sont antérieurs à tout être naturel de l'ordre du devenir, πάσης φύσεως πρῶτοι [1], que les
choses sont des imitations, ὁμοιώματα, des nombres, et
que les êtres ne sont, n'existent, ne subsistent que par une
imitation, μιμήσει, dont la participation platonicienne
reproduit sous un autre nom toute la nature [2]. C'est par
la participation, μέθεξις, que les choses sensibles sont ho-
monymes aux idées ; mais cette théorie de la participation n'appartient pas à Platon ; elle appartient aux pythagoriciens qui disent que les êtres sont ou l'imitation ou
par l'imitation des nombres.

J'entends donc que, sans les séparer, les pythagoriciens
distinguent l'élément idéal et rationnel, fini et limité des
choses, le λόγος, comme l'appelle Philolaüs, et l'élément
matériel, qui lui donne un corps, une réalité sensible,
σωματῶν, ὑποστῆσαι. Aristote nous dit et Philolaüs nous
fait entendre qu'il y aurait trois choses : le fini, l'infini,
et le rapport ou l'unité, τὸ ἕν [3]. Mais quelques lignes plus

---

1. On peut encore entendre que les nombres sont l'élément premier,
primitif, et par conséquent vrai et essentiel de la réalité. Aristote emploie ici πρῶτος dans le sens logique qu'il lui a donné souvent, et non
dans le sens d'une antériorité chronologique. Car, dans sa pensée, ces
deux ordres sont souvent contraires : ce qui est premier πρὸς ἡμᾶς, est
postérieur dans la nature des choses, καθ' αὐτό.

2. *Met.*, I, 5 et 6. Au lieu de μίμησιν τὰ ὄντα εἶναι, on lit dans Bekker
la leçon que j'adopte, μιμήσει. C'est précisément parce que les choses
sont des nombres, qu'elles leur ressemblent, et c'est précisément cette
ressemblance des nombres mathématiques et des nombres concrets
qui fait affirmer aux pythagoriciens leur identité : ils assimilent les
choses aux nombres, à cause des ressemblances que l'observation révèle entre eux et elles

3. *Met.*, I, 5.

loin, Aristote réduit ces principes à deux, l'Un et l'infini ; mais alors l'Un n'est donc plus le rapport du fini et de l'infini ? Si vraiment ! et voici comment je m'explique le fait. Dans le monde, ni le fini ni l'infini n'ont d'existence réelle en dehors du sujet un en qui ils s'unissent, et qui en est la synthèse. Mais en dehors du monde, et au-dessous de lui, pour ainsi dire, l'infini, la matière sans forme, le vide immense a une sorte d'existence [1]. L'être réel, l'Un, n'est primitivement qu'un germe : et ce germe est l'unité vivante et concrète du nombre et de la matière, et précisément parce que ce germe contient le nombre et la limite, il est de l'ordre des choses finies ; il est fini. Mais comme le mouvement de l'être est progressif, ce germe a besoin de se développer, et comme il a la vie, il ne peut se développer que par les fonctions vitales dont la respiration ou plutôt l'aspiration est la principale et la plus caractéristique. Par l'aspiration, le fini se met en rapport avec l'infini qu'il absorbe, qui s'introduit en lui, mais qui, en s'introduisant en lui pour y développer les raisons séminales, se transforme, s'assimile à lui, ou plutôt à l'élément supérieur qu'il renferme : c'est-à-dire que l'infini se transforme en fini en s'introduisant en lui, prend la forme et le nombre en pénétrant dans l'être *qui a déjà le nombre.* Car le nombre est non-seulement l'essence, il est la cause de l'essence αἴτιος τῆς οὐσίας [2] ; il est le principe actif et interne de l'ordre, la cause efficiente et en même temps finale du développement mesuré et harmonieux de l'être, qu'il ne peut produire qu'en se met-

---

1, *Phys.*, III, 4.
2. *Met.*, I, 6 : Τοὺς ἀριθμοὺς αἰτίους εἶναι τοῖς ἄλλοις τῆς οὐσίας.

tant en rapport avec l'infini. Le nombre qui produit
ce rapport, en même temps le mesure, le limite et le
constitue. Il est ce rapport non pas causé, mais causant , un rapport vivant, actif, cause, ἀριθμὸς αἴτιος.
Il résulte de cette interprétation, si elle est exacte, un
point de vue profond, mais dont la profondeur même a
pu produire la confusion dont nous nous plaignons. Jamais l'infini n'envahit le fini ; c'est tout le contraire, la
vie est l'assimilation éternelle de l'infini par le fini, qui
l'absorbe, le transforme, et pour ainsi dire, le supprime.
Le dualisme des contraires, si fortement prononcé au début de la doctrine, se trouve combattu par le sentiment
non moins fort de l'unité. En effet, qu'est-ce que le
monde et le nombre? C'est le fini; mais qu'est-ce que
le fini? c'est l'infini finifié; c'est le τὸ ἄλλο ramené au τὸ
ἕν, puisque ce τὸ ἕν ne se nourrit que de l'autre. Les deux
principes donc se pénètrent en pénétrant dans la limite
qui les unit et les sépare, les distingue et les identifie. On
comprend alors que le nombre se confonde non-seulement
avec l'essence, mais avec la substance, l'hypostase des
choses ; et les expressions d'Aristote ne sont que les déterminations complexes d'une théorie obscure, mais profonde et riche, et non d'inexplicables contradictions.

Il n'est donc pas nécessaire, pour sauver les inconsé-
quences de la doctrine et les apparentes contradictions
d'Aristote, d'avoir recours à l'hypothèse gratuite des in-
terprètes néo-pythagoriciens.

Modératus [1], Ammonius [2], Asclépiade [3], n'ont attaché à

1. Porph., *V. P.*, 48.
2. *Scholl. Arist.*, p. 559.
3. *Scholl. Arist.*, p. 540. Théano, dans un fragment peu authen-

la définition pythagoricienne de l'être par le nombre qu'un sens allégorique. Les nombres ne sont qu'une algèbre symbolique et représentative. « Impuissants à rendre, à l'aide du langage, les notions délicates d'idées, de formes incorporelles, de premiers principes, les pythagoriciens ont, comme les géomètres, recours aux nombres pour exprimer et figurer leur manière de concevoir les choses. C'est ainsi que la notion d'unité, d'identité, d'égalité, du principe qui cause, dans l'universalité des êtres, cette attraction mutuelle, cette sympathie qui en assure la conservation, en un mot la notion de l'être absolument et éternellement identique, avait reçu le nom de l'Un, τὸ ἕν, parce que, en effet, dans les êtres particuliers on trouve l'unité dans l'unification et le rapport mutuel des parties, produits par la cause première. »

«De même encore, ils exprimaient au moyen des nombres, et d'une manière figurée, l'élément de diversité, de mutabilité que présentent les choses, cette nécessité pour elles d'avoir un commencement, puis une fin, qu'elles ne peuvent réaliser qu'en traversant un milieu, un état intermédiaire. Si la décade était pour eux le

---

tique, cité par Stobée (*Ecl.*, I, 302), dit : « Je sais que la plupart des Grecs sont persuadés que Pythagore a enseigné que tout naît des nombres, tandis qu'il a dit, non pas que toute chose vient du nombre, mais est formé suivant le nombre. » C'est encore à cette interprétation que se rattache un fragment d'un Ἱερὸς λόγος, attribué à Pythagore par Iamblique (*in Nic. Arithm.*, p. 11), et cité par Syrianus (*in Met.*, XIII, 6; *Scholl. minor*, p. 303 et 312), où le nombre est appelé la mesure et la raison qui dirige l'art de Dieu dans la formation du monde. Hippase, lui aussi, d'après Iamblique et Syrianus, l. l., et Simplicius (*in Phys.*, f. 104), aurait appelé le nombre, le premier paradigme de la formation cosmique, et l'instrument intelligent du Dieu qui l'opère : Παράδειγμα πρῶτον κοσμοποιίας, et κριτικὸν κοσμουργοῦ θεοῦ ὄργανον.

nombre parfait, c'est que, assimilant tous les rapports et
les causes des choses à des nombres, ils représentaient
ainsi le rapport et la cause qui embrasse, enveloppe
contient tous les autres, comme dix fait à l'égard des
autres nombres : δεκὰς οἷον δέχας [1]. »
Telle est l'opinion de Modératus. Ce n'est pas à l'impuissance de donner à leurs pensées par la parole une
expression claire et adéquate, c'est à un amour instinctif
du mystère, au penchant orgueilleux pour une science secrète réservée aux esprits d'élite, que la symbolique mathé
matique des pythagoriciens est attribuée par Asclépiade.
« Ils n'ont pas voulu, dit-il, profaner la science et la prosti-
tuer à des saveticrs. Voilà pourquoi ils l'ont transmise
sous une forme symbolique, et se sont exprimés, comme
les poëtes sous une enveloppe qui cache la pensée.

« Ce que les pythagoriciens désignent par les nombres,
ce sont les idées physiques, τὰ εἴδη φυσικά, qui définissent et
déterminent la matière, comme les nombres définissent
et déterminent les choses nombrées.

« Le nombre n'exprime pas la matière ; car comment
concevoir qu'on compose avec des nombres des êtres
physiques [2] ? » Cette interprétation remontait à Ammonius, le maître d'Asclépiade, cité par ce dernier en témoignage [3]. Mais comme elle n'est nullement nécessaire
pour donner à la doctrine des nombres un sens philosophique, comme elle est contraire aux expressions préci-
ses et claires d'Aristote, dont les objections deviendraient
alors ridicules, comme elle ne se montre d'ailleurs

1. *Moderat.*, dans Porphyre, *V. P.*, 48-52.
2. *Scholl. Arist.*, p. 540.
3. *Scholl. Arist.*, p. 559 b, 9.

que cinq cents ans après Pythagore, nous ne pouvons
en aucune façon l'accepter : car elle n'est pas fondée
sur les textes; elle est contraire à l'interprétation d'Aristote, et ne nous sert même pas à lever dans les renseignements de ce dernier une contradiction qui n'existe pas.
Il en est une autre plus réelle et qu'il nous reste à
exposer. Le nombre est-il un être étendu, une grandeur,
une substance sensible et corporelle? Il est certain qu'on
trouve dans Aristote, à cette question, les deux réponses
contraires.

Les nombres, dit-il en effet, ont une situation dans
l'espace : situation différente, plus haut ou plus bas,
suivant leur place dans l'échelle qui leur est propre.
Ainsi les pythagoriciens placent l'opinion dans telle
partie du monde, ἐν τῳδὶ τῷ μέρει, l'à-propos dans telle
autre, l'injustice un peu plus haut ou un peu plus bas,
ἄνωθεν ἢ κάτωθεν. Chaque point de l'étendue a donc son
nombre et l'on doit dire comme Ammonius, mais en
l'entendant au propre, tout est plein de nombres[1].
Mais, objecte Aristote, déjà dans cette même partie de
l'univers occupée par un nombre, il y a une autre
grandeur, puisque chaque point de l'espace est occupé
par une grandeur : et alors que penser de ces deux éléments qui occupent tous deux le même point de l'espace? Platon dit que le nombre est divisé en deux espèces, l'une intelligible, l'Idée, qui n'occupe pas de lieu,
l'autre le nombre sensible, qui est l'être étendu et réel;
il échappe ainsi à cette difficulté. Mais les pythagoriciens n'en peuvent sortir qu'en confondant le nombre
avec le point étendu qui occupe l'espace; car ils procla-

1. *Scholl. Arist.*, p. 559 b : Μεστός ἐστιν ὁ κόσμος εἰδῶν.

ment que le nombre est cause de tout ce qui est et devient, a été et est devenu, sera et deviendra, et qu'il n'y a pas d'autre nombre que celui qui constitue le monde [1]. Le seul nombre qui existe est le nombre mathématique, mais non pas séparé; et ce nombre seul constitue les essences ou êtres sensibles. Le monde entier est fait de nombres; mais ces nombres ne sont point des nombres monadiques [2]; car ils prétendent que leurs monades ont grandeur et étendue, τὰς μονάδας ὑπολαμβάνειν ἔχειν μέγεθος. Mais comment l'Un premier peut-il avoir grandeur? c'est une difficulté qu'ils ne résolvent pas, à ce qu'il semble [3]; mais en affirmant que l'Un est l'élément et le principe de tous les êtres, ils attribuent la grandeur aux monades.

Ainsi le nombre mathématique est le seul que reconnaissent les pythagoriciens; mais ce nombre, tout mathématique qu'il est, n'est pas monadique, c'est-à-dire composé d'unités abstraites, indivisibles et combinables indifféremment entre elles; il occupe un lieu sans qu'on puisse déterminer lequel [4]; il engendre les grandeurs,

1. *Met.*, I, 7.
2. Aristote nous montre par là ce qu'il entend par nombre monadique : ce sont des nombres abstraits, sans grandeur, formés d'unités combinables. Syrianus a donc commis une grosse méprise, en confondant les nombres monadiques avec les ἀσύμβλητοι; c'est tout le contraire. Cf. Trendel., *de Ideis*, p. 75-77. Voilà comment, un peu plus loin, vers la fin du ch. VI (*Met.*, XIII), Aristote ajoute que, contrairement à tous les philosophes, les pythagoriciens n'admettent pas que les nombres soient monadiques, μοναδικοὺς ἀριθμούς.
3. *Met.*, XIII, 6; XIII, 8. Les corps sont composés de nombres; et le nombre composant est le nombre mathématique. C'est là ce qu'il y a d'impossible dans leur conception.
4. Vide supra et XIV, 5 : « Le lieu esf propres aux êtres individuels, c'est pourquoi on les dit séparés par le lieu (*aussereinander* : ils sont en dehors les uns des autres); il n'en est pas ainsi des êtres mathéma-

τὰ μεγέθη ποιεῖ, et l'Un est père de la pluralité sans qu'on nous explique comment [1].

Je ne crois pas que ce soit là la vraie objection à faire au système : comment leur unité concrète engendre le nombre abstrait et véritablement mathématique, voilà ce qu'ils n'expliquent pas, et ne pourront jamais expliquer; mais comment leurs nombres produisent l'étendue, ils n'en sont nullement embarrassés. Car leur unité est un composé, soit de plans, soit d'un germe, et elle a la puissance motrice et vivante d'attirer à soi, d'absorber en soi, de s'assimiler les parties de la matière, infinie qui l'entoure, et en transformant cet infini en fini, de trouver là comme un aliment à son propre développement [2]. Au fond les pythagoriciens sont éminemment des physiciens; les mathématiques ne sont que la forme de leur physique, et je ne crois pas, malgré le témoignage de Stobée, qu'Ecphantus ait été le premier de leur École qui ait considéré les monades comme corporelles, et ramené les principes des choses à des corps indivisés, ἄτομα, et au vide [3]. Leur système ne serait-il donc qu'une reproduction de l'atomisme ionien, et du système de

thiques. Et venir dire qu'ils sont quelque part, sans ajouter τί ou τίς ἐστιν ὁ τόπος, c'est absurde. »

1. XIV, 3 : Τὰ γὰρ μεγέθη ποιεῖ.... Πῶς καὶ ταῦτα πολλὰ τὸ ἕν.

2. Met., XIV, 3 : Τοῦ ἑνὸς συσταθέντος, εἴ τε ἐξ ἐπιπέδων εἴτε ἐκ χροιᾶς, εἴτε ἐκ σπέρματος,... εὐθὺς τὸ ἔγγιστα τοῦ ἀπείρου ὅτι εἵλκετο καὶ περαίνετο ὑπὸ τοῦ πέρκτος. Id., XIII, 6. Le premier Un, τὸ πρῶτον ἕν, a lui-même grandeur, συνέστη ἔχον μέγεθος. D'ailleurs cette fonction même d'aspirer le vide, qui suppose que l'Un se remplit du vide ou de l'espace, et qu'il l'enferme et l'enveloppe dans la limite de ses plans, marque évidemment un être étendu et physique.

3. Stob., Eclog., I, p. 308. Lui-même nous dit ailleurs (I, 21, p. 540) que Pythagore appelle les éléments des êtres mathématiques.

Démocrite[1] ? Ce rapprochement peut-être exagéré s'autorise du moins d'Aristote.

Dans son traité *de l'Ame*, faisant l'histoire de la question, il arrive à l'opinion de ceux qui prétendent que l'âme est un nombre, une monade qui se meut : il s'agit donc des pythagoriciens. Il ajoute que pour eux il ne semble pas y avoir de différence entre les mots monades et petits corps[2], et d'un autre côté il rapproche les atomistes des partisans de la doctrine des nombres. Sans s'exprimer aussi clairement que les pythagoriciens, ils veulent certainement, eux aussi, dire que les êtres sont des nombres et faits de nombres[3].

Nous n'aurions donc ici qu'une seule et même doctrine sous deux formules différentes.

Mais il s'en faut qu'Aristote soit complétement ici d'accord avec lui-même. Car après avoir autorisé le rapprochement des deux écoles, il en signale la profonde différence.

D'abord nous nous rappelons que les nombres sont antérieurs à tout être naturel, πάσης φύσεως πρῶτοι; non pas, sans doute, dans le temps, puisque les pythagoriciens disent que les nombres sont dans les choses sensibles, et ne sont jamais en dehors et séparés d'elles[4], mais du moins les premiers dans l'ordre et la dignité de l'être, ἀξιώματι καὶ τάξει. Le nombre inséparable est donc

---

1. M. Ravaiss., *Mét. d'Arist.*, t. I, p. 272.
2. *De Anim.*, I, c. IV : Οὐδὲν διαφέρειν μονάδας λέγειν ἢ σωμάτια σμικρά.
3. *De Cœl.*, III, 4 : Καὶ οὗτοι πάντα τὰ ὄντα ποιοῦσιν ἀριθμοὺς καὶ ἐξ ἀριθμῶν.
4. *Met.*, I, 5. *Scholl. Arist.*, p. 559 a, 33 : Ὑποτίθενται τοὺς ἀριθμοὺς ἐν τοῖς αἰσθήτοις εἶναι καὶ οὐδέποτε ἄνευ τῶν αἰσθήτων ἐνυπάρχειν.

distinct de l'être sensible. C'est ce que nous allons voir plus nettement encore affirmé.

« Ceux qu'on appelle les pythagoriciens, emploient les principes et les éléments d'une manière plus *étrange encore que les physiciens :* et cela vient de ce qu'ils ont tiré leurs principes d'êtres non sensibles et sans mouvement, οὐκ αἰσθήτων καὶ ἄνευ κινήσεως. Or toutes leurs recherches portent sur les êtres physiques : et ainsi ils dépensent en pure perte leurs principes et leurs causes comme s'ils s'accordaient avec les physiciens à ne reconnaître que les êtres sensibles, enfermés dans ce qu'on appelle notre monde. Mais leurs causes et leurs principes suffisent, selon nous, pour s'élever à la conception d'êtres hors de la portée des sens ; et on peut même dire qu'ils sont plus en rapport avec ce monde supérieur qu'avec la science de la physique [1]. »

Ainsi il y a dans les doctrines pythagoriciennes, mal dégagé, mal employé, mais réel cependant, un principe supérieur, le germe fécond de l'idéalisme. Si elles ne le proclament pas, elles nous aident et pour ainsi dire nous obligent à concevoir un monde intelligible supérieur à a nature, et nécessaire pour l'expliquer. Ce principe c'est que l'essence de l'être sensible même est un nombre, c'est-à-dire une loi, un ordre, un rapport, c'est-à-dire quelque chose qui se conçoit comme distinct de l'élément changeant, variable de l'être, encore qu'on ne l'en puisse concevoir comme séparé. L'intelligible est l'essence du sensible.

C'est peut-être entraîné par cette considération des

---

1. *Met.*, I, 7 : Ἱκανὰς καὶ ἐπαναϐῆναι καὶ ἐπὶ τὰ ἀνωτέρω τῶν ὄντων καὶ μᾶλλον ἢ τοῖς περὶ φύσεως λόγοις ἁρμοττούσας.

conséquences idéalistes que contient logiquement la doctrine des nombres, qu'Aristote leur fait des objections qui confirment ce que nous venons d'exposer. Comment de ce qui n'a pas de mouvement, le mouvement pourra-t-il naître? Comment de ce qui n'a pas d'étendue pourra-t-on engendrer ce qui est étendu[1]? En supposant même, en leur accordant qu'on puisse tirer l'étendue de leurs principes, on n'en pourra du moins jamais tirer les propriétés secondes de l'étendue, par exemple : la légèreté et la pesanteur. Et en supposant encore qu'on leur accorde ce dernier point, on ne pourra jamais expliquer les différences de pesanteur des corps sensibles, produits avec des nombres qui n'en ont aucune[2]. Le ciel et la terre qu'ils construisent ainsi ne sont vraiment pas notre terre ni notre ciel[3]. Alexandre, commentant et développant ce passage y voit la preuve qu'Aristote attribue aux pythagoriciens d'avoir pris pour principes des êtres incorporels et immobiles, ἀρχὰς ἀσωμάτους καὶ ἀκινήτους[4], et il ne faut pas trop s'étonner que Plutarque et Stobée nous disent que Pythagore a tenu les premiers principes

---

1. *Met.*, XIII, 8 : Τὸ δὲ τὰ σώματα ἐξ ἀριθμῶν εἶναι συγκείμενα, καὶ τὸν ἀριθμὸν τοῦτον εἶναι μαθηματικὸν ἀδύνατον. De *Cœl.*, III, 1 : Τὰ μὲν γὰρ φυσικὰ σώματα φαίνεται βάρος ἔχοντα καὶ κουφότητα, τὰς δὲ μονάδας οὔτε σῶμα ποιεῖν οἷόν τε συντιθεμένας οὔτε βάρος ἔχειν. Mais l'objection que le nombre mathématique n'a pas d'étendue n'est pas tirée de la doctrine pythagoricienne : c'est Aristote qui oppose cette raison excellente pour le sens commun, au système, et il leur répète constamment : Ou le nombre a grandeur, et alors il n'est plus nombre; ou il n'a pas grandeur, et comment alors forme-t-il les choses étendues? Mais c'est ici un raisonnement et non une exposition.
2. *Met.*, I, 7.
3. *Met.*, XIV, 3 : Ἄλλου οὐράνου καὶ σωμάτων
4. *Scholl*, p. 558 b, 17.

pour incorporels [1], puisqu'Aristote nous dit lui-même :
« On avait cru jusqu'alors que l'essence et l'être étaient
le corps, τὸ σῶμα : eux, plus profonds, soutinrent que
c'est le nombre [2]. »
Donc le nombre n'est pas le corps ni l'étendue. Le
nombre c'est l'Idée de Platon : le nom seul est changé.
Donc le nombre pythagoricien est d'essence idéale. Il est
impossible de nier qu'entre les divers renseignements
d'Aristote sur la nature du nombre pythagoricien il n'y ait
presqu'une absolue contradiction. Comment se l'expliquer?

On a tort, dit-on [3], de considérer la doctrine pythagoricienne comme un tout parfaitement un, complet,
achevé, dont toutes les parties s'enchaînent, se soutiennent, s'expliquent les unes les autres. Les pythagoriciens, dont l'Institut avait un but spécialement pratique,
s'étaient abandonnés, en ce qui concerne les opinions
philosophiques, à toute sorte de tendances divergentes.
Chaque individualité énergique traçait sa route et obéis-
sait à son propre penchant. C'est ce qui rend précisément difficile l'histoire du pythagorisme. L'absence de
documents précis ne nous permet pas de suivre l'histoire de ces divergences qui partagent l'École et de remonter jusqu'à leur origine. Ce que nous prenons pour
des contradictions ne sont que des directions différentes.

---

1. *Plac. Phil.*, I, ii, 3. Stob., *Ecl.*, I, p. 336. C'est ce qui explique
comment on attribuait à Ecphanthus d'avoir donné le premier une
grandeur étendue aux monades pythagoriciennes. Stob., *Ecl.*, I,
p. 308.
2. *Met.*, III, 5.
3. Gruppe, *Ueber d. Fragm. d. Arch.*, p. 60.

d'idées, que nous voulons, malgré elles, ramener à une seule.

Il est bien difficile d'accepter cette interprétation : si la discipline a dû exercer une influence dans une École philosophique, c'est assurément dans celle qui prenait pour règle de créance la parole et l'autorité du maître. Comment Aristote, s'il eût eu conscience des tendances opposées qu'on signale chez les pythagoriciens, ne les eût-il pas signalées lui-même, et n'en eût-il pas tenu compte ? Les textes sur lesquels Gruppe s'appuie sont loin d'avoir cette précision et ce sens exclusif et rigoureux [1].

S'il y a un point sur lequel les pythagoriciens ont été d'accord ou ont cru l'être, c'est sans doute sur les principes caractéristiques de leur système. Ils croient et disent tous que le nombre est le principe, l'essence, l'élément vrai de la réalité. Par là, il n'est pas possible qu'ils n'aient entendu qu'un élément matériel et sensible ; car quel singulier élément sensible et matériel que le nombre ! Ils entendent donc nécessairement par là quelque chose de rationnellement et logiquement primitif, πρῶτος,

---

1. Au chap. VI, *Met.*, XIII, 1080 b, Aristote dit bien: « Tout le monde s'accorde à reconnaître que les nombres sont monadiques, πλὴν τῶν Πυθαγορείων ὅσοι, excepté ceux des pythagoriciens qui prennent pour élément et principe l'*Un*. » Au Traité *du Ciel*, III, 1 : Ἔνιοι γὰρ τὴν φύσιν ἐξ ἀριθμῶν συνιστᾶσιν ὥσπερ τῶν Πυθαγορείων τινές. Mais il ne s'agit pas ici d'une partie dissidente de l'École : c'est ce que prouve, pour la première citation, le fait que l'Un a été, par tous les pythagoriciens, considéré comme principe des êtres ; et pour la seconde, la phrase qui la précède, τοῖς ἐξ ἀριθμῶν σύντιθεῖσι τὸν οὐρανόν. Si les Fragments d'Archytas ont une tendance morale et mathématique, ceux de Philolaüs un sens plutôt métaphysique, la doctrine attribuée à Alcméon un tour empirique et physique, dans l'état actuel de nos ragments, cela ne prouve pas grand' chose, et quant à la question qui nous occupe, rien.

qui se distingue mais ne se sépare pas de l'élément
inférieur et matériel avec lequel il s'unit pour construire
le réel. La contradiction n'est pas dans les renseignements : elle est dans les idées, et on peut presque dire
dans la question elle-même. Quel est le primitif dans
l'être? Est-ce le parfait ou l'imparfait? Si c'est l'imparfait, comment expliquer le parfait où il tend et cherche
à se réaliser? Si c'est le parfait, comment comprendre
le mouvement qui ne peut plus être qu'une déchéance.
Les pythagoriciens croient s'en tirer en disant que l'Un,
père des nombres, principe des choses, contient en lui-
même le parfait et l'imparfait, c'est-à-dire la contradiction même qu'ils veulent résoudre [1]. N'oublions pas que
nous sommes en présence de la première tentative d'une
explication idéaliste du monde : la confusion non-seulement est dans la solution; elle est encore dans la question elle-même.

Quel système philosophique aura plus le sentiment de
l'unité que celui qui donne aux choses pour principe et
pour essence, l'Unité même! Mais à peine ont-ils posé ce

1. M. Zeller croit que les pythagoriciens ne donnent à leur nombre
ni une substance corporelle ni une substance immatérielle et spirituelle, mais seulement une substance logique. C'est le vrai nombre
arithmétique. Mon sentiment est que le point de départ, le germe de
leur doctrine est la confusion du nombre arithmétique et de l'être ;
mais, dans cette confusion, ils ne vont pas jusqu'à l'excès de ne voir
dans l'être que ce qu'il y a dans le nombre. Ils font entrer dans le
nombre les éléments de réalité sensible qu'ils trouvent dans l'être, et
composent par là un nombre concret, mais qui n'est plus *monadique*,
comme le dit Aristote, c'est-à-dire arithmétique; et toutefois ils prétendent que c'est encore le nombre mathématique. Ils ne veulent pas voir
que ce mélange détruit ou le nombre ou l'être, et ils soutiennent, au
contraire, que l'idée qu'ils s'en font par ce mélange est la vraie idée du
nombre et à la fois de l'être.

grand principe qu'ils le renversent : ils rétablissent le
dualisme au sein même de l'unité. L'unité se trouve double ; c'est un rapport, elle est paire, impaire, finie, infinie ;
non-seulement elle est composée, mais elle est composée de contraires.

Et cependant au milieu de ces contradictions, de cette
incertitude, de cette confusion, se dégage le pressentiment inquiet, obscur, mais puissant, de quelques vérités qui feront la fortune d'autres systèmes, et on peut le
dire, de la philosophie même.

Le principe des choses, leur essence, est une raison,
λόγος, un nombre, c'est-à-dire un élément formel, rationnel.

Précisément parce qu'il est immanent aux choses,
ce nombre, cette essence, ce rapport, malgré son unité,
enferme la notion d'un autre terme ; et voilà déjà que
s'annonce l'opposition du sujet et de l'objet, de la pensée et de la chose, de la matière et de la forme.

Tout être est un : l'unité est la forme, la loi de l'être.
Ce qui n'est pas un n'est pas. La loi, la beauté, l'ordre
est constitutif de l'existence. Tout être, par cela seul qu'il
est, est dans l'ordre, c'est-à-dire, suivant leur langage,
dans le monde ; ce qui revient à dire, qu'il renferme un
élément de perfection. On peut donc dire que le mal
n'existe pas ; car tout ce qui est tombé sous la loi du
nombre, toute vie, tout être, toute chose, reçoit de lui
une part quelconque d'ordre et de beauté. L'harmonie
est universelle ; l'univers n'est qu'une harmonie ; le mal
peut y paraître comme une dissonance ; mais la dissonance est un nombre, et fait partie de l'harmonie.

Il y a plus : non-seulement l'être est en soi rapport et

harmonie ; mais la pensée n'est pas autre chose. L'intelligence ne pense que par la vertu du nombre : c'est-à-dire, elle mesure. Mais pour mesurer, il faut qu'il y ait une unité de mesure, ce qui suppose entre la mesure et l'objet à mesurer une communauté, ou analogie d'essence. La pensée n'est qu'une assimilation, un rapprochement, un rapport, *simile simili cognoscitur*. « Aucune chose ne peut être connue si elle n'a pas au dedans d'elle, ἐντὸς ὑπαρχούσας, l'essence dont se compose le monde, la limite et l'infini, dont la synthèse constitue le nombre [1]. » Sans la décade en qui se concentrent et se réalisent toutes les vertus du nombre, tout reste dans l'indétermination ; tout est obscur, tout se dérobe. La nature du nombre est précisément de donner aux choses une loi, une raison ; de dissiper l'obscurité qui les enveloppe, et de les faire voir à ceux qui les ignorent. Personne ne pourrait rien connaître des choses ni dans leurs rapports internes, ni dans leurs rapports les unes avec les autres, si le nombre n'existait pas et n'existait pas tel qu'il est. Le nombre qui est dans l'âme et à la fois dans la chose, peut seul établir entre elles cette harmonie, ce rapport, cette relation réciproque qui constitue la connaissance [2]. Si la raison humaine est capable de voir et de comprendre la raison des choses, c'est qu'il y a entre elles une affinité de nature et d'essence, συγγενείαν τινά ; car il est dans la nature des choses que le semblable soit connu par le semblable [3]. Ainsi le nombre est le lien qui met en rapport le sujet et l'ob-

---

1. *Philol.*, Fr. 4. Bœckh, p. 62.
2. *Philol.*, Fragm. 18. B., p. 140.
3. Sext. Emp., *adv. Math.*, VII, 92, p. 388.

jet ; et ce lien s'établit parce que le nombre est l'essence interne , ὑπαρχούσας ἐντός, de l'un comme de l'autre ; il est la loi de l'être, comme la loi de la connaissance, qui va du semblable au semblable, c'est-à-dire du nombre au nombre.

Principe de l'universalité des choses dans leur ensemble, puisqu'il est l'unité même, principe de l'être, principe du connaître, le nombre est encore principe d'individuation, et toujours pour la même raison, c'est qu'il est un rapport; non pas un rapport[9] abstrait, causé, mais un rapport concret, efficace, causant. C'est le nombre qui met en rapport l'âme et le corps, la raison séminale, λόγος, et l'infini, et qui par là individualise les êtres. Le nombre divise[1].

Ainsi le nombre est tout : il est l'essence formelle — car le nombre est la forme[2] — il est l'essence formelle de l'universel comme de l'individuel, le principe idéal, la raison de l'être comme du connaître.

Il est tout et partout : dans le tout du monde et dans ses parties, dans les êtres supérieurs et divins, comme dans les êtres inférieurs et méprisables, dans les œuvres, dans les pensées de l'homme, et jusque dans les arts qu'il a découverts.

Ce nombre, cet Un, ἕν ἀρχὰ πάντων, est-il à la fois immanent aux choses, et transcendant? C'est, je crois, une question que les pythagoriciens ne se sont pas posée avec une parfaite précision ; et malgré quelques expres-

---

1. Fr. 18. Bœckh, p. 141 : Σωμάτων καὶ σχίζων τοὺς λόγους χωρὶς ἑκάστους. C'est l'acte d'Aristote.

2. Arist., *Met.*, XIII, 8 : Ὁ δὲ (ἀριθμὸς) ὡς εἶδος.

sions contraires, et qui sont d'une source justement
suspecte, j'incline à penser qu'ils n'ont pas séparé Dieu
du monde, pas plus qu'ils n'ont séparé la matière de la
forme, le fini de l'infini[1]. Comme le dit énergiquement
Alexandre d'Aphrodise, pour eux le causant et le causé
ne font qu'une seule et même chose[2].

La cause idéale, la cause avant la cause n'est que
logiquement antérieure à la réalité sensible[3]: cette
réalité sensible, ce πρῶτον ἐν μέγεθος ἔχον, enveloppe dans
son être deux éléments, et son être consiste précisément
dans le rapport et l'unité qui les renferme tous deux.
On pourra facilement déduire de là le dualisme platonicien, l'opposition de la substance et de l'Idée, de la matière et de l'esprit, mais le point de vue des pythagoriciens
ne s'est pas élevé jusque là ; l'être reste pour eux surtout
unité. L'opposition de la forme et de la matière, est
pressentie, indiquée ; mais elle n'a pas, dans leur système, de caractère métaphysique.

C'est ce dont nous nous convaincrons mieux encore
quand nous aurons examiné la question des principes
du nombre. L'opposition des principes se dissimule à

1. Asclep., *Scholl. Arist.*, p. 559 a. Ils posent les nombres comme
causes à la fois matérielles, formelles et efficientes des choses, καὶ
ὑλικὰς, καὶ ποιητικὰς, καὶ εἰδητικὰς. Arist., *Met.*, I, 5 : Ἀρχὴν καὶ ὡς
ὕλην τοῖς οὖσι καὶ ὡς πάθητε καὶ ἕξεις.
2. *Scholl. Arist.*, p. 560 a, 39 : Τὸ αὐτὸ αὐτοῖς γίγνεται τὸ αἴτιόν τε
καὶ αἰτιατόν.
3. Il n'y aura donc pas de Dieu dans ce système si religieux : c'est
l'objection de Boeckh, aux interprétations différentes de la sienne sur
ce point. *Philolaüs*, p. 148. Il ne faut pas demander aux anciens pythagoriciens une notion de Dieu semblable à celles que le platonisme et le
christianisme nous en ont donnée. Le Dieu des stoïciens, mêlé au
monde et confondu avec lui, qui inspire la magnifique morale de
M.-Aurèle, leur suffisait parfaitement.

leurs yeux dans le rapport qui les concilie dans l'unité de l'être.

§ 2. LES ÉLÉMENTS DU NOMBRE.

Aristote nous a appris que le nombre est, à tous les points de vue, une cause, et la cause de tout. Il ajoute, d'une part, que le nombre vient de l'Un ; de l'autre, que les éléments du nombre sont le pair et l'impair dont l'Un se compose [1]; car l'Un est à la fois pair et impair. Le nombre, venant de l'Un, a donc nécessairement les éléments qui entrent dans l'Un lui-même, c'est-à-dire le pair qui est l'infini, et l'impair qui est le fini [2].

Tout ce qui est, est nombre; tout ce qui est, est un : nous en sommes certains, parce que c'est à cette seule condition que la connaissance peut exister, et elle existe. C'est donc par le fait de la connaissance que nous ne pouvons pas nier [3], que nous arrivons à ce principe. C'est encore le même fait psychologique, s'ajoutant à l'observation et à l'expérience [4], qui nous prouve que l'Un, le nombre, l'être, est un composé de deux principes ; car il est nécessaire que les choses soient ou toutes finies, ou toutes infinies, ou le rapport, l'unité, la synthèse de ces deux éléments.

1. *Met.*, I, 5 : Τὸν ἀριθμὸν ἀρχήν.... Τοῦ δὲ ἀριθμοῦ στοιχεῖα, τὸ ἄρτιον καὶ τὸ περιττον.... Τὸ δὲ ἓν ἐξ ἀμφωτέρων.... Τὸν δ' ἀριθμὸν ἐκ τοῦ ἑνός.
2. Il n'y a qu'un nombre, et c'est le nombre mathématique (Arist., *Met.*, XIII, 6 et 8 ; I, 8.) Or, le nombre mathématique est pair ou impair, et l'unité est à la fois l'un et l'autre. De plus, le pair pouvant se diviser à l'infini par deux est infini; l'impair, résistant au premier effet de cette division, a une essence finie. Simplic., *ad Phys.*, f. 105 a.
3. *Phil.*, Fr. 1 : Ἀναγκαίου δὲ ὄντος ἐπιστήμης φύσιν ἐνορᾶσθαι. Fr. 18, p. 140.
4. Fr. 1 B, p. 47 : Δηλοῖ δὲ καὶ τὰ ἐν ἐργοῖς.

Elles ne sont pas toutes finies[1] : elles ne sont pas
toutes infinies; car l'infini, par sa nature même, ne peut
être connu; donc elles sont le mixte de l'un et de l'autre
τὸ ἓν ἐξ ἀμφοτέρων[2].... συναρμόχθη[3], absolument comme le
nombre avec lequel elles se confondent, et non pas
seulement à son image, comme le dit Nicomaque[4].

Tout nombre et tout être est donc composé, continue
Nicomaque, du pair et de l'impair, de la monade et de
la dyade, éléments qui expriment l'égalité et l'inégalité,
l'identité et la différence, le déterminant et l'infini, le
limité et l'illimité[5].

C'est-à-dire tout nombre, tout être est une harmonie
des contraires: en sorte que, rationnellement, les contraires sont les principes des choses. Mais ce qui distingue profondément la théorie des pythagoriciens de
toutes celles qui admettaient également pour principes
les contraires, c'est que pour eux ces contraires n'ont
pas d'existence à part, indépendante, isolée; ils n'existent que dans le rapport qui les unit, c'est-à-dire dans
le nombre : et voilà comment on peut dire qu'il est
substance, forme et cause de tout être[6]. Le nombre seul

1. Fr. 1. La preuve manque.
2. Met., I, 5.
3. Phil., Fr. 1. Diog. L., VIII, 85. Toutes choses sont produites par
la nécessité et l'harmonie : Ἀνάγκη καὶ ἁρμονίῃ γίνεσθαι; c'est-à-dire
ont l'harmonie pour principe, pour cause nécessaire.
4. Arithm., II, p. 59 : Κατ᾽ εἰκόνα τοῦ ἀριθμοῦ.
5. Arithm., II, B., p. 51 : Καὶ γὰρ οὗτος σύμπας ἐκ μονάδος καὶ
δυάδος σύγκειται, ἀρτίου τε καὶ περιττοῦ, ἃ δὴ ἰσότητός τε καὶ ἀνισότη-
τος ἐμφαντικὰ, ταυτότητός τε καὶ ἑτερότητος, περαίνοντός τε καὶ ἀπείρου, ὡρισμένου τε καὶ ἀορίστου. Cunf. Boeth., Arithm., 32. Boeckh,
p. 51. Les fragments d'Archytas contiennent la même doctrine.
6. Met., I, 5.

hypostasie le fini et l'infini[1], c'est-à-dire réalise la
raison dans un corps et individualise l'être[2]. Maintenant que faut-il entendre par ces éléments contraires?

« Pythagore, qui le premier a donné à la science le nom
de philosophie, pose comme principes, dit Stobée[3], les
nombres et les rapports réguliers qu'on y découvre, et
qu'il appelle souvent harmonies ; puis les éléments de
ces nombres composés de deux principes. Ces principes
sont la monade et la dyade indéfinie. De ces principes
l'un se ramène à la cause efficiente et éternelle; c'est-
à-dire à l'esprit ou Dieu ; l'autre à la cause passive et
matérielle. »

Ce ne peut être là qu'un développement postérieur et
une interprétation un peu abusive de la doctrine ; non
pas quant à ce qui concerne l'opposition des deux contraires; mais quant au dualisme qu'on veut trouver
dans l'un d'eux.

Théon de Smyrne nous dit positivement que le terme
de dyade indéfinie, pour correspondre à l'infini des
pythagoriciens, était une invention de la nouvelle école[4].

---

1. Πέρας καὶ ἀπειρίαν ὑποστῆσαι. Syrian., *ad Met.*. XIV, 1. Texte
latin, dans Boeckh, p. 54. Texte grec : Grupp., *Fragm. d. Archyt.*,
p. 115; Brandis, *De perdit. lib. Arist.*, p. 35, 36.

2. B., p. 137-140. On remarquera facilement l'analogie de cette doctrine avec celle du *Philèbe*, 16 c : « Les anciens nos maîtres, plus
rapprochés des Dieux que nous, nous ont transmis cette tradition, que
les choses auxquelles on donne toujours le nom d'êtres sont composées
de l'Un et de la pluralité, et qu'elles renferment immanents et innés
en elles la limite et l'infini. » Et plus loin, p. 23 c., faisant évidemment allusion à Pythagore, Platon ajoute : « Oui, nous pouvons
le redire, c'est un Dieu qui nous a révélé cette vérité, τὸν θεὸν ἐλέ-
γομεν.... δεῖξαι. «

3. *Ecl.*, I, 10, p. 300.

4. Theon. Smyrn., I, 4, p. 26, cité par Grupp., p. 69 : Οἱ μὲν ὕστε-
ροι φάσι τὴν μονάδα καὶ τὴν δυάδα.

Il n'appartient même pas à Platon, qui ne l'emploie jamais dans le sens métaphysique, quoi qu'en disent Aristote et Alexandre d'Aphrodise[1]. Ce sont ses successeurs, Speusippe et Xénocrate, qui divisent le principe de l'infini et en font le principe du mal. L'ἄπειρον a été toujours considéré par les pythagoriciens comme quelque chose d'un, dit Aristote, et c'est en cela, suivant lui, que Platon se distingue d'eux : τὸ δ'ἀντὶ τοῦ ἀπείρου ὡς ἑνὸς δυάδα ποιῆσαι[2]; et d'un autre côté la dyade étant un nombre ne pouvait, en tant que nombre, être indéterminée, ni mauvaise. Tout nombre est déterminé.

Il y a plus : la vraie doctrine des nombres supprime l'opposition des contraires, et la rend, dans le monde, dans l'existence réelle, presque impossible. En effet, toutes les choses qui existent sont des nombres : or il n'y a pas place pour un contraire d'un nombre à un autre. Ni deux ni trois ne sont les contraires de un, ni les contraires d'un autre nombre. Entre les nombres, c'est-à-dire, entre les choses, il n'y a qu'une différence possible, une différence de degrés, suivant la place qu'ils occupent dans la série. Le mal n'est donc qu'un moindre degré du bien. L'idée de faire d'un nombre, du nombre deux, ou dyade[3], le principe du mal ne peut pas être

1. *Ad Phys.*, f. 104, 6 : Ἀόριστον δὲ δυάδα ἔλεγεν αὐτὴν τοῦ μεγάλου καὶ μικροῦ μετέχουσαν.
2. *Met.*, I, 6.
3. C'est pourtant l'opinion que, sous l'influence plus tard prédominante du néo-pythagorisme, acceptent la plupart des écrivains. Sext. Emp., *adv. Math.*, X, 261 : Ὁ Πυθ. ἀρχὴν ἔφησεν εἶναι τῶν ὄντων τὴν μονάδα.... καὶ τὴν καλουμένην ἀόριστον δυάδα. Conf. *Id.*, 276. Moderat. Stob., I, 300 : Πυθαγόρας.... ἀρχὰς τοὺς ἀριθμοὺς.... πάλιν δὲ τὴν μονάδα καὶ τὴν ἀόριστον δυάδα. Cf. *Id.*, Stob., I, 58; Euseb., *Præp. Ev.*, XIV, 15, 9; Galen., c. VIII, p. 251; Origen., *Philos.*, p. 6; Alexandre Polyh. dans Diog. L., VIII, 24.

d'origine purement pythagoricienne. « Le nombre et
l'harmonie excluent l'erreur, le mensonge, le mal [1]. »
Toutes les choses sont des nombres, et en tant que
nombres elles sont bonnes, et d'autant meilleures qu'elles
sont plus élevées, en allant de l'unité qui les engendre à
la décade qui les contient et les absorbe dans une unité
supérieure [2]. Nous voyons déjà se dessiner cette pensée
pythagoricienne que formule avec plus de précision
encore Philolaüs [3]. Il y a mouvement du moins au plus,
c'est-à-dire développement progressif des choses comme
des nombres. Si le parfait n'est pas à l'origine, comme
le dit Aristote [4], en attribuant la doctrine à Speusippe et
aux pythagoriciens, puisque c'est la décade qui est le
nombre parfait, on ne peut pas dire du moins qu'un
nombre quelconque, et la dyade en est assurément un,
puisse être considéré par de vrais pythagoriciens
comme un principe du mal; et je trouve qu'on mé-
connaît les règles d'un raisonnement sévère, quand de
ce que les pythagoriciens ont placé l'Un dans la série ou
systoichie des biens [5], on veut conclure que les autres
nombres sont des maux: rien n'est plus contraire à
leur principe. Tout nombre est un par sa forme, et bien
plus, tout nombre réel, concret, hypostatisé, unité de

---

1. *Philol.*, Fr. 18. Boeckh, p. 145.
2. On peut dire que le nombre, l'unité, est comme le point de coïncidence, où les contraires disparaissent en se réunissant. Le nombre
ne subit pas les contraires; on peut dire même qu'il les exclut. Ils s'é-
vanouissent pour ne laisser de réalité qu'au rapport qui les a absorbés
et assimilés.
3. B., p. 157.
4. *Met.*, XI, c. VII : Τὸ ἄριστον καὶ κάλλιστον μὴ ἐν ἀρχῇ εἶναι.
5. *Ethic. Nic.*, I, 4.

l'infini et du fini, tout nombre est décadique[1], et par cela même tétradique.

Que faut-il donc entendre par ces éléments du nombre, que Philolaüs appelle la limite et l'infini, et dont la synthèse inséparable, δημιουργίαν ἄρρηκτον, opérée par le nombre, constitue l'être, et se nomme l'Un, τὸ πρῶτον ἓν ἔχον μέγεθος, τὸ πρᾶτον ἁρμοσθέν?

D'abord ces éléments sont contraires : et en développant les oppositions que contiennent les deux premiers termes de cette contradiction, les pythagoriciens étaient arrivés à dresser une table de dix couples conjugués de contraires qu'ils appelaient ou que Aristote appelle des Systoichies ou Coéléments[2]. Ils avaient donc ici, comme dans le système céleste, obtenu ce nombre dix qui leur paraissait la forme de tout être, et de la perfection même. Voici cette table :

1. Fini et infini — πέρας[3], ἄπειρον.
2. Impair et pair.
3. Un et multitude, ἓν, πλῆθος.
4. Droit et gauche.
5. Mâle et femelle.
6. Repos et mouvement.
7. Rectiligne et curviligne.
8. Lumière et ténèbres.
9. Bien et mal.

1. Jean. Philop., *in l. de An. C.*, p. 2. Brand., *De perd. lib. Arist.*, p. 49 : Τὰ εἴδη ἀριθμοί εἰσιν, ἀριθμοὶ δὲ δεκαδικοί· ἕκαστον γὰρ τῶν εἰδῶν δεκάδα ἔλεγον.... Et plus loin, Brand., p. 52 : Ὥσπερ γὰρ καὶ ἀριθμοὶ δεκαδικοὶ πάντα.

2. *Met.*, I, 5 : Τὰς κατὰ συστοιχίαν λεγομένας.

3. Ce premier terme s'appelle quelquefois πεπερασμένον, quelquefois πέραινον. Ainsi il exprime à la fois la limite et le rapport, puis la chose amenée à cette forme, puis le principe et la cause de ce rapport.

10. Garré et étéromèque[1].

Cette table, premier essai arbitraire et d'un caractère tout exceptionnel des catégories de l'être, se retrouve avec quelques divergences dans les auteurs. Les pythagoriciens, dit Plutarque[2], donnent de nombreux prédicats au bien: l'un, le limité, l'immobile, τὸ μένον, le droit, τὸ εὐθύ, l'impair, le carré, l'égal, l'à-droite, τὸ δεξιόν, le lumineux, et en y comptant le bien, il conserve ainsi la décade des principes pythagoriciens qu'il change à peine. Simplicius[3] y ajoute le haut et le bas, l'antérieur et le postérieur; Diogène la réduit à trois membres, et Eudore à sept dont les noms sont sensiblement modifiés, comme on peut le voir par la nomenclature suivante :

1. L'ordonné, τὸ τεταγμένον.
2. Le limité, le défini, τὸ ὡρισμένον.
3. Le connaissable, τὸ γνῶστον.
4. Le mâle.
5. L'impair.
6. L'à-droite, τὸ δεξιόν.
7. La lumière[4].

Que cette classification n'appartienne qu'aux nouveaux pythagoriciens, et point aux anciens, c'est une chose qui me paraît plus contestable qu'à Zeller : et je la conteste formellement. Aristote d'abord, en nous la reproduisant au milieu de son exposition de la doctrine des anciens

---

1. Quadrilatère irrégulier, ou, d'après S. Thomas, rectangle comme opposé au carré.
2. *De Is. et Os.*, c. XLVIII, κατηγοροῦσι.
3. *Scholl. Arist.*, 492 a, 24.
4. Eudor., dans Simpl., *in Phys.*, f. 39 a, m. Porphyre, *V. P.*, 38, les réduit à six : il supprime l'impair.

philosophes et des anciens pythagoriciens, ne nous laisse rien soupçonner de tel; en outre dans plusieurs autres endroits de ses ouvrages, il la confirme partiellement[1]. Enfin, après avoir fait connaître les dix couples des contraires pythagoriciens, Aristote ajoute: « Alcméon de Crotone paraît les avoir admis tels que nous venons de les exposer, ὄνπερ τρόπον ἔοικε καὶ Ἀλκμαίων ὑπολαβεῖν[2]. » Si Alcméon admettait cette table, elle remonte assurément, au moins quant à sa date, au plus vieux pythagorisme; puisqu'Alcméon est contemporain de Pythagore, et cette origine ne serait pas moins ancienne, si, au lieu de l'avoir reçue des pythagoriciens, Alcméon était lui-même, si non l'auteur de la table déterminée, du moins l'inventeur du principe qui y a conduit.

Si l'on regarde avec soin cette table, pour se rendre compte de la nature des deux éléments principaux dont elle n'est que le développement artificiel et arbitraire, on verra que la limite, qui est à la fois la chose limitée, τὸ πεπερασμένον, et la cause limitante, renferme en soi l'Un: ce qui est assez extraordinaire. Car il résulte de là que l'un, τὸ πρῶτον ἕν, est l'harmonie de l'Un et de la multitude, qu'il est à la fois le rapport, l'un des termes du rapport, et la cause de ce même rapport. Eudore en a voulu conclure qu'il y a deux sortes d'unités : « car, dit-il, si l'unité est obligée de s'unir à la multitude pour produire l'être, l'unité n'est plus principe universel, ni principe unique : et il faut dire qu'il y a deux principes:

---

1. *Ethic. Nic.*, II, 5. Le mal appartient à l'infini, disent les pythagoriciens, et le bien au fini. *Ethic. Nic.*, I, 4. Les pythagoriciens mettent l'Un dans la série des Biens.

2. *Met.*, I, 5.

1. L'Un comme principe. 2. L'Un et la dyade, réunis en une seule chose, et il est clair qu'autre chose est l'Un si on le considère comme principe de tout, autre chose si on le prend pour contraire de la dyade avec laquelle il forme ce qu'on appelle monade[1]. L'Un absolu n'a pas de contraire.

Eudore en conclut que l'Un, principe universel, est le Dieu suprême, τοῦτο δὲ εἶναι τὸν ὑπεράνω θεόν, distinct de choses, ἕτερον, c'est la Cause avant la cause[2]; la cause efficiente et formelle, la vraie nature de l'Un, l'esprit[3].

C'est ce Dieu placé au-dessus et en dehors de ces éléments qui les rapprocherait l'un de l'autre, les amènerait à l'unité, et créerait ainsi le monde ordonné. Il y aurait ainsi quatre principes :

1. Eudor. dans Simplic., *in Phys.*, f. 39 a, m. : Ἄλλο μέν ἐστιν ἕν, ἡ ἀρχὴ τῶν πάντων, ἄλλο δὲ τὸ τῇ δυάδι ἀντικείμενον ὃ καὶ μονάδα καλοῦσιν.

2. Αἰτία πρὸ αἰτίας. Mot magnifique d'ailleurs, attribué à Archénète, personnage inconnu, que Boeckh remplace par Archytas. *Philol.*, p. 53. Brand., *De perd. lib. Arist.*, p. 36.

3. Moderat., I, 3, 14. Stob., I, 10, 12300 : Ἡ μὲν ἐπὶ τὸ ποιητικὸν αἴτιον καὶ εἰδικὸν, ὅπερ ἐστὶ νοῦς, ὁ θεός, ἡ δὲ ἐπὶ τὸ παθητικὸν καὶ ὑλικὸν, ὅπερ ἐστὶν ὁ ὁρατὸς κόσμος. *Id.*, I, 7, 14. Stob., I, 58. Euseb., *Praep. Ev.*, XIV, 15, 6 : Τὴν μὲν μονάδα θεὸν καὶ ἀγαθὸν ἥτις ἐστὶν ἡ τοῦ ἑνὸς φύσις, αὐτὸς ὁ νοῦς. Conf. Stob., I, 210. Eudor. dans Origen., *Phil.*, p. 6 : « Le nombre, principe premier, infini, insaisissable, c'est l'Un ; le principe des nombres, quant à la substance, καθ' ὑπόστασιν, est la première monade, c'est-à-dire la monade mâle, qui engendre à la façon du père tous les autres nombres. En second lieu, vient la dyade, nombre femelle. » Déjà cette distinction entre l'Un et la monade était attribuée à Archytas parmi les anciens pythagoriciens, et à Dératus (*sic*) et à Nicomaque parmi les nouveaux. (Syrian., *in Met.*, XIII, 8; Brand., *De perd. libr. Arist.*, p. 36). Ὅλως δὲ διαφορᾶς οὔσης παρ' αὐτοῖς ἑνὸς καὶ μονάδος. Procl., *in Tim.*, 54 d : « Le premier, suivant les pythagoriciens, est l'Un, τὸ ἕν, qui domine toutes les oppositions; le second, la monade intelligible ou le limitant; puis la dyade indéfinie. » Damasc., *de Princip.*, c. XLIII-XLVI, p. 115 : « L'Un, τὸ ἕν, pré-

1. L'Un principe ou Dieu, sans contraire, cause efficiente.

2. La limite, l'Un élément des choses, ayant pour contraire,

3. La dyade, l'illimité, la matière.

4. Les choses visibles, résultant du mélange opéré par Dieu.

On peut dire qu'il y aurait trois unités.

1. L'Unité absolue ou Dieu, forme séparée des choses.

2. L'Unité élément, considérée comme forme inséparable des choses.

3. L'Unité de l'être réel.

Sans doute en approfondissant les notions enveloppées par les pythagoriciens dans leurs principes, on peut en développer et en dégager ces distinctions, et Proclus

cède la monade. » C'est le contraire dans Modératus. Stob., I, 1, p. 20 : « Quelques-uns considéraient la monade comme le principe des nombres, et l'Un, τὸ ἕν, comme le principe des nombrés. Cet Un est un corps partagé à l'infini. En sorte que les choses nombrées diffèrent des nombres, comme les corps des choses incorporelles. Il faut savoir que ce sont les modernes (peut-être Platon?) qui ont introduit comme principes la monade et la dyade, tandis que les vrais pythagoriciens ont considéré comme telles toutes les positions successives de limites, par lesquelles on conçoit les nombres pairs et impairs. » Photius, Cod., 249 : « La monade appartenait au monde des intelligibles; l'Un existe dans les nombres. » Anon., Vit. Pyth., p. 44, éd. Holst. : « Il n'est pas possible d'accepter le renseignement de Syrianus (ad Met., XIII, 6; Arist. et Theoph., Met., ed. Br., 312). « Pythagore s'est exprimé sur les nombres de deux manières différentes : lorsqu'il dit que le nombre est le développement et l'acte des raisons séminales contenues dans la monade, il pose un nombre qui est sorti de son propre principe, en se causant lui-même par une génération sans mouvement, qui reste identique en lui-même, tout en se divisant et se déterminant dans les espèces diverses. Mais lorsqu'il nous parle du principe antérieur à tout, ayant sa substance (ὑπόστάν) dans l'esprit divin, par qui et de qui tout a reçu son ordre, sa place immuable, il pose un nombre paradigme, créateur et père des dieux, des démons et des hommes. »·

n'y manquera pas ; il posera avec toute la précision et
la netteté que le sujet permet :

1. L'unité du multiple ou du sujet participant.
2. L'unité de la forme participée et participable.
3. L'unité absolue de l'imparticipable.

Mais Aristote ne nous permet pas d'attribuer aux
pythagoriciens un idéalisme si profond, un monothéisme si pur, un dualisme si tranché. Celui des fragments de Philolaüs, qui semble contenir le plus
expressément la notion d'un Dieu unique, est légitimement suspect, et il serait facile d'appliquer au monde
les termes mêmes qui paraissent exprimer l'idée d'un
être d'une nature supérieure et étrangère aux choses,
et si non au monde tout entier, du moins à ce feu central, à cet Un premier dont on peut bien dire avec
Philon[1] citant Philolaüs : « Celui qui gouverne et com-
mande tout, est un Dieu un, éternel, stable, immobile,
semblable à lui-même, différent des autres choses. »
Sans aucun doute il est « supérieur à la matière[2], » comme
le dit Athénagoras en interprétant un mot de Philolaüs,
cité par Platon ; il lui est même antérieur, si l'on veut,
pourvu qu'on entende par là logiquement, rationnellement antérieur ; antérieur par la dignité de l'essence,
mais non dans l'ordre de la réalité et du temps..

C'est avec ce feu central, cette monade première, vivante, concrète, harmonie elle-même des contraires,
πρῶτον ἁρμοσθέν, dont la puissance est excellente et
souveraine, que le monde, son ouvrage a quelque affinité ; c'est grâce à elle, qui le gouverne, qu'il est un

---

1. *De mund. opif.*, p. 24 B, p. 151.
2. Athen., *Leg. p. Christ.*, p. 25. B., p. 151 : Ἀνωτέρω τῆς ὕλης.

comme elle, et comme elle aussi éternel. On peut considérer cet Un comme une âme du monde, mais à la condition que cette âme formera avec le corps du monde ce rapport inséparable, cette unité indissoluble, cette harmonie nécessaire de tout ce qui est[1]. Aristote nous le dit en termes dont nous ne pouvons méconnaître la force : « Ni l'Un ni l'Infini n'ont d'existence séparée des êtres dont ils sont les attributs; le fini, comme l'infini, n'existe que dans le rapport qui les lie, et qui concilie dans l'harmonie les oppositions, dans l'Unité réelle le dualisme apparent et logique des principes[2]. »

On trouve dans Aristote l'exposition d'une doctrine dont il ne nous nomme pas les auteurs qu'il nous laisse deviner. Après avoir rappelé l'opinion qui fait naître toutes choses de contraires, opinion pythagoricienne, on le sait, il ajoute : « Les uns considèrent la matière comme un des contraires : ceux-ci opposent à l'Un qui constitue l'égalité, l'inégalité qui est l'essence de la pluralité, ceux-là opposent directement à l'Un la pluralité.... d'autres, enfin, opposent à l'Un τὸ ἕτερον, et τὸ ἄλλο.[3] »

Sur ce passage. Alexandre nous dit : « Pythagore lui-

---

1. Δημιουργίαν ἄρρηκτον. Clem. Alex., *Protrept.*, p. 47 : Ὁ μὲν θεὸς εἷς· οὗτος δὲ οὐχ ὥς τινες ὑπονοοῦσιν ἐκτὸς τῆς διακοσμήσεως, ἀλλ' ἐν αὐτᾷ ὅλος. Dieu est tout entier dans les choses, et n'a aucune personnalité libre et indépendante. Galen., *De hist. philos.*, c. VIII, p 251 : Πυθαγόρας δὲ τῶν ἀρχῶν τὴν μὲν μονάδα θεὸν καὶ τὸ ἀγαθὸν ᾠήθη, ἥτις ἐστὶν ἡ τοῦ ἑνὸς φύσις, αὐτὸς ὁ νοῦς. C'est encore le sentiment de J. Bruno : « Deus in rebus. Ogni cosa hà la divinità latente in se. » Mais Bruno, tout en identifiant l'Un avec le Tout, le met cependant au-dessus du Tout.

2. Nicom., II, p. 59. *Fragm. de Phil.*, Boeckh. p. 51 : Ἁρμονία δὲ πάντως ἐξ ἐναντίων γίνεται· ἐστὶ γὰρ ἁρμονία πολυμιγέων ἕνωσις καὶ διχᾶ φρονεόντων σύμφρασις.

3. *Met.*, XIV, 1. -

même soutenait la génération des nombres par la pluralité, ἡ γένεσις τῶν ἀριθμῶν ἐκ τοῦ πλήθους, tandis que
d'autres pythagoriciens opposaient à l'un τὸ ἕτερον et
τὸ ἄλλο confondus en une seule essence, ὡς μίαν
φύσιν[1]. » La différence entre ces deux manières de
concevoir le principe comme principe de la multiplicité,
ou comme principe de la différence, de l'infini, n'est pas
ici ce qui nous intéresse : je m'attache seulement à cette
opinion de Pythagore qui fait naître les nombres de
l'élément multiple : le nombre n'est donc pas un pur
idéal. En tant qu'il se réalise et s'individualise, qu'il
entre dans le devenir, l'Un naît de la pluralité, en ce sens
qu'il est la synthèse de l'infini qui la représente, et
du fini, de la limite, qui a la même nature et la même
essence que l'Un[2].

Je répète donc que si l'on ne veut pas introduire dans
l'histoire des idées et des opinions philosophiques l'arbitraire des interprétations qui les éclaircissent, les
complètent, les corrigent, qui y font entrer les conséquences qu'on peut tirer logiquement des principes,
mais que n'ont point formulées ni conçues leurs auteurs,
on sera obligé de reconnaître que les pythagoriciens
n'ont pas distingué plusieurs unités de nature et d'essence différentes. La limite, le nombre, l'Un, n'a d'existence que dans les choses, et là il joue à la fois des
fonctions fort différentes assurément, mais qu'ils n'ont
pas conçues comme contradictoires ; car l'Un est, comme

---

1. *Scholl. Arist. minor.*, p. 326, 2 et 18.
2. Syrian., *ad Met.*, XIII, p. 102. Hartenst., *Fragm. Arch.*, p. 12 :
Διὰ μὲν τοῦ πέρατος τὴν τῷ ἑνὶ συγγενεστέραν ἐνδεικνύμενος πᾶσαν
συστοιχίαν, « per finem quidem uni cognatiorem ostendens omnem
coordinationem. »

je l'ai dit, dans le rapport qui constitue l'être réel, à la fois la forme, un des termes, la cause et le résultat du rapport; ou, comme dit Aristote, le nombre est la matière, l'essence, la forme et toutes les propriétés de l'être.

Le dualisme est d'ordre purement abstrait et mental, κατ' ἐπινοίαν ; l'Unité est d'ordre réel ; et c'est ainsi qu'il faut comprendre ce qu'Aristote nous dit dans son *Éthique* : « Les pythagoriciens ont mis le mal dans la série de l'infini, le bien dans la série de la limite[1]. » Oui, dans l'ordre idéal, mental, l'Un est opposé à la multitude, comme le bien au mal, le fini à l'infini, mais dans l'ordre de la réalité cette opposition disparaît pour faire place à l'harmonie qui lie dans une unité indissoluble, par les liens de fer de la nécessité[2], le fini et l'infini, l'Un et la pluralité, la limite et l'illimité, le bien et le mal. Et comme le nombre est l'élément supérieur et idéalement antérieur dans ce mélange[3], comme il donne aux choses leur forme et leur essence, et que le bien est une qualité qui lui est propre[4], toute chose est plutôt bonne que mauvaise, en tant qu'elle est un nombre ; et comme toute chose est un nombre, l'être est bon. Nous sommes

---

1. *Ethic. Nic.*, I, 4; et II, 5. Sous cette réserve, on peut accepter l'authenticité des passages suivants : Syrian., *ad Met.*, XIV, 1. *Scholl. minor.*, p. 325. « Brontinus le pythagoricien dit que l'Un l'emporte par la dignité et la puissance de l'essence et de l'esprit. »
2. Δημιουργίαν ἄρρηκτον.... ἀνάγκῃ.
3. Πρῶτος, *Met.*, I, 5.
4. Aristote (*Ethic. Nic.*, II, 5, et surtout I, 4) dit peut-être avec un peu de négligence que les pythagoriciens ont placé l'Un, τὸ ἕν, dans la série des biens. Le Bien n'est pas principe de série chez les pythagoriciens, qui auraient plutôt et ont même placé, au contraire, le Bien dans la systoichie de l'Un (*Met.*, I, 5). Gruppe déclare hardiment que le passage de l'*Éthique à Nicomaque*, I, 4, est interpolé.

loin encore du principe platonicien, qui fait du Bien la
cause de l'être, et par conséquent l'élève au-dessus de
l'être même. Mais toutefois comme c'est par son unité
que l'être est, et par son unité qu'il est bon, on aperçoit le germe des grandes doctrines de Platon, et le lien
de ces notions fécondes de l'Un, du Bien, de l'Être[1].
L'élément inférieur est l'ἄπειρον, l'infini, identique
ou analogue au pair, à la pluralité, au sexe féminin,
au mouvement, aux figures curvilignes et étéromèques,
aux ténèbres et au mal. Nous avons dit plus haut que
le terme de dyade indéfinie n'appartient pas à la langue
des anciens pythagoriciens; mais il est certain que dans
la sphère tout idéale de l'opposition, l'infini représente la
matière en face de la forme représentée par le nombre[2].
Tous les écrivains le reconnaissent d'un commun accord[3] : c'est le principe de tout ce qui est désordonné,
informe, πᾶσα ἀμορφία, de tout ce qui n'a pas la mesure, soit par excès, soit par défaut[4]. Les pythagoriciens

1. L'identité de l'Être et du Bien est attribuée à Brontinus le pythagoricien par Syrianus et Alexandre d'Aphodise; Syrian., *in Met.*,
XIV, 1. *Scholl. minor.*, p. 339. « Platon et Brontinus le pythagoricien
disent que le Bien est l'Un, et a son essence dans l'Unité, ἐν τῷ ἓν
εἶναι. » Et un peu plus haut : « l'Un et le Bien sont au-dessus de l'essence
(ὑπερούσιον) pour Platon et Brontinus le pythagoricien, et pour ainsi
dire pour tous ceux qui sont sortis de l'École des pythagoriciens. »
Mais ce fragment, joint aux arguments de fait qu'on trouvera plus
haut, montre que la doctrine en est postérieure au platonisme.
2. Sext. Emp., adv. *Math.*, X, 261 : Τὸν δὲ τῆς πασχούσης ὕλης τὴν
δυάδα.... Porphyr., 38. Δυάδα.... περιφερὲς καὶ περιφερόμενον. Moderat.,
1, 3, 14. Stob., I, 300 : Τὸ παθητικὸν καὶ ὑλικόν. *Id.*, I, 7, 14 : Τὴν
δ' ἀόριστον δυάδα.... περὶ ἥν ἐστι τὸ ὑλικὸν πλῆθος.
3. Theophr., *Met.*, 9, qui attribue cette doctrine à Platon et aux pythagoriciens.
4. *Theolog. Arithm. Ast.*, p. 11 : Ἔλλειψις δὲ καὶ πλεονασμός.... Διὰ
τὸ μορφῆς καὶ εἴδους καὶ ὁρισμοῦ τινος ἐστερῆσθαι.

ne se sont pas probablement servis des termes qu'emploient, en reproduisant leur opinion, les écrivains qui
ont traversé d'autres écoles, et qui en parlent la langue
plus subtile et plus précise : ils se seraient probablement
bornés à constater qu'au sein de l'être individuel, comme
de l'être universel, ou le monde, qui sont, l'un et l'autre,
un nombre, l'expérience et l'observation reconnaissent
qu'il y a quelque chose qui se révolte contre cette loi du
nombre, et qui ne s'est pas laissé complétement enfermer dans la limite et ramener à l'Unité. C'est ce qu'ils
appelaient l'illimité, l'infini.

Nous nous trouvons encore ici en présence de certaines divergences dans les renseignements d'Aristote au
sujet de la vraie manière d'être de cet infini. « Tous les
philosophes, dit-il, ont fait de l'infini un principe des
êtres ; les uns, comme les pythagoriciens et Platon, considèrent l'infini comme ayant l'existence par soi, et non
pas comme l'attribut adhérent, comme la qualité acci-
dentelle d'une autre chose , καθ'αὐτὸ οὐχ ὡς συμβεβηκός
τινι ἑτέρῳ, ἀλλ'ὡς οὐσίαν αὐτὸ ὂν τὸ ἄπειρον : ils considèrent l'infini même comme substance. La seule différence, c'est que les pythagoriciens posent l'infini dans
les êtres sensibles mêmes ; car ils ne considèrent pas le
nombre comme séparable, et ils supposent que l'infini
est ce qui est en dehors du ciel [1]. »

Ce passage est en apparence opposé à celui de la *Mé-*
taphysique , où il est dit, au contraire, que « ni l'infini
ni l'Un ne sont des êtres séparés (l'un de l'autre et des
choses), comme le sont le feu, la terre, et tout ce qui a
une existence distincte, tandis que l'infini et l'Un sont la

1. *Phys.*, III, 4.

substance même des choses[1]. » Mais en y regardant d'un
peu plus près, cette apparente contradiction disparaît.
Non, certes, l'infini n'est pas un accident de l'être ; car
il en est l'essence οὐσίαν. Mais comment en est-il l'essence, la substance, puisque c'est le nombre qui l'est
déjà ? Il en est précisément l'essence au même titre que
le nombre; car il ne peut être dans les choses, ἐνυπάρχειν,
qu'à la condition d'avoir perdu sa nature, et pris celle du
nombre, et de s'être fondu avec lui dans une unité inséparable. Il y a plus : l'infini est, considéré logiquement,
abstraitement, en soi, αὐτὸ τὸ ἄπειρον, l'infini est la
source du nombre, puisqu'il en est un élément nécessaire : ἡ γένεσις τῶν ἀριθμῶν ἐκ τοῦ πλήθους [2].

Le point obscur et difficile de cette exposition est
ailleurs : L'infini assimilé, comme nous allons le
voir, et éternellement assimilé par le nombre est la
substance et l'essence du nombre. Ceci est clair ; mais,
ce qui l'est peu, c'est de placer cet infini en dehors
du ciel. Car il est bien difficile de comprendre qu'en le
plaçant en dehors du ciel, c'est-à dire du monde, ils ne
l'en séparent pas, et ne lui donnent pas alors une existence substantielle indépendante du nombre et de l'Un,
qui est cependant l'essence de tout être. Mais cette confusion est dans la question même de la matière, à laquelle il est tout aussi difficile de refuser que d'attribuer
l'être. Aussi, sans croire que les pythagoriciens ont
voulu, en mettant l'infini en dehors du ciel, le mettre
précisément en dehors de l'être, ils ont essayé de s'en

---

1. *Met.*, I, 5 : Τὸ ἄπειρον καὶ τὸ ἓν οὐχ ἑτέρας τινὰς ᾠήθησαν εἶναι
φύσεις, οἷον πῦρ, ἢ γῆν, ἤ τι τοιοῦτον ἕτερον, ἀλλ' αὐτὸ τὸ ἄπειρον, καὶ
αὐτὸ τὸ ἕν, οὐσίαν εἶναι τούτων ὧν κατηγοροῦνται.

2. *Scholl. minor.*, Alex., p. 326, 2.

faire un peu matériellement une représentation qui, sans réduire l'infini soit au véritable non être, soit à la pure possibilité d'être, notion à laquelle, certes, ils ne se sont pas élevés, diminuât la réalité de cet élément obscur et insaisissable, qui échappe aux sens comme à la raison, et qu'on ne saisit, dira Platon, que comme un fantôme dans les visions d'un rêve. Les pythagoriciens ont cru caractériser cet insaisissable élément en l'appelant le vide, τὸ κενόν. Rappelons-nous bien les propositions pythagoriciennes :

Le nombre est l'être même : ce qui est en dehors du nombre est en dehors de l'être. L'infini est en dehors du nombre : il en est le contraire logique ; il est donc en dehors de l'être, et nous allons voir cependant que ce non être a quelque être, et même a des fonctions essentielles dans le développement, le mouvement et la vie des êtres et du monde. Chassé par la raison de l'Univers, il y rentre sans cesse, et sans cesse le nourrit. Mais n'anticipons pas sur l'ordre de notre exposition, si toutefois nous sommes parvenus à y mettre quelque ordre.

« L'infini, dit Aristote, est le pair ; car c'est le pair qui, entouré et déterminé par l'impair, donne aux êtres l'élément de l'infini. Voici comment les pythagoriciens prouvent cette proposition : Dans les nombres, si l'on entoure l'unité de gnomons, ou que, sans traduire cette opération par une figure géométrique, on se borne à faire séparément le calcul, on verra que tantôt on obtient des figures toujours différentes, tantôt une seule et même espèce de figure[1]. »

Nous avons déjà vu en passant figurer le gnomon

1. *Phys.*, III, 4.

dans Philolaüs : ce dernier affirme que la connaissance n'est possible que s'il y a, entre l'essence de l'âme et l'essence de la chose à connaître, un rapport, une proportion, une correspondance de la nature de celle que manifeste le gnomon, κατὰ γνώμονος φύσιν[1].

Il veut dire, je crois, que le sujet doit envelopper et pour ainsi dire embrasser en partie l'objet, comme le gnomon embrasse et enveloppe en partie le carré dont il est complémentaire, et conserver avec son objet le rapport que les gnomons soutiennent avec leur carré.

Nous sommes obligé, pour pouvoir être compris, d'entrer ici dans quelques détails. Le gnomon des anciens était une figure en forme d'équerre, de même hauteur à l'intérieur qu'un carré, et qui, ajoutée à ce carré, faisait un second carré plus grand que le premier de la surface de cette équerre, composée de deux rectangles égaux et d'un petit carré :

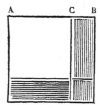

Si AB = a   AC = b   CB = c,
on a $a^2 = b^2 + 2bc + c^2$,
où $2bc + c^2 =$ la surface du gnomon.

Aristote parle encore de ce gnomon dans ses *Catégories*[2], où il dit : « Quand on ajoute un gnomon autour d'un carré, ce carré est augmenté dans sa dimension,

1. *Phil.*, Fr. 18, p. 151. Boeckh.
2. Ch. XIV, segm. 5, ou c. XI, 4.

mais l'espèce de la figure n'est pas changée, c'est-à-dire qu'elle reste un carré. »

De plus, le gnomon exprimant la différence de deux carrés peut être, en certains cas du moins, équivalent à un carré parfait; ainsi, dans la proposition du carré de l'hypoténuse $a^2 = b^2 + c^2$, le gnomon $a^2 - b^2 = c^2$.

Si $BA' = BA = c$, $CB = a$ $CA = b$.

le carré de $c +$ le gnomon $CDE = b^2$.

Ainsi, le gnomon est non pas égal en dimension, mais analogue en son espèce, du moins par équivalence, au carré dont il est complémentaire.

Enfin, en arithmétique, le gnomon avait la propriété de donner la formule des nombres impairs, $2n+1$, c'est-à-dire que le carré de tout nombre impair est égal au carré du nombre pair qui le précède immédiatement dans la série naturelle des nombres, plus deux fois ce nombre pair plus 1. Car si $a = n + 1$, $b = n$, $c = 1$,

on a $(n + 1)^2 = n^2 + 2n + 1$, expression dans laquelle le $2n + 1$ représente le gnomon.

Or on voit ici se produire le fait que remarque Aristote dans ses *Catégories* : les nombres impairs ajoutés aux nombres carrés reproduisent toujours des nombres carrés : l'expression de gnomon peut donc être considérée comme équivalente de celle des nombres impairs.

Si, en effet, on ajoute à l'Unité, mère des nombres, successivement chacun des nombres impairs de la série naturelle, on obtient un nombre non pas pair, mais carré,

Soit $3 - 5 - 7 - 9$.

$1 + 3 = 4 = 2^2$

$1 + 3 + 5 = 9 = 3^2$

$$1 + 3 + 5 + 7 = 16 = 4^2$$
$$1 + 3 + 5 + 7 + 9 = 25 = 5^2$$

Et si l'on opère géométriquement la construction, on verra que si au carré $AC = 1^2$ on ajoute les gnomons, on a la figure en équerre représentée d'abord par $2bc + c^2$ puis par $2bd + d^2$; on aura de la sorte toujours des figures de dimension plus grande, mais toujours de même espèce, tandis qu'au contraire si à l'Unité on ajoute successivement chacun des nombres pairs, et tous ensemble, on arrive à produire des nombres et des figures étéromèques, tous différents entre eux. Qu'est-ce que ces nombres étéromèques? Nous en trouvons une explication assez obscure dans Iamblique[1].

Il y a, dit-il, une distinction à faire entre la formation des nombres carrés et celle des étéromèques, ou nombres plans oblongs[2].

Pour les premiers, on part de l'unité, et l'on y revient, en sorte que les nombres placés en forme d'un double stade, vont en croissant jusqu'à la racine du carré; cette racine forme comme la borne du stade autour de laquelle tournent les nombres pour revenir en diminuant jusqu'à l'unité d'où ils sont partis; ainsi :

$$\begin{matrix} 1 & 2 & 3 & 4 \\ & & & & 5 = \sqrt{25}\,[3] \\ 1 & 2 & 3 & 4 \end{matrix}$$

Dans la formation des étéromèques il en va tout autre-

---

1. V. M. Boeckh, *Philol.*, p. 149.
2. Il s'agit, dit M. Renouvier, t. I, p. 185, d'un rectangle tel, que l'un des côtés surpasse son adjacent d'une seule unité de longueur, ou, arithmétiquement parlant, d'un nombre produit de deux facteurs différents d'une unité.
3. Et 25 est la somme de ces neuf nombres.

ment : si on veut ajouter, comme on le fait dans le gnomon, à un nombre la somme des nombres pairs, on verra
que pour obtenir des étéromèques on est obligé de ne
pas s'en tenir à l'unité, mais de prendre le nombre deux,
et si l'on veut faire le même diaule que précédemment,
on peut bien partir de l'unité, mais on sera au retour
obligé de s'arrêter à deux.

En effet la somme des nombres

$$1 \quad 2 \quad 3 \quad 4$$
$$5$$
$$2 \quad 3 \quad 4$$

donne 24, nombre plan rectangle, dont un côté est 4 et
l'autre 6.

Par étéromèques j'entendrais donc non pas des poly-
gones, dont le nombre de côtés s'augmente sans cesse,
mais des rectangles dont les dimensions des côtés changent sans cesse, et où l'espèce de la figure peut paraître,
à chaque changement dans le rapport des côtés, constamment modifiée[1].

Mais quelle signification philosophique peuvent avoir
ces observations curieuses sur les propriétés des nombres? Il faut se rappeler qu'il y a eu dans l'esprit des
pythagoriciens une confusion funeste du nombre mathématique et du nombre concret et réel. La génération des
nombres devait donc leur apparaître comme la génération des choses, et les propriétés des figures et des nombres devaient manifester les propriétés des objets réels.

Ils s'efforçaient ainsi, pour rendre compte de l'élé-

1. C'est ce que dit Aristote, *Phys.*, III, 4 : Ἄλλο μὲν ἀεὶ γίνεσθαι τὸ
εἶδος; et peut-être ce que veut dire Simplicius, *Scholl. Arist.*, p. 362 a.
l. 25 : Ὁ δὲ ἄρτιος προστιθέμενος ἀεὶ τῷ τετραγώνῳ ἐναλλάσσει τὸ
εἶδος, ἑτερομήκη ποιῶν, ἄλλοτε κατ' ἄλλην πλεύραν παρηυξημένον.

ment multiple et changeant des choses, que l'expérience atteste, de montrer cette même mobilité incessante des figures et des nombres; ils opposaient à la constance du rapport invariable des côtés du carré, quelle qu'en soit la grandeur, l'infinité des nombres étéromèques, tous différents entre eux, et ils s'efforçaient de montrer que le principe de la variabilité est dans le nombre pair « qui donne aux choses, comme aux nombres, le caractère de l'infinité qui est en lui, τοῦτο γὰρ τὸ ἄρτιον παρέχει τοῖς οὖσιν τὴν ἀπειρίαν[1]. »

Le nombre deux, la dyade seule, peut produire cette incessante mobilité des figures [2], et voilà pourquoi la dyade fut plus tard assimilée au pair et résuma en elle les caractères de la multiplicité changeante et informe, toujours en mouvement, en génération, en devenir, tandis que l'impair n'est pas produit. « C'est évidemment le pair[3].» Il est évident que l'erreur du système fait éclater ici bien des contradictions dont triomphera facilement l'implacable bon sens d'Aristote. Comment peut-on dire que l'impair ne se produit pas, puisqu'il est un nombre, et que tout nombre vient de l'unité? Comment, d'un autre côté, peut-on dire que le pair est l'infini en soi et qu'il communique ce caractère aux choses où il pénètre; car le pair est un nombre, et l'infini n'a pas de nombre? On peut dire que les pythagoriciens ont assimilé ici l'impair avec l'unité; et s'ils appellent le pair infini, c'est qu'il se divise en parties égales, et que l'infini se divise par

1. Arist., *Phys.*, III, 4.
. Iambl. Boeckh, p. 149 : Ἡ δυὰς μόνη φανήσεται ἀναδεχομένη.
3. Arist., *Met.*, XIV, 4 : Τοῦ μὲν περιττοῦ γένεσιν, οὔ φασιν, ὡς δῆλον ὅτι τοῦ ἀρτίου οὔσης γενέσεως.

deux en parties égales [1]. Si l'on objecte que l'infini divisé par deux n'est plus infini, on l'accordera ; car les pythagoriciens admettent bien que l'infini en soi, c'est-à-dire en dehors du monde et de l'être [2], n'a pas de nombre ; mais ils proclament aussi que cet infini se laisse assimiler par le fini, qui lui communique sa propre forme, sans lui ôter absolument toute la sienne ; c'est ce qui fait que, même soumis par la vertu du nombre, il conserve et communique aux choses son élément d'infinité, c'est-à-dire de changement, de multiplicité, d'imperfection, παρέχει τοῖς οὖσι τὴν ἀπειρίαν [3].

Le pair est donc ou analogue ou identique à l'infini ; mais il ne faut pas le confondre avec le nombre pair, qui, en tant que nombre, est déterminé, mais, en tant que pair, conserve un principe d'indétermination que lui communique le pair qui entre dans sa composition.

1. Simplic., *in Phys.*, f. 105 a : Οὗτοι δὲ τὸν ἄπειρον τὸν ἄρτιον ἀριθμὸν ἔλεγον, διὰ τὸ πᾶν μὲν ἄρτιον, ὥς φασιν οἱ ἐξηγηταὶ, εἰς ἴσα διαιρεῖσθαι, τὸ δὲ εἰς ἴσα διαιρούμενον ἄπειρον κατὰ τὴν διχοτομίαν.

2. L'infinité de l'espace comme lieu était démontrée d'une manière originale par Archytas, comme nous le verrons plus loin.

3. M. Zeller veut qu'on distingue le nombre pair de l'élément pair, et le nombre impair dé l'élément impair : et il a raison en partie, quoiqu'il ne s'explique pas assez clairement; car, avant qu'il n'y ait nombre, c'est-à-dire unité et rapport de l'élément impair et de l'élément pair des choses, il n'y a pas moyen qu'il y ait des nombres pairs ni impairs.

4. L'identité du pair et de l'infini est fondée sur ce fait que l'impair devient illimité et infini, quand il reçoit en soi le pair; car alors le nombre impair, en soi déterminé, devient indéterminé, si, par l'addition d'une unité, on en fait un nombre pair; et tel est le sens que M. Zeller trouve au passage d'Aristote, *Phys.*, III, 4 : Περιτιθεμένων γὰρ τῶν γνωμόνων περὶ τὸ ἓν, καὶ χωρὶς, ὅτε μὲν ἄλλο γίγνεσθαι τὸ εἶ. δος, ὅτε δὲ ἕν. Si à l'unité on ajoute les gnomons, ou nombres impairs, les nombres impairs deviennent pairs. Si on laisse isolés, χωρίς, l'unité et les nombres impairs ou gnomons, ils demeurent limités et finis.

Mais on comprend que le rapport change suivant la quantité des termes qui le constituent, et si dans un nombre ou un être, le pair entre pour une plus grande part que l'impair, le rapport s'en ressentira évidemment. Les pythagoriciens voulaient donc montrer, par ces formules mathématiques, comment les choses et les nombres participent tous du pair et de l'impair, et reçoivent des propriétés différentes suivant qne les éléments du mélange, étant changés dans leur quantité, changent la nature du rapport qui les constitue. Mais tout nombre, tout être réel, c'est-à-dire toute unité, participe du pair et de l'impair, quoiqu'il y ait des nombres pairs et des nombres impairs; car toute unité concrète, ayant grandeur, τὸ πρᾶτον ἐν ἔχον μέγεθος, reçoit du pair la faculté, la puissance d'une division à l'infini, à laquelle elle résiste en réalité par la vertu de l'impair que son unité contient et exprime [1]. Aristote dit en effet, dans le *Pythagorique*, « que l'Un participe de la nature des deux ; car ajouté au pair il le rend impair, et ajouté à l'impair il le rend pair, ce qu'il ne pourrait pas faire s'il ne participait pas des deux. C'est pourquoi l'Un était appelé pair impair, ἀρτιοπέρισσον, opinion à laquelle se range également Archytas [2].

Voilà donc comment on peut dire que l'Un est principe universel de l'universalité des choses. Pythagore disait que l'Unité est le principe des choses, parce que

---

1. Simplic., *ad Phys.*, III, 4; *Scholl. Arist.*, 362 : Δυνάμει γὰρ οὐκ ἐνεργείῃ ἔχει τὰς τομὰς τὰς ἐπ' ἄπειρον. En effet, les corps sont bien en puissance, mais non en réalité toujours divisibles par deux.
2. Theon Smyrn., *Arithm.*, p. 30, ed. Bouillaud. Cf. Nic., *Arithm.* *Isag.*, I, 9, p. 12. Moderat., Stob., I, 22. *Philol.*. Fr. 2. Stob., I, 456. Iambl.. *in Nic.*, p. 29.

c'est par la participation κατὰ μετοχήν, que chaque chose
est dite Une chose ; si dans cette Unité on ne pense que
l'identité de la chose avec elle-même, on l'appelle monade ; mais si on la conçoit comme ajoutée à elle-même,
comme se doublant ou se dédoublant, c'est-à-dire sous la
notion de la différence, καθ' ἑτερότητα, elle produit ce qu'on
appelle la dyade indéfinie. Avec la monade et la dyade,
c'est-à-dire avec 1 et 2, on engendre tous les nombres,
tant les pairs que les impairs[1]. L'Un, pair-impair, fini et
infini, engendre toutes les variétés des nombres [2]; il engendre donc toutes les différentes choses, et est le principe de leur identité avec elles-mêmes, comme de leur
différence avec les autres choses, parce qu'il est lui-
même le rapport, la synthèse de la différence et de
l'identité [3].

Comment se produit cette génération des nombres et
des choses par l'infini ou le pair ?

Placé en dehors du monde qu'il enveloppe, principe

1. Sext. Emp,, adv. Math., X, 261. Plus tard probablement, on
voulut que la première forme du nombre fût le point; la deuxième, la
ligne, etc. Diog. L., VIII, 24 : Ἐκ δὲ τῶν ἀριθμῶν σημεῖα.
2. Plut , Qu. Rom., 102 : Γόνιμος γάρ ἐστι ὁ πέριττος. Eudor. Origen., Philos., p. 6 : « Le premier nombre, qui est l'Un, est principe :
infini, insaisissable, ἀκατάληπτος, il comprend en lui-même tous les
nombres jusqu'à l'infini. »
3. Sext. Emp., X, 261 : Κατ' αὐτότητα μὲν ἑαυτῆς νοουμένην μονάδα.... καθ' ἑτερότητα δὲ ἀποτελεῖν τὴν καλουμένην δυάδα. Y aurait-il
là comme un pressentiment de cette profonde analyse, qui montre
dans l'acte du moi, prenant conscience de lui-même, un non-moi, et
qui nie la possibilité d'une pensée où le moi se contemplerait lui-
même et lui seul, sans même s'opposer à lui-même? La monade a-t-elle
la faculté de se penser d'une part comme identique à elle-même, de
l'autre comme différente? Cette différence engendre le nombre deux;
et, avec l'un et le deux, tous les nombres sont donnés, c'est-à-dire le
moi et le non-moi.

de tout ce qui, dans les choses, est indéterminé, informe, variable, l'Infini était presque identifié par les pythagoriciens avec le vide, et était appelé quelquefois le souffle infini, τὸ ἄπειρον πνεῦμα. Du moins c'est dans cet air infini que se produit le vide [1]. « Les pythagoriciens soutenaient l'existence du vide : selon eux, voici comment le vide s'introduit dans le monde : οὐρανός [2]. » Le monde doit être considéré comme un grand Tout vivant ; il représente tout ce qui est organisé, et a, par conséquent, une forme, une mesure, un nombre ; puisqu'il vit, le monde respire, car la respiration est le phénomène primitif et le caractère le plus évident de la vie. En respirant, le monde aspire et absorbe en lui le vide qu'il tire de l'infini [3]. Ainsi s'introduit le vide dans le

1. Arist., *Phys.*, IV, 8, n. 9, ou 6, n. 7, suivant les éditions.
2. Le ciel, le monde, n'est qu'une partie de l'univers : c'est celle où règne l'ordre et où se montre plus ou moins la limite l'harmonie, le nombre, ὁ κόσμος.
3. Arist., *Phys.*, IV, 6, n. 7 : Ἐπεισιέναι αὐτὸ τῷ οὐρανῷ ἐκ τοῦ ἀπείρου πνεύματος ὡς ἂν ἀναπνέοντι. M. Barthélemy Saint-Hilaire traduit les mots soulignés par « l'action du souffle infini. » Mais si πνεῦμα, souffle, désigne ici la fonction même de la respiration, cette fonction ne peut être attribuée qu'au monde vivant; or, il est contraire à la représentation pythagoricienne de donner au monde fini une fonction infinie. Si l'on conserve le texte, il faut donner à πνεῦμα ici le sens de cette sorte d'espace immense, sans limite, non pas dépouillé de toute réalité matérielle, mais n'en ayant qu'une insaisissable, impalpable, comme on se représente un souffle d'air. Tennemann, *Hist. de la phil.*, I, p. 110, propose de lire : « ἐκ τοῦ ἀπείρου πνεῦμα. » L'air alors, πνεῦμα, serait attiré du sein de l'infini dans le corps du monde, et on aurait un sens satisfaisant. Il est vrai que Stobée, en citant le passage d'Aristote, reproduit et confirme la leçon πνεύματος. Mais, dans un autre endroit (*Ecl.*, I, 19, p. 380, 382), il autorise la correction heureuse de Tennemann par cette citation : « Dans son premier livre sur la philosophie de Pythagore, Aristote écrit que le ciel est un ; que de l'infini sont introduits en lui le temps, l'air et le vide, qui détermine par une limite l'espace étendu qu'occupe chacun

monde; alors on peut dire que c'est par là que naît le
monde, ou plutôt qu'il se développe et se forme. Car le
vide est ce qui détermine, définit les êtres, puisqu'il sépare
chacun d'eux de tous les autres, et, par cette limite qui les
distingue, constitue leur vraie et propre nature. En effet,
le vide est une sorte de séparation, de limitation, de dis-
crétion du continu. Nécessaire à la constitution propre
des choses, le vide, l'infini est donc, tout autant que
le fini, un élément premier subsistant dans les nombres,
c'est-à-dire dans les êtres [1]. Ainsi le nombre n'est pas
forme pure, en tant qu'être réel, concret, distinct, ayant
sa nature propre et séparée ; si l'essence pure du nombre a la vertu d'individualiser les êtres, en incorporant
les germes rationnels [2], si le fini est premier [3], l'infini
est également premier ; et de même que nous avons vu
que le nombre vient de l'Un [4], nous pouvons dire aussi
qu'il vient de la pluralité [5]. Le nombre ou l'être n'est

---

des êtres. Ἐπεισάγεσθαι δ' ἐκ τοῦ ἀπείρου χρόνον τε καὶ πνόην καὶ τὸ
κενόν, ὃ διορίζει ἑκάστων τὰς χώρας ἀεί. « Il est évident que πνόη est l'é-
quivalent de πνεῦμα, comme εἰσάγεσθαι ὃ' ἐπεισιέναι, et qu'alors nous
sommes autorisé à lever la difficulté du passage de la *Physique* par
une très-légère correction.

1. Arist., *Phys.*, IV, 6, n. 7 : Καὶ τὸ κενὸν, ὃ διορίζει τὰς φύσεις, ὡς
ὄντος τοῦ κενοῦ χωρισμοῦ τινος τῶν ἐφεξῆς, καὶ τῆς διορίσεως· καὶ τοῦτ'
εἶναι πρῶτον ἐν τοῖς ἀριθμοῖς· τὸ γὰρ κενὸν διορίζειν τὰς φύσεις αὐτῶν.
Il y a une contradiction évidente et non résolue à faire du vide infini
le principe de la distinction, c'est-à-dire de la limite des choses.
2. *Philol.*, F. 18. Boeckh, p. 140 : Ἀριθμὸς καὶ ἁ τούτω ἐσσία....
σωμάτων καὶ σχίζων τοὺς λόγους χωρὶς ἑκάστους τῶν πραγμάτων.
3. *Met.*, I, 5 : Οἱ ἀριθμοὶ φύσει πρῶτοι.
4. *Met.*, I, 5 : Τὸν δ' ἀριθμὸν ἐκ τοῦ ἑνός.
5. *Met.*, I, 5 : Τὸ δὲ ἓν ἐξ ἀμφοτέρων. *Scholl. Arist. minor.*, p. 326 :
« D'après Aristote, Pythagore soutenait ἡ γένεσις τῶν ἀριθμῶν ἐκ τοῦ
πλήθους. » Plut., *Plac. Phil.*, II, 9 : Ἐκτὸς τοῦ κόσμου τὸ κενὸν εἰς ὃ
ἀναπνεῖ ὁ κόσμος καὶ ἐξ οὗ. Le vide est ainsi comme un grand réser-

qu'un rapport, et nous pourrions exprimer cette proposition sous une forme plus moderne sans être plus claire, en disant que, pour les pythagoriciens, l'être réel est le rapport de l'être en soi et du non-être en soi ; formule où le vice de la doctrine est du moins mis en relief, puisque pour expliquer l'être, on est obligé de le supposer, et que le passage de la puissance à l'actualité est sans raison. Aristote reproduit dans la *Métaphysique* cette explication imparfaite ; mais il l'abrége tellement qu'il l'obscurcit encore. « Il est absurde, dit-il, de faire une génération d'êtres éternels : c'est même une chose impossible, et cependant on ne peut pas mettre en doute que les pythagoriciens ne l'aient entrepris. Car ils soutiennent évidemment que l'Unité est composée, soit de plans, soit de la couleur (considérée comme expression et fôrmule de la qualité première, de l'étendue en surface qui est seule visiblement colorée), soit encore d'un germe, soit enfin d'une autre manière qu'ils ne savent comment expliquer. Ils ajoutent que, immédiatement après, la partie la plus voisine de l'infini fut attirée et déterminée par le fini [1]. » C'est ce que Nicomaque appelle la première séparation et distinction de la limite et de l'illimité [2], autrement dit, la première organisation du monde et sa génération. On a toujours ici la même représentation [3] : le fini attire, absorbe, par sa vie et sa vertu, l'infini et se

voir, d'où le monde puise, et auquel il restitue sans cesse l'un des éléments de sa vie.

1. *Met.*, XIV, 3 : Τοῦ ἑνὸς συσταθέντος, εἴτ᾽ ἐξ ἐπιπέδων, εἴτ᾽ ἐκ χροίας (peut-être une glose) εἴτ᾽ ἐκ σπέρματος.... Εὐθὺς τὰ ἔγγιστα τοῦ ἀπείρου, ὅτι εἵλκετο καὶ ἐπεραίνετο ὑπὸ τοῦ πέρατος....

2. Nic., *Arithm.*, II, 3, 8.

3. Comme dans la *Phys.*, III, 4, le pair est ἐναπολαμβανόμενον καὶ ὑπὸ περιττοῦ περαινόμενον.

l'assimile : et ce mouvement de la Vie et de l'Être[1], commence aussitôt, εὐθύς, que l'Un, le Germe est formé. Or il est éternel : du moins rien dans la doctrine n'explique comment il aurait pu naître; car il ne pourrait naître que d'un autre germe composé comme lui, lequel à son tour resterait sans cause et sans raison. Les pythagoriciens ne reconnaissent que l'être relatif, composé, mobile : or, ce devenir et cette relation renferment une contradiction nécessaire, que plus tard montrera Platon, et d'où il sortira, chose curieuse, par les principes mêmes des pythagoriciens.

Ainsi, au delà du monde organisé, existe un élément qui ne l'est pas, infini, sans forme, sans détermination, sans limite, sans nombre, principe de ce qui, dans le monde, est marqué du caractère de la pluralité, de la différence, de l'infinité, de l'illimitation. Il n'est guère possible de se faire de cet élément une autre idée que celle de la matière, qui se manifeste, qui se réalise, aussitôt qu'en vertu de la force d'attraction du noyau du monde, éternellement organisé, elle prend une forme, c'est-à-dire devient l'espace plein, limité, déterminé, divisé par le vide.

Pythagore a certainement connu la distinction de la matière et de l'immatériel. « Aristote, dans son traité sur la philosophie d'Archytas, rapporte que Pythagore appelait la matière τὸ ἄλλο, parce qu'elle est soumise au changement et devient incessamment autre. Il est évi-

---

1. Et on peut ajouter de la pensée; car la pensée va du semblable au semblable ; elle consiste, pour l'esprit, qui est limite, nombre, fini, à assimiler à soi ce qui est illimité et infini. Platon appellera cela reconnaître dans les choses, cette Idée, qui est analogue, sinon identique, à notre esprit.

dent que c'est de là que Platon a emprunté sa définition[1]. »

Mais il n'est pas moins certain que si Pythagore les a
distingués, il ne les a pas séparés. Comment donc a-t-il
conçu cet infini, placé en dehors de l'être ? Comme un pur
non-être ? Mais comment l'être se nourrira-t-il, se dé-
veloppera-t-il en absorbant le non-être ? N'est-il que la
possibilité, la puissance, que l'acte éternel de l'être organisé réalise incessamment, le mal que le bien soumet et
dompte, l'innombrable et l'illimité que le nombre ramène insensiblement à la limite et au nombre ? Mais outre
que rien ne nous autorise à prêter aux formules pythagoriciennes un sens si profond, on peut dire que le principe même de la doctrine interdit une interprétation si
idéaliste et si généreuse. Car cet Un premier qui réalise
éternellement l'infini, le contient par hypothèse éternellement. En sorte que le premier principe n'est pas acte
pur, mais à la fois acte et puissance, esprit et matière, un
et multitude, fini et infini. C'est toujours la même contradiction qui à la fois pose et détruit l'être, l'affirme et le nie.

§ 3. LE MONDE [2].

Mais l'infini ne peut prendre une forme, c'est-à-dire
devenir fini que par la vertu et la fonction supérieures
d'un autre élément : cet élément est l'Un, c'est-à-dire le
monde, considéré soit dans son ensemble un, ou ramené

---

1. Fragment tiré de Damascius, publié par Creuzer et par Gruppe,
Ueber d. Frag. Archyt., p. 79.
2. Le mot ὁ κόσμος semble avoir été appliqué pour la première fois
à l'ensemble des choses et à la cause de la beauté et de l'harmonie,
qui se révèle dans l'univers, par Pythagore. Plut., *Plac. Phil.*, II, 1,
1. Stob., I, c. XXI, p. 450 : Ὅς καὶ πρῶτος ὠνόμασε τὴν τῶν ὅλων πε-
ριοχὴν κόσμον ἐκ τῆς ἐν αὐτῷ τάξεως. Il paraît donc probable que la signification première du mot a été semblable à celle du mot latin *mun-*

à son noyau central, son germe composé, mais absolument un et premier.

Ce point vivant, ce nœud vital de l'univers est le premier Un, formé par l'harmonie, situé au centre le plus interne de la sphère du Tout, τὸ πρῶτον ἁρμοσθέν, τὸ ἐν τῷ μέσῳ, τῷ μεσαιτάτῳ τᾶς σφαίρας[1]. Quand on se représente par la pensée, κατ᾽ ἐπινοίαν, la formation successive et dans le temps, du monde, on doit dire que c'est de ce milieu, de ce centre, qu'il s'est formé et développé. Il est à la fois le centre et l'en-bas du monde ; car pour ceux qui sont situés à l'extrémité de la sphère, le point le plus bas est évidemment le centre[2]. Ce premier produit de l'harmonie éternelle des deux éléments est un feu ; c'est le feu central, source de la chaleur, de l'être, de la vie, principe de toute unité, de toute harmonie, force directrice et souveraine du monde, espèce de carène vivante, fondement du grand vaisseau de l'univers[3].

Dans leur technologie métaphorique, et toute pénétrée du polythéisme mythologique, les pythagoriciens don-

---

dus ; mais on en ignore la racine, et les étymologies de Bopp, de Pott et de Welcker sont aussi peu soutenables les unes que les autres. M. G. Curtius a préféré s'en taire que de hasarder des hypothèses sans fondement. Cf. la note 27 du t. I du *Cosmos* de M. Alex. de Humboldt, trad. Faye.

1. *Philol.*, Fr. 10, p. 91. Boeckh, et Fr. 11, p. 96.

2. *Id.*, *Id.* : Ἤρξατο δὲ γίγνεσθαι ἄχρι τοῦ μέσου καὶ ἀπὸ τοῦ μέσου τὰ ἄνω. Le sens de ἄχρι, assez impropre, est éclairci par ἀπὸ, qui le répète, et par *Scholl. Arist.*, 505 a, 9 : Ἐκ μέσου πρὸς τον ἔσχατον, et par Plut., *Num.*, c. II : Κόσμου οὗ μέσον οἱ Πυθ. τὸ πῦρ ἱδρύσθαι νομίζουσιν.

3. *Id.*, fragm. 11 : Φιλόλαος πῦρ ἐν μέσῳ περὶ τὸ κέντρον.... Τὸ δὲ ἡγεμονικὸν (Φιλόλαος ἔφησεν) ἐν τῷ μεσαιτάτῳ πυρί, ὅπερ τρόπεως δίκην προϋπεβάλλετο τῆς τοῦ παντὸς σφαίρας ὁ δημιουργός. *Scholl. Arist.*, p. 504 b : Τὸ κέντρον, τὸ ἀνάθαλπον τὴν γῆν καὶ ζωοποιοῦν.

naient à ce feu central des noms divins et très-variés.
La polyonymie était en effet un signe et une expression de la puissance supérieure d'une divinité.
C'est donc la pierre du Foyer où brûle le feu de la
vie universelle, la Hestia du grand Tout, la Demeure, le
Poste, la Tour, le Trône de Jupiter ; c'est la Mère des
dieux, qu'elle engendre du sein de son unité ; c'est
comme l'Autel, la Mesure de la nature [1], la force toute-
puissante et autogène qui contient dans l'unité d'un tout,
et fait persévérer éternellement dans l'être les choses
individuelles du monde. C'est ici, qu'on le remarque
bien, un point de vue astronomique tout à fait nouveau.
La terre et l'homme, cette plante de la terre, ne sont
plus le centre du monde ; la terre n'est plus qu'un
astre qui gravite autour d'un autre ; elle descend du
rang suprême où la plaçaient la superstition et la physique antiques ; elle n'est plus qu'un instrument entre
les mains d'un artiste, et cet artiste est le feu, qui
échauffe la terre, y fait naître la vie, et y maintient
l'ordre et la beauté [2].

---

1. *Philol.*, Fr. 11. Boeckh, p. 94 : Ἑστίαν τοῦ παντὸς,... καὶ Διὸς οἶκον,
καὶ Μητέρα θεῶν, βωμόν τε καὶ συνοχὴν καὶ μέτρον Φύσεως.... *Id.*, Fr. 17.
Boeckh, p. 137 : Τῆς τῶν κοσμικῶν αἰωνίας διαμονῆς τὴν κρατιστεύουσαν
ἰοκ αὐτογενῆ συνοχήν. Conf. Syrian., *ad Met.*, XII, p. 71 b. Bagolini : « mundanorum æternæ permanentiæ imperantem et sponte genitam conti-
nentiam. » Arist., *De cœl.*, II. 13, n. 2 : Ὁ Διὸς φυλακὴν ὀνομάζουσι.
Simplicius (*ad Arist.*, lib. *De cœl.*, f. 120-124 ; *Scholl. Arist.*, p. 505 a)
répète ces dénominations, et y ajoute celle de Διὸς θρόνον, Ζανὸς πύρ-
γον, qu'il déclare emprunter au *Pythagorique* d'Aristote. Proclus (*in
Tim.*, III, p. 172) reproduit la dernière formule, et Chalcidius celle du
Traité du *Ciel, in Tim.*, p. 214 : « Placet quippe Pythagoreis ignem,
ut pote materiarum omnium principem, medietatem mundi obtinere,
quam Jovis custodiam appellant. » Cf. Plut., *Plac. Phil.*, III, II.

2. *Scholl. Arist.*, 504 b, 43 : Δημιουργικὸν.... καὶ ἀνάθαλπον καὶ ζωο-

Ce qui n'est pas moins remarquable que cette conception même, qui a renouvelé la cosmographie, ce sont les principes qui y ont amené les pythagoriciens. C'est un principe à priori, une intuition, une hypothèse si l'on veut, mais une hypothèse nécessaire. Tout a sa raison d'être, et la raison d'être des choses, de l'état des choses, du ciel et du monde, et de l'état du monde et du ciel, est une raison d'harmonie, de proportion, de nombre, de beauté. S'ils ont détrôné la terre de son repos éternel, et de cette place d'honneur qu'elle occupait au centre du monde, ce n'est pas par suite de l'observation expérimentale, c'est parce qu'ils cherchaient la cause de la situation des corps célestes dans l'espace, et que cette cause était pour eux une raison [1]. Or, il était plus beau, plus conforme à l'ordre, à la raison, au nombre qu'il en fût ainsi : il était donc nécessaire qu'il en fût ainsi ; et peut-être ce vague et sublime instinct des harmonies de la nature, de la valeur et de la signification esthétiques du monde, a-t-il présidé à d'autres découvertes, et non moins vraies que celles des pythagoriciens. Mais il est intéressant d'entendre ici le témoignage d'Aristote : « La plupart des philosophes qui croient que le monde est fini, ont placé la terre au centre : d'un sentiment opposé sont les philosophes de l'école italique, qu'on appelle les pythagoriciens : car ils mettent au centre le feu ; la terre n'est plus qu'un des astres qui, par sa révolution

---

ποιοῦν καὶ τὴν περὶ αὐτὴν φύλαττον διακόσμησιν.... Ἄστρον δὲ τὴν γῆν ὡς ὄργανον καὶ αὐτὴν οὖσαν.

1. Arist., De Cœl., II, 13 : Τοὺς λόγους καὶ τὰς αἰτίας ζητοῦντες.... Πρός τινας δόξας καὶ λόγους αὐτῶν (αὐτῶν ?) τὰ φαινόμενα προσέλκοντες.

autour de ce centre, fait le jour et la nuit. Ils ont
même imaginé une autre terre placée à l'opposé de la
nôtre qu'ils appellent Antichthone, car ils ne cherchent
pas à plier aux phénomènes les causes, et leurs théories
rationnelles ; ils plient de force les phénomènes à leurs
opinions et à leurs idées, et s'efforcent de mettre partout l'ordre et l'harmonie, πειρώμενοι συγκοσμεῖν. Eux
et beaucoup d'autres pensent qu'on ne peut pas donner
à la terre la place du centre de l'univers, et ils fondent
leur conviction, non sur les faits, mais sur des raisons,
ἐκ τῶν λόγων. Ils disent donc que ce qui est le plus
beau doit avoir la plus belle place ; le feu est plus
beau que la terre ; la limite est plus noble que les intermédiaires, et la limite est le point à la fois dernier
et central, ἔσχατον καὶ μέσον. C'est en raisonnant d'après
ces analogies qu'ils refusent de mettre la terre au centre
de la sphère, et qu'ils préfèrent donner cette place au
feu. Les pythagoriciens donnent encore une autre raison. Il faut, disent-ils, que le point le plus puissant du
tout soit le plus puissamment soutenu et gardé ; or
ce point est le milieu : donc le feu doit occuper cette
place qu'ils appellent le poste de Jupiter [1]. » Ainsi le
principe de cette physique mathématique est déjà tout
idéal, tout esthétique. Chaque chose est où elle doit
être ; et elle doit être là où la place son degré de beauté,
parce que la loi suprême de l'être est la beauté. Pour
savoir où et comment sont les choses, il suffit donc de
savoir où et comment il est plus beau qu'elles soient.
Assurément l'idée de la beauté n'est pas encore celle du

---

1. Arist., *De Cœl.*, II, 13.

bien, il y a un pas pour monter de l'une à l'autre: mais
il n'y a qu'un pas; et quand Platon dira que l'essence
vraie d'un être ne se trouve que dans sa perfection et
son idée, il ne fera que développer la grande et magnifique proposition des pythagoriciens : L'être est la
beauté même, c'est-à-dire dans leur langage, le nombre.
Parmi les dénominations qui sont attribuées à ce feu
central, il en est une sur laquelle il est bon de s'arrêter
un instant. Philolaüs l'appelle la Mesure de la nature,
φύσεως, et peut-être vaudrait-il mieux traduire de
l'être. Qu'est-ce que cela veut dire ? On trouve dans
Syrianus un fragment du pythagoricien Clinias où ce
mot est reproduit: « l'Un, dit-il, est le principe des êtres,
la mesure des intelligibles ; il est incréé, éternel, unique,
souverain, et se manifeste lui-même [1]. » M. Zeller récuse
ce témoignage dont il nie l'authenticité, mais il la nie
en attribuant au mot μέτρον νοατῶν un sens absolument
platonicien qu'il n'a pas nécessairement. Il est certain
que si l'on veut voir dans l'Un le type des Idées ou êtres
intelligibles, on a une proposition qui appartient exclusivement à Platon : mais l'expression est susceptible
d'un autre sens, du moins je le crois.

L'essence en soi, la pure essence des choses, dit Philolaüs, est dérobée à la connaissance de l'homme. Il ne
connaît et ne peut connaître que les choses de ce monde,
toutes à la fois finies et infinies, c'est-à-dire mélange et
rapport des deux éléments des choses. Et il ne peut les
connaître que parce qu'il y a entre son âme qui les
connaît par les sens, et les choses elles-mêmes, une

---

1. Syr., *ad Met.*, XIV, 1. *Scholl. minor*, Br., p. 326 : Ἀρχὰν εἶναι
τῶν ὄντων λέγει καὶ νοατῶν μέτρον.

harmonie, une proportion, un rapport. Elles ont en elles.
comme principe, quoi ? précisément cet Un composé
lui-même, et qui, principe de toutes choses, ne subsiste
pas moins dans l'âme que dans les objets [1]. Cette unité,
ce germe, cette raison, tous termes pythagoriciens et
philolaïques, est donc réellement d'une part la mesure
de l'être, et de l'autre la mesure de l'être compris, νοατῶν
μέτρον, c'est-à-dire la mesure de l'intelligence des êtres,
en tant que le comporte la nature humaine. Ce n'est
pas l'individu qui est la mesure des choses, ni de leur
être, ni de leur intelligibilité ; c'est l'Un, l'Un qui leur
donne la limite, le nombre, et qui, en leur donnant une
mesure, constitue leur essence; en outre, il les rend
intelligibles, et est la mesure de leur intelligibilité ;
car pour qu'il y ait connaissance, il faut qu'il y ait
entre le sujet et l'objet une mesure commune, qui
soit à la fois dans les deux, et cette commune mesure est l'Un ; car l'âme doit avoir en elle les raisons
des choses pour les comprendre, et participer à cet Un
qui est leur raison dernière et suprême.

Quoi qu'il en soit, cet Un, composé avec harmonie [2],
est la première monade, le principe de tout, ce par quoi
tout commence [3], quand on se représente le monde
comme commençant ; mais il n'est au fond, comme le
monde, dont il est la raison idéale, le commencement κατ' ἐπινοίαν, qu'un acte éternel du fini et de l'in--
fini [4]. Sur lui reposent les fondements de l'univers ;

1. *Philol.*, Fr. 4. p. 62.
2. Πρᾶτον ἕν ἁρμοσθέν, ou, comme dit Aristote : τὸ ἕν συσταθέν.
3. Plut., *Plac. Phil.*, II, 6, et III, 11 : « Pythagore fait commencer
le monde par le feu et le cinquième élément. »
4. *Philol.*, Fr. 22. p. 168 : Ἐνεργείαν ἀίδιον.

immobile au centre [1], comme l'immobile Hestia, ce souffle de feu, cette flamme de lumière, de chaleur, de vie, pénètre la nature entière [2], enveloppe et maintient le tout dans l'unité [3], et du sein de son éternelle immobilité [4], communique éternellement le mouvement [5],

1. *Philol.* p. 94 : Τὸ πῦρ.,.. ἑστίας τάξιν ἔπεχον.
2. *Philol.* p. 167 : Φύσει διαπνεόμενος καὶ περιαγεόμενος (ὁ κόσμος).
3. *Philol.* p. 167 : Τᾶς τὸ ὅλον περιεχούσας ψυχᾶς.
4. M. Boeckh lui donne le mouvement spontané, mais pour expliquer un texte de Philolaüs très-altéré, et où il reconnaît lui-même la main violente d'un interpolateur. Dans le fragment 22, p. 167, il est dit que le monde est divisé en deux parties, l'une ἀμετάϐλαστον, ou ἀμετάϐλατον ou ἀμετάϐολον, c'est-à-dire évidemment immuable, immobile ; l'autre, μετάϐαλλον, muable, mobile ; l'une mouvant, l'autre mue; l'une toujours identique à elle-même et dans le même état, ἐςαεὶ διαμένει κατὰ τὸ αὐτὸ καὶ ὡσαύτως ἔχων, l'autre naissant et périssant sans cesse. Pas de difficulté jusqu'ici; mais, dans ce même extrait, l'une de ces parties est appelée τὸ ἀεικίνατον, l'autre ἀειπαθὲς; la première, ἀεὶ θέοντος θείω, la seconde, ἀεὶ μεταϐάλλοντος. Ici les oppositions précédentes semblent disparaître, et M. Boeckh ne lève pas la contradiction entre les deux moitiés du fragment, en proposant d'entendre ἀεικίνατον par *das 'sich stets bewegende*, auquel correspondrait le ἀεὶ θέων. Car, quand bien même on accorderait à M. Boeckh qu'il y a, dans la doctrine pythagoricienne, un Dieu spirituel, distinct du monde, comme le dit Philon, ce dernier témoin et toute la doctrine s'opposent à ce qu'on lui attribue le mouvement. Car Philon dit de lui (fr. 19, p. 151) qu'il est ἀκίνατος, μόνιμος; Théon de Smyrne (*Plat. Mathem.*, p. 49 : κινουμένου τε καὶ ἀκινήτου), comme Aristote, dans la table des Syzygies, pose comme contraires le mobile et l'immobile : le premier, identifié au pair et à l'infini, et le second, à l'impair et au fini. L'Un est donc immobile comme la pierre du Foyer de l'univers. Je n'aurais aucun scrupule de changer la leçon d'un texte si corrompu et d'une origine si légitimement suspecte, qui en ferait disparaître au moins les contradictions. Je proposerais donc de lire : Τῶ μὲν ἀεὶ ἐόντος θείω, dans un endroit, et τὸ μὲν ἀκίνατον (ou ἀεικινοῦν) τὸ δὲ ἀειπαθὲς, dans l'autre.
5. *Philol.*, Fr. 22, p. 168 : Τὸ κίνεον ἐξ αἰῶνος ἐς αἰῶνα περιπολεῖ. C'est donc non-seulement autour du centre que se meut l'univers et la terre, mais c'est ce centre qui imprime le mouvement. Fr. 11, p. 94 : Περὶ δὲ τοῦτο σώματα θεῖα χορεύειν. Arist., *De cœl.*, II, 13.

il répand jusqu'aux extrémités du monde organisé et à
la limite de l'infini où sa puissance expire, il répand la
vie en travaillant et façonnant les choses, à la manière
des artistes, et leur donne le nombre, la limite, la mesure, c'est-à-dire la forme et l'essence.

Cette force démiurgique, qui donne la vie et la conserve [1], est un souffle, une âme, et par conséquent, si
l'on veut et dans la formule des anciens, c'est un Dieu [2],
ou plutôt le divin τὸ θεῖον. « Pythagore et Platon considèrent l'âme (humaine) comme impérissable ; car
lorsqu'elle quitte le corps elle rentre dans l'âme du
tout, εἰς τὴν τοῦ παντὸς ψυχήν, parce que son essence
est de même nature ὁμογενές » [3]. « Il n'y a qu'un seul
principe de vie, ἐν ὑπάρχειν πνεῦμα, qui pénètre à la
façon d'une âme [4] l'univers entier, et forme ainsi la
chaîne sans fin qui relie tous les êtres les uns aux
autres, animaux, hommes et dieux [5]. » Cette force est
d'une nature à la fois si subtile et si puissante qu'elle
entre dans le tissu des choses, que dis-je? fait la trame
de ce tissu, et est présente en elles, ὑπάρχειν, et agis
sante depuis le centre qu'elle ne quitte pas, jusqu'aux

---

1. C'est là ce Démiurge des fr. 11 (p. 96) et 22 (p. 168), que le ré-
dacteur, troublé par les idées platoniciennes, a séparé à tort du feu
lui-même.
2. Simplic., *in lib. Arist. de Cœl.*, f. 124. *Scholl.*, p. 505 a, 34 : Πῦρ
μὲν ἐν τῷ μέσῳ λέγουσι τὴν δημιουργικὴν δύναμιν τὴν ἐκ μέσου πᾶσαν
τὴν γῆν ζωογονοῦσαν καὶ τὸ ἀπεψυγμένον αὐτῆς ἀναθάλπουσαν.... *Schol.
Arist.*, id., p. 504 b, 43 : Πῦρ δημιουργικὸν.... ἀνάθαλπον,... ζωοποιοῦν.... φύλαττον διακόσμησιν.... τὰς φρουρητικὰς ἑαυτῆς δυνάμεις ἐν
τούτοις (leg. τούτῳ) ἱδρυμένας.
3. *Philol.*, Fr. 22, p. 167 : Τᾶς τὸ ὅλον περιεχούσας ψυχᾶς.
4. Plut., *Plac. Phil.*, IV, 7, 1.
5. Sext. Emp., *adv. Math.*, IX, 127. *Scholl. Arist.*, p. 505 a, 9 : Διὸ καὶ
πλεχθῆναι τὴν τοῦ παντὸς ψυχὴν ἐκ μέσου πρὸς τὸν ἔσχατον οὐρανόν.

extrémités du ciel où elle se répand. Cicéron a donc
bien raison de dire « Pythagoras censuit animum esse
per naturam rerum omnem intentum atque com-
meantem. »[1] Mais ce Dieu, cette âme du monde, qu'adop-
teront plus tard Speusippe et les stoïciens, n'allons
pas croire que ce soit une substance pure de matière ;
comme nous le verrons plus loin, l'âme humaine, qui
n'est qu'un écoulement, une parcelle de l'âme du
monde, l'âme, quoique principe du mouvement, est
encore une nature composée et matérielle, d'une matière plus pure, plus impalpable, mais réelle. C'est l'Un
composé soit par mélange, soit par rapprochement [2].
C'est un germe, σπέρμα, où les éléments composants
se sont tellement pénétrés et modifiés qu'ils ne font plus
absolument qu'un, ou bien c'est un corps formé par des
plans rapprochés [3]. En mot, c'est un nombre, le rapport premier, l'harmonie première du fini et de l'infini.
C'est par cette âme que le monde vit, respire, est un,
est éternel ; c'est par la vertu active et puissante de ce
germe, qu'il s'assimile comme un être vivant, absorbe
et transforme l'élément infini, sans mesure et sans
nombre, dont il vit. Mais ce mouvement, ce développement de l'Un étant éternel, il en résulte que le monde
est éternel aussi [4], et il est éternellement un, puisqu'il
est l'acte éternel de l'Un.

1. *De nat. D.*, I, 11.
2. Arist., *Met.*, XIV, 3 : Τοῦ ἑνὸς συσταθέντος. *Id.*, XIV, 5 : Μίξει ἢ
συνθέσει.
3. *Met.*, XIV, 3 : Εἴ τε ἐξ ἐπιπέδων.... εἴτε ἐκ σπέρματος.
4. Frag. 22. *Phil.*, p. 167. B. : Τὸ κίνεον ἐξ αἰῶνος ἐς αἰῶνα περιπο
λεῖ.... *Id.*, p. 165 : Ἀλλ' ἦς ὅδε ὁ κόσμος ἐξ αἰῶνος καὶ εἰς αἰῶνα διαμέ
νει, εἷς ὑπὸ ἑνὸς τῶ ξυγγενέω καὶ κρατίστω καὶ ἀνυπερβάτω κυβερνώμε
νος.... *Id.*, 168 : Κόσμον εἶμεν ἐνεργείαν ἀίδιον θείω τε καὶ γενέσιος.

M. Zeller conteste l'authenticité du fragment de Philolaüs, qui a en effet, au moins dans la rédaction, une couleur platonicienne très-prononcée ; mais ses raisons pour en contester le fond ne me paraissent pas démonstratives ; il prétend d'une part que l'éternité du monde est une doctrine postérieure à Aristote, et que l'âme du monde est une idée toute personnelle à Platon. Mais ces assertions sont inexactes : pour l'éternité du monde, Héraclite évidemment l'a enseignée longtemps avant les stoïciens et en termes des plus précis : « ce monde, disait-il, n'est l'ouvrage ni des dieux ni des hommes : il a toujours été, il sera éternellement ; c'est le feu vivant, éternel, ἀλλ' ἦν ἀεὶ καὶ ἔσται πῦρ ἀείζωον[1]. » Quant à l'âme du monde, Alcméon, dont les doctrines, Aristote le constate, ont une grande analogie avec les doctrines pythagoriciennes, Alcméon attribuait la nature mortelle de l'homme à ce qu'il ne peut unir la fin au commencement ; il n'a pas en lui, disait-il, le principe d'un mouvement circulaire, c'est-à-dire, éternel. Or, en refusant cette vertu à l'âme humaine, Alcméon reconnaît qu'il y a des âmes qui ont ce don divin : et il donne une âme éternellement motrice non-seulement à la lune, au soleil, aux astres, mais encore au tout de la nature, au monde entier[2]. Si Alcméon, contemporain de Pythagore, probablement son disciple, admet une âme du monde, quoi de plus naturel, et même de plus vraisemblable que celui-ci en ait fait autant. Aristote,

---

1. Fragm. 25 d'Héracl. S. Clem. Strom., V, 559 b. Plut., de Gen. An., 5, 2. Simplic., in Arist., de Cœl., f. 68 b. Scholl. Arist., p. 487 b, 33, 46.

2. Arist., de An., I, 2, 14 : Καὶ τὸν οὐρανὸν ὅλον.

d'ailleurs, non-seulement nous autorise à le croire, mais il ne permet pas d'en douter. D'une part il appelle l'Un principe, un sperme, un germe ; c'est-à-dire quelque chose de vivant assurément : or dans la langue des anciens, et dans leurs opinions philosophiques, quel est le principe de toute vie, végétative ou animale, si ce n'est l'âme ? D'un autre côté, il nous dit que le monde, dans le système des pythagoriciens, aspire et respire ; cette fonction éminemment vitale, par laquelle se produit l'alimentation du monde[1], peut-elle s'accomplir sans la vie dont elle est la marque, et par conséquent sans une âme ? Et cette âme du monde qui vit, respire, se nourrit et répare ses pertes, je la retrouve indiquée par Aristote jusque dans la théorie d'Héraclite[2].

Donc le monde a une âme, s'il faut entendre par là ce principe igné, cet éther, cette quintessence par laquelle les anciens atténuaient, exténuaient la notion de la matière sans la détruire. Les pythagoriciens vont jusqu'à lui donner la propriété presque immatérielle de la pénétrabilité : tout en gardant son unité, ἓν πνεῦμα, tout

---

1. *Philol.*, Fr. 12. B. p. 111 : Τροφὰς τοῦ κόσμου ἀναθυμιάσεις.

2. Arist., *de An.*, I, 2, 14 : Καὶ Ἡράκλειτος δὲ τὴν ἀρχὴν εἶναί φησι τὴν ψυχήν, εἴπερ τὴν ἀναθυμίασιν. On traduit généralement ce dernier mot par évaporation; je crois qu'il marque quelque chose de plus vital ; c'est le mouvement du cœur, qui palpite, qui s'élève et qui s'abaisse. Gaza l'interprète par *respirationem*; et Budée, rapprochant ἀτμίδα et ἀναθυμίασιν, traduit le premier par *expirationem*. Aristot., *De sens.*, c. II fin : Ἡ δ' ὀσμή, καπνωδής τις ἀναθυμίασις. Le sens de l'odorat ne peut être une exhalaison. La racine, suivant moi, serait θυμ-, et non θυ-. Il est vrai que G. Curtius les ramène l'une à l'autre, et dérive θυμός de θύω (R. θυ), fermenter, bouillonner, s'agiter, bruire, et rapproche θυμός, du scr. *dhûmas*, lat. *fumus* ; sens primitif : vapeur, fumée ; mais l'air chaud de la respiration, visible quand il fait froid, peut très-bien avoir porté ce nom, avant la vapeur noirâtre qui s'élève des feuilles ou des branches brûlées.

en restant au centre, l'Un pénètre l'immensité du tout[1],
et s'étend du milieu qu'il ne quitte pas à l'extrémité
qu'il occupe[2] : l'âme est au centre et elle enveloppe le
tout[3].

Cet autre feu, comme le premier, est la limite[4] :
c'est l'Olympe, qui contient à l'état pur[5], c'est-à-dire
sans mélange, tous les éléments, l'eau, la terre, l'air,
le feu, et le cinquième qui constitue le cercle même
de la sphère[6], et qui n'en est pas moins l'élément par
où naît et commence le monde[7]. Comme enveloppante, elle est le lien qui fait un tout du monde; et elle
est alors conçue comme le principe efficace, et la loi, à
laquelle rien ne se dérobe, de l'harmonie et de l'unité[8].

Entre ces deux points du centre enveloppé et de la
sphère enveloppante du tout, se meuvent les sphères des
êtres qui se sont plus ou moins laissé pénétrer par la
limite, c'est-à-dire le monde même : d'abord la région
proprement appelée κόσμος, où sont les corps divins qui,

1. Sext. Emp., IX, 127 : Ἐν πνεῦμα τὸ διὰ παντὸς τοῦ κόσμου διήκειν
ψυχῆς τρόπον....
2. Simplic., Scholl. Arist., 505 a, 9 : Πλεχθῆναι ἐκ τοῦ μέσου πρὸς
τὸν ἔσχατον οὐρανόν.
3. Phil., Fr. 22 : Τᾶς τὸ ὅλον περιεχούσας ψυχᾶς. Fr. 11, p. 94 : Καὶ
πάλιν πῦρ ἕτερον ἀνωτάτω τὸ περιέχον.
4. Arist., de Cœl., II, 13 : Τὸ δ' ἔσχατον καὶ τὸ μέσον πέρας.
5. Phil., Fr. 11, p. 94 : Εἰλικρινείαν τῶν στοιχείων.
6. Phil., Fr. 21, p. 160. J'adopte, au lieu de la leçon de Boeckh : ἡ
ὁλκὰς τὰς σφαίρας, πέμπτον, l'ingénieuse correction de Meineke, ἡ κυκλὰς.
7. Plut., Plac.. Phil., II, 16 : Ἀπὸ ποίου στοιχείου ἤρξατο κοσμο-
ποιεῖν ὁ θεὸς· — Πυθαγόρας, ἀπὸ πυρὸς καὶ τοῦ πέμπτου στοιχείου.
8. Plut., Plac. Phil., I, 25, 2 : Πυθαγόρας ἀνάγκην ἔφη περικεῖσθαι
τῷ κόσμῳ. Cf. Stob., Ecl., I, p. 158. Theodor., Grœc. Aff. Cur., VI,
13, p. 87. Diog. L , VIII, 85 : Ἐδοκεῖ αὐτῷ (Philolaüs) πάντα ἀνάγκη
καὶ ἁρμονίᾳ γίνεσθαι. Platon (Rep., X, 617 b) met sur les genoux de la
Nécessité le fuseau tournant, qui dans sa rotation fait tourner le
monde.

se mouvant de l'ouest à l'est, accomplissent autour du
centre leurs danses et leurs chœurs célestes ; au-dessous,
à partir de la lune, est la région sublunaire, appelée proprement οὐρανὸς, sphère des êtres et des choses sujets au
devenir et au changement[1].

Mais quoique composé, quoique comprenant en soi
une partie où les individus changeants naissent et périssent, le monde en son tout et dans son unité ne saurait périr ; car quelle cause, soit au dehors, soit au dedans
de lui, pourrait-on trouver pour le détruire, qui fût plus
puissante que ce principe interne de vie et d'unité, de
mouvement et d'harmonie dont il est l'éternel produit.
Ensuite, il n'a pas commencé, parce qu'il a en lui le
principe du mouvement ; il vit de sa vie propre, et se
meut dès l'éternité de son propre mouvement[2]. Comment alors les pythagoriciens peuvent-ils dire : « Le
monde a commencé de naître à partir du milieu, ἤρξατο
δὲ γίγνεσθαι[3] ? » C'est que Pythagore, lorsqu'il dit que le
monde a été formé, l'entend non d'une formation dans
le temps, mais d'une génération dans la pensée,
οὐ κατὰ χρόνον, κατ' ἐπινοίαν[4], et Aristote confirme
cette réponse que combat cependant encore sa critique. « Les pythagoriciens admettent-ils ou n'admettent-ils pas un devenir ? il est inutile de discuter cette
question ; il est certain qu'ils posent des êtres éternels,

---

1. *Philol.*, Fr. 11, p. 94.
2. *Philol.*, Fr. 22, p. 167 : Ἀρχὰν κινάσιος καὶ περιαγεόμενος ἐξαρχι-
δίω (ou ἀΐδίω). Tertull. (*Apolog.*, c. ii), Varron, (*de Re Rust.*, II, 1, 3)
rapportent également que la doctrine de l'éternité du monde est pythagoricienne.
3. *Phil.*, Fr. 10, p. 90.
4. Stob., *Ecl.*, I, 450.

et qu'ils cherchent à en expliquer la formation : ce qui est souverainement absurde, parce que c'est absolument impossible [1]. Tous les philosophes disent que le monde a été produit, γενομένου ; mais les uns admettent en même temps qu'il est éternel ; et les autres en concluent qu'il est périssable [2].» M. Zeller n'a donc pas le droit de prétendre qu'avant Aristote personne n'avait soutenu la doctrine de l'éternité du monde [3]. Comment concilier l'éternité du monde avec les explications données sur sa formation [4] ? Aristote nous fournira encore la solution de cette apparente contradiction, et c'est celle que nous avons déjà trouvée dans Stobée. «Pour venir au secours de leur système, il y en a qui disent que cette génération n'est pas réelle ni dans le temps, οὐ γενομένου ποτέ, mais qu'elle est imaginée pour l'explication, διδασκαλίας χάριν [5].» C'est donc uniquement pour les besoins de notre esprit, dans l'intérêt de la science, et pour faciliter aux autres l'intelligence des questions philosophiques, que Pythagore considère le monde comme créé [6]. Cela revient à dire que pour comprendre la vraie nature du monde, on peut et on doit le construire successivement dans son esprit. C'est l'application instinctive du principe d'Aristote : on ne comprend que ce que l'on a créé et produit : ποιοῦντες γὰρ γινώσκουσιν [7].

1. *Met.*, XIV, 3.
2. *De Cœl.*, I, 10, p. 79 b, 12.
3. D'autant plus qu'Aristote (*Phys.*, VIII, I, 250) attribue cette opinion à Empédocle et à Héraclite : Ἀεί φασιν εἶναι κίνησιν.
4. Τὴν γένεσιν τοῦ κόσμου. Plut., *Plac. Phil.*, II, 6, 2.
5. *De Cœl.*, I, 10.
6. Plut., *Plac. Phil.*, II, 4, 1.
7. *Met.*, IX, c. IV fin. C'est le fond de la doctrine de Fichte, et peut-être de Kant. Nous ne pouvons comprendre un objet, qu'autant que

Essayons donc de nous faire une idée de la formation de l'univers en le construisant mentalement : représentation qu'on ne doit pas s'attendre à trouver parfaitement raisonnable ni parfaitement claire, puisque c'est
un point sur lequel, au dire d'Aristote, les pythagoriciens ne savaient que dire, et sur lequel ils sont restés
presque muets, ἀπορῦσιν εἰπεῖν [1].

L'Un premier est le principe de l'élément de tous les
êtres [2]. Il a une grandeur ; il occupe un espace, un lieu [3],
il produit la grandeur et l'étendue physique [4]; il est composé soit de plans, soit d'un germe ; il vit et respire ; en
tant qu'un, il est limitant et limité ; il est fini, il est
générateur de la forme [5].

On doit se le représenter comme un point ; mais
comme un point ayant grandeur et vie ; et il a déjà
l'étendue dans les trois dimensions [6]. Si cette grandeur
est composée de surfaces planes, on peut donner à ces
plans le nom de couleur, parce que dans les corps il n'y
n'y a que la surface de colorée ; mauvaise raison d'ail-

nous le voyons naître à nos yeux par la pensée, quand il est créé en
quelque sorte par l'entendement. C'est le sens d'un mot fameux, qu'on
s'est hâté de flétrir comme une impiété sacrilége, et qu'on aurait
mieux fait de comprendre. On trouve déjà dans Vico (*de Antiquiss.
Ital. sapient.*) : « Geometrica ideo demonstramus quia facimus. Phy-
sica si demonstrare possemus, faceremus. »

1. *Met.*, XIV, 3.
2. *Met.*, XIII, 6 : Τὸ ἓν στοιχεῖον καὶ ἀρχήν φασιν εἶναι τῶν ὄντων.
3. *Met*, XIV, 5.
4. XIV, 3 : Τὰ γὰρ μεγέθη ποιεῖ.
5. Simplic., *in Phys.*, f. 104 b : Τὸ πέραινον καὶ εἰδοποιοῦν.
6. Aristote, *de Anim. l.* I, c. II, § 9, citant lui-même son Traité περὶ
φιλοσοφίας, consacré à Platon et aux pythagoriciens, et faisant allusion
à ces derniers, comme je le crois avec M. Barthélemy Saint-Hilaire,
dit : Αὐτὸ μὲν τὸ ζῷον ἐκ τῆς τοῦ ἑνὸς ἰδέας καὶ τοῦ πρώτου μήκους, καὶ
πλάτους καὶ βάθους.

leurs, comme le fait observer Aristote, puisque si le plan
est la limite des corps, la couleur est dans cette limite
même[1]. — Si cette grandeur est composée de surfaces
planes, en vertu de sa puissance interne, elle aspire le
vide infini qui la gonfle, l'emplit, l'étend, et se développant, par une génération qu'on peut s'imaginer successive, dans les trois dimensions qui sont déjà en germe
en elle, produit le solide. Car il semble que les pythagoriciens se soient figuré ce point comme une espèce
d'outre ou de vessie extrêmement aplatie. Le vide en
s'introduisant entre ces plans superficiels les écarte et
engendre des intervalles[2], qui, contenus dans une forme
par l'élément limitant préexistant dans les plans, constituent le corps. Le vide fait plus : par une fonction qui
semble contradictoire à sa nature, puisqu'il est l'infini,
il divise, sépare, distingue les êtres les uns des autres[3],
parce qu'il s'introduit non pas seulement dans l'intérieur de chaque être, mais circule en dehors de chacun
d'eux ; c'est en effet l'espace vide qui est placé entre les
corps, qui limite leur étendue et détermine leur être en
lui donnant une mesure[4]. Par l'introduction du vide la

1. Arist., de Sens. et sens., c. III. Stob., Ecl., I, 362. Plut., Plac.
Phil., I, 15. Theol. Arithm., p. 10, 18.
2. Διαστήματα. Boeth. h. Arithm., II, 4.
3. Arist., Phys., IV, 6 : Τὸ κενὸν ὃ διορίζει τὰς φύσεις.
4. Il est clair que nous n'avons pas ici une explication scientifique,
et que les pythagoriciens ne nous disent pas comment l'Un a produit
la pluralité. L'intervention du vide ne sert à rien ; car elle suppose déjà
cette pluralité de monades ; et le vide ne fait que grossir les proportions qui les séparent les unes des autres, comme celles de leurs dimensions propres. On ne peut guère distinguer le vide de l'infini, puisqu'Aristote (Phys., IV, 6) dit que le vide s'introduit dans le monde, et
qu'il y est aspiré ἐκ τοῦ ἀπείρου. D'un autre côté, Simplicius (ad Phys.,
152) appelle ce qui est en dehors du monde, le vide, et Aristote, l'in-

quantité continue est constituée en quantité discrète :
et son premier effet est d'engendrer les nombres[1], qui
ne l'oublions pas, sont les choses mêmes ; et voilà comment les nombres qui ont l'Un pour élément et principe
n'en sont pas moins engendrés par la pluralité[2], ou
l'élément infini qui la contient en puissance.

Si on suppose que les pythagoriciens se représentaient cet Un premier, non sous la forme d'une figure
limitée par des plans, mais sous celle d'un germe, le
même phénomène d'aspiration produira le même effet,
c'est-à-dire que l'Un, à l'aide de l'infini, et en vertu de
sa puissance interne de développement, engendre les
nombres, discrets et à la fois concrets, c'est-à-dire les
choses individuelles. Le point en s'accroissant porte
nécessairement sa limite en dehors de lui-même, et
comme il déplace sa limite, il crée un second point.
L'Un, en se dédoublant, se double: un a produit deux[3].
Mais dans ce mouvement d'une limite à l'autre, le point
a parcouru un intervalle, une distance : cette distance
est la ligne, représentée par le nombre deux qui la détermine. Par ce même mouvement tout idéal, on se
représentera également la génération du plan par la
ligne, et par la révolution des plans, la génération des
solides[4]. Au fond de toutes ces représentations, je ne

fini. On peut admettre, avec Hartenstein, que le même élément porte
le nom d'infini, tant qu'il reste en dehors du monde, et prend celui de
vide, quand il y est absorbé.

1. Arist., *Phys.*, IV, 6 : Καὶ τοῦτ' εἶναι πρῶτον ἐν τοῖς ἀριθμοῖς · τὸ
γὰρ κόνεν διορίζειν τὴν φύσιν αὐτῶν.

2. V. plus haut, tom. II, p. 71, n. 5 : Ἡ γένεσις τῶν ἀριθμῶν ἐκ τοῦ
πλήθους .

3. *Met.*, XIV, 3 : Τὸν ἀφ' ἑνὸς διπλασιαζόμενον.

4. 3 = la surface, parce que la première figure rectiligne est limitée

vois qu'une notion obscure mais vraie : l'être est fils de l'être ; deux est parconséquent le produit de l'Un. La vie a la puissance d'engendrer, et comme ce qu'elle engendre, tout en sortant du germe, s'en détache, l'Un, qui seul est vivant, engendre la pluralité : d'un autre côté l'être vivant ne nous est donné que sous la notion d'un être étendu, et par conséquent matériel ; pour vivre, et à plus forte raison pour engendrer, il a besoin de s'assimiler un élément étranger, la matière, principe de la pluralité infinie ; et c'est grâce à cette matière qu'il peut s'accroître, se multiplier : donc les nombres ou les choses sont aussi le produit, indirect au moins, de la pluralité, et à son tour l'unité vient de deux, τὸ δὲ ἓν - ἐξ ἀμφοτέρων [1].

Les deux éléments des nombres sont donc, par rapport à ce qu'ils constituent, comme le père et la mère, qui ne sont pas moins nécessaires l'un que l'autre à la génération : « le nombre est le premier principe : c'est l'Un, indéterminé, insaisissable, il renferme en soi tous les nombres jusqu'à l'infini. Quant à l'hypostase, c'est-à-dire quant à la réalité, la première monade est mâle : c'est le père qui engendre tous les autres nombres. La dyade, qui vient en second lieu, est le nombre femelle[2].

par trois droites; 4 = le corps, parce que le solide régulier le plus simple est limité par quatre plans.

1. *Met.*, I, 5. On saisit ici le vice incurable du système. Rien n'y est vraiment premier ; car si, pour arriver à l'être, l'infini est conditionné par l'Un qui l'absorbe et se l'assimile, l'Un lui-même, pour se réaliser, est obligé de se mettre en relation avec un élément étranger. Ainsi, l'un et l'autre se conditionnent réciproquement, jusque dans le sein de l'Un premier.

2. Eudore, dans Orig., *Philos.*, p.6. Cf. Anatol., dans la *Theol. Arithm.*, p. 34. Le nombre impair est mâle, le nombre pair est femelle.

Voilà donc comment de l'unité naissent les nombres qui sont à la fois causes de l'essence ou substance, et causes de la forme des êtres, οἱ ἀριθμοὶ αἴτιοι τῶν οὐσιῶν, τῆς μορφῆς αἴτιοι [1].

Comme le point premier est étendu et substantiel, il en résultait, d'après les pythagoriciens, que chacun des nombres issus de l'Un, chacune des figures engendrées du point, était quelque chose de substantiel et de réel; et comme ils s'obstinaient à confondre le nombre mathématique avec le nombre concret, ils arrivaient à des conséquences géométriquement vraies, mais absurdes dans l'ordre ontologique. Aristote observe, en effet :
« que quelques philosophes, ce sont les pythagoriciens évidemment, ont pensé que les limites du corps, par exemple: la surface, la ligne, le point ou la monade, sont plus véritablement substances que le corps et le solide [2]. Le corps est moins substance que le plan ; le plan moins que la ligne ; la ligne moins que le point et la monade ; car c'est par eux que le corps est déterminé, et il est possible qu'ils existent sans le corps, tandis que le corps ne peut exister sans eux. Comme le point est le terme de la ligne, la ligne la limite du plan, le plan celle du solide, quelques-uns concluent que ce sont là des êtres naturels existant par eux-mêmes [3], et alors ils ne se gêneront pas pour composer de plans et résoudre en plans tous les corps [4]. »

1. Arist., *Met.*, XIV, 5, et XIII, 6.
2. *Met.*, VII, 2, 1028 b, 15.
3. *Met.*, III, 5 ; XIV, 3.
4. *De Cœl.*, III, 1. Cf. les passages cités par Brand., *Greech. u. Rom. Philos.*, I, p. 471. Si quelques-uns se rapportent à Platon, c'est qu'Aristote lui attribue une doctrine qui s'éloigne peu, en ce point surtout.

Non-seulement le plan, la ligne et le point devaient
être des réalités, mais dans l'ordre de la génération
mentale [1] des nombres, ils devaient être antérieurs aux
choses, et le point, l'Un, devait être le premier : « Platon et les pythagoriciens faisaient des nombres les principes des choses, parce que le principe leur paraissait
être ce qui est premier et indivisible. Or les surfaces sont
antérieures aux corps, parce que tout ce qui est simple
et non composé est naturellement antérieur. Par la
même raison les lignes sont antérieures aux surfaces, et
les points aux lignes : ces points, στιγμαί, que les mathématiciens appellent σημεῖα, étaient nommés par les pythagoriciens monades. Les monades sont des nombres,
donc les nombres sont les premiers des êtres [2]. »

Mais il importe de ne pas oublier que ces nombres
n'étaient pas des nombres abstraits. « Les pythagoriciens
n'admettaient qu'un nombre, le nombre mathématique ;
mais ils ne le considéraient pas comme indivisible et incorporel, c'est-à-dire comme monadique : en effet, le

de celle des pythagoriciens, comme il le constate lui-même, de Cœl.,
III, 1 : « Cette réfutation, dit-il, retombe également sur ceux qui composent le monde des nombres,... comme certains pythagoriciens. »
1. C'est avec cette réserve qu'on doit admettre le témoignage d'Aristote. Et encore ses renseignements sont quelque peu contradictoires ;
car il suppose que les pythagoriciens attribuent plus de substance,
plus d'être, et par conséquent plus de perfection à la surface qu'au solide, à la ligne qu'à la surface, au point qu'à la ligne. N'est-ce pas
dire que le point est toute la perfection de l'être? Mais, tout à l'heure,
il va nous dire le contraire : à savoir que les pythagoriciens, posant
pour principe le point, le germe, font commencer les choses par une
imperfection première, d'où elles ne peuvent sortir que par un mouvement progressif, qui crée postérieurement la perfection. Donc le point
n'a pas plus de perfection que la ligne, la ligne que la surface, etc.
2. Alexand. Aphrod., ad Met., I, 6. Scholl. Arist., p. 551.

nombre monadique est indivisible et incorporel. Mais ils attribuaient à leurs monades une grandeur étendue[1]. » Il résulte de là que le nombre mathématique des pythagoriciens n'est pas monadique, c'est-à-dire qu'il est peut être indivisible, mais qu'il n'est pas incorporel. Aristote nous l'atteste lui-même : « Tout le monde admet les nombres monadiques, excepté les pythagoriciens qui, soutenant que l'Un est le principe et l'élément des êtres, sont obligés d'attribuer la grandeur aux monades.... Ils forment le monde entier de nombres : seulement ce ne sont pas des nombres monadiques, puisqu'ils imaginent que les monades sont étendues[2], » tandis que le nombre monadique est un point abstrait, n'ayant pas de situation dans l'espace, στιγμὴ ἄθετός[3].

Mais si les pythagoriciens ne sont pas assez insensés pour composer le monde de purs rapports subjectifs, et de nombres abstraits, les analogies qu'ils ont aperçues dans les propriétés et les combinaisons de ces derniers les ont aveuglés au point de les confondre avec les choses. Les choses sont des nombres, parce que les nombres sont des choses. Il est alors indifférent d'étudier les unes ou les autres. Il y a plus : la science des nombres, ou les mathématiques, étant plus facile et plus abordable, c'est par elle qu'on peut arriver à la connaissance de la nature, et l'on peut apercevoir et saisir dans les propriétés des nombres et les rapports mathématiques, dans ces belles lois et ces rhythmes mesurés et harmonieux

1. *Scholl. Arist.*, *ad Met.*, XIII, 6, p. 723, éd. Bonitz.
2. *Met.*, XIII, 6.
3. *Met.*, XIII, 8. Les objections d'Aristote portent sur tout ce point, que les pythagoriciens raisonnent sur les Unités, comme si elles étaient monadiques, tandis qu'ils n'admettent pas qu'elles le soient.

du développement des choses, non-seulement le secret
du mécanisme ou de l'organisme de l'univers[1], mais,
puisque la loi se confond avec l'essence, l'essence même
des choses.

§ 4. SYSTÈME DES NOMBRES DANS LE MONDE.⟩

Les nombres se divisent en maintes espèces : il y a
d'abord les nombres pairs et les nombres impairs, les
nombres linéaires, les nombres plans, lesquels com-
prennent les nombres carrés, les gnomons ou étéromèques, les nombres triangulaires, les nombres polygoni-
ques, les nombres solides, par exemple : les nombres
cubiques, les nombres puissances et les nombres en puissance[2].

Les nombres pairs sont :

1. ἀρτιακὶς ἄρτιον, c'est-à-dire ceux qui se laissent diviser par des nombres pairs en nombres pairs, jusqu'à ce
qu'on arrive à l'unité, par exemple : 64.

2. L'impair-pair περισσάρτιον qui ne se laisse diviser
en nombres pairs que par le diviseur 2, mais qui, par
tout autre diviseur pair ne donne au quotient que des
impairs.

3. Le pair-impair, ἀρτιοπέρισσον, c'est-à-dire ceux des
nombres qui, même divisés par deux, ne donnent que
des impairs.

Les nombres impairs sont :

1. Alex. Aphrod., *Scholl.*, p. 560 b, 25 : « Quant à l'ordre de position
qu'occupaient les nombres dans le monde, d'après les pythagoriciens,
il était exposé par Aristote dans son second livre sur le système pythagoricien. »
2. Alex. Aphr., *in Met.*, I, 8, 990, 23. *Scholl.*, 561 b, 5 : Ἡ μὲν δυ-
ναμένη, l'hypothénuse *a*, du triangle rectangle, αἱ δὲ δυναστευομέναι,
les côtés de l'angle droit, *b* et *c*, parce que $a^2 = b^2 + c^2$.

1. L'impair premier et simple.
2. 'impair second produit de plusieurs impairs, et qui ne sont par conséquent pas divisibles, par exemple : 9. 15. 21. 25.
3. Les impairs premiers entre eux[1]....

Mais à l'exception de l'identité que les pythagoriciens établissaient entre l'impair et le fini, d'une part, et le pair et l'infini, de l'autre, on ne voit pas quel rapport logique ont ces théorèmes d'arithmétique avec leur conception philosophique. M. Zeller veut qu'ils soient partis uniquement des mathématiques pures et qu'ils s'y soient renfermés. La notion de l'infini pythagoricien est, croit-il, l'infini mathématique, car ce n'est que la faculté de certains nombres pairs d'être infiniment divisibles par deux, qui la leur a fournie. Il n'y a pour eux ni esprit ni matière, et leur nombre n'a ni substance suprasensible, ni substance matérielle. Je crois avoir prouvé plus haut que les pythagoriciens n'ont pas poussé jusqu'à cette folle absurdité l'ivresse des mathématiques, et que la pensée qui inspire leur système est d'un tout autre ordre : je n'en voudrais d'autre preuve que l'absence de rapport visible entre leurs théorèmes mathématiques et leur physique. Ils transportent, en effet, les données de l'expérience et de l'observation psychologique dans leur système des nombres, encore plus qu'ils ne font le contraire, quoiqu'ils en aient d'ailleurs le désir.

Nous allons nous en convaincre immédiatement. Tandis que les nombres abstraits sont en réalité infinis, les pythagoriciens renferment dans une étendue limi-

---

1. Nicom., *Inst. arithm.*, p. 9. Theon., I, c. VIII. Zeller, t. I, p. 290, not. 1.

tée tout leur système numérique, et cette étendue est
des plus restreintes puisqu'elle s'arrête au nombre
10. Ce nombre est parfait et suffisant; car il renferme
en lui la nature et la puissance active de tous les
nombres; il est le principe de tout être, de toute
vie, de toute intelligence ; il est la force interne et
incréée qui produit la permanence éternelle des choses
de ce monde [1]. Il est vrai que pour le prouver, ils
ont recours à un fait de pure arithmétique, comme
nous le verrons plus loin [2]. Mais ce qu'il y a de remarquable c'est que si tout être, par cela seul qu'il
est, est décadique [3], il n'est pas moins tétradique [4],
et de plus tout nombre tétradique et décadique est en
même temps une unité. Ainsi chaque nombre est à la fois
1, 4 et 10. Certes ce ne sont pas les nombres de l'arithmétique qui jouissent de ces propriétés, sauf peut-être
la dernière; car il paraît bien certain que le nombre
neuf répond à une notion parfaitement une, et très-dis-
tincte de celle des nombres dont il est composé. En tout
cas, les pythagoriciens auraient été obligés de l'admettre, puisque chaque être étant un nombre, ce nombre
de l'être ne pouvait manquer d'être un. Cela revient peut-
être à dire que l'unité réelle et concrète doit enfermer
les déterminations diverses, les qualités même opposées,
et comme ces qualités sont des nombres, que l'unité tout

1. *Philol.* Bœckh, p. 139. Arist., *Mét.*, I, 5. Philop., *in Arist. de Anim.*,
c. II : Τελεῖος γὰρ ἀριθμὸς ὁ δέκα, περιέχει γὰρ πάντα ἀριθμὸν ἐν ἑαυτῷ.
2. Hierocl., *in Carm. aur.*, p. 166: Müllach. Aristot., *Phys.*, III, 6.
Met., XII, 8; XIII, 8 : Ἐϊ μέχρι δεκάδος ὁ ἀριθμός.
3. J. Philop., *de Anim. C.*, p. 2. Brand., *De perd. lib. Arist.*,
p 49 : Ἀριθμοὶ δὲ δεκαδικοί.
4. Précisément parce qu'il est décadique; car 10 est la somme des
quatre premiers nombres. J. Philop., *Id.*, *Id.*

en restant une, doit contenir d'autres nombres, c'est-à-dire le multiple de ses déterminations et de ses propriétés.

Les dix premiers nombres, dont la décade est la limite, suffisent, au dire des pythagoriciens, pour expliquer l'infinie variété des choses, depuis le brin d'herbe jusqu'au soleil, depuis la réalité la plus matérielle jusqu'aux attributs, aux modes, aux propriétés des choses, et jusqu'aux dieux eux-mêmes[1]. Mais à mesure que le nombre s'élève dans l'échelle et se rapproche de la perfection que la décade représente, l'être croît en beauté, en richesse d'attributs et de déterminations positives. Sans être vide, l'unité qui n'est que l'unité, représente le germe premier, c'est-à-dire l'être à son état d'enveloppement, tandis qu'à mesure qu'elle s'éloigne de cette unité pauvre, elle se développe, s'achève, s'étend, se complète, s'enrichit. C'est du moins ce qu'on peut inférer du passage suivant de Philolaüs, qui malheureusement est quelque peu contredit par d'autres applications du système des nombres aux choses.

Si 1 est le point, 2 la ligne, 3 la surface, 4 pourra représenter le premier et le plus simple des corps solides[2], composé d'un plan triangulaire à la base, et de trois plans triangulaires unis dans l'angle du sommet. C'est la pyramide, qui est le premier, et peut être considéré comme le type des solides, parce que tous les solides se peuvent résoudre en pyramides triangulaires. Philolaüs appelle les corps solides des grandeurs mathématiques,

---

1. J. Philop., ubi supr., p. 50 : Εἶναι οὖν ἔλεγε τὰς τετραδικὰς ταύτας ἀρχὰς καὶ κοινῶς ἐν πᾶσι τοῖς οὖσι καὶ ἰδίᾳ, καὶ ἐν τε τοῖς νοητοῖς καὶ ἐν τοῖς φυσικοῖς καὶ ἐν τοῖς αἰσθητοῖς.

2. *Scholl. Arist. in Met.*, XIII, 9. Bonitz. p. 756 : « Les nombres donnent donc aux grandeurs leurs formes, τὰ εἴδη. »

et il dit : « *Après* la grandeur mathématique, limitée
par trois surfaces et que représente le nombre 4¹, l'être
montre la qualité et la couleur dans le nombre 5; la
fonction de la vie animée, ψύχωσιν, dans le nombre 6; la raison, la santé, et ce qu'il appelle la lumière, dans le nombre 7 ; puis l'amour, l'amitié, la prudence, la réflexion
sont communiqués à l'être par le nombre 8. » Là s'arrête, hélas ! le fragment mutilé de Philolaüs, sur lequel
nous reviendrons plus loin. Il suffit cependant d'une
part pour prouver que Philolaüs ne connaît pas d'autre
être que l'être physique², ἐπιδειξαμένης τῆς φύσεως, et c'est
pour cela qu'il trouve dans la sensation la condition nécessaire et peut-être la forme unique de toute connaissance ³; de l'autre, pour montrer dans la série progres-
sive des nombres la loi du développement progressif et
sérié des êtres. Par où je ne crois pas que Philolaüs ait
voulu dire que la nature est douée d'un mouvement de
perfectionnement continu et progressif, par lequel chacun des êtres qui la compose cherche à s'élever dans
l'échelle et à s'enrichir des qualités des êtres supérieurs ;
mais seulement, si j'entre bien dans sa pensée, que tous
les êtres sont distribués sur les 10 degrés de cette
échelle, dont chacun représente une fonction supérieure
par rapport à celui qui est placé au-dessous de lui , inférieure par rapport à celui qui est placé au-dessus, en

---

1. *Phil.*, Fr. 21. Boeckh. p. 157 : Τριχῇ διαστὰν ἐν τετράδι.
2. En effet, c'est toujours le même être, c'est-à-dire l'être physique,
qui ajoute à la grandeur mathématique, successivement les autres
propriétés et attributs. Car 6 contient d'abord 4, c'est-à-dire un corps;
puis 5, c'est-à-dire la qualité physique, etc., tous les nombres supérieurs contenant en effet les nombres inférieurs.
3. Fr. 4.

sorte que le tout, c'est-à-dire le monde, forme une proportion, une harmonie croissante, par degrés liés entre eux. En un mot ce n'est pas le mouvement vers la perfection qui est indiqué par le passage, mais l'ordre et la beauté du monde tel qu'il est, ordre et beauté constitués par la proportion croissante de la série naturelle des nombres. C'est un point de vue esthétique et mathématique. Le point de vue dynamique du développement réel ne pourrait être attribué aux pythagoriciens qu'avec la doctrine d'une production du monde dans le temps : or nous avons vu plus haut qu'il était pour eux éternel. Le monde n'aspire pas à l'ordre et à l'harmonie : il les possède; il est essentiellement l'ordre et l'harmonie même, ὁ Κόσμος. Mais alors s'il en est comme nous le venons d'exposer, si l'unité n'est que le germe imparfait, le noyau grossier, obscur, informe, d'où se développe idéalement la riche et croissante harmonie des choses, comment concilier cette thèse avec le rôle supérieur et souverain de l'unité, et avec cette autre échelle qu'Aristote n'applique qu'aux degrés de la connaissance, mais qui repose sur un principe absolument contraire : car 1 y représente la raison pure, 2 l'opinion, 3 la sensation[1]? Ici, on le voit, à mesure que les nombres s'éloignent de l'unité, ils représentent des choses qui diminuent de perfection et de beauté.

Si l'Un premier n'est qu'un germe, que le principe grossier des choses, c'est donc l'imparfait qui est à l'origine idéale des choses, et comment concilier cette imperfection de l'Un avec toutes les perfections qu'ailleurs

---

1. Aristot., de Anim. I, c. II, 59.

on lui donne? Faire un est l'œuvre de Jupiter le Dieu suprême, qui lie les parties dans le tout[2]. Les pythagoriciens, dit Alexandre d'Aphrodise, appellent l'Un raison et essence, parce que la raison est une essence permanente, absolument identique et souveraine[2]. C'est au moyen de l'unité d'angle que s'opère l'unification des corps[3]. La triade et la tétrade, participant aux biens générateurs et producteurs de la forme, enveloppent toute l'organisation régulière des choses engendrées : elles produisent (par la multiplication) la dodécade, laquelle tend et aboutit à la monade une, la puissance souveraine et suprême de Jupiter[4]. De quelque côté que nous nous tournions, nous nous heurtons à des contradictions que n'ont pas résolues les pythagoriciens, et dont peut-être ils n'ont même pas eu conscience.

Si nous faisons remarquer que l'unité accompagne chacun des nombres de la décade, 3, 10, aussi bien que 1, il est difficile d'admettre que l'unité qui accompagne 3 ou 10 soit l'unité qui constitue 1. Faut-il donc distinguer l'Un du nombre 1 ? Mais s'il y a deux unités, ou l'une est dérivée, ou elles sont toutes deux primitives : si elles sont toutes deux primitives, elles sont deux, et l'Un n'est plus principe universel. De plus, laquelle de ces unités sera le germe, laquelle le principe universel? Le germe ne sera-t-il plus principe? Si elles sont dérivées,

1. Procl., *in Euclid.*, p. 48. Boeckh, *Phil.*, p. 157 : Κατὰ μίαν ἕνωσιν τοῦ Διὸς ὅλον συνέχοντος.
2. *Scholl. Arist.*, p. 540.
3. Procl., *in Euclid.*, p. 46 : Κατὰ μίαν αὐτῶν γωνίαν συνάγει τὴν ἕνωσιν ὁ Φιλόλαος.
4. Boeckh, *Phil.*, p. 156 ; Εἰς μίαν μονάδα, τὴν τοῦ Διὸς ἀρχὴν ἀνατείνεται.

assurément c'est l'unité supérieure qui aura engendré l'inférieure[1], tandis qu'Aristote nous fait entendre que les pythagoriciens mettaient à l'origine et posaient comme principe unique, non l'acte riche de perfection et d'être, mais la puissance pauvre et nue du germe imparfait, τὸ πρᾶτον ἐν ἁρμοσθέν.

« Ceux qui pensent, dit Aristote, avec les pythagoriciens et Speusippe, que le premier principe n'est pas le beau et le bien parfait, parce que les principes des plantes et des animaux sont des causes, et que le beau et le parfait n'appartiennent pas à ces causes, mais à ce qui provient' d'elles, ceux-là se trompent. Car la semence provient d'un être parfait qui lui est antérieur, et c'est cet être parfait qui est principe et non la semence[2].... Quelques théologiens ne regardent pas le bien comme principe[3] ; mais ils disent que c'est par une procession de la nature des êtres que se produit et se manifeste le beau et le bien : ἀλλὰ προελθούσης τῆς τῶν ὄντων φύσεως καὶ τὸ ἀγαθὸν καὶ τὸ καλὸν ἐμφαίνεσθαι[4]. »

Ces deux passages rapprochés l'un de l'autre prouvent que les pythagoriciens mettaient à l'origine des choses un principe imparfait[5], le germe, d'où sortait par

---

1. Et alors le monde ne sera qu'un développement de Dieu dans le monde.

2. Arist., *Met.*, XII, 7.

3. Les pythagoriciens sont appelés ici théologiens, si le passage se rapporte à eux, comme nous le montrerons tout à l'heure.

4. Arist., *Met.*, XIV, 4.

5. M. Ravaisson, *Speusipp.*, III, p. 7 et 8 : « Scilicet Pythagoricis, non ut Platoni placuerat, primum omnium principium bonum ipsum, bonum per se esse.... » *Id.*, p. 8 et 9 : « Per Theologos istos significare τοὺς περὶ Σπεύσιππον.... Quin ista enim ipsa Speusippi verba hic latere crediderim, ἀλλὰ προελθούσης, ab Aristotelico scribendi more. præcipue in Metaphysicis, satis aliena, et platonicam quamdam ἐμφα-

une force interne de développement progressif, la beauté
et la perfection des êtres. Il est vrai que sur ce dernier
point, M. Ravaisson, observant que cette phrase : ἀλλὰ
προελθούσης τῆς τῶν ὄντων φύσεως καὶ τὸ ἀγαθὸν καὶ τὸ καλὸν
ἐμφαίνεσθαι, a une couleur et un mouvement emphatiques
qui ne sont guère dans les habitudes d'Aristote, suppose
qu'il n'a fait ici que transcrire les expressions mêmes de
Speusippe. De plus comme l'idée elle-même d'un mouvement progressif de la nature ne se montre ni dans les
fragments pythagoriciens ni dans les renseignements
qui nous ont été transmis sur leur doctrine philosophique, il conclut que c'est une proposition absolument
propre à Speusippe, qui prépare et qui annonce la procession alexandrine, mais en sens inverse. Mais quelque
ingénieuse que soit l'hypothèse de M. Ravaisson, elle
est difficile à défendre. Car aussitôt qu'on suppose que
les pythagoriciens ont admis l'imparfait comme principe
et comme cause[1], il n'a pu être principe et cause que du
parfait, ou du moins imparfait; et alors la notion d'un
mouvement progressif de la nature vers une perfection
toujours plus grande est logiquement donnée. Je renverse le raisonnement, et je dis : puisque ni les fragments, ni les témoignages, ni l'esprit de la doctrine, ni
la vraisemblance historique ne permettent d'attribuer au

σιν spirantia. Saltem quum et in Pythagoreorum superstitibus fragmentis et in plurimis quæ de Pythagorica philosophia habemus testi-
moniis, *nihil quidquam de rerum natura processu appareat*, fuisse
id Speusippi proprium dogma credibile est. »
1. *Id., Id.* « Verisimillimum tamen idem Speusippo ac Pythagoricis
placuisse. Quippe ut hi, sic ille a plantis et animalibus exemplum su-
mebat, quibus semina, unde initium habent, pulchri bonique causæ
sunt. »

premier essai de philosophie systématique qui se produit en Grèce, au sixième siècle, une idée si profonde et
si grande, nous ne pouvons plus leur attribuer la proposition qui la contient nécessairement, à savoir que
l'imparfait est premier [1]. Dans leur conception des choses il n'y a pas lieu de poser la question : car ce qui est
idéalement premier, c'est l'Un, à la fois pair et impair,
parfait et imparfait. Les dix premiers nombres représentent dix degrés superposés, et toujours de plus en plus
parfaits; mais chacun d'eux est un, existe de toute éternité, et de toute éternité existe avec la double nature enfermée dans l'Un, c'est-à-dire à la fois parfait et imparfait. Et même s'il était légitime, à l'aide de l'induction, de
séparer ces deux éléments l'un de l'autre, on arriverait
certainement à la conclusion que l'élément parfait impair du nombre est antérieur comme il est supérieur à
l'autre. Il ne faut pas croire que 10 existe après 1, et que
l'unité de la décade soit postérieure à celle de la triade,
par exemple : car la décade représente la vie divine,
l'être dans sa perfection absolue ou relative; de quelque
façon que l'aient conçue les pythagoriciens, certes ils
n'ont pas fait naître les hommes avant les dieux. Il n'y a
pas plusieurs unités, il n'y en a qu'une, qui coexiste
simultanément dans chacun des 10 nombres, et dans
chacun des êtres dont ces nombres expriment les caractères essentiels. L'unité qui fait l'unité du nombre 1,
est celle qui fait l'unité du nombre 2, et par une excellente raison, c'est que 2 contient 1 ; de même que le feu

---

1. L'idée que ce qui est simple et non composé est antérieur réellement, et non idéalement (κατ' ἐπινοίαν), qu'Alexandre prête aux pythagoriciens, lui appartient en propre. V. plus haut, p. 94.

central est en même temps périphérique, qu'il est ainsi
l'enveloppé et l'enveloppant, de même l'unité qui est enveloppée dans la triade, dans la décade, les enveloppe
également[1] ; car 10 est non-seulement la somme de 10
unités, mais l'unité de cette somme. Aussi Philolaüs
nous dit-il que si nous voulons bien concevoir et la nature et la puissance du nombre, c'est-à-dire de l'Un,
c'est dans la décade qu'il faut les étudier, car c'est là
qu'éclatent surtout sa force supérieure et son essence divine. En un mot je me représente les 10 nombres
comme 10 degrés de l'être, disposés dans une échelle
sériée et croissante de l'un à l'autre [2]. Il y a donc des

1. C'est cette pénétrabilité, qui prépare la voie de l'idée platonicienne, qui est à la fois en elle-même, dans chaque chose et dans
toutes. Le mot l'Aristote se vérifie à chaque pas de cette analyse :
les principes pythagoriciens portent plus haut que le monde sensible,
et contiennent un idéalisme que leurs auteurs ont peut-être entrevu,
pressenti, mais qu'ils n'ont pas formulé.

2. Je me représenterais cette échelle, non pas en couches horizon-
tales, ni en colonnes perpendiculaires, mais disposées en un cercle,
qui est pour les pythagoriciens la figure parfaite et la figure du monde,
de telle sorte qu'il n'y ait pas, pour ainsi dire, de commencement
entre les divers degrés. Or, on peut dire que le cercle se confond avec
son centre, qui n'est que le cercle ramassé et replié sur lui-même.
Le centre est le cercle réduit et en quelque sorte renversé ; le cercle est
le centre épanoui, dilaté ; ils s'enferment et se contiennent l'un l'autre,
l'un est l'autre mais dans une puissance opposée ; chacun sert alterna-
tivement à l'autre, soit de premier principe et d'origine, soit de fin et de
conséquence dernière. Le centre se confond avec le cercle ; puisque
sans centre il n'y a pas de cercle ; sans cercle, pas de centre ; et puisqu'il y a coïncidence, il n'y a pas de premier. C'est ainsi que Jordano
Bruno a conçu son *Minimum* et son *Maximum*, et la nature de leurs
rapports. C'est toujours l'idée pythagoricienne, que l'être ne consiste
que dans un rapport où coïncident, coexistent et se pénètrent les
deux termes contraires, principes et éléments nécessaires de toutes
choses. Aussi Bruno dit-il : « Minimum potentissimum est omnium ;
quippe quod omne momentum, numerum, magnitudinem, claudit
atque virtutem (*de Minimo*, p. 16)…. *De minim.*, l. IV, sub fin. Le

degrés inférieurs et des degrés supérieurs de perfection et de beauté. Mais comme l'unité de ces dix degrés, la décade, constitue le monde et que le monde est éternel, cette disposition ordonnée et symétrique est éternelle aussi : et le premier n'est pas principe d'un mouvement qui n'existe pas[1]. Les sons distincts des dix sphères terrestres comme des dix sphères célestes se confondent dans un seul et éternel accord, dans une seule et éternelle harmonie, et cette éternelle harmonie c'est le monde.

Dans la proposition pythagoricienne qui fait de l'Un premier, d'une part, un germe, de l'autre la perfection, il n'y a donc pas autant de contradiction qu'on pourrait le croire : car l'unité passant et pénétrant dans tous les nombres, c'est dans le nombre supérieur qu'elle manifeste toute sa beauté et sa perfection. Mais je suis loin de prétendre qu'il n'y a pas eu dans l'esprit de ces philosophes ni confusion ni même contradiction[2]. Ainsi il est certain qu'Aristote ne fait aucune distinction quand il dit que 1 est la raison ou l'âme, et un peu plus haut, qu'elle est l'être vivant en soi, et ailleurs le point et le germe[3].

Minimum est ce dont aucune partie n'est ce qu'est une première partie : « Est minimum cujus pars nulla est, prima quod pars est. In minimo sunt maxima quæque.... (*Id.*, p. 109.) Hinc optimus Maximus, monadis nomine celebratur.... » (*Id.*, 10.) Cf. *Christ. Bartholmess*, Jordano Bruno, t. II, p. 207.

1. Le principal défaut de la philosophie pythagoricienne, c'est de laisser sans véritable explication le mouvement, la vie. Hegel, *Analyse de Willm*, t. IV, 10.

2. Alex. Aphrod., *in Met.*, XIII, 9, p. 756, 14, Bonitz. « Ils ne sont pas d'accord sur la manière d'introduire le principe de l'Unité. »

3. *De Anim.*, I, c. II : Νοῦν μὲν τὸ ἕν... μοναχῶς γὰρ ἐφ' ἕν.... Αὐτὸ μὲν τὸ ζῶον ἐκ τῆς τοῦ ἑνὸς ἰδέας. *Scholl.*, p. 540, Alex. : Νοῦν δὲ καὶ οὐσίαν ἔλεγον τὸ ἕν. Asclep., p. 541 : Ἔλεγον οὖν τὴν μονάδα τὸ

Quoi qu'il en soit, admettons ici que le nombre
1 représente le point, mais le point vivant, ayant
grandeur et vie, l'espace dans les trois dimensions,
mais enfermées en un point indivisible[1]. Nous savons que les nombres constituent les choses : Si 1
représente la raison pure[2], parce que c'est l'opération la plus parfaite de la pensée, — car l'intelligence se
confondant avec son objet, l'unité reste entière, μοναχῶς
γὰρ ἐφ' ἕν ; — deux, représenté par la ligne[3], exprimera et
constituera la science[4], ou l'opinion[5], ou l'âme; parce
que la science est un mouvement qui va d'une chose à
une autre différente, du sujet à l'objet, parce que l'âme
part des prémisses pour arriver à la conclusion, et parcourt ainsi une ligne entre ces deux points[6]. Les pythagoriciens avaient distribué dans leurs 10 nombres les

---

νοῦν. Id., p. 541, le Cod. reg., l. 29 : Νοῦν δὲ καὶ ψυχὴν διὰ τὸ μονα-
δικὸν καὶ ἐνιαῖον τὴν μονάδα ἔλεγον.

1. De Anim., I, c. II : 'Εκ τῆς τοῦ ἑνὸς ἰδέας καὶ τοῦ πρώτου μήκους
καὶ πλάτους καὶ βάθους.

2. Philolaüs la représente, au contraire, par le nombre 7.

3. Arist., Met., VII, II : Καὶ γραμμῆς τὸν λόγον τὸν τῶν δύο εἶναί
φασιν.

4. Arist., de Anim., I, c. II, 59 : 'Επιστημὴν δὲ τὰ δύο.

5. Alex., Scholl. Arist., p. 540. La δόξα est 2 διὰ τὸ ἐπ' ἄμφω με-
ταβλήτην εἶναι · ἔλεγον δὲ καὶ κίνησιν αὐτὴν καὶ ἐπίθεσιν. Elle ajoute,
en effet, un attribut à un sujet; et elle est discursive. Cf. Philop., in
lib. de Anim., p. 2. Brand., De perdit. lib. Aristot., p. 50 : « 2 constitue la science et les choses susceptibles d'être connues par la science;
car elle se tient dans un espace déterminé, qui va d'un point à un
autre. La science, en effet, est un passage d'une chose déterminée à
une chose déterminée : en effet, elle n'est pas indéterminée. C'est
même pour cela qu'elle est appelée en grec ἐπιστήμη, parce qu'elle
nous pousse et nous conduit au repos, ἐπὶ στάσιν, que nous ne trouvons que dans la pensée pure. »

6. Asclep., Scholl. Arist., p. 541 : Τὴν δὲ δυάδα ἔλεγον εἶναι τὴν ψυχὴν ἐπειδὴ ἔχει τὸ πόθεν ποῖ.

dieux comme les êtres; et de même qu'ils appelaient
Apollon l'unité[1], ils nommaient Artémis sa sœur la
dyade, peut-être à cause de l'analogie d'ἄρτιος[2]. D'après
Philolaüs, ce nombre était celui de Rhéa, la terre, l'épouse
de Cronos, parce que la terre est le second corps céleste à partir du centre[3]. Plutarque enfin nous rapporte
qu'il était attribué à la dispute et à l'audace, ἔριν καὶ
τόλμην, évidemment parce qu'elles séparent et divisent
les hommes[4]. Quoiqu'il règne déjà dans ces attributions
diverses une liberté arbitraire évidente, voici qui met
le comble à la confusion. 2 est tout ce que nous venons de dire et, de plus, la matière, parce qu'il est type
du pair, principe de l'infini et de l'illimité de la division,
qui s'oppose à l'unité et fait effort pour la détruire[5].
Mais nous avons déjà eu occasion de dire qu'attribuer à
un nombre quelconque l'imperfection absolue était
contraire à l'esprit de l'ancien pythagorisme, et que la
doctrine de la dyade indéfinie, qu'on ne trouve même
pas dans Platon, doit appartenir à ses successeurs pythagorisants

1. Plut., de Is., c. x.
2. Moderat. dans Stobée, I, 20. Cf. Fragm. de Modératus dans Meursius : de Denario Pythag. La Théologie arithmétique donne de nombreux détails sur ce point. On retrouve dans Bruno jusqu'à cette mythologie des nombres. Il appelle la ligne Apollon; le triangle, Minerve :
le cercle, Vénus. Cf. Bartholmess, p. 214.
3. Lydus, de Mensib., IV, 44, p. 208, éd. Röth.
4. Plut., de Is., c. LXXV.
5. Aslep., Scholl. Arist,, p. 541, a, 3 : Διὸ καὶ τὴν δυάδα ἔλεγον.
Id., p. 543, b, 18. Fragment mutilé, tiré de deux ouvrages d'Aristote :
Αὐτῶν περὶ φιλοσοφίας (m. 1) καὶ ἐν τοῖς περὶ Οὐράνου (m. 2) οἱ Πυθαγορεῖοι ὑλικὴν αἰτίαν ἐτίθεντο τὴν δυάδα καὶ ἁπλῶς τὸ ἄρτιον.
6. Et c'est sous l'influence des idées platoniciennes et néo-platoni-
ciennes que s'est introduite cette interprétation trop idéalisée du vieux
pythagorisme. « Puisqu'il y a dans les êtres unité, ressemblance,

3 est le nombre plan[1]; et le nombre plan est la représentation et l'essence de la faculté de la conjecture[2], et l'essence des choses, objets de cette faculté, c'est-à-dire des choses physiques. C'est le premier nombre impair, le premier nombre parfait, car il est le premier qui ait commencement, milieu, fin[3] : il est ainsi le nombre de toutes choses et du tout, puisque le tout et toutes choses sont limités par trois, ont trois dimensions[4] ; il est donc nombre solide. C'est évidemment le nombre du triangle ; mais il est de plus le nombre du cercle, figure parfaite, achevée, entière, qui a commencement, milieu et fin. Il est la forme informante[5], la justice[6], le mariage[7]. Parmi les dieux, il désigne Minerve qui porte, on le

force informante, identité, et qu'il y a entre eux différence, dissemblance, et le reste, les pythagoriciens disaient que la monade était le principe de l'unité, de la ressemblance, de la force informante, de l'identité, et en un mot de toutes ces propriétés qui contiennent et retiennent l'être dans un tout organisé et un, πάσης συνεχείας, et que la dyade était principe de la différence, de la divisibilité, de la diversité. C'est pour cela qu'ils appelaient la matière dyade, parce qu'elle est la cause de la division. » Asclep., Scholl. Arist., p. 541 a.

1. Alexand., in Met., XIII, 9, p. 716 : Τριάδα δὲ ἐπιπέδῳ.
2. Arist., de Anim., I, 2, 9 : Τὸν δὲ τοῦ ἐπιπέδου ἀριθμὸν δόξαν. Philop. dans Brand., De perd. lib. Arist., p. 50 : Τριάς δὲ τὰ φυσικὰ καὶ δοξαστά.
3. Theon. Smyrn., p. 72 : Τελεῖος, ἐπειδὴ πρῶτος ἀρχὴν, καὶ μέσα καὶ πέρας ἔχει.
4. Arist., de Cœl., I, ι, 268 a, 10. Il est aussi le nombre de l'homme en soi, αὐτὸ ἄνθρωπος ἡ τριάς (Met., XIII, 8). Du moins, c'est sur cette définition qu'Aristote fait porter la réfutation du système des nombres ; Si 3 est l'homme en soi, dit-il, tous les autres 3 le sont aussi; car tous les 3 sont semblables dans les mêmes nombres. Par conséquent, il y aura autant d'hommes en soi que de 3, c'est-à-dire une infinité; et de plus chaque 3, c'est-à-dire chaque individu, sera l'homme en soi. »
5. Scholl. Arist., p. 543 b.
6. Plut.. de Is., c. LXXV.
7. Theol. Arithm., p. 18.

sait, le nom de Τριτογένεια[1]. Comme tous les corps se peuvent résoudre en triangles élémentaires[2], les pythagoriciens disaient que le triangle est le principe de toute génération et de la forme de toutes les choses engendrées. C'est pour cela que Platon, dans le *Timée*, soutient que les raisons de l'être physique et de la mise en œuvre des éléments sont triangulaires[3]. C'est donc avec raison que Philolaüs a attribué l'angle du triangle à quatre dieux : Cronos, Hadès, Arès, Bacchus, réunissant sous ces quatre noms le quadruple arrangement des éléments. Car Cronos préside à toute nature humide et froide ; Arès à toute nature ignée ; Hadès embrasse tous les êtres souterrains; Dionysos dirige la génération des choses humides et chaudes dont le vin par sa chaleur et son état liquide est le symbole. Tous ces dieux sont distincts si l'on considère leurs secondes opérations ; ils n'en sont pas moins unifiés les uns aux autres, ἥνωνται ἀλλήλοις, et c'est pour exprimer cette unité d'essence que Philolaüs les confond dans un seul angle[4].

Philopon explique comment 3 répond à la conjecture, ἡ δόξα; c'est que cette forme de la connaissance part d'un point, mais n'a pas de point précis où se porter; elle flotte indécise et incertaine entre cette affirmation et cette autre. Telles sont aussi les choses auxquelles elle s'applique, c'est-à-dire les choses physiques, dont l'être est emporté par un flux perpétuel, ἐν ῥώσει ἔχοντα τὸ εἶναι; qui ne sont pas absolument immuables, qui ce-

---

1. Plut., l. l.
2. Théodore d'Asina, dans Boeckh, p. 153.
3. Procl., ap. Boeckh, p. 154.
4. Procl., Boeckh, p. 154 et 155.

pendant persistent et demeurent dans leurs formes, et vont, dans les changements qu'elles éprouvent, d'un côté au côté opposé, d'un contraire à l'autre contraire[1].

Si l'on résume ces attributions et si on les rapproche, on en verra l'arbitraire et l'inconséquence. 3 est tout à la fois le plan, le cercle, le solide ou corps, l'homme en soi, l'être physique, la forme, la conjecture, la justice, le mariage et Minerve. Il n'est pas plus étonnant de voir le nombre du mariage attribué à la déesse vierge, que de voir le nombre 3 premier impair, supérieur au premier pair 2, exprimer cependant une forme de la connaissance, ἡ δόξα, inférieure à la science, ἐπιστήμη.

4, tout nombre pair qu'il est, est le nombre sacré : à lui s'arrête la progression des premiers nombres dont la somme fait la parfaite décade, et qui contiennent et constituent l'essence de toutes les choses, à quelque degré de perfection qu'elles appartiennent. Dans son commentaire sur le *Traité de l'âme*, Philopon cite des fragments importants tirés des leçons d'Aristote sur le *Bien :* « Les idées sont des nombres, les nombres sont tous décadiques, car les pythagoriciens appelaient chaque idée une décade. En effet, les principes de ces idées (ou nombres) sont : 1, 2, 3, 4, parce que ces nombres additionnés ensemble donnent 10, nombre parfait et qui a reçu son nom, δεκάς, de sa propriété de contenir tous les nombres, δεχάς. Les principes soit de l'univers entier, soit des choses individuelles sont donc tétradiques, parce qu'ils sont décadiques et réciproquement[2]. »

---

1. Brand., *De perd. lib. Arist.*, p. 50.
2. Philop., dans Brand., *De perd. lib. Arist.*, p. 49 : Ἱστορεῖ οὖν ἐκεῖ (Aristoteles) ἐν τοῖς περὶ τ'ἀγαθοῦ τὴν Πλάτωνος καὶ τῶν Πυθαγο-

Dans les choses sensibles, je veux dire les êtres particuliers et individuels, nous trouvons le nombre 4.

4 est d'abord le vivant en soi, αὐτόζωον. Aristote nous le dit lui-même : « Dans les *Leçons sur la Philosophie*, on définit l'animal en soi par l'idée de l'Un, plus la première longueur, largeur, profondeur et le reste à l'avenant[1], » c'est-à-dire par le nombre 4. C'est, par exemple, le nombre du cheval ou du blanc[2].

Comme le semblable est connu par le semblable[3], et que le vivant en soi comprend le vivant intelligible, le vivant sensible, le vivant physique, l'âme qui connaît tous ces êtres doit être com'ne eux le nombre 4. De même aussi la forme de la connaissance qui leur correspond, c'est-à-dire la sensation, sera 4 ; comme l'intuition pure est 1, la science discursive 2, l'opinion 3[4]. Il faut sans doute admettre ici quelques réserves : il y a correspondance et analogie entre l'esprit et la nature : la sensation est une tétrade comme son objet ; cependant la connaissance parfaite est aussi une tétrade, parce qu'elle enveloppe et embrasse toutes les formes de la connaissance, qui sont au nombre de 4.

Dans les êtres physiques, le nombre 4 se trouve dans les espèces des animaux : les espèces qui vivent dans le

ρείων περὶ τῶν ὄντων καὶ τῶν ἀρχῶν δόξαν.... Τὰ εἴδη ἀριθμοί εἰσιν· ἀριθμοὶ δὲ δεκαδικοί.... Ἀρχὰς τῶν εἰδῶν ἔλεγον οἱ Π. τὴν μονάδα, κα δυάδα, καὶ τριάδα, καὶ τετράδα.... Οὕτω μὲν οὖν ἡ τετραδικὴ ἀρχὴ κοινῶς ἐν πᾶσι τοῖς οὖσι θεωρεῖται.... Δεκαδικὰς δὲ ἔλεγον εἶναι τὰς τετραδικὰς ταύτας ἀρχάς.

1. *De Anim.*, I, 2.
2. *Met.*, XIII, 8.
3. Arist., *de An.*, I, 2, 8,
4. Philop., l. l.

ciel, celles qui vivent dans l'air, celles qui vivent dans la terre, celles qui vivent dans l'eau.

Dans les êtres sensibles, où l'unité est le point, 2 la ligne, 3 la surface, 4 est le solide.

Le point est indivisible ; le mouvement du point hors de lui-même, ῥυέν, engendre la ligne, limitée par deux points ; 3 est la surface, parce que le triangle est la première figure, ou plutôt par cette raison : de même que le mouvement du point en dehors de lui-même produit dans le sens de la longueur un autre point, si ce même point fait un autre mouvement en dehors de lui-même dans le sens de la largeur, il produira un autre point, en sorte qu'il y aura 3 points, dont l'un est limite de la longueur, l'autre limite de la largeur, le troisième commun aux deux dimensions. Le point est ainsi père des figures comme l'unité est la mère des nombres.

C'est ainsi que 4 est le solide, ou bien parce que la pyramide est la première des figures solides composée de 3 triangles, ou bien parce que le point mû en longueur engendre un autre point ; mû en profondeur, un autre point, en sorte qu'il y aura 4 points. Donc 4 se trouve, ἐνυπάρχει, dans tous les êtres sensibles.

Puisque l'âme connaît tous les êtres, elle doit être composée des mêmes nombres ; elle contiendra donc, 1° la raison, qui est l'unité, et connaît par une intuition parfaitement simple, ἁπλῇ ἐπιβολῇ ; 2° le raisonnement discursif, διανοία ; 3° l'opinion, qui hésite et balance, crée, pour ainsi dire, un chemin à deux routes, et n'est jamais sûre si la négation est vraie ou si c'est l'affirmation ; 4° enfin, la sensation, qui non-seulement est la quatrième forme de la connaissance, mais est 4 même, parce que la sensation est la connaissance qui a le plus d'analogue avec le corps, et que le corps est 4.

Pour le dire en passant encore une fois, combien étranges sont ces applications et combien contradictoires 1 4 est le nombre parfait, et le voilà qui est la définition et l'essence de la plus humble et de la plus imparfaite des formes de la pensée ; 4 est l'âme tout entière, et en même temps une des parties : en sorte que la partie est égale au tout.

Nous touchons vraiment déjà à l'identité des contraires, et à la coïncidence des termes opposés dans l'unité du rapport.

Archytas voulait que l'âme fût un cercle ou une sphère, parce qu'elle est l'essence se mouvant elle-même[1]. Sans lui envier cette propriété, Pythagore voulait qu'elle fût un carré ou un tétragone : car c'est dans le tétragone[2] que brille l'image de l'essence divine, que se manifeste l'ordre parfait.

En effet, la propriété d'être droit imite la puissance d'être inflexible, ἄκλιτον, invariable, et celle d'être égal, imite la puissance d'être éternel. Car le mouvement est l'effet de l'inégalité, le repos de l'égalité. Donc il est naturel que les causes qui ont produit l'être solide dans son ensemble invariable et complet, soient exprimées, comme au moyen d'une image, par le tétragone.

L'angle du tétragone est l'angle de Rhéa, de Déméter et d'Hestia. La terre est un tétragone. C'est de ces trois déesses génératrices des êtres vivants, ταῖς ζωογόνοις θεαῖς, que la terre reçoit sous forme d'écoulement ses forces

---

1. Lyd., de Mensib., c. viii, p. 21.
2. Philol., Boeckh, p. 155.

génératrices, sa puissance de fécondité, γονίμους δυνάμεις.
Aussi donne-t-on quelquefois à la terre les noms
d'Hestia et de Déméter, et elle n'est pas sans participer
à Rhéa ; en elle sont toutes les causes engendrées.
L'angle du tétragone, sous une forme obscure et symbolique, embrasse et exprime l'unité de ces productions
divines [1].

Il ne faut pas oublier ici que Philolaüs, qui assigne
l'angle du triangle à 4 dieux, assigne l'angle du tétragone à 3 déesses, montrant par là cette pensée, qui se
retrouve obscurément, mais partout indiquée, que les
nombres se pénètrent réciproquement et mutuellement,
que toutes choses participent de toutes choses, les impaires des paires, les paires des impaires [2].

Ainsi 3 et 4 participent aux causes génératrices des
choses [3] et productrices de leurs qualités : ces nombres
embrassent toute l'organisation régulière des choses
engendrées. En effet, c'est de ces nombres 3×4 que
provient le produit 12, qui tend et aspire à la monade
unique, la puissance souveraine de Jupiter [4].

Là ne se borne pas la vertu de la sainte Tétrade : il
y a quatre principes de l'être pensant : l'encéphale,
la tête, siége de la raison ; le cœur siége de la vie ; le
nombril siége de la faculté de pousser des racines et
de germer ; les parties sexuelles, siége de la faculté
d'engendrer et de concevoir ; mais il n'y a aussi que
trois genres ou règnes d'êtres ; l'homme dont le principe essentiel est dans l'encéphale, l'animal dont le prin-

1. *Philol.*, Boeckh, p. 156.
2. *Philol.*, Boeckh, p. 156.
3. *Philol.*, Boeckh, p. 156. J'aimerais mieux lire αἰτίων qu'ἀγαθῶν.
4. *Philol.*, Boeckh, p. 157.

cipe est dans le cœur; le végétal dont le principe est le nombril : car l'organe sexuel est commun à toutes les trois classes [1].

4 est le nombre de la justice, dont le caractère distinctif est de rendre la pareille, τὸ ἀντιπεπονθός, et l'égalité absolue. Or, 4 est précisément un nombre ἰσάκις ἴσος, c'est-à-dire un produit dont les deux facteurs sont absolument égaux; c'est le nombre du carré dont tous les côtés sont égaux [2].

Pythagore était invoqué comme l'inventeur de cette mystérieuse et sainte Tétractys : et c'était par elle et par lui que juraient leur grand serment les partisans de la secte et les membres de l'Institut.

« Oui ! je le jure ! par celui qui a donné à notre âme la Tétractys, qui contient la source et la racine de l'éternelle nature [3]. »

C'est parce que 4 est le nombre parfait qu'il est le principe de l'éternelle nature; c'est-à-dire qu'il ren-

---

1. *Philol.*, Boeckh, p. 159.

2. *Scholl. Arist.*, Alexandre et Asclepiad., p. 540 et 541. Cette attribution était contestée par la raison que facteurs et produit étaient des nombres pairs, et que le pair appartient à la classe de la matière et de l'infini. Mais, comme nous l'avons déjà fait remarquer, le pair n'est pas le nombre pair.

3. *Carm. Aur*, v. 47 :

Ναὶ μὰ τὸν ἀμετέρᾳ ψυχᾷ παραδόντα τετρακτύν
Παγὰν ἀεννάου φύσεως.

La *Théologie arithmétique*, p. 20, attribue ces deux vers à Empédocle, et change, dans le premier, Ναὶ en Οὐ, et complète le second par cet hémistiche :

ῥίζωματ' ἔχουσαν.

Boeckh, p. 146 : « Il y en a qui appellent la Tétrade le principe de la santé, comme, entre autres, Philolaüs. »

ferme les raisons ou les lois rationnelles de la composition de toutes choses[1].

Et comme il est la racine de l'être, Pythagore a pu l'appeler, dans un ἱερὸς λόγος qu'on lui prête, « le nombre des nombres et Dieu.» En effet, le nombre parcourt une distance limitée, et la limite de cette distance est 10 ; car au delà de 10 on est obligé de revenir à l'unité. Or toute la vertu de la décade est contenue dans la tétrade : elle en est la perfection ramenée à l'unité ἐνωμένη τελειότης. 4 est le moyen arithmétique entre l'unité et le nombre 7 ; car il dépasse le premier terme du même nombre dont il est dépassé par le dernier : $4 = 1 + 3$; et $4 = 7 - 3$. Mais les propriétés de l'unité et de 7 sont très-belles et très-bonnes; car l'unité principe des nombres les renferme tous en soi ; 7, nombre conçu sans mère, est le nombre Vierge, puisqu'il n'engendre aucun des nombres contenus dans la décade et n'est engendré par aucun d'eux, tandis que 4 est le produit de 2×2; 6 et 9 sont les produits, l'un de 3×2, l'autre de 3×3 ; 10 lui-même est le produit de 2×5. Maintenant 4 étant moyenne arithmétique entre 1 et 7, renferme nécessairement en lui les puissances des nombres qui engendrent et de ceux qui sont engendrés ; car, seul de tous les nombres contenus dans la décade, il est engendré par un nombre[2], et engendre un autre nombre 8 (4×2). C'est le nombre du premier solide, des facultés de l'intelligence, des éléments, des saisons, des âges de l'homme, des formes de la société politique[2]. Tout dépend

---

1. Sext. Emp., adv. Math., IV, 2, p. 332, et VII, 97 : Τὸν λόγον τῆς ἀπάντων συστάσεως.

2. C'est du moins le sens que j'attache à συνοικισμῶν.

de ce nombre, tout y est attaché comme à son principe et à sa racine. C'est la cause et l'ouvrier de l'univers, le Dieu intelligible auteur du Dieu sensible[1]. Sa connaissance a été révélée aux pythagoriciens par Pythagore, qui était lui-même un être intermédiaire entre les immortels et l'humanité, un homme revêtu de l'autorité et de la sainteté divines, l'hiérophante de la tétrade[2]. » De même qu'ils appelaient 4, le corps, les pythagoriciens exprimaient par 5 le corps naturel[3]; car 5 donne aux choses la qualité et la couleur, la forme extérieure et visible[4]. Les corps physiques ont cinq éléments, le feu, la terre, l'eau, l'air et la quinte essence, πέμπτη οὐσία ou éther[5]. Les corps primitifs sont, eux aussi, des nombres et sont constitués par des figures géométriques ; le feu, qui affecte la forme d'une pyramide, est un tétraèdre ; l'eau un icosaèdre ; la terre un cube ; l'air un octaèdre ; l'éther, qui embrasse la sphère entière du monde et ainsi tous les autres éléments, est un dodécaèdre[6], nombre de Jupiter.

Le nombre 5 dispute à 3 comme à 4 le privilége d'être

1. C'est une notion ajoutée par interprétation à la doctrine par son éloquent commentateur Hiéroclès, Alexandrin si idéal et si pieux, qu'on l'a cru quelquefois chrétien.

2. Hierocl., éd. Mullach., p. 464.

3. *Scholl. Arist.*, p. 541 a : Τὸν δὲ τέσσαρα ἀριθμὸν ἔλεγον τὸ σῶμα ἁπλῶς, τὸν δὲ πέντε τὸ φυσικὸν σῶμα.

4. *Philol.*, Boeckh, p. 157.

5. *Id.*, p. 160. Je lis : ἁ τᾶς σφαίρας κυκλάς.... au lieu de ὁλκάς. La cinquième essence ne serait donc pas, comme le croit Cicéron (*Tusc.*, I, 2) une découverte d'Aristote. On la voit d'ailleurs vaguement, il est vrai, indiquée dans Platon (*Tim.*, 55 c), et confondue avec l'Éther dans *Épinom.*, 984 b.

6. *Theol. Arithm.*, p. 28, 30, 33. Asclepiad., *Scholl. Arist.*, p. 541 a, 5.

la justice, parce qu'il est le milieu de 10 et que 10 est
le tout ; donc 5, qui divise le tout en 2 parties égales, διχῆ,
et qui rend à chaque partie ce qui lui appartient, fait
vraiment l'office du juge[1]. Il est aussi le mariage, mais
ce n'est pas parce que le mariage réunit deux êtres
égaux ; bien au contraire, c'est parce que le mariage
est le rapprochement, la cohabitation du mâle, qui est
impair, et de la femelle qui est pair ; or 5 est la somme
du premier pair 2 et du premier impair 3[2]. Enfin il
constitue la lumière[3].

Si 5 est le corps physique, 6 est le corps vivant. Si j'entends ce que cela veut dire, la matière réduite à 4 éléments ne constitue pas une réalité vraie et organisée :
il faut une cinquième essence qui leur permette de s'ag-
gréger et de se former, de se lier et de s'unir, parce
qu'elle a pour effet de contenir et d'envelopper, ἡ κυκλὰς :
et c'est alors seulement que le corps peut être visible[4],
c'est-à-dire avoir une couleur. Maintenant à ce corps
organisé par 5 principes, 6 vient ajouter l'âme et la vie
avec ses fonctions, ψύχωσιν[5]. La raison en est que 6 est le
premier nombre de la décade formé par la multiplication
de 2 par 3, c'est-à-dire du premier pair par le premier
impair[6]. La vie n'est qu'une combinaison des deux

---

1. *Scholl. Arist.*, p. 541 : Τὸ μέσον ἔχει τοῦ πάντος.... καὶ δικαστὴς
ἐντεῦθεν λέγεται ὁ διχάζων.
2. *Scholl. Aristot.*, p. 540 b, 14.
3. *Theol. Arithm.*, 28.
4. Il semblerait alors que 4 ne désigne qu'une matière presque informe, ce qui ne s'accorde guère avec les vertus merveilleuses et divines de la tétrade.
5. *Philol.* Boeckh, p. 158. *Scholl. Arist.*, p. 541 a, 24 : Τὸ δὲ ἓξ ἔμ-
ψυχον.
6. *Scholl. Arist.*, p. 541 a.

contraires. C'est probablement par la même raison qu'il exprime, lui aussi, le mariage et Aphrodité[1], et encore la santé[2]. La santé, que nous venons de voir attribuer à 6, la lumière, qui est attribuée à 5, la raison, dont le nombre était plus haut l'unité même, d'après Aristote, sont encore exprimées par 7, qui de plus est Minerve et l'occasion favorable et propice, à-propos, ὁ καιρός[3]. En effet, 7 est la somme de 3 et de 4, dont on vient de voir les merveilleuses propriétés, et en outre il forme avec 4 un moyen arithmétique entre les deux extrêmes de la décade : 1 : 4 : 7 : 10. Les effets de ce nombre répondent à la puissante vertu de ceux qu'il réunit. Les êtres naturels accomplissent leurs développements réguliers et parfaits, les phases propices de la génération et de l'achèvement de l'être sont mesurées par des périodes de 7. Ainsi pour l'homme, il vient au monde après 7 mois de gestation ; et sa vie se meut par périodes de 7 années. Pendant la première, au terme de laquelle il pousse ses dents, il n'est qu'un petit enfant, ἴμφας, et παίδιον; dans la seconde il est un enfant, παῖς ; dans la troisième, qui va jusqu'à 21 ans, il est un éphèbe, un adolescent , μειράκιον, et la barbe lui pousse. Dans la quatrième, dont le terme est 28 ans, c'est un jeune homme ; dans la cinquième, c'est un homme, ἀνήρ. A partir de ce moment, il décline, et les phases de cette décadence sont soumises encore à la loi du même nombre 7[4].

1. Pythagore, d'après Modératus. Stob., *Ecl.*, I, 20.
2. *Theol. Arith.*, p. 38.
3. Moderatus dans Stob., I, 20. *Scholl. Arist.*, I, 20. *Scholl. Arist.*, p. 540 a, 27; 541 a, 10; b, 31 ; *Theol. Arithm.*, p. 42.
4. *Scholl. Arist* , p. 541 b. Ces divisions sont d'Hippocrate ou ont été adoptées par lui.

Le soleil, qui est la cause productrice de tous les fruits de la terre[1], ne possède cette puissance que parce qu'il est fondé sur le nombre 7.

Il a la septième place dans l'ordre général du monde; en effet, sa sphère vient après celle des 5 planètes et du ciel des fixes, que les Grecs appelaient ἀπλανής. La lune, quand elle a 7 jours, est en conjonction quadrangulaire avec le soleil, et c'est pour cela que le 7ᵉ jour est critique[2]. Nous avons déjà dit pourquoi on lui donne le nom de Minerve et de Vierge.

8 constitue dans les êtres l'amour, l'amitié, la prudence, la réflexion[3]. C'est le premier nombre cubique, et, comme tel, il représente la terre, dont Pluton, aussi exprimé par ce nombre, soutient et ébranle les fondements[4].

Le grand serment et le monde étaient constitués par la grande Tétractys, formée de 8 nombres; c'est-à-dire par l'addition de la somme des 4 premiers impairs à la somme des 4 premiers pairs, qui donne 36. Or ce nombre 36 est celui de la somme des cubes de 1, de 2 et de 3[5].

La justice, que nous avons vue constituée par tant de

---

1. Hippolyte, *Ref. Hær.*, VI, cite comme une opinion pythagoricienne cette pensée : « Comme Démiurge de tout ce qui naît, le soleil est le grand géomètre et le grand mathématicien, et il est placé au milieu de l'univers comme l'âme dans le corps ; car le soleil est de feu comme l'âme; le corps est de la terre. »

2. *Scholl. Arist.*, p. 540 b. Il n'y aurait rien d'étonnant que ces superstitions numériques eussent été créées par les pythagoriciens à la fois médecins et mathématiciens. Elles n'ont pas encore disparu de la science.

3. *Philol.* Boeckh, p. 158.

4. Stob., I, 20, ἀσφάλιος, γαιήοχος. Cf. Plut., *de Is.*, c. 10.

5. Plut., *de Is.*, c. LXXV; *de Gen. an.*, 30, 4.

nombres déjà, l'est encore par 9, parce que c'est le
premier carré produit du premier impair 3 par lui-
même[1]. Ritter, complétant par une induction fondée le
fragment de Philolaüs, qui laisse 9 sans attribution,
croit pouvoir lui donner celle de représenter la vie divine et supérieure des planètes, comme 8 représente la
vie humaine, 7 le règne animal et 6 le règne végétal[2].
C'est le dernier nombre de l'ordre des unités, c'est-à-
dire des individualités; car 10 est le nombre parfait,
παντέλεια, et universel; il enveloppe en lui l'essence
et la vraie puissance des nombres, comme le monde enveloppe toutes choses, tous les genres, toutes les espèces, tous les individus, en un mot toutes les unités
partielles[3]. C'est le nombre de l'univers et du monde.
Il y a dix sphères dans le ciel et dix corps qui s'y
meuvent; nous n'en voyons que 9; mais comme la nature ne peut être boiteuse et manquer dans son tout à la
loi nécessaire de l'harmonie universelle, qui exige qu'il
y en ait 10, il y en a certainement un dixième qui est
invisible, mais dont l'existence est d'ailleurs attestée par
certains phénomènes, tels que le retour alterné et régulier du jour et de la nuit, qui ne peuvent s'expliquer
que par lui. C'est le nombre des couples conjugués,

---

1. Les *Scholl. d'Arist.*, p. 540 a, 26, donnent ὁ πρῶτος στέρεος, leçon fautive sans doute, mais à laquelle Zeller, sans aucune explication,
substitue ὁ πρῶτος τετράγωνος. Cf. *Theol. Arithm.*, p. 57.
2. Ritt., *Hist. de la phil.*, t. I, p. 356.
3. Arist., *Met.*, I, 5 : Τελεῖον ἡ δεκὰς.... καὶ πᾶσαν περιει)ηφέναι
τὴν τῶν ἀριθμῶν φύσιν. *Scholl. Arist.*, p. 541 a, 43 : Τὸν δέκα ἀριθμὸν
ἐκάλουν τὸν κόσμον, ἐπεὶ ὥσπερ ὁ δέκα ἀριθμὸς δεκτικός ἐστι παντὸς
ἀριθμοῦ, οὕτω καὶ ὁ κόσμος δεκτικός ἐστι πάντων τῶν εἰδῶν. Philop. *in
lib. Arist.*, *De an.*, I, 2 c. : Τελεῖος γὰρ ἀριθμὸς ὁ δέκα, περιέχει γὰρ
πάντα ἀριθμὸν ἐν ἑαυτῷ.

des syzygies de contraires qui président à la génération
des choses[1]. C'est la limite de l'étendue que peut parcourir le nombre[2]. Il renferme en lui la nature de
toute chose, le pair et l'impair, le mobile et l'immobile,
le bien et le mal, comme l'ont prouvé Archytas et Philolaüs dans les traités qu'ils ont consacrés à ce sujet[3].

Si l'on veut connaître et les effets et l'essence du
nombre, c'est dans la décade, qui les réalise tous, qu'il
faut les étudier : elle est le principe, le guide excellent,
parfait, tout-puissant de la vie divine, de la vie céleste,
de la vie humaine. Elle se manifeste dans l'intelligence
qui veut se former une notion des choses, et y produit
la foi, ἡ πίστις, c'est-à-dire une conviction inébranlable
et une certitude absolue ; sans la décade tout reste daps
l'infini, dans l'incertitude, dans l'obscurité[4]. On pourrait,
par la même raison aussi, y voir la mémoire, parce que
la décade est stable et immobile, et garde, sans les
changer, ni les perdre, ni les déplacer, les pensées que
nous lui confions[5].

Comme la tétrade, elle est en toutes les choses, et
dans chacune, dans les intelligibles, dans les sensibles,
dans les objets purement physiques. Ainsi, par ex., dans
la pyramide on trouve 4 plans et 6 lignes; total, 10[6].

---

1. Arist., *Met.*, I, 5; XII, 8; XIII, 8 : Εἰ μεχρὶ δεχάδος ὁ ἀριθμός.
Phys., III, 6.
2. Hiéroclès, *in Carm. Aur.*, p. 166 : Τοῦ δὲ ἀριθμοῦ τὸ πεπερασμένον διάστημα ἡ δεκάς.
3. Theon. Smyrn., *Platon. Math.*, p. 49. *Philol.* Boeckh, p. 146.
4. *Theol. Arithm.*, p. 61. *Philol.*, Boeckh, p. 140.
5. *Phil.*, Boeckh, p. 140 : Ἀφ' ὧν καὶ μονὰς μνημοσύνη ὠνομάσθη.
6. Jord. Bruno reproduit ce tableau numérique du monde. L'Un est
principe de tout, est tout. La dyade est le principe de l'opposition et
de la pluralité. La triade ramène l'opposition à l'harmonie. La tétrade

Maintenant, qu'y a-t-il dans ces attributions si arbitraires,
d'où l'on peut seulement retenir ceci, c'est que tout être
est soumis à une loi mesurée par le nombre dans toutes
les phases de son développement, qu'y a-t-il de vraiment
pythagoricien? Faut-il n'y voir que des additions postérieures du néo-pythagorisme, ou devons-nous admettre que l'ancienne école avait au moins semé le germe
d'où est sortie toute cette symbolique de fantaisie? Je
penche pour cette dernière alternative, malgré l'opinion
contraire de Zeller, et il me semble qu'Aristote m'y autorise. « Les pythagoriciens, dit-il, ont les premiers essayé de donner sur quelques sujets des définitions fondées
sur le genre, ἐζήτουν καθόλου ὁρίζεσθαι [1], définitions dont ils
ramènent les termes à des nombres ; par exemple :
ils définissaient l'à-propos, le juste, le mariage [2], et disaient : Telle forme du nombre, τὸ τοιονδὶ τῶν ἀριθμων
πάθος, constitue la justice, telle autre, l'âme et la raison [3],

est la perfection extrême. La pentade figure les sens extérieurs.
L'hexade, 2 × 3, représente les deux facteurs de la génération. L'hep-
tade, qui n'engendre rien, exprime le repos et la solitude. L'octade est
la justice et la félicité. L'ennéade a la même essence. La décade comprend et résume tous les nombres simples : $1 + 9 = 10$; $8 + 2 = 10$;
$6 + 4 = 10$; $5 + 5 = 10$. La monade des nombres est identique à la
monade des choses ; seulement elle diffère dans son mode : « Rationa-
liter in numeris, essentialiter in omnibus. » Voir *Proœm.*, CLX, *Theses
adv. Math. Memb.*

1. Les dix nombres, qui suffisent à tout expliquer, n'expriment donc
que les *genres* des choses, et alors quoi de plus simple qu'il n'y en ait
que dix. Cela fait tomber l'objection d'Aristote (*Met.*, XIII, 8) que s'il
n'y a que dix nombres, les nombres viendront bientôt à manquer aux
choses.

2. *Met.*, XIII, 4. Il est vrai qu'alors, comme la différence spécifique
n'est plus ajoutée au genre, la définition reste très-vague, et est plutôt
une classification générale.

3. *Met.*, I, 5.

telle autre, 3 par exemple, l'homme en soi ; telle autre, le cheval ou le blanc[1]. Il est donc certain que le pythagorisme analysé par Aristote, comme celui de Philolaüs, avait poussé assez loin cette minutieuse et stérile application des nombres aux choses.

Nous avons dit plus haut comment nous entendions la proposition pythagoricienne : tout est un nombre. Le nombre est un principe interne, ayant grandeur, et principe de tous les développements des êtres, qui tous ont, comme lui, pour condition d'existence, l'étendue et la limite. En terminant ce chapitre je veux mentionner une autre interprétation due à un pythagoricien, Eurytus. Aristote, dans la critique de la théorie des nombres, demande aux pythagoriciens : « Comment les nombres sont-ils causes de l'essence et de l'être ? Est-ce en tant que limites, comme les points, limites des grandeurs, peuvent en être considérés comme les causes ? Alors doit-on entendre, comme le voulait Eurytus, qu'il faut un nombre de quelque chose, ἀριθμός τινος; par ex.: ce nombre est le nombre de l'homme ; cet autre, celui du cheval. Car de même que les uns ramènent les nombres à des figures, comme le triangle et le carré, de même d'autres assimilent à des calculs, ψήφοις, les principes du développement des plantes[2]. » Le sens de l'interprétation d'Eurytus serait assez obscur, s'il n'était éclairci par le commentaire d'Alexandre. « Le pythagoricien Eurytu disait : tel nombre est la définition ou la limite, ὅρον,

1. Met., XIII, 8.
2. Met., XIV, 4 : Τὰς ἀφορμὰς τῶν φυτῶν. Cette phrase est assez brusquement introduite, et Zeller en est si étonné, qu'il suppose une interpolation dans le texte d'une glose marginale. Cependant Alexandre lisait le passage tel que nous l'avons.

du végétal; tel autre, celle du cheval; tel autre, celle de l'homme. Mais il ne se bornait pas à dire ainsi d'une façon générale que les nombres sont les définitions (ou limites, ὅρον) des végétaux, des hommes et des bœufs. De même que le mathématicien, lorsqu'il dessine le nombre 9, qui est un carré, écrit d'abord 3 unités sur une droite, ensuite 3 autres sur une autre, parallèle à la première, et achève par une opération semblable, sa figure parallèle; de même opérait Eurytus, lorsqu'il disait que les nombres sont les limites des choses. Supposons par exemple que la limite ou définition de l'homme soit 250 et celle du végétal 360[1]. Après avoir posé cela, le mathématicien prenait 250 petites pierres ψηφῖδας, les unes vert tendre, les autres noires, les autres rouges, les autres de toutes les autres couleurs. Puis, enduisant la paroi du mur de chaux vive et dessinant au trait un homme et un végétal, il posait ces pierres, les unes dans le contour du visage, les autres dans celui des mains, les autres dans les autres parties de la figure. Il arrivait ainsi à réaliser la figure de l'homme dessiné, au moyen de ces petites pierres, dont le nombre était égal au nombre de monades qui, suivant lui, limitait et définissait l'homme. Ainsi, après l'opération, Eurytus prétendait que, de même que l'homme dessiné était formé de deux cent cinquante petites pierres, de même

---

1. Eurytus sortait donc du principe que les dix premiers nombres suffisent à tout expliquer; ou peut-être l'entendait-il ainsi: Les dix premiers nombres suffisent à tout expliquer, parce qu'ils suffisent pour produire la série des nombres quelconques nécessaires à l'explication des choses. Il est peu probable que les pythagoriciens l'aient entendu ainsi. Car on ne s'expliquerait plus du tout l'objection d'Aristote : « Les nombres vont vous manquer si vous vous arrêtez à 10. »

l'homme réel est formé d'autant de monades[1]. » Le nombre, pour Eurytus, n'était donc que la forme quantitative d'une matière [2], et cette matière était la monade. Mais d'où venait le nombre de cette monade, qui elle-même en tant que nombre doit renfermer la tétrade et la décade qui se pénètrent dans l'unité? Pour nous, nous pourrions admettre que chaque être est formé de nombres; mais ce n'est pas une somme qui constitue l'être : l'être est un rapport, et un rapport harmonique. L'essence, la raison, le principe, la nature de l'être, est d'être une harmonie; car l'harmonie ne fait qu'un seul nombre des nombres qui la constituent : l'harmonie elle-même est un nombre. L'être est donc un nombre de nombres, une harmonie d'harmonies [3].

§ 5. L'HARMONIE.

L'être n'est qu'un rapport, et quoi qu'en dise Aristote, on peut très-bien donner à ce rapport le nom de nombre [4]. Mais ce n'est pas toute espèce de rapport : c'est un rapport d'harmonie ; c'est une harmonie même.

1. Alex. Aphrod., *Scholl. Arist.*, p. 829.
2. C'est à peu près ainsi que l'entendait Modératus (Stob., I, 1, p. 20): « Le nombre est un système de monades, ou bien une expansion de la quantité commençant par la monade, et un retour de la quantité à la monade. C'est une quantité limitant les monades, περαίνουσα μονάδας. » Les monades ne sont plus alors que des atomes matériels; mais qu'est-ce qui leur a donné leur unité?
3. Hierocl., *Comment. in Aur. Carm.*, p. 464, éd. Müllach: Ἀριθμὸς ἀριθμῶν. Arist., *Met.*, XIV, 5 : Ὁ λόγος ἡ συμφωνία ἀριθμῶν. Alex., *Scholl.*, p. 829 a, 45: « Ce qui veut dire que la raison, ὁ λόγος, la force rationnelle, suivant laquelle naissent les plantes, est une symphonie : or, la symphonie est produite par une disposition régulière déterminée par le nombre, ἡ δὲ συμφωνία κατ' ἀριθμοῦ σχέσιν. »
4. *Met.*, XIV, 5. « L'essence est le rapport d'une telle quantité à

Les choses semblables, en effet, et de nature semblable peuvent naturellement s'allier ensemble et sans autre condition que la similitude de leur nature, qui déjà pourrait être appelée une harmonie. Mais puisque l'expérience nous apprend que toute chose est un mélange formé de contraires[1], et que les choses dissemblables et denaturedisse mblable, qui n'ont pas une même essence, ne peuvent être unies que par un principe qui les rapproche, il faut que ce principe existe, puisque les choses réelles font partie du monde, où règne l'harmonie, κόσμος L'harmonie est donc le principe nécessaire qui lie et concilie les principes contraires qui entrent dans la constitution de tout être; elle est l'unification des éléments multiples et mélangés qui le forment; elle est l'accord des éléments en discorde, la loi absolue et nécessaire de l'ordre dans le monde physique comme dans le monde moral, dans les individus comme dans le tout[2].

Toute harmonie est une proportion: cette proportion,

une telle quantité des éléments qui entrent dans le mélange; mais ce n'est pas là un nombre : c'est la raison d'être, ὁ λόγος, du mélange de nombres corporels. »

1. Aristote constate cette opinion, qui fait de l'être un mélange, un mixte, μίξεως, *Met.*, XIV, 5, et qu'on retrouve dans le *Philèbe*.
2. *Scholl. in Il.*, p. 95 a, 23 : Ἡ τῶν ὅλων τάξις. Diog. L., VIII, 33 : Καθ' ἁρμονίαν συνεστάναι τὰ ὅλα. *Id.*, 85 : Πάντα ἀνάγκη καὶ ἁρμονίᾳ γίνεσθαι. Nicom., *Arithm.*, p. 59. *Philol.*, Boeckh, p. 61 : Ἁρμονία πολυμιγέων ἕνωσις καὶ διχῆ φρονεόντων σύμφρασις. Cf., Id. *Philol.*, p. 62. Stob., I, p. 458. Arist., *Met.*, I, 5 : Τὸν ὅλον οὐρανὸν ἁρμονίαν. Strab., II, 468 : Καθ' ἁρμονίαν τὸν κοσμὸν συνεστάναι φασί. Athen., XIII, 632; Πυθαγόρας.... καὶ τὴν τοῦ πάντος οὐσίαν διὰ μουσικῆς ἀποφαίνεσθαι συγκειμένην. Theon. Smyrn., *Arithm.*, l. 1, p. 15 : Ἐναντίων συναρμόγην καὶ τῶν πολλῶν ἕνωσιν καὶ τῶν διχοφρονούντων συμφρόνησιν.. Ἐν μουσικῇ, φασὶν, ἡ ὁμόνοια τῶν πραγμάτων ἐστὶ καὶ ἀριστοκρατία τοῦ παντός· καὶ γὰρ αὕτη ἐν κόσμῳ μὲν ἁρμονια, ἐν πόλει δὲ εὐνομια, ἐν οἴκοις δὲ σωφροσύνη.

la plus parfaite de toutes, se meut dans l'étendue de l'octave, c'est-à-dire entre deux sons produits par des cordes dont le rapport — soit de longueur soit de tension, — est comme 1 : 2 ou comme 2 : 4.

L'harmonie, dit Philolaüs, et tous les musiciens grecs sont d'accord avec lui, est l'octave même, c'est-à-dire une quarte, συλλαβά¹, surmontée d'une quinte, διὰ πέντε ou δι'ὀξείων². La quinte est plus forte que la quarte de 9/8³ ; car il y a de l'hypate, la corde la plus grave du tétrachorde inférieur, à la mèse, la corde la plus aiguë de ce même tétrachorde, une quarte, et de la mèse à la nète, la corde la plus aiguë du tétrachorde aigu, il y a une quinte. De même de la nète à la trite il y a une quarte, et de la trite à l'hypate une quinte. L'intervalle qui sépare la mèse de la trite, ou le ton, est de 9/8; l'intervalle de la quarte est de 4/3; celui de la quinte de 3/2 ; celui de l'octave est de 1/2⁴. L'harmonie ou l'octave comprend donc cinq 9/8 ou cinq tons, et deux dièses; la quinte comprenait trois 9/8 ou trois tons et un dièse , la quarte deux tons et un dièse⁵.

1. C'est l'ancien nom de la quarte : il lui venait de ce que c'est le premier intervalle des sons consonnants. Nicom., p. 16.

2. Ce second nom venait à la quinte de ce qu'elle est à l'aigu de la quarte.

3. Ἐπόγδοον, c'est-à-dire 1 entier plus ⅛.

4. Les deux tétrachordes peuvent être joints, c'est-à-dire avoir une corde commune, ou disjoints : cela ne change rien à la mesure des intervalles. L'invention de l'octochorde et de l'heptachorde était attribuée à Pythagore, comme aussi la détermination des rapports numériques des intervalles. Ces calculs sont exacts; mais comme nous mesurons les intervalles d'après les nombres de vibrations des cordes, il faut renverser les rapports pour avoir ceux qu'avait obtenu Pythagore. Cf. Nicom., *Harmon.*, p. 14. Iambl., *V. P.*, c. xxvi. Bryennius *Harmon.*, sect., p. 365. Aristid. Quintil., *de Mus.*, I, p. 17.

5. Les dièses sont ici des demi-tons mineurs, exprimés par le rap-

Nous avons donc dans le système de l'octochorde le diagramme suivant :

TÉTRACHORDE DES AIGUES.		
	1. Nète.	8 : 9.
	Paranète.	8 : 9.
	Trite.	243 : 256: demi-ton.
	Paramèse.	8 : 9.

TÉTRACHORDE DES GRAVES.		
	Mèse.	8 : 9.
	Lichanos.	8 : 9.
	Parhypate.	243 : 256: demi-ton.
	Hypate.	

Dans le système de l'heptachorde la paramèse manquait: la trite en prenait la place, et la mèse du tétrachorde des graves, qui en était la corde la plus aiguë, servait alors en même temps de corde grave au tétrachorde des aiguës.

Il résultait de là qu'entre la paranète et la trite il y avait un intervalle non divisé de 3 demi-tons [1]. Lorsport 243 : 256; le sens primitif est division. Plus tard le nom de λεῖμμα fut donné à ce demi-ton; et celui de dièse fut assigné à l'intervalle du tiers de ton dans le genre chromatique, et du quart de ton dans le genre enharmonique.

1. Système de l'heptachorde.

Nète.

Paranète.

Trite. } 3 demi-tons.

Mèse.

Lichanos.

Parhypate.

Hypate.

qu'une huitième corde fut ajoutée, on divisa cet intervalle en deux intervalles dont l'un fut d'un ton, et l'autre d'un demi-ton. La corde qui suivit la paranète s'appela la trite, parce qu'elle était la troisième, et la corde suivante s'appela la paramèse, ou voisine de la mèse. On voit donc comment, dans le fragment de Philolaüs que nous avons analysé[1], il peut dire que de la trite à la mèse, il y a un ton, c'est-à-dire 9/8.

On peut faire la remarque suivante: si on prend pour valeur de l'hypate 6, la nète sera 12, la mèse 8, et la paramèse ou la trite sera 9. Or la proportion 6, 8, 12, constitue ce qu'on appelle la proportion harmonique en arithmétique[2], c'est-à-dire une suite de nombres telle que le moyen surpasse chaque extrême et en est surpassé de la même fraction de chacun d'eux : en effet $8 = 6 + \frac{6}{3}$; et $12 = 8 + \frac{12}{3}$.

En géométrie nous allons également retrouver cette proportion et ces nombres. Le cube a 6 plans ou surfaces, 8 angles, 12 lignes.

Au lieu du rapport 9/8, Philolaüs d'après Boëce[3], multipliant les deux termes du rapport par 3, obtenait les nombres 24 : 27[4], et par là il semble avoir voulu voulu constituer ainsi les rapports harmoniques: 1, 2, 3, 4, 8, 9, 28. Il avait ainsi l'avantage de faire entrer dans l'harmonie le nombre 27, cube du premier impair, 3, qui joue un rôle si honorable[5] et même si nécessaire.

1. *Philol.*, Boeckh, p. 66.
2. Iamblique (*in Nicom.*, p. 141) dit que le nom d'harmonique a été donné à cette proportion par Archytas et Hippasos.
3. *De Mus.*, III, 5. Boeckh, *Philol.*, p. 76.
4. Nous avons dit que les anciens, mesurant les tensions et les longueurs au lieu de compter les vibrations, obtenaient des rapports renversés.
5. Boëce, III, 5. Boeckh, l. l. « Philolaüs vero Pythagoricus alio

Car ce nombre 27, cubique, lui était indispensable pour montrer que tout dans le monde s'explique par ces nombres de l'harmonie; or le cube, qui est le corps, devait y trouver nécessairement sa place; en outre il formait une grande tétractys[1] composée de deux proportions géométriques partant toutes deux de l'unité, dont l'une avait pour raison 2, l'autre pour raison 3, soit:

1. 2. 4. 8.
1. 3. 9. 27[2].

Ces nombres, que Platon appliqua plus tard à la composition de l'âme, dont il fit comme une harmonie de facultés, furent appliqués par les pythagoriciens au système astronomique. Au point de vue psychologique, ils se sont contentés de dire d'une façon très-générale que c'est l'harmonie entre l'âme et les choses, entre le nombre de l'âme et le nombre dans les choses, qui rend la connaissance possible, parce que la connaissance va du

modo tonum dividere tentavit, statuens scilicet primordium toni ab eo numero qui primus cubum a primo impari, quod maxime apud Pythagoricos honorabile fuit, efficeret. »

1. Différente évidemment de celle dont nous avons parlé plus haut, mais en tant que tétractys, jouissant des mêmes propriétés.

2. Ce sont les mêmes nombres qui divisent harmoniquement l'âme du monde dans le *Timée* de Platon.

Dans ces nombres, les rapports 1 : 2 ; 2 : 4 ; 4 : 8 représentent l'octave ; 2 : 3, la quinte ; 3 : 4, la quarte ; 8 : 9, le ton. Mais, pour faire entrer dans cette série le nombre 27 et le rapport 9 : 27, il faudrait admettre la consonnance nommée διὰ πασῶν καὶ διὰ πέντε, c'est-à-dire la réplique de la quinte à l'octave supérieure ; or, cette consonnance, qui exige au moins deux octaves, existait au temps de Platon, mais on n'a guère le droit de l'attribuer à Philolaüs. Si le nombre 27 s'introduit dans l'octave simple, comme un des termes du rapport qui exprime le ton 24 : 27, il faudrait alors faire aussi au nombre 24 une place qu'il ne peut avoir. Cette tétractys est donc une hypothèse peu justifiée de M. Boeckh.

semblable au semblable. Par conséquent, si l'âme n'était pas nombre et harmonie, elle ne pourrait comprendre le nombre et l'harmonie, vraie essence des choses. Avant d'en montrer les applications, nous dirons quelques mots sur l'origine de ces calculs. Ils appartiennent certainement à l'école de Pythagore, comme toute l'antiquité l'atteste[1], · et le fragment de Philolaüs prouve qu'ils sont dus aux anciens pythagoriciens. D'après Nicomaque, Iamblique, Gaudentius, Macrobe, Boëce, Censorinus[2], Pythagore avait par hasard remarqué dans une forge que les sons des marteaux produisaient des accords de quarte, de quinte et d'octave. Il eut l'idée de peser les marteaux et trouva que les rapports des poids des différents marteaux étaient précisément les rapports numériques que nous avons reproduits. Il répéta l'expérience, cette fois avec des cordes de diamètre égal et d'égale longueur, mais tendues par des poids différents, et il trouva encore les mêmes rapports dans les poids ou dans les tensions. Montucla a fait remarquer que ce théorème est faux, et que les rapports réels des sons ne sont pas ceux des tensions des cordes ou des poids des marteaux, mais ceux des racines carrées des forces de tension. Ce n'est donc pas une expérience, du moins ce n'est pas l'expérience qu'on vient de décrire, qui a pu conduire Pythagore à ces erreurs. Gaudentius, il est vrai, la rapporte autrement. Les cordes, dont se serait servi Pythagore pour son expérience, auraient été soumises à des tensions égales, mais les longueurs

---

1. Plut., *de Gen. anim.*, 10; *de Mus.*, 22.
2. Cf. Boeckh, *de Metr. Pindar.* Martin., *Ét. sur le Timée*, t. I, p. 38 .

auraient été différentes, et ce sont les rapports des longueurs des cordes qui mesurèrent les rapports des sons. Mais cette proposition n'est vraie et conforme aux faits que si on renverse les rapports donnés par les longueurs des cordes vibrantes: or on ignore si Pythagore et même Platon ont su qu'il était nécessaire, pour exprimer en nombres les notes de l'octave, de faire ce renversement.

La musique pythagoricienne était surtout une arithmétique : elle imposait des lois aux instruments et aux voix, et rejetait comme indigne d'elle d'en recevoir de l'expérience. La simplicité des rapports numériques, tels que la fait découvrir l'étude des propriétés des nombres, voilà ce qui devait constituer la vraie harmonie. Tandis qu'Aristoxène et l'école des Organiciens faisaient appel à la sensation pour fonder la science et l'art de la musique, l'école des Harmoniciens ne consentait à prendre les faits que comme point de départ, et soutenait que la raison, une fois excitée, devait être seule maîtresse de fixer les principes rationnels de cet art, d'après les lois générales de l'ordre et des mathématiques, sans s'inquiéter de la sensation[1]. « Pythagore mourant fit entendre à ses disciples, en leur donnant le conseil de toucher le

---

1. Porphyr., *in Ptolem.*, p. 208. Πυθαγόρας καὶ οἱ διαδεξάμενοι τὴν μὲν αἴσθησιν ὡς ὁδηγὸν τοῦ λόγου ἐν ἀρχῇ παραλαμβάνειν.... τὸν δὲ λόγον ἐκ τούτων ὁρμηθέντα καθ' ἑαυτὸν πραγματεύεσθαι, ἀποστάντα τῆς αἰσθήσεως. Plut., *de Mus.*, c. 37 : « Pythagore avait rejeté le jugement de l'oreille en ce qui concerne la musique; ce n'est pas, suivant lui, à la sensation d'un organe, mais à l'esprit, que se révèle la vertu de cet art. Par conséquent, ce n'était pas par les impressions de l'ouïe qu'il en jugeait, mais seulement par l'harmonie proportionnelle des intervalles, qui n'est comprise que par la raison : νῷ γὰρ ληπτὴν τὴν ταύτης ἀρετὴν ἔφασκεν εἶναι. »

monochorde, que la perfection de la musique s'acqué-
rait bien plutôt intelligiblement par les nombres que
sensiblement par l'ouïe[1]. »

Faut-il donc admettre que ces rapports, exacts pour
la plupart, du moins en ce qui concerne les sons fonda-
mentaux de la gamme[2], n'ont été découverts que par la
voie du calcul abstrait, et que la théorie musicale, du
moins, n'était qu'un pur jeu de mathématiciens, une
solution de problèmes exclusivement arithmétiques tels
que celui-ci : « étant donné le chiffre d'un intervalle
consonnant, le décomposer en un nombre déterminé de
facteurs fractionnaires à termes entiers? » S'il en
était ainsi, ce serait un argument bien puissant en
faveur de la méthode à priori des pythagoriciens,
puisque, guidés par cette règle unique, que les sons de la
musique doivent présenter dans leurs rapports ces nombres simples qui sont comme les formules de l'ordre
mathématique, ils sont arrivés à une théorie que l'expérience a corrigée dans ses détails, mais en l'acceptant
dans son fondement.

Quelle est donc la valeur de cette théorie musicale?

---

1. Aristid. Quint., de *Mus*. Meib., p. 116, l. 7. Διὸ καὶ Πυθαγόραν
φασί.... ὡς τὴν ἀκρότητα τὴν ἐν μουσικῇ νοητῶς μᾶλλον δι' ἀριθμῶν ἢ
αἰσθητῶς δι' ἀκοῆς ἀναληπτέον.

2. Sans doute leur gamme était fausse; ils n'avaient reconnu ni le
ton mineur 10/9, ni le demi-ton majeur 16/15; par suite, nos deux
tierces et nos deux sixtes leur manquaient. Mais la gamme est-elle
vraiment donnée par la nature? N'est-elle pas un air, une mélodie,
que les siècles et les peuples perfectionnent successivement, et que
nos instruments à tempérament modifient encore de nos jours? Le
calcul rationnel n'a-t-il pas pu agir sur la sensation elle-même et
l'habituer peu à peu à goûter des intervalles auxquels l'oreille avait pu
rester longtemps insensible?

Les musiciens modernes la raillent beaucoup, et Grétry, faisant allusion surtout aux genres chromatique et
enharmonique qui employaient des intervalles de tiers et
de quarts de tons [1] que repousse notre oreille, et qu'elle admettait même difficilement chez les anciens[2], Grétry dit
qu'elle devait ressembler beaucoup au miaulement des
chats. Je crois qu'en effet la musique ancienne différait
beaucoup de la nôtre; mais on la juge mal par cette comparaison. La musique n'a jamais été chez les anciens
complétement séparée de la poésie, c'est-à-dire de la
parole et de la pensée ; sa valeur dépendait moins de ses
effets propres, que du relief qu'elle donnait à l'expression
orale des sentiments et des idées. Ce n'était guère qu'une
déclamation musicale et chantante, mais qui laissait toujours à la pensée et à la poésie le premier rang et la première place . L'absence du ton majeur, du ton mineur,
le manque de tonalité précise et peut-être de mesure
sévère, n'avaient donc pas pour les anciens les inconvé-
nients qu'ils auraient pour nous. Quant au principe
pythagoricien, exagéré sans doute, n'est-il pas cependant en grande partie parfaitement exact? Non-seulement dans la composition de ses mélodies et de ses
harmonies, mais même dans la composition de sa

1. Rameau avait cependant écrit dans le genre enharmonique un
trio de Parques. Mais il ne put trouver à Paris trois chanteuses qui
pussent entonner juste le quart de ton. *Acad. d. Inscr.*, t. XXXV,
Mém. de Chabanon.
2. Plutarque, *de Mus.*, 38, et Aristide Quintil., *de Mus.*, I, 19, con-
statent cette résistance des musiciens exécutants contre la tyrannie
d'une théorie tout abstraite. Aristox., *Harmon* , p. 19.
3. Aristid. Quintil., *de Mus.*, p. 76 : « Celui qui étudie la musique
doit surtout s'attacher à ces quatre choses : une pensée convenable,
la diction, l'harmonie et le rhythme. La pensée est de beaucoup la plus
importante. »

gamme, l'art musical, comme tous les arts, renferme un élément rationnel et intelligible. Aucun art ne s'adresse exclusivement à la sensation ; le plaisir délicieux qu'ils nous causent, cette joie douce et sereine, qui allége l'âme [1], n'est pas uniquement l'effet d'une impression matérielle sur notre organisme physique.

Ces sensations elles-mêmes, ces ébranlements du système nerveux, particuliers à la musique, ne sont pas sans quelque élément rationnel. Chose curieuse, nos nerfs, et particulièrement ceux de l'organe auditif, répètent et reproduisent les vibrations des corps sonores; et les vibrations des corps sonores ne sont musicales, ne sont harmonieuses, qu'à certaines conditions qui se ramènent à des lois numériques [2]. Les notes fondamentales de notre musique forment entre elles la progression suivante :

$$1 \quad \frac{5}{4} \quad \frac{3}{2} \quad 2$$

ou
$$\frac{4}{4} \quad \frac{5}{4} \quad \frac{6}{4} \quad \frac{8}{4}$$

c'est-à-dire constituent des rapports, c'est-à-dire des nombres simples, clairs, faciles. Le son musical lui-même est constitué par l'isochronisme prolongé des vibrations, c'est-à-dire par l'égalité de durée de chacune des vibrations pendant un espace de temps long relativement à la durée

---

1. Χαρὰν ἀδλαδῆ.... κουφίζεσθαι μεθ᾽ ἡδονῆς. Arist., Polit., VIII, 7.
2. Arist., Polit., VIII, 5 : Ἔστι δὲ ὁμοιώματα ἐν τοῖς ῥυθμοῖς καὶ τοῖς μέλεσιν. Plat., Tim., p. 80 : Ὅσοι φθόγγοι.... τότε μὲν ἀνάρμοστοι φερόμενοι δι᾽ ἀνομοιότητα τῆς ἐν ἡμῖν ὑπ᾽ αὐτῶν κινήσεως, τότε ξύμφωνοι δι᾽ ὁμοιότητα. C'est le nombre de l'âme qui entend et goûte le nombre du corps sonore : ou mieux encore, l'âme, qui est un nombre, entend le son qui est un nombre, et le même nombre. L'âme a ses vibrations :

Mon cœur est un luth suspendu ;
Sitôt qu'on le touche, il résonne.

du son. Cette égalité, c'est encore une proportion et un nombre. N'a-t-on donc pas raison de dire avec les pythagoriciens, que la musique ne dépend pas de la sensation en soi, et en tant que sensation; qu'elle renferme un élément intelligible qui domine l'élément physique; qu'elle peut être considérée comme une mathématique entendue, sensible, comme une combinaison et un développement de rapports numériques, et, pour ainsi dire, une discussion et une résolution d'équations mélodieuses? Oui, Pythagore a raison : l'essence de la musique, et le principe de sa beauté est dans le nombre. *Pulchra numero placent. Ratio sentit nihil aliud sibi placere quam numeros*, dit saint Augustin[1], a demi pythagoricien, il est vrai. Ces nombres, ces rapports doivent être entendus ; mais ils n'en sont pas moins intelligibles. L'oreille n'est ici qu'un intermédiaire ; la raison est le souverain juge, et la musique est un art intellectuel[2]. C'est par ce caractère qu'elle s'élève à la sérénité comme à la dignité, qui est la marque de l'art véritable, et qu'elle purifie, sanctifie le plaisir qu'elle nous donne.

C'est surtout par ce principe idéaliste que les théories musicales des pythagoriciens ont une vraie valeur philosophique. Platon n'est pas le premier qui ait fait de la beauté une idée. Avant lui ils en avaient fait une application directe à l'astronomie, à la médecine, à la morale. La musique n'a pas pour objet uniquement de régler les rapports des sons : elle régit et ordonne tout ce que la

1. *De Ordin.*
2. Bouillaud. *Theon Smyrn.*, p. 106. Aristox., *Harmon.*, 1, 2. Procl., *in Tim.*, p, 196, 14.

nature enferme dans son sein[1]. La philosophie, c'est la grande musique[2]. L'astronomie et la musique sont deux sœurs[3]. La musique n'est que l'image de l'harmonie céleste.

§ 6. L'HARMONIE CÉLESTE.

Nous avons déjà vu que de l'Un central se développe, à l'extrémité du monde, une sphère enveloppant le monde, qui par suite est lui-même sphérique. Tous deux, et le centre et l'Olympe, c'est le nom de cette sphère supérieure, appartiennent à l'élément fini[4]. Mais le vide en entrant du sein de l'infini dans le monde, qui l'aspire en vertu de sa puissance vitale, y déploie l'étendue, et la divise en êtres individuels. Ces êtres placés entre les deux extrémités du monde, sont d'abord les astres, corps divins, se mouvant de l'ouest à l'est, et accomplissant leurs danses célestes et leurs chœurs harmonieux autour du noyau igné qui sert de centre à ce mouvement universel.

Tout l'espace intermédiaire est divisé en deux régions. Immédiatement au-dessous de l'Olympe, qui est la sphère des Fixes[5], est la région supralunaire appelée le Cosmos, qui contient, en ordre, le soleil, la lune, les cinq planètes, Vénus, l'Étoile du soir et en même temps l'Étoile

---

1. Un pythagoricien inconnu, cité par Arist. Quint., 1, p. 3 : Πάνθ' ὅσα φύσιν ἔχει συνάγειν καὶ συναρμόττειν.
2. Plat. *Phæd.*, 61 a. Strab., X, p. 717. « Platon et, avant lui, les pythagoriciens avaient appelé la philosophie musique. »
3. Plat., *Rep.*, VII, 530 d.
4. Arist., *de Cœl.*, II, 13 : Τὸ δ' ἔσχατον καὶ τὸ μέσον πέρας.
5. Que les anciens appelaient ἀπλανής.

du matin ou Lucifer[1], placés, d'après les anciens pythagoriciens, entre le Soleil et Mars[2]; ensuite Mars, Jupiter et Saturne. Au-dessous du Cosmos, se trouve le Ciel, Ouranos, sphère de tous les êtres soumis au changement. En considérant comme compris dans cette énumération le ciel des fixes, qui participerait ainsi au mouvement[3], en y ajoutant la terre, on n'a qu'un total de neuf sphères et mobiles.

Les pythagoriciens, obéissant à ce principe supérieur d'un ordre parfait que la décade seule réalise, complétèrent hardiment le système par l'addition d'un dixième astre, l'Antichthone, placée plus bas encore que la terre. Ainsi, la terre n'est pas, comme les anciens philosophes se l'étaient représentée, le centre immobile du monde[4]. La terre n'est qu'un des astres du monde, ἓν τῶν ἄστρων. Elle est comme eux une sphère, se mouvant circulairement comme eux[5] autour du centre unique du mouvement. Dans ce mouvement de translation, que Montucla croyait, par erreur, le mouvement de rotation autour d'un axe, la terre présente toujours au feu central et à l'Antichthone le même côté; c'est pour quoi nous qui habitons le côté opposé nous ne pouvons jamais voir ni l'un ni l'autre[6], et nous ne recevons pas directement la

---

1. L'identité avait été reconnue par Pythagore. Diog. L., VIII, 14, et IX, 23. Plin., *H. N.*, l. II, 8.
2. D'après Eudème, Simplicius *in Arist., de Cœl.*, 115 b. Plin., II, 8, et Censorin, *de Die nat.*, c. 13, les placent entre le soleil et la terre; mais c'est un point de vue astronomique postérieur à Pythagore.
3. Ce serait comme un pressentiment de la précession des équinoxes.
4. Arist., *de Cœl.*, II, 13 : Τῶν πλείστων ἐπὶ τοῦ μέσου κεῖσθαι λεγόντων.... ἐναντίως οἱ περὶ Ἰταλίαν. Cf. Plut., *Plac. Phil.*, III, 7.
5. Plut., *Plac. Phil.*, III, 7 : Ὁμοιοτρόπως ἡλίῳ καὶ σελήνῃ.
6. Arist., *de Cœl.*, II, 13. Simplic., f. 124. *Scholl.*, 505 a. Ἡ δὲ ἀν-

chaleur et la lumière du feu central, qui ne nous arrivent
que par la réflexion et la réfraction du soleil, corps
vitrescent qui nous les renvoie, comme ferait un miroir,
mais après les avoir, pour ainsi dire, filtrées[1].
Lorsque la terre se trouve du même côté du feu central que le soleil, nous avons le jour; lorsque la terre
est d'un côté de ce feu et le soleil de l'autre, nous avons
la nuit. C'est donc le mouvement de la terre qui, changeant la situation par rapport au soleil, fait le jour et la
nuit[2].

Il est évident que nous devons voir ici le premier
germe de la théorie cosmologique de Copernic et de Ké-
pler; il suffira de transformer l'Antichthone en un hé-
misphère terrestre et d'ajouter au mouvement de
translation de la terre un mouvement de rotation sur
son axe, pour arriver à la vraie loi du phénomène. Copernic reconnaît lui-même que c'est aux anciens qu'il
doit d'avoir porté sur cette solution du problème toutes
ses méditations. Il dit, en effet, dans une lettre au pape
Paul III : « Reperi apud Ciceronem primum Nicetam
(lege Hicetam[3]) scripsisse terram moveri.... Inde igitur

τιχθὼν κινουμένη περὶ τὸ μέσον καὶ ἐπομένη τῇ γῇ οὐχ ὁρᾶται
ὑφ' ἡμῶν.... Plut., Plac. Phil., III, II, 3.
1. Stob., I, 530 : Ὑαλοειδῆ τὸν ἥλιον, δεχόμενον μὲν τοῦ ἐν κόσμῳ
πυρὸς τὴν ἀνταυγείαν διηθοῦντα δὲ πρὸς ἡμᾶς τό τε φῶς καὶ ἀλέαν....
Boeckh, Phil., p. 127. De sorte, ajoute Philolaüs, qu'il y a pour ainsi
dire deux et même trois soleils : le corps qui est dans le ciel, la lumière qui en émane, et cette autre lumière qui, du miroir où elle se
brise, retombe sur nous en rayons dispersés.
2. Arist., de Cœl., II, 13. Simplic., f. 124. Scholl., 505 a : Τὴν δὲ
γῆν ὡς ἓν τῶν ἄστρων οὖσαν κινουμένην περὶ τὸ μέσον κατὰ τὴν πρὸς τὸ
ἥλιον σχέσιν νύκτα καὶ ἡμέραν ποιεῖν. Boeckh, de Platon. system ,
p. XVII.
3. Diog. L., VIII, 85.

occasionem nactus, cœpi et ego de terræ mobilitate co-
gitare[1]. » Cet Hicétas, dont on ignore l'époque, mais
dont on peut sans invraisemblance croire qu'il était pythagoricien, puisqu'il était de Syracuse, cet Hicétas
est le premier qui ait parlé d'un mouvement de la terre
autour de son axe. Cicéron, comme le rappelle Copernic, dit en effet : « Hicetas Syracusius, ut ait Theo-
phrastus, cœlum, solem, lunam, stellas, supera denique
omnia stare censet, neque præter terram rem ullam in
mundo moveri, quæ quum circum axem se summa cele-
ritate convertat et torqueat, eadem effici omnia, quasi
stante terra cœlum moveatur. Atque hoc etiam Platonem in Timæo dicere quidam arbitrantur sed paullo
obscurius[2]. »

Si Philolaüs a laissé échapper cette observation, du
moins il avait reconnu l'inclinaison du plan de la révolution de la terre, sur celui de la révolution du soleil,
quoique Œnopidès de Chio se soit approprié cette découverte[3]. Cette inclinaison avait l'avantage d'expliquer la
diversité et la succession régulière des saisons de l'année, la communication du feu central au soleil, qui
sans cela eût été interceptée, enfin, par la rencontre aux

1. Copern., *Revolutt. cœlest.* Præf. Gassendi, *Vita Copern.*, p. 297.
2. *Acad.*, IV, 32. Hicétas, en transformant le mouvement de translation en mouvement de rotation, comme Héraclide du Pont, disciple
de Platon, et le pythagoricien Ecphantus, ne résolvait pas le problème.
C'est Aristarque de Samos qui affirma les deux mouvements, et fut
accusé d'impiété pour avoir osé déplacer Vesta, le sanctuaire et les
pénates du monde. Plut., *De fac. in orb. lun.; Quæst. Plut.,* VII; *Placit. Phil.*, II, 24.
3. Plut., *Plac. Phil.*, III, 13 : .... Κύκλῳ περιφέρεσθαι.... κατὰ κυ-
κλοῦ λόξου. *Id.*, II, 12. Il faut dire qu'on l'attribuait aussi à Anaximan-
dre. Plin., *Hist. Nat.*, II, 8.

points de section des deux plans, les éclipses de soleil et de lune. Il y a éclipse de soleil quand la lune se place entre la terre et le soleil, ou bien quand la lune ou la terre se placent entre le soleil et le feu central. Les éclipses de lune proviennent de l'interposition tantôt de la terre, tantôt de l'Antichthone[1].

Le soleil et la lune sont des corps sphériques[2] et vitrescents[3]. Le soleil reçoit sa lumière du feu central, et la lune reçoit la sienne du soleil[4]. C'est donc du soleil que vient immédiatement ce rayon de chaleur et de lumière qui, traversant les couches épaisses, sombres et froides de l'air, pénètre les immenses profondeurs de l'espace, et répand partout la vie[5].

Tous les astres doivent être considérés comme une terre enveloppée d'une couche d'air[6]. La lune surtout, est une espèce de terre, dont la surface est habitée par des animaux et des végétaux plus grands et plus beaux que les nôtres[7]. Ils sont quinze fois plus forts et n'évacuent jamais. Le jour y est aussi plus long et dans la même proportion[8]. L'aspect qu'elle présente vient de la réfraction de la mer passant à travers le cercle de feu.

---

1. Boeckh, de Plat. system., p. XXII. Arist., de Cœl., II,.13 : Διὰ τὴν ἐπιπρόσθησιν τῆς γῆς. Stob., I, 558. Plut., Placit. Phil., II, 29 4.
2. Stob., I, 526 : Πυθαγόρας.... σφαιροειδῆ τὸν ἥλιον.
3. Ὑαλοειδῆ. Stob., I, 530. Id., I, 552. Plut., Plac., II, 25 : Κατοπτροειδὲς σῶμα τῆς σελήνης. C'est donc une erreur d'Eusèbe, Præp. Ev., XV, 23, de lui donner la forme d'un disque.
4. Diog. L., VIII, 27 : Σελήνην λάμπεσθαι ὑφ' ἡλίου.
5. Diog. L., VIII, 27 : Διήκειν τε ἀπὸ τοῦ ἡλίου ἀκτῖνα, ταύτην δὲ ἀκτῖνα καὶ εἰς τὰ βενθη δύεσθαι καὶ διὰ τοῦτο ζωοποιεῖν πάντα.
6. Stob., I, 514 : Οἱ Πυθαγόρειοι ἕκαστον τῶν ἄστρων κόσμον ὑπάρχειν γῆν ἔχοντα ἀέρατε.
7. Philol., Boeckh, p. 134 : Γεώδη φαίνεσθαι τὴν σελήνην.
8. Il faut entendre, dit Boeckh, p. 133, que le jour lumineux dure

La révolution du soleil autour du feu central constitue l'année naturelle de 364 jours et 1/2 jour. La révolution inaperçue du ciel des fixes constitue la grande année de 10000 ans, qui ne peut être attribuée à Pythagore que par des inductions un peu hasardées[1]. Mais du moins le mouvement du ciel des fixes, quoique contesté par Gruppe[2] est démontré par le passage de Stobée, qui, énumérant les dix corps divins qui dansent, χορεύειν, autour du feu central, nomme en premier lieu Οὐρανός, qui ne peut être ici que le ciel des fixes[3]. Ce même mouvement était admis par Alcméon, le contemporain de Pythagore et peut-être son disciple, et dont les doctrines avaient tant d'analogie avec la sienne[4].

Quoi qu'il en soit de cette grande année, Philolaüs et peut-être même Pythagore avaient déjà calculé le grand cycle de 59 ans et 21 mois, afin de corriger les erreurs dans le calcul de l'année terrestre.

Le mouvement de l'univers entraîne-t-il même le feu central? J'en doute, quant à moi. Le πῦρ μέσον n'est pas nommé par Aristote dans la citation d'Alcméon; le frag-

quinze jours terrestres, c'est-à-dire trente jours en y comprenant la nuit. Il se fonde sur ce que le jour de 24 heures est la mesure dont se sert Philolaüs. Ce jour est la durée de la révolution de la terre autour du feu central. Le jour lunaire est la révolution de la lune autour de ce même astre. Or, comme la révolution de la lune est de 29 jours et demi, ou 30 jours en nombres ronds, d'après Philolaüs, le jour lunaire sera trente fois plus grand que le jour terrestre. Pour comprendre le chiffre 15, il faut donc admettre que Philolaüs a comparé la clarté du jour lunaire à des jours terrestres de 24 heures.

1. Zeller, t. I, p. 311.
2. *Fragm. d. Archyt.*, p. 70.
3. Stob., I, 488.
4. Arist., *de Anim.*, I, 2 : Κινεῖσθαι γὰρ πάντα καὶ τὰ θεῖα συνεχῶς ἀεί...., καὶ τὸν οὐρανὸν ὅλον.

ment de Stobée[1] commence en disant : « Autour *de ee feu* se meuvent en chœur les 10 corps divins. » Or, ces 10 corps sont : 1. le ciel des fixes, les 5 planètes; 7. le soleil; 8. la lune; 9. la terre; 10. l'Antichthone. Il est bien clair qu'à moins de lui supposer un mouvement de rotation sur son axe, le feu central, qui porterait à onze le nombre des corps mobiles, ne saurait se mouvoir autour de lui-même. Il est le principe immobile du mouvement: « Il garde au centre le poste immuable confié à Hestia[2]. » On le comprend d'ailleurs, non-seulement en se plaçant au point de vue des superstitions religieuses des Grecs, que les pythagoriciens — on le voit aux noms qu'ils ont donnés à Hestia — ont respectées, mais encore dans l'esprit même de leur doctrine philosophique. On se rappelle, en effet, que le mouvement, dans la table des contraires, fait partie de la série inférieure. Mais on n'a pas le droit de dire que le mouvement est l'imperfection absolue, et de le ramener à l'infini pur[3], et cela par plusieurs raisons. D'abord l'être est un mélange du parfait et de l'imparfait, et par conséquent l'unité du repos et du mouvement. Les astres se meuvent; or, les astres sont des dieux, et Alcméon voit dans le mouvement circulaire la preuve de leur immortalité divine, et comme la marque du divin. Enfin, l'âme, pour les pythagoriciens, est un mouvement, ou un nombre en mouvement. On pourrait donc admettre même le mouvement du feu central, si l'on pouvait trouver une direction de ce mouvement conforme aux opinions pythagoriciennes. Rien de réel

1. *I*, 488.
2. Stob., 1, 488 : Τὸ πῦρ Ἑστίας ἐπὶ τὰ κέντρα τάξιν ἔπεχον.
3. Scholl. Aristt., p. 360 a : « Eudème ajoute que les pythagoriciens et Platon ont raison de ramener l'infini au mouvement. »

n'appartient exclusivement à l'ordre du fini ou de l'infini : tout ce qui est est l'unité, le rapport, la synthèse du parfait et de l'imparfait idéalement posés comme principes, mais qui n'ont d'existence réelle que dans l'être un qui les contient tous deux. Donc le mouvement ne peut, quoi qu'en dise Eudème, appartenir, dans l'ancienne doctrine pythagoricienne du moins, à l'ordre de l'imparfait. On pourrait tout au plus dire qu'il y penche, et encore le mouvement divin de l'âme et du ciel, semble contredire cette conséquence.

Le feu central étant considéré comme immobile, il reste donc dix sphères de mouvement circulaire. Dans l'opinion des anciens, le son n'est que la totalité des impulsions de l'air, transmises du corps qui les imprime à l'oreille qui les ressent. Ces impulsions ont des vitesses proportionnelles aux vitesses des corps qui ont mis l'air en mouvement. Ainsi les rapports des vitesses des corps en mouvement sont identiques aux rapports des sons, et calculer les uns c'est avoir obtenu les autres. Cette théorie fausse, mais encore suivie par Aristote dans deux de ses ouvrages, est du pythagoricien Hippasus [1] ; et quoi qu'il faille en penser, il est clair qu'elle conduit à établir entre l'astronomie et la musique, des rapports intimes, et à en faire, comme disaient les pythagoriciens, deux sciences sœurs [2].

Puisque les corps célestes se meuvent dans l'air, il est clair qu'ils y produisent des impulsions, c'est-à-dire des sons ; d'un autre côté les vitesses des corps célestes sont différentes, donc ils produisent des sons différents,

1. M. Martin, *Étud. s. le Timée*, t. I, p. 393.
2. Plat., *Rep.*, VII, 530 d.

et puisque l'harmonie est la loi nécessaire et l'essence même du monde, il est certain que ces sons ne peuvent manquer de constituer dans leurs rapports entre eux une véritable harmonie, et comme un divin concert. Il y a plus : les rapports des distances relatives des astres sont ceux de leurs différentes vitesses, et les rapports des vitesses sont ceux de l'harmonie : donc pour connaître et les distances et les vitesses des astres, il suffit de connaître les lois de l'harmonie musicale. L'astronomie n'est qu'une musique céleste.

Or nous savons que l'harmonie c'est l'octave; donc chaque astre doit produire un des tons qui constituent l'octave; donc les astres sont placés à des distances les uns par rapport aux autres, et ont des vitesses relatives, mesurées exactement par les nombres qui expriment les rapports des tons de l'octave.

« Il y a quelques philosophes [1], dit Aristote, qui soutiennent que nécessairement le mouvement de corps aussi grands que le sont les astres, doit produire un bruit, puisque les corps qui se meuvent sur la terre, et qui sont loin d'avoir ces énormes masses et ces vitesses énormes, en produisent un. Il est donc impossible que des astres en nombre si prodigieux [2], et d'une masse si prodigieuse, emportés par un mouvement d'une si prodigieuse vitesse, ne produisent pas, eux aussi, un bruit prodigieux. Supposant donc, comme prouvé, ce premier

1. *De Cœl.*, II, 9, 1. Au § 3, on voit expressément qu'il s'agit des pythagoriciens: Τὸ γὰρ ἀπόρρηθὲν καὶ ποιῆσαν τοὺς Πυθαγορείους φάναι γίγνεσθαι τὴν συμφωνίαν τῶν φερομένων.
2. Τοσούτων τὸ πλῆθος. Nouvelle preuve du mouvement du ciel des fixes, car sans cela le nombre des astres en mouvement ne pourrait être appelé prodigieux.

fait, et imaginant en outre que les vitesses tirent des
distances les rapports symphoniques, ils ajoutent que le
mouvement circulaire des astres produit une voix, un
chant enharmonique ; et comme il pourrait sembler
bizarre que nous ne l'entendions pas, ils en donnent
cette cause : c'est qu'il n'y a bruit (entendu) que pour
les bruits qui se produisent à un moment donné. Le
bruit n'est pas perçu, quand il n'a pas son contraire, le
silence. En effet ce n'est que par rapport l'un à l'autre que nous percevons le silence et le bruit : c'est
ainsi que les forgerons habitués au même bruit finissent
par ne plus l'entendre. »[1]

D'après ce passage d'Aristote, il est prouvé que
l'harmonie des sphères n'était pas pour les pythagoriciens
une pure métaphore : elle est une réalité, et a toute la
précision du plus rigoureux calcul mathématique.
« Pythagore, dit Pline, appelle ton la distance de la
terre à la lune ; demi-ton, la distance de celle-ci à Mercure, et à peu près le même intervalle de Mercure à
Vénus. De là au soleil il y a un ton et demi; un ton
du soleil à Mars; un demi-ton pour atteindre à Jupiter;
un autre demi-ton pour arriver à Saturne; enfin un ton
et demi pour atteindre le ciel des fixes (« signiferum » ou le

1. Arist., *de Cœl.*, II, 9. Héraclite donne une autre explication
(*Allegor. Homer.*, c. xiii) : c'est l'éloignement considérable des corps
célestes : dans l'espace immense se perd le bruit. Simplicius (*Scholl.
Arist.*, p. 496 b), après avoir raconté que, d'après les pythagoriciens,
Pythagore entendait cette harmonie des sphères que sa continuité dérobe à nos sens, trouve que leur explication du phénomène réfute
leur récit. Les pythagoriciens n'auraient pas été, j'imagine, en peine
de lui répondre, étant donnée la nature suprahumaine de leur maître,
dont les organes supérieurs n'étaient pas, comme les nôtres, pour ainsi
dire anéantis par la continuité de la sensation.

zodiaque). Nous avons donc la gamme complète des sept tons que ce philosophe appelle l'harmonie διὰ πασῶν, c'est-à-dire l'harmonie universelle, «universitatem concentus.» Saturne dans son mouvement suit le mode Dorien, Jupiter le mode Phrygien, et ainsi des autres, subtilités plus amusantes qu'utiles : «jucunda magis quam necessaria utilitate [1].» Il y a ici une erreur : car l'octave, ne comprend que six tons complets, et non sept.

Quoi qu'il en soit, on aperçoit ici tout d'abord une difficulté, celle de concilier le système décadique des nombres, avec le système octonaire de l'octave musicale. Les anciens commentateurs l'ont bien aperçue, et ils ont proposé diverses manières de la résoudre. Il faut d'abord se décider sur la question de savoir si l'harmonie des sphères se règle sur l'heptachorde ou sur l'octochorde. Dans les deux hypothèses il est nécessaire de supprimer le bruit, — et, qu'on y pense, rigoureusement c'est en supprimer le mouvement,— de deux ou trois de ces sphères : car dix corps en mouvement produiraient dix sons, nombre inconciliable avec l'étendue du double tétrachorde, soit disjoint, soit conjoint. Si on admet l'octochorde, on se bornera à supprimer le bruit de la terre et de l'Antichthone, en conservant, comme l'a fait Platon, le mouvement du ciel des fixes [2], ou il faudra supprimer celui de l'Antichthone et du ciel des fixes comme l'a fait M. Boeckh. Mais Censorin croit qu'il n'est question que de l'heptachorde : « Pythagoras hunc omnem mundum enharmonion esse ostendit : quare Dorylaus scripsit : mundum organum Dei. Alii addiderunt esse id ἑπτά-

1. Plin., *H. Nat.*, II, 22.
2. *Rep.*, X, 616 f.

χορδὸν quia septem sint vagæ stellæ, quæ plurimum moveantur. [1] »

Il semblerait ainsi, d'après cette explication, que le mouvement des planètes s'opère avec des vitesses plus grandes que celles de la terre, de l'Antichthone et du ciel des fixes — « quæ plurimum moveantur [2].» On peut donc, à cause de la lenteur de ces révolutions, considérer comme nul leur mouvement et le bruit qui en devrait résulter. On concevra alors ainsi qu'il suit la disposition de l'heptachorde céleste.

Quoique les pythagoriciens plaçassent le feu au centre du Tout, comme principe de toutes les substances [3], ils imaginaient un autre milieu qu'ils donnaient au soleil placé au cœur du monde [4], ou plutôt au cœur du système planétaire [5]. On aura donc :

1. Le Feu	1	immobiles ou presque
2. L'Antichthone	3	immobiles au moins
3. La Terre	9	à l'égard du son.
4. La Lune	27	
5. Mercure	81	
6. Lucifer ou Vénus	243	
7. Soleil (au milieu)	729	
8. Mars	2187	
9. Jupiter	6561	
10. Saturne	19683	

1. Censorin., *de Die nat.*, c. 13. Macrob., *S. Scip.*, II, 1 g. e.
2. Que devient alors la proportion des vitesses aux distances?
3. Cf. ci-dessus et Procl., *in Tim.*, III, p. 172. Chalcid., *in Tim.*, p. 214. « Plaçet quippe Pythagoreis Ignem, utpote materiarum omnium principem, medietatem mundi obtinere. »
4. Plut., *Plac.* : Τινὲς δὲ μέσον πάντων τὸν ἥλιον, comme le répètent Proclus et Chalcidius. Procl., *in Tim*, III, p. 171 Ὡς ἐν τύπῳ καρδίας ἱδρύμενον.
Chalcid., p. 155 : « Scilicet ut inter planetas sol medius locatus, cordis, immo vitalium omnium præstantiam obtinere intelligatur.
5. Chalcid., l. l. : « Positionem vero atque ordinem collocationis

Les distances de chacun des astres relatives au centre, pris comme unité, sont mesurées par une série de nombres qui constituent une progression géométrique dont la raison est 3 [1].

En ne tenant compte que de ces sept astres, que les pythagoriciens comparaient aux cordes de la lyre, on obtient les assimilations suivantes :

1 ton.	☽	La Lune.	Nète des conjointes.
1+1/2 t.	♀	Vénus.	Paranète —
1 ton.	☿	Mercure.	Trite —
1 ton.	☉	Le Soleil.	La Mèse —
1 ton.	♂	Mars.	La Lichanos des Mèses.
Leimma.	♃	Jupiter.	Parhypate —
	♄	Saturne.	Hypate — [2].

Si l'on voulait absolument faire entrer huit astres dans le système musical, on serait obligé d'admettre un système qui s'étendît au double tétrachorde, seul connu de Pythagore. M. Boeckh ordonnerait, dans cette hypothèse, la série des notes et des astres, suivant deux genres différents, comme il suit :

Nète des disjointes.	Le Feu.	διάτονος des disjointes.
1. Chromatique —	Saturne.	Chromatique —
2. Trite —	Jupiter.	Enharmonique —
3. Paramèse.	Mars.	Paramèse.
4. Mèse.	Soleil.	Mèse,
5. Chromatique des Mèses.	Vénus.	Chromatique des Mèses.
6. Parhypate —	Mercure.	Parhypate —
7. Hypate —	La Lune.	Hypate.
8. Diatonique des hypates.	La Terre.	Diatonique des hypates.

globorum vel etiam orbium, quibus collocati feruntur planetes, quidam ex Pythagoreis hunc esse dixerunt. »

1. Plut., de Gen. an., 31. Ici encore l'analogie est rompue : la progression géométrique, dont 3 est la raison, ne suffit pas pour déterminer les intervalles consonnants de l'harmonie, comme nous l'avons vu plus haut, p. 111.

2. Bouillaud, ad Theon, p. 279. Nicom, Harm., II, p. 33 et 57. Meib., f. Boeckh, de Platon. system., XXIII.

Mais on voit que pour composer ainsi cet octochorde, M. Boeckh est obligé d'y faire entrer des notes appartenant à trois tétrachordes, celui des disjointes, celui des mèses, celui des hypates. Or rien n'autorise à supposer du temps de Pythagore un semblable développement des instruments et du système de musique chez les anciens. Les plus autorisés de nos renseignements ne nous parlent que des sept planètes accordées sur les sept cordes de la lyre [1].

On lit dans Cicéron : « Summus ille cœli stellifer cursus, cujus conversio est concitatior, acuto et excitato movetur sono ; gravissimo autem hic lunaris atque infimus ; nam terra nona, immobilis manens, ima sede semper hæret. Illi autem octo cursus in quibus eadem vis est duorum septem efficiunt distinctos intervallis sonos : qui numerus rerum omnium fere nodus est [2]. » On voit que Cicéron s'est préoccupé de concilier les sept notes de la lyre avec le nombre de huit astres, en ne donnant qu'un son à Mercure et à Vénus [3]. Cela ne supprime pas, comme paraît le croire M. J. Girard [4], l'octave, dans laquelle il n'est pas nécessaire qu'il y ait huit notes, et que les anciens appelaient d'ailleurs ou harmonie ou διὰ πασῶν. L'octave existe du moment qu'on a les intervalles de quarte, de quinte, et la réplique du

---

1. Alexandre d'Éphèse (*Alleg. Homer.* d'Héraclite, c. xii, p. 26). Nicomaque, *Harm.*, 6, 33. Boëce, *de Mus.*, I, 20, 27. Celui-ci renverse l'ordre ancien et fait de la Lune la nète ou corde aiguë, et de Saturne l'hypate ou corde grave du système, comme Bryennius, *Harm.*, sect. I, p. 363.

2. *Somn. Scip.*, c. viii.

3. Quelques éditions ajoutent même, après *duorum*, les mots: *Mercurii et Veneris.*

4. Notes sur l'édit. de Dézobry.

son initial; or de la lune au soleil il y a une quarte; et du soleil au ciel des fixes une quinte. Donc il y a une octave de sept notes entre lesquelles se distribuent les six tons. Plutarque [1] et Censorin comptent la terre comme une note, et mesurent de la terre au soleil 3 tons 1/2, et du soleil au ciel des fixes 2 tons 1|2; mais ils renversent alors la quarte et la quinte. En tous cas tous deux n'admettent que sept cordes, comme Aristide Quintilien. L'intervalle διὰ πασῶν exprime le mouvement harmonique des planètes, τὴν τῶν πλανητῶν ἐμμελῆ κίνησιν [2].

Mais maintenant ces sept ou huit notes sont elles simultanées? Si elles sont simultanées et si on doit les prendre dans l'étendue d'une seule octave, l'harmonie céleste ne constituera pas un accord, et ne ressemblera pas du tout, contrairement aux principes du système, à l'harmonie humaine des flûtes, des voix et des lyres. Mais d'ailleurs comment ne seraient-ils pas simultanés? car aucun astre n'interrompt sa course, et ne suspend ses chants : et cependant il est à peu près démontré que les anciens, du moins au temps de Pythagore, n'ont pas connu et ne pouvaient pas connaître la science des accords, puisqu'ils n'admettaient qu'une sorte de ton et qu'une sorte de demi-ton, ce qui les empêchait de connaître nos tierces majeure et mineure. Cependant on a voulu trouver des sons harmoniques ou consonnants [3] simultanés dans la musique céleste; mais alors il a fallu emprunter les sept notes de cet accord à un système de

---

1. *De An. procr.*, 31. Censor., c. XIII. Philolaüs (Boeckh, p. 70) ne semble avoir connu que l'heptachorde, et c'est à cette octave que se bornait l'ancien système, comme l'atteste Aristote, *Probl.*, XIX, 7.
2. *De Mus.*, III, p. 145.
3. Λόγοι συμφωνιῶν, comme les appelle Aristote, *de Cœl.*, II, 9.

quatre octaves et une quinte [1], ce qui est un véritable
anachronisme.

Mais il paraît à peu près certain que l'objection, tirée
par M. Martin de la dissonance qui aurait été produite
par la simultanéité des sept sons du double tétrachorde, ne s'est même pas présentée à l'esprit des
anciens pythagoriciens. Une fois lancés sur cette route,
où l'imagination les conduisait, ils ont pu croire que les
sons de la lyre céleste, tout en obéissant aux mêmes
lois numériques que les lyres et les voix des hommes,
ne pouvaient en aucun cas être dissonants. Plus probablement encore, ils n'y ont pas songé du tout : ils
sont partis d'une notion philosophique, et ont poursuivi
les analogies avec plus de détails que la chose ne le
comportait, sans prévoir ni les difficultés ni les objections. Tout ce qu'ils voulaient dire, et personne ne niera
que leur pensée est profonde et belle, c'est que, malgré
les apparences, tout est ordre dans l'univers, et qu'il n'y
a qu'un ordre pour toutes les choses. Les nombres qui
mesurent l'harmonie de la flûte du pauvre berger, se
reproduisent dans les harmonies des astres et retentis-
sent dans les profondeurs immenses du ciel. Le monde

---

1. Macrob., *Somn.*, II, 1 g. e. Anatol., *Theol. arithm.*, p. 56. Plut.,
de Gen. an., c. 32. Ptolem., *Harm.*, III, 16. V. M. Martin et Boeckh,
de Metr. Pind. Suivant quelques musiciens, les notes des sept planètes
étaient celles des sept cordes immuables de la lyre à quinze cordes ;
suivant d'autres, les distances des planètes étaient proportionnelles
aux rapports des sons qui forment les cinq tétrachordes complets.
Mais il a fallu, pour opérer cette réduction et n'avoir que cinq intervalles, placer la Lune à une distance égale du Soleil, de Mercure et de
Vénus. C'est seulement ainsi qu'on a pu dire : Τοὺς ὁρίζοντας φθόγγους
τὰ τετράχορδα τὸν τῶν πλανωμένων λόγον ἔχειν ἀστρῶν. Plut., *de An.
gen.*, c. 32.

est une harmonie : il est un instrument harmonieux :
C'est la lyre dont Dieu joue, et qui rend entre ses mains
divines des accords divins. Cette loi de l'ordre parfait,
que nos yeux·sont faits pour saisir dans le spectacle des
corps qui remplissent le ciel, nos oreilles sont faites
aussi de manière à la goûter et à la comprendre. L'astronomie et la musique sont deux sciences sœurs,
elles se tiennent l'une l'autre comme les anneaux d'une
chaîne [1].

§ 7. LA VIE DU MONDE. LES ÉLÉMENTS. L'ESPACE. LE TEMPS.

Le feu central, principe du tout, est, dans l'hypothèse
d'une formation réelle,. comme dans celle d'une formation idéale des choses, le noyau et le germe du feu exté-
rieur, de la sphère de l'enveloppant, qui rassemble les
parties du monde dans l'unité qui fait son ordre et sa
vie. Cette sphère de l'enveloppant, étant le lien qui re-
tient et contient tout dans l'unité, et l'unité étant la loi
nécessaire de tout être, Pythagore a pu dire que la nécessité enveloppe le monde [2]. Ritter semble la confondre
avec l'infini, sans doute parce qu'elle le touche. Il faudrait au moins dire qu'en s'approchant du feu central
qui a la vertu d'une expansion immense, l'infini subit la
loi fatale de l'harmonie, est absorbé par l'activité de l'Un
dont il a touché la sphère, et devient alors l'envelop-

---

1. *Fragm. Archyt.*, 14 et 15 : Ταῦτα γὰρ τὰ μαθήματα δοκοῦντι ἔμ-
μεναι ἀδελφέα, ἀλλήλων δὲ ἐχόμενα τρόπον ἀλύσεως κρίκων Plat., *Rep.*,
VII, 430 : Ὡς πρὸς ἀστρονομίαν ὅμματα πέπηγεν, ὡς πρὸς ἐναρμόνιον
φορὰν ὦτα πέπηγεν, καὶ αὗται ἀλλήλων ἀδελφαί τινες αἱ ἐπιστῆμαι εἶναι,
ὡς οἵτε Πυθαγόρειοί φασι καὶ ἡμεῖς.
2. Plut., *Plac.*, I, 25, 2 : Πυθαγόρας ἀνάγκην ἔφη περικεῖσθαι τῷ
κόσμῳ.

pant; car il répugne à l'infini, à l'illimité de faire la fonction d'envelopper, c'est-à-dire de limiter. C'est au delà de cette sphère de l'enveloppant que s'étend l'infini, τὸ ἄπειρον, notion sous laquelle les pythagoriciens se représentaient vaguement et confusément la matière sans forme, l'espace sans limite, le vide immense, peut-être même le temps sans fin : [1] et toutefois cet abîme de l'infini sans forme et sans être est le réservoir éternel de la vie, de la forme et du mouvement.

Aristote nous l'a dit déjà : l'infini est en dehors du monde; mais cet infini, ce vide, s'introduit dans le monde par l'air que celui-ci respire, et il y introduit en même temps la limite qui sépare, le temps, et la respiration ou souffle vital [2].

Ainsi le monde est un vivant, un être qui respire et aspire : il aspire du sein de l'infini le vide, l'air infini nécessaire à sa vie. Chose étrange, c'est cet élément illimité qui introduit la limite, et est comme la source de la vie du monde, πνοήν. Mais il faut admettre pour cela qu'il se soit introduit lui-même dans le monde, et qu'il y ait dépouillé son infinité essentielle.

1. Plut., *Placit. Phil.*, I, 21, fait naître le temps de la sphère de l'enveloppant. Stobée, I, 385, le fait naître de l'Infini.
2. Plut., *Plac. Phil.*, II, 9. Aristot., *Phys.*, III, 4, et IV, 6. Le texte actuel donne la leçon suivante : Ἐπεισιέναι αὐτῷ τῷ οὐρανῷ ἐκ τοῦ ἀπείρου πνεύματος, ὡς ἂν ἀναπνέοντι. Mais, quoiqu'elle soit reproduite par Stobée, I, 380, j'ai de la peine à la croire exacte. Le vide, dans la pensée des pythagoriciens, rapportée par Aristote, est identique au πνεῦμα. Comment dire alors que le vide s'introduit par le πνεῦμα. On peut facilement ou changer πνεύματος en πνεῦμα ou le supprimer tout à fait, ce que semble autoriser la suite du passage de Stobée, I, 380 : Ἐν δὲ τῷ περὶ τῆς Π. φιλοσοφίας πρώτῳ γράφει (Ἄρ.) τὸν οὐρανὸν εἶναι ἕνα, ἐπεισάγεσθαι ἐκ τοῦ ἀπείρου, χρόνον τε καὶ πνοὴν καὶ τὸ κένον.

Cet air doit remplir deux fonctions : il est à la fois l'espace vide et l'espace plein : car, dit Aristote, ce vide sépare les êtres [1] et est le principe de leur essence individuelle; il transforme l'étendue continue en étendue discrète, et constitue l'être déterminé, τῆς διορίσεως. Mais l'infini ne se borne pas à séparer les individus les uns des autres : il entre et pénètre en chacun d'eux. Il est dans les choses, il en est un élément interne et premier [2]. Il est donc à la fois dans les choses et hors des choses, d'une part comme étendue matérielle et réelle ; d'autre part comme espace vide, comme limite, sphère enveloppante de l'être individuel. Il est dans le monde où il s'introduit, mais où il est assimilé par la vertu du nombre et de la vie ordonnée dont l'Un est le principe ; il est en dehors du monde où s'étend son empire informe ét vide.

Mais de même que le monde emprunte à ce réservoir infini les éléments nécessaires à sa vie, πνοὴν καὶ διόρισιν, de même il lui restitue ces mêmes éléments quand ils ne lui sont plus nécessaires, κενὸν εἰς ὃ ἀναπνεῖ ὁ κόσμος καὶ ἐξ οὗ [3]. La vie explique en effet l'alternative éternelle de l'aspiration et de la respiration, et puisque le monde est un vivant incorruptible, éternel, immuable en son tout, il ne peut ni diminuer ni s'accroître : il ne peut que se maintenir dans sa perfection, dans son unité, et cela par le jeu régulier de l'aspiration et de la respiration éter-

---

1. Aristote dira, lui aussi : l'acte divise ; et qu'on le remarque, c'est bien aussi ici l'acte qui sépare. Car le vide en acte, c'est la vie.
2. *Phys.*, IV, 6 : Πρῶτον εἶναι ἐν τοῖς ἀριθμοῖς. Et, III, 4 : Ἐν τοῖς αἰσθήτοις.... τὸ ἄπειρον.
3. Plut. *Plac. Phil.*, II, 9. Stob., I, 18, p. 390. Galen., XI, 9. Euseb., *Præp. Ev.*, XV, 40.

nelles. Il faut qu'il restitue à l'infini ce qu'il lui a emprunté.

Cependant un passage obscur des *Placita philosophorum* de Plutarque nous parle d'un dépérissement du monde, auquel il assigne une double cause : « Il y a deux causes de dépérissement, φθοράν, l'une quand le feu s'échappe du ciel (ou du monde), l'autre, quand ce feu, emporté par le tourbillon de l'air, se répand de l'eau de la lune : et les évaporations de ces deux feux, forment la nourriture du monde [1]. » Mais de quelque manière qu'on entende et l'ensemble et les détails de ce passage obscur, il est certain que ce qui est perte d'un côté, φθόραν, est nourriture de l'autre, τροφὰς, en sorte que le monde, en réalité, ne perd ni ne gagne rien.

1. Plut., *Plac. Phil.*, II, 5 : Φιλόλαος, δίττην εἶναι τὴν φθορὰν τότε μὲν ἐξ οὐρανοῦ πυρὸς ῥυέντος, τότε δ' ἐξ ὕδατος σεληνιακοῦ περιστροφῇ τοῦ ἀέρος ἀποχυθέντος· καὶ τούτων εἶναι τὰς ἀναθυμιάσεις τροφὰς τοῦ κόσμου. Ce passage est reproduit par Stobée, I, 20, p. 418, et I, 21, p. 452. M. Boeckh propose une interprétation qui ne le satisfait qu'à moitié. Les deux causes de dépérissement, suivant lui, sont :
1° Le feu, qui s'écoule du ciel ;
2° L'eau, qui s'écoule de la lune.
Le feu qui descend du ciel, ῥυέντος ἐξ οὐρανοῦ, produit les vapeurs brûlantes qui dessèchent et détruisent; l'eau qui s'écoule de la lune amasse dans l'atmosphère des nuages et des vapeurs humides, qui ne sont pas moins funestes. J'oppose à cette interprétation l'irrégularité de la construction grammaticale qu'elle nécessite. La protase est : πυρὸς ῥυέντος ἐξ οὐράνου.... L'apodose ne peut pas être φθορὰν ἐξ ὕδατος.... Ensuite comment, dans cette hypothèse, la perte serait-elle l'alimentation même? Je sous-entends πυρὸς dans le second membre, comme il est exprimé dans le premier, et je construis : δίττην φθορὰν.... 1. Πυρὸς ῥυέντος ἐξ οὐράνου. 2. Πυρὸς ἀποχυθέντος ἐξ ὕδατος σεληνιάκου. Le feu central est principe de tout, substance de tout : il est dans l'eau de la lune, comme dans l'air, comme dans la terre. Mais puisque le monde respire, il ne peut pas ne pas exhaler l'air qu'il a aspiré. Il l'exhale donc, et cela dans les deux parties qui le constituent : dans la partie appelée proprement le ciel, et dans la partie sublunaire; l'exhalation de ce feu, que la respiration fait sortir et

On pourrait cependant admettre que ce jeu de la vie,
cette alternative réglée de la respiration du monde, laisse
pénétrer l'accroissement et la diminution, le devenir et
le changement dans les choses individuelles, placées dans
la partie inférieure du monde.

Car, s'il faut en croire un fragment, d'une authenticité
contestée[1], il est vrai, Philolaüs aurait reconnu que le
monde se divise en deux parties, quoique tout entier pénétré naturellement du souffle vital qui le meut dès l'éternité.
L'une est immuable; l'autre est changeante. La partie
immuable s'étend depuis *l'âme qui embrasse le tout*[2]
jusqu'à la lune; la partie changeante occupe la région
placée entre la lune et la terre. De ces deux parties l'une
est considérée comme principe moteur; l'autre comme
sujet passif du mouvement. Or, comme le moteur agit
depuis l'éternité et continue éternellement son action,
comme le sujet mû est tel que le fait le moteur, ὡς τὸ
κίνεον ἄγει, οὕτω διατίθεσθαι, il résulte de là que l'un est
éternellement en mouvement[3], et l'autre reçoit éternellement le mouvement, que l'un est tout entier le domaine[4]
de la raison et de l'âme, l'autre, de la génération et
du changement. L'un est premier par la puissance e
supérieur; l'autre est dernier et subordonné. Le composé

du ciel et du monde sublunaire tout trempé de vapeurs humides,
constitue une perte, φθορὰν; mais il retourne à la sphère de l'enveloppant, où le monde va le reprendre par une autre aspiration.
Cette palpitation double du monde, τὰς ἀναθυμάσεις, constitue donc
en même temps et une perte et une nourriture.
1. *Philol.*, Boeckh, Fr. 22. p. 164-167.
2. La sphère de l'enveloppant, confondue avec l'âme du monde.
3. Il faut entendre mouvement spontané, pour donner un sens au
passage.
4. Le texte donne ἀνάκωμα, mot inconnu.

de ces deux éléments, l'un divin, dans un mouvement spontané éternel, l'autre toujours changeant et devenant, c'est le monde. C'est pour cette raison qu'on peut justement appeler le monde l'activité éternelle de Dieu et du devenir[1]. Par une de ses parties il demeure éternellement dans le même état, identique à lui-même; la partie muable constitue la pluralité, sujette au changement et à la destruction. Mais cette destruction ne s'attaque qu'aux individus. Les espèces survivent, et survïvent invariables. Les choses mêmes qui périssent subsistent dans leur essence et leur forme, grâce à la génération qui reproduit la forme, identique à celle du père qui les a engendrées, du démiurge qui les a façonnées. »

C'est une grosse question, et peut-être insoluble, que celle de savoir si ce morceau est authentique. La distinction d'un monde supra et d'un monde sub-lunaire, l'un immuable, l'autre sujet à des changements, semble appartenir à Aristote, quoique ce dernier attribue aux pythagoriciens la distinction de la droite et de la gauche dans le monde[2], et que nous sachions par la table des contraires que la gauche se rapporte à l'ordre de l'infini et de l'imparfait. Mais quoi qu'il en soit, si le fragment est authentique, la doctrine qu'il contient c'est que le changement qui résulte de la vie du monde n'en atteint qu'une partie, et ne compromet pas l'ensemble, qui reste éternellement le monde, c'est-à-dire l'ordre et la beauté.

Ce vide, cet espace n'est pas un accident, et un simple attribut : c'est une substance, et un élément interne des choses ; seulement cette substance n'a de

1. Ἐνεργείαν ἀΐδιον θεῷ τε (ou mieux θείῳ) καὶ γενέσιος.
2. De Cœl., II, 2.

réalité que dans son concours avec le fini, et est inséparable des choses où cette coïncidence s'opère, et qui
sont l'effet éternel de cette coïncidence nécessaire [1]. En
entrant dans le monde, le vide subit la loi du fini ; mais
en dehors du monde il est vraiment infini. Archytas le démontrait ainsi, à ce que rapporte Eudème : « Je me suppose placé à la limite extrême et immobile du monde, ὁ
ἀπλανής [2]. Pourrai-je ou non étendre devant moi la main
ou une baguette ? Dire que je ne le puis pas est absurde. Mais si je le puis, il y a donc quelque chose en
dehors du monde, soit corps, soit lieu. Et peu importe
comment on raisonne, Archytas reviendra par le même
argument à une nouvelle limite, et demandera : Y a-t-il
quelque autre chose où puisse s'étendre la baguette ?
Ainsi il est évident que cet espace est infini. Maintenant
est-il corporel ? Alors notre proposition est démontrée.
Est-ce simplement un lieu ? Mais le lieu est ce en quoi
un corps est ou pourrait être : or ce qui existe en
puissance doit être placé au nombre des choses éternelles : donc il faut considérer l'infini à la fois comme un
lieu et comme un corps [3]. »

1. Arist., *Phys.*, III, 4 : Οἱ μὲν, ὥσπερ οἱ Πυθ.... καθ' αὐτὸ, οὐχ ὡς
συμβεβηκός τινι ἑτέρῳ, ἀλλ' ὡς οὐσίαν αὐτὸ ὃν τὸ ἄπειρον πλὴν οἱ μὲν
II. ἐν τοῖς αἰσθητοῖς · οὐ γὰρ χωριστὸν ποιοῦσι τὸν ἀριθμόν.

2. Le ciel des fixes, dans la langue astronomique des Grecs. On conclut avec certitude de ce passage que l'infini touche le ciel des fixes
ou la sphère de l'enveloppant.

3. Simplic., *Scholl. Aristt.*, p. 363 a. A partir des mots εἰ μὲν
σῶμα, il semble que le raisonnement appartienne à Eudème : du
moins, le tour aristotélique de la démonstration l'indique; mais la
conclusion pourrait être cependant d'Archytas. J'ai supprimé de cette
analyse la définition du lieu, attribuée à ce dernier philosophe : « Le
propre du lieu est que les autres choses sont en lui, et qu'il n'est
dans aucune autre chose ; car si le lieu était dans un lieu, cela irait à

Il n'y a qu'un monde : l'Un domine tout, et réduit à sa forme l'élément infini qu'il admet en soi; il transforme même ce qui le touche, si du moins on a raison de dire que la sphère de l'enveloppant est l'infini ramené à la forme et à la limite, pour être à la fois le séjour des fixes et le principe du temps.

C'est là que sont placés les cinq corps primaires : le feu, l'eau, la terre, l'air et le cercle de la sphère qui tout en contenant les quatre autres, forme le cinquième élément [1]. Comme les éléments sont assimilés à des figures, ou plutôt sont vraiment des figures solides, appelées aussi mathématiques, la sphère contient le cube d'où vient la terre, la pyramide ou tétraèdre d'où vient le feu, l'octaèdre d'où vient l'air, l'icosaèdre d'où vient l'eau, le dodécaèdre qui constitue la sphère du Tout [2].

Ce cinquième élément, cette quinte essence est l'Éther, où vivent et dont s'alimentent les astres lumineux, qui

l'infini. Le lieu, relativement aux êtres, est comme la limite par rapport aux choses limitées; car le lieu du monde entier est la limite de l'universalité des êtres. » Il n'est pas exact de dire, avec Gruppe, p. 106, *Frag. d. Archyt.*, que cette définition est de Zénon. Aristote, *Phys.*, IV, 1 et IV, 3, rapporte seulement l'argument reproduit comme une objection de Zénon contre l'existence de l'espace ou du lieu considéré comme un être en soi. Mais ce fragment étant emprunté au Περὶ τοῦ παντὸς, dont personne ne soutient l'authenticité, j'ai cru devoir faire comme tout le monde; d'autant plus que l'argument aboutit à nier la réalité de l'espace, ce qui me paraît appartenir aux doctrines éléatiques plutôt qu'aux doctrines pythagoriciennes.

1. *Philol.*, Boeckh, p. 160 : Καὶ ἐν τᾷ σφαίρᾳ σώματα πέντε ἐντι.... καὶ ἀ τᾶς σφαίρας κύκλας (Boeckh, ὁλκάς) πέμπτον. Plutarque, *Placit. Phil.*, II, 6, 2, compte aussi cinq corps.

2. Plut., *Plac. Phil.*, II, 6, 5. Il faut se rappeler que Philolaüs (Boeckh, p. 156) attribue le dodécagone à Jupiter. Entre le dodécagone et le dodécaèdre, il y a la différence de l'angle plan à l'angle trièdre ou solide.

semblent immobiles et comme fixés à la voûte du Ciel[1]
Son essence incorruptible reste toujours identique à
elle-même.

A qui appartient cette théorie des cinq corps premiers
et surtout cette fameuse quinte essence, qui a joué un si
grand rôle dans la physique des anciens et du moyen
âge ?

D'abord quant aux quatre premiers, il est certain
qu'on les trouve dans Empédocle. « Empédocle, dit Aristote, a admis quatre éléments : car il a ajouté à ceux
qui ont été nommés plus haut (l'air, l'eau, le feu) un
quatrième : la terre[2]. » Clément d'Alexandrie cite trois
vers d'Empédocle, qui les énumèrent :

« D'abord, écoute-moi bien : il y a quatre racines de
toutes les choses : le feu, l'eau, la terre et les profondeurs immenses de l'air ; c'est de là que naît tout ce qui
a été, tout ce qui sera, tout ce qui est[3]. » Sextus Empiricus ajoute qu'Ocellus et Aristote en ont admis cinq.

---

1. *Theol. Arithm.*, p. 28. Meursius, *de Denar. Pyth.*, *Opp.*, t. IV,
p. 43 : Τὸ πέμπτον καὶ κατ' αὐτὸ τεταγμένον στοιχεῖον ὁ αἰθὴρ κατὰ
ταὐτὰ ἔχων διατελεῖ.
2. *Met.*, I, 3. *Met.*, IV, p. 985 a, 31 : « Empédocle est le premier qui
ait admis quatre éléments matériels, ὡς ἐν ὕλης εἴδει ; mais il ne se
sert pas des quatre, mais de deux seulement, le feu d'un côté, et les
trois autres qui lui sont opposés, et qu'il considère comme n'en faisant qu'un seul. » *De Gen. et Corr.*, II, 3, p. 330 : « Quelques-uns,
comme Empédocle, en posent quatre ; mais celui-ci les ramène à
deux : car il oppose le feu à tous les autres. »
3. Clem. Alex., *Strom.*, VI, 6 4. Sext. Empir., *adv. Phys.*, X, 685,
change les deux derniers en ceux-ci :

Ζεὺς ἀργὴς "Ηρη τε φερέσβιος ἠδ' Ἀϊδωνεὺς
Νῆστίς θ' ἣ δακρύοις τέγγει κρούνωμα βροτεῖον

Cf. *Id.*, IX, 620. *Pyrrh. Hyp.*, l. III, c. 18

Mais Clément fait précéder les vers d'Empédocle de cette observation : « Athamas le pythagoricien a dit : Voici comment le principe du tout procéda à la génération des choses : il y a quatre racines des êtres : le feu, l'eau, la terre et l'air[1]. » Ainsi, l'école pythagoricienne avait eu sa part dans cette doctrine, et Aristote, en disant qu'Empédocle a admis les quatre corps le premier, ne nous dit pas que Pythagore ne l'avait pas fait : on sait qu'Empédocle est presque pythagoricien, et quoiqu'il ait fait peu d'usage de cette théorie, il a pu en faire beaucoup de bruit. Ses vers, plus répandus et plus populaires que les enseignements discrets, sinon secrets, des pythagoriciens, ont pu rattacher cette doctrine à son nom, quoiqu'il l'eût empruntée de ses amis ou de ses maîtres. Vitruve semble autoriser cette conjecture : « Pythagoras vero, Empedocles, Epicharmus, aliique physici et philosophi, hæc principia quatuor esse voluerunt[2]. » Car il l'attribue à tous les deux, mais en maintenant la priorité du premier et du plus ancien. D'ailleurs, on ne trouve dans les fragments d'Empédocle ni dans les renseignements des anciens rien qui fasse du nombre quatre un élément essentiel ou important de son système. Au contraire, ce nombre le gêne tellement qu'il le réduit à deux, comme on a pu le voir. Il n'en

1. L'air est omis dans le texte de l'éd. Morel ; mais il se trouve dans la version latine qui accompagne cette édition, et dans le texte grec de la belle édition de Florence, de Laur. Torrentinus, 1550.
2. Vitruve, lib. VIII, præf. Diogène, VIII, 25, et Stobée, I, 16, p. 356, ne mentionnent que quatre éléments : « Pythagore a nommé le monde une sphère, d'après la forme des quatre éléments, κατὰ σχῆμα τῶν τεσσάρων στοιχείων. » Simplicius, Scholl. Arist., p. 514 a, 46, attribue aux pythagoriciens la doctrine des quatre corps, et, p. 470 a, 26, celle des cinq.

est pas ainsi des pythagoriciens, qui attachaient à la
Tétrade une vertu sacrée et divine et voyaient en elle la
source, la racine de l'universelle nature :

Παγὰν ἀενάου φύσεως ῥίζωματ' ἔχουσαν [1].

Mais s'il est difficile de décider, d'après ces renseignements, si le nombre de quatre éléments est venu des pythagoriciens à Empédocle ou d'Empédocle aux pythagoriciens, il n'en sera pas de même du cinquième, quoi qu'en
dise Cicéron, reproduit par Eusèbe. Dans les *Tusculanes*, il
nous apprend qu'Aristote, après avoir adopté les quatre
principes généraux d'où tout provient, estime qu'il y a une
cinquième essence dont l'âme est formée, et qu'à ce cinquième élément, il n'a pas donné de nom, mais qu'il a appelé entéléchie, l'âme qui en tire son origine [2]. Il donne
de ce cinquième élément une idée un peu différente dans
ses *Académiques*. Après avoir rappelé les quatre premiers,
il ajoute : « Quintum genus, e quo essent astra mentesque,
singulare, eorumque quatuor, quæ supra dixi, dissimile,
Aristoteles quoddam esse rebatur [3]. » Mais à cette opinion du philosophe romain s'opposent d'abord le fragment de Philolaüs, qui est contre elle l'argument le plus
considérable ; puis le passage de la *Théologie arithmétique*
cité par Meursius ; enfin le témoignage d'Hermias qui,
dans son résumé de la philosophie pythagoricienne, nous
dit : « Le principe de tout est la monade ; de la monade
viennent les figures, et des nombres viennent les éléments ; et voici comment chacun de ces éléments est formé

1. *Vers d'Or.*, v. 47.
2. *Tusc.*, I, 10 : « Quintam quamdam naturam censet esse e qua
si mens. »
3. *Acad.*, II, 7. Cf. Euseb., *Præp. Ev.*, X, 7. Stob., Meinek., t. II,
p. VI, *Annot.*

sous le triple rapport du nombre, de la figure et de
la mesure. Le feu est composé de 24, l'air de 48, l'eau de
124 triangles rectangles, l'éther de 12 pentagones équila-
téraux, la terre de 48 carrés[1]. Simplicius, comme Hermias, atteste que Platon avait emprunté cette théorie
des corps élémentaires aux pythagoriciens[2]. Platon, en
effet, dans le *Timée*, forme le monde de cinq corps
ayant cinq figures géométriques différentes; le cinquième, οὔσης ξυστάσεως μιᾶς πέμπτης , est le dodécaèdre
régulier[3], c'est-à-dire ce même élément que Philolaüs
appelle la sphère du tout, et qu'Hermias et la *Théologie
arithmétique* confondent avec l'éther. Plutarque n'a donc
pas tort quand il dit que dans cette composition du monde
Platon pythagorise[4]. Que ce cinquième élément soit
l'éther, c'est une chose encore démontrée par Platon ou
l'auteur pythagorisant, quel qu'il soit, de l'*Épinomis*.
Nous voyons là, en effet, cinq éléments : la terre au
plus bas degré, l'éther au plus haut, et entre ces deux
extrêmes les trois autres[5]. Telle était l'opinion de Platon lui-même, et ce n'est pas seulement Simplicius qui
le dit, comme le croit M. Th. H. Martin en l'accusant
d'erreur, c'est Xénocrate qui le prouve : « Platon a posé
cinq corps simples, suivant les cinq figures. Xénocrate,
l'un de ses plus intimes disciples, suffit à le prouver ;
car dans sa Vie de Platon, il écrit : Il divisait les êtres

---

1. Hermias, *Irrision.*, c. viii, à la suite du S. Justin. Paris, 1630.
2. *Scholl. Aristt.*, p. 514 a, 46.
3. *Tim.*, 54 e-55 a.
4. *Plac. Phil.*, II, 6, 5.
5. *Epin.*, 984 b : Τὰ τρία τὰ μέσα τῶν πέντε.... αἰθέρα μὲν γὰρ μετὰ
τὸ πῦρ θῶμεν.

en idée et en parties[1], ἰδέαν τε καὶ μέρη. Il poussait la division de ces dernières jusqu'à ce qu'il arrivât aux éléments de toutes les choses, qu'il appelait les cinq corps ou figures, c'est-à-dire l'éther, le feu, l'eau, la terre et l'air. Le dodécaèdre était, suivant lui, la forme du corps simple, le ciel, qu'il nommait éther[2]. Ainsi, la doctrine du cinquième élément n'est pas d'origine péripatéticienne, puisqu'on la trouve dans Platon, et comme on la trouve dans un ouvrage de Platon, où est manifeste l'influence pythagoricienne, on peut croire, après toutes les preuves qus nous en avons données, que Hermias[3] n'a pas tort de dire que Platon la tenait des pythagoriciens.

Ces corps élémentaires s'appelaient στοιχεῖα, nom qui s'appliquait aussi aux sons élémentaires du langage. Les pythagoriciens en avaient profité pour établir des analogies et poursuivre avec développement la similitude à laquelle les invitait l'identité de dénomination. Les vrais philosophes, disaient-ils, ressemblent à ceux qui s'occupent du langage. De même que ces derniers examinent d'abord les mots, parce que le langage se compose de mots; puis les syllabes, parce que les mots se composent de syllabes; puis les lettres ou sons élémentaires dont les syllabes se composent : de même les pythagoriciens, en vrais physiciens, soutiennent qu'il faut d'abord étudier les éléments premiers dans lesquels l'analyse réduit toute chose[4].

1. C'est-à-dire qu'il posait un principe absolument indivisible et spirituel, l'âme ou l'idée, et une matière dont la propriété essentielle est d'avoir des parties les unes en dehors des autres.
2. *Scholl. Aristt.*, p. 470 a, 26.
3. *Irrision.*, c. VIII. Vid. supr.
4. Sext. Emp., *adv. Phys.*, X, 735.

Ces éléments, précisément à cause de la conception qui les réduit à des figures géométriques, semblent se prêter à des modifications et à des permutations réciproques. C'est en effet ce que nous disent quelques anciens.

« Pythagore, d'après un extrait de Stobée, et tous ceux qui admettent la passivité de la matière, admettent au propre des générations et des destructions des choses : la composition, le mélange, la confusion sont produits par l'altération des éléments premiers, leurs modifications, leur dissolution [1]. » C'est pour cela qu'ils ne considéraient aucun d'eux, pas même le feu, comme premier, parce que le feu est composé d'eau et d'air, comme à leur tour l'air et l'eau sont formés de feu [2]. Il n'est donc pas étonnant que Plutarque attribue aux pythagoriciens l'opinion que la matière est sujette à toutes sortes de modifications [3], qui rendent possibles et en même temps expliquent la naissance et la destruction des choses. Les éléments se confondraient ainsi dans une notion commune, celle du changement, du principe incessamment changeant, τὸ ἄλλο, nom sous lequel Archytas, au dire d'Aristote, aurait désigné ce que nous

1. Stob., I, 414.
2. Simpl., *Scholl. Aristt.*, p. 514 a, 46.
3. *Plac. Phil.*, I, 9, 2 : τρεπτὴν καὶ ἀλλοιωτὴν καὶ μεταβλητὴν καὶ ῥευστὴν ὅλην δι' ὅλου. *Id.*, I, 24 : « Pythagore et tous ceux qui considèrent la matière comme passive, παθήτην, admettent aussi une génération et une destruction des choses, qu'ils expliquent par ἀλλοιώσεως στοιχείων καὶ τροπῆς καὶ ἀναλύσεως. Cf. Stob., I, p. 394. M. Zeller, t. V, p. 119, croit que cette doctrine, très-postérieure, n'a été adoptée que par les Néo-Pythagoriciens, tels qu'Ocellus, qui la trouvèrent dans Platon et dans Aristote. Cependant, Aristote lui-même, s'il faut en croire Damascius (Grupp., p. 79), rapporte que Pythagore appelait la matière τὸ ἄλλο, à cause de ses changements incessants.

appelons la matière. Si l'on s'étonne de voir la matière, qui est certainement l'infini des pythagoriciens, si elle est quelque chose dans leur système, si l'on s'étonne, dis-je, de voir la matière localisée dans l'Olympe, dans la sphère de l'enveloppant, il faut se rappeler qu'elle n'y est présente que sous la forme déterminée des cinq éléments, c'est-à-dire qu'elle a déjà subi la loi du nombre, en s'introduisant dans le monde par la vertu de l'Un vivant qui l'a aspirée, absorbée et assimilée. C'est ainsi du moins qu'on peut concilier les renseignements opposés qui nous sont transmis sur ce point des conceptions pythagoriciennes, et qu'on pourra concilier ceux qui concernent l'essence et l'orgine du temps, où les contradictions et les obscurités ne sont pas moindres.

Plutarque dit : « Le temps est la sphère de l'enveloppant, τὴν σφαῖραν τοῦ περιέχοντος[1]. » Cette sphère, nous l'avons vu, est le feu périphérique, identique au feu central, que Philolaüs appelle une âme, l'âme du Tout[2]. Plutarque est d'accord avec la *Physique* d'Aristote, confirmée par Simplicius : « Les uns disent que le temps est le mouvement de l'univers ; d'autres que c'est la sphère même de l'univers[3]. » Sur quoi le scholiaste d'Aristote : « Les uns disent que le temps est le mouvement et la révolution de l'univers : c'est l'opinion de Platon, si l'on en croit Eudème, Théophraste et Alexandre. Les autres di-

---

1. *Placit. Phil.*, I, 21, 1, définition reproduite textuellement par Stobée, I, 8, p. 250; Galien., c. x, p. 25, où elle est légèrement modifiée dans les termes : « Le temps est la sphère du ciel qui nous enveloppe. »
2. *Philol.*, Boeckh, p. 167 : Τᾶς τὸ ὅλον περιεχούσας ψυχᾶς. Simplic., *Scholl. Aristt.*, p. 505 a : Τὴν τοῦ παντὸς ψυχήν.
3. Arist., *Phys.*, IV, 10, 7, 218 a, 33.

sent que c'est la sphère même du monde : telle était l'opinion des pythagoriciens, de ceux du moins qui avaient entendu Archytas définir d'une manière générale le temps : l'intervalle de la nature du tout, διάστημα τῆς τοῦ παντὸς φύσεως [1]. » C'est-à-dire, j'imagine, que le temps est ce qui pose un intervalle, une succession d'instants séparés, dans l'être, dans tout être, et même dans l'être universel. En effet, le temps est un continu divisé idéalement par l'existence successive de l'être, et c'est cette succession continue, cet ordre d'intervalles dans l'existence, qui constitue le temps.

Mais que voulaient dire les pythagoriciens en appelant le temps la sphère de l'enveloppant, la sphère du tout? Aristote objecte que bien qu'une partie de la révolution circulaire du monde soit une partie du temps, la révolution n'est pas le temps pour cela; mais après cette brève observation, il dédaigne d'attaquer à fond cette définition pythagoricienne, parce qu'elle est par trop naïve et trop invraisemblable[2]. Il n'y voit qu'une comparaison sans fondement, et une figure de rhétorique sans exactitude. Tout est dans le temps, tout est dans la sphère du tout : donc le temps et la sphère sont identiques[3], au moins en ce sens qu'ils sont l'un et l'autre ce en quoi sont contenues et enveloppées toutes choses. Or, si la sphère est un espace, le temps est identique à l'espace, ce qui est absurde.

M. Zeller ne veut voir dans la définition en question

1. Simpl., *Scholl. Aristt.*, p. 387 b, 10.
2. Arist., *Phys.*, IV, 10, 8 : Ἔστι δ' εὐηθικώτερον τὸ εἰρημένον ἢ ὥστε περὶ αὐτοῦ τὰ ἀδύνατα ἐπισκοπεῖν.
3. *Id., Id.* : Ἡ δὲ τοῦ ὅλου σφαῖρα ἔδοξε μὲν τοῖς εἰποῦσιν εἶναι ὁ χρόνος, ὅτι ἔν τε τῷ χρόνῳ πάντα ἐστὶ καὶ ἐν τῇ τοῦ ὅλου σφαίρᾳ.

qu'une personnification mythologique. De même que
« Pythagore, par ces symboles énigmatiques dont Aristote s'était longuement occupé [1], appelait les Ourses les
mains de Rhéa, les Pléiades la lyre des Muses, les Planètes les chiens de Proserpine, le son de l'airain frappé,
la voix d'un démon emprisonné dans son sein [2] », de
même, au rapport de saint Clément et de Porphyre, que
les pythagoriciens appelaient la mer les Larmes de Kro-
nos, voulant dire que les pluies sont les larmes du ciel,
qui forment en tombant l'immense réservoir de la mer :
de même et par une allégorie de même sorte ils ont
appelé le temps la sphère d'Uranus [3]. Mais on n'aperçoit pas ici la signification du symbole : il est douteux
cependant qu'il n'ait eu dans l'esprit des pythagoriciens
aucun sens. Pour arriver à le découvrir, il est nécessaire
de rapprocher cette obscure définition d'une autre qui
leur est également attribuée.

Aristote, dans le quatrième livre de son *Pythagorique*, dit
que le monde est un, unique, et que du sein de l'infini
s'introduisent en lui le temps, le souffle vital, et le vide
qui sépare les êtres, χρόνον τε καὶ πνόην καὶ τὸ κενόν [4].

Ainsi, tantôt on nous dit qu'il est la sphère de l'enveloppant, c'est-à-dire fini, tantôt qu'il vient de l'infini.

L'infini est un continu que le vide et la vie transfor-
ment en discret; c'est un élément simultané, où le vide
et la vie introduisent la succession et le nombre, c'est-à-
dire le temps.

Le temps peut donc être tour à tour considéré comme

1. Ἐπίπλεον ἀνέγραψεν.
2. Porph., *V. P.*, 41.
3. Porphyr., l. l. S. Clem., *Strom.*, V, 571 b.
4. Stob., I, 380.

discret et comme continu, comme fini et infini, comme simultané et successif [1]. Aussi Iamblique proposait de réunir en une seule les deux définitions pythagoriciennes, et de faire le temps à la fois continu et discret. « Le pythagoricien Archytas est le premier dont on ait conservé le souvenir, qui a essayé de définir l'essence du temps, et en a fait tantôt le nombre du mouvement, tantôt l'intervalle de la nature du tout [2]. Mais il faut réunir ces deux définitions et considérer à la fois le temps comme continu et comme discret, συνέχη καὶ διωρισμένον, quoiqu'à proprement parler il soit plutôt continu. C'est ainsi, suivant le divin Iamblique, qu'Archytas établissait une distinction entre le temps physique et le temps psychique, comme il avait distingué deux infinis, l'un sensible, l'autre intellectuel [3]. »

Archytas, par sa définition, voulait sans doute dire qu'il y a un temps qui, dans l'unité absolue du présent éternel, réunit et supprime le passé et l'avenir [4], c'est le temps intelligible, ou la notion pure du temps, opposé au temps qui mesure les êtres de la nature, et se divise comme eux. Mais il est bien difficile d'accepter comme authentiques ces passages [5]. La définition du temps par le nombre du mouvement est certainement d'Aristote; la distinction de deux infinis est con-

1. Il semble que ce sont ces deux points de vue que Platon précise, en opposant l'immobile et infinie Éternité à sa mobile et successive image, le Temps.

2. Simplic., in Physic., f. 165 a, 186 b. Cf. Hartenst., p. 35.

3. Simplic., in Phys., f. 104 b.

4. Id., 185 b : Οὗτός ἐστιν ἀεὶ μένων ἐν τῷ ἀεὶ καὶ μηδαμῇ ῥέων, ἔχων ἐν ἑνὶ τὸ πρότερον καὶ τὸ ὕστερον.

5. Et surtout du fragm. 10 d'Archytas, dont je n'ai même pas cru pouvoir ici faire usage.

traire à ce que nous savons de plus certain sur le pythagorisme, et Simplicius, qui nous a transmis l'interprétation du « divin Iamblique », se hâte d'ajouter que le
divin commentateur, en expliquant ce passage et beaucoup d'autres, semble ajouter à la pensée de son auteur
pour en faciliter l'intelligence [1]. M. Zeller [2], pour conclure, suppose que les pythagoriciens ont pu penser que
le mouvement du ciel et des étoiles est la mesure du temps,
et qu'ils ont exprimé cette opinion par ces termes obscurs
qui confondent le temps avec la sphère du monde : le mot
sphère serait pris ici dans le sens de révolution sphérique [3] ;
mais outre que les objections d'Aristote permettent difficile-
lement cette interprétation, comment admettre que le ciel
des fixes, immobile, ἀπλανής, ou dont le mouvement n'est
pas apparent, eût pu servir à mesurer et à exprimer le
temps.

Tout en imitant la sage réserve de Simplicius, nous
devons dire comment nous interpréterions cette obscure
définition. Le feu central pénètre la nature entière et se
répand jusqu'aux limites extrêmes du monde ordonné [4].
Philolaüs l'appelle le maître du monde [5], et dans un autre
passage le détermine d'une façon beaucoup plus précise
en lui donnant le nom d'âme, τᾶς τὸ ὅλον περιεχούσας ψυχᾶς [6].
Inséparable des choses qu'elle constitue, l'âme, l'Un premier, n'en est pas moins considérée comme le principe

---

1. *Id.*, 106 a : Οὕτω μὲν οὖν ὁ Ἰάμβλιχος τὸν Ἀρχύταν ἐξηγήσατο καὶ
ἄλλα πολλὰ τῇ ἐξηγήσει προσευπορήσας.
2. Tom. I, p. 318.
3. Car il oppose aux pythagoriciens que la sphère n'est pas la révolution de la sphère.
4. Sext. Emp., IV, 331. Τῆς τῶν ὅλων φύσεως διοικουμένης.
5. Τὸ ἡγεμονικόν. *Phil.*, Boeckh, p. 96.
6. *Phil.*, Boeckh, p. 167.

du mouvement, comme le moteur universel, ἀρχὰ τᾶς
κινάσιος.... τὸ κίνεον[1]. Cet éther animé, vivant, donne le
branle et le mouvement qui se communique à la seconde région du tout, où ils résident et où ils accomplissent, au son de leurs propres concerts, leurs danses célestes. L'âme, considérée comme principe de la vie et
du mouvement, serait alors confondue avec le principe
du temps ; car dans tout mouvement, il y a succession,
c'est-à-dire des parties séparées par un intervalle. Or
l'intervalle est précisément la notion du temps, διάστημα
τῆς φύσεως. Qu'on se rappelle le rôle que joue l'intervalle
dans tout le système, et l'on trouvera qu'il n'est pas impossible d'attribuer à Archytas, sinon la définition d'Aristote, du moins cette pensée profonde que c'est l'âme,
qui établissant dans l'être la conscience de faits qui se
succèdent et sont par conséquent en dehors les uns des
autres, pose en lui l'intervalle, c'est-à-dire produit le
temps. Tout être qui a ce caractère d'avoir des parties
les unes en dehors des autres, διάστημα, est dans le temps.
C'est ainsi que l'âme, dans le *Timée* de Platon, dialogue
profondément pythagoricien, engendre le temps qui
naît en même temps que le monde[2].

§ 8. L'AME. LA SCIENCE. LA MORALE. L'ART.

Aristote, après avoir prouvé par l'histoire que tous les
philosophes se sont fait de l'âme à peu près la même
idée et l'ont conçue comme le principe du mouvement,
ajoute : « Il semble que les pythagoriciens n'en ont pas

---

1. *Phil.*, Boeckh, p. 167.
2. Χρόνος μετ' οὐρανοῦ γέγονεν. *Tim.*, 38 b.

eu une autre notion; car parmi eux les uns disaient que
l'âme est ces corpuscules qui flottent dans l'air[1]; les
autres, que c'est ce qui meut ces corpuscules. Or, si
l'on a cette opinion, c'est que ces petits corps paraissent se mouvoir toujours, et cela revient à dire que
l'âme est ce qui se meut soi-même. En effet, tous ces
philosophes semblent penser que ce qui est surtout propre à l'âme est le mouvement[2]. »

Or, dans ce passage, Aristote ne traite pas de l'âme humaine, mais de l'âme en soi. Il est donc difficile de nier,
comme le fait M. Zeller, que les pythagoriciens aient admis une âme du monde, et son opinion a contre elle et Aristote, et tous les témoignages des anciens. Si l'on objecte
qu'ils ont admis l'âme de l'homme, sans admettre une
âme du monde, ne peut-on répondre avec Cicéron et
Platon : «Et comment l'homme aurait-il une âme, si l'u-
nivers n'en avait pas une?» « Pythagore croyait que dans
tout l'univers est répandue une âme circulant partout,
et dont notre âme est détachée : il n'a pas considéré que
cette âme, dont il faisait un Dieu, était comme déchirée
et lacérée par le détachement de nos âmes : Distractione
humanorum animorum discerpi et dilacerari Deum[3]. »

Quelle notion s'en faisaient-ils? Ils ne pouvaient pas
la considérer autrement qu'ils considéraient toute chose :
et ils considéraient toute chose comme un nombre.

1. Simplicius (Scholl. de An., I, 2) nie que les pythagoriciens aient
jamais soutenu cette étrange opinion.
2. Arist., de An., I, 24, : Ἐοίκασι γὰρ οὗτοι πάντες (c'est-à-dire tous
les philosophes dont il vient de rappeler les définitions, et par conséquent aussi les pythagoriciens) ὑπειληφέναι τὴν κίνησιν οἰκειότατον εἶναι
τῇ ψυχῇ.
3. De nat. D., I, 11. Platon, Phædr., 270 c. Phileb., 270, 30 c.

L'âme ne pouvait être qu'un nombre, l'Un premier
et composé, unité nécessaire et indissoluble du fini et
de l'infini, du pair et de l'impair. Mais comme l'âme
est la vie, et que la vie est le mouvement, l'âme devait
tout naturellement être pour eux « un nombre qui se
meut soi-même[1]. » Je ne vois aucune bonne raison
pour leur refuser l'honneur de cette définition, que leur
attribuent avec Plutarque, Némésius, Théodoret et Philopon[2]; et si M. Zeller la leur conteste et n'y voit qu'une
addition des néo-pythagoriciens[3], M. Steinhart la croit,
comme nous, de la vieille École[4]. La meilleure raison
pour le croire c'est qu'elle est presque nécessaire, étant
donnés leurs principes. Si l'âme est pour eux le principe du mouvement, et Aristote nous l'affirme, si de plus
tout être est un nombre, je ne vois pas comment ils auraient pu échapper à la conclusion que l'âme est un
nombre principe du mouvement. « L'âme humaine,
disait Pythagore, est un tétragone à angles droits. Archytas ne la définissait pas par le tétragone, mais par
le cercle, par la raison que l'âme est ce qui se meut soi-
même, τὸ αὐτὸ κινοῦν, et que nécessairement le premier
moteur spontané est un cercle ou une sphère[5]. »

Il est vrai que Plutarque, après avoir attribué cette
définition à Pythagore, la donne, dans un autre de ses
ouvrages, à Xénocrate, qui l'aurait formulée ainsi le pre-

---

1. Plut., *Plac. Phil.*, IV, 2, 2 : Πυθαγόρας... ἀριθμὸν ἑαυτὸν κι-
νοῦντα.
2. Nemes., *Nat. hom.*, p. 44. Theodor., *Cur. Græc. aff.*, V, 72. Philop., in lib. *de An.*, c.'v.
3. T. I, p. 523.
4. *Platons Werke*, t. IV, p. 377-571.
5. Joh. Lyd., *de Mens.*, VI, p. 21. Cf. Hartenst., p. 17.

mier [1], et il est suivi par Macrobe [2], Simplicius [3], Thémiste [4], et même Philopon [5], qui se contredit ainsi comme Plutarque. Mais qui ne connaît le penchant de Xénocrate pour le pythagorisme qu'il essaya de concilier avec les idées de Platon? On peut dire avec certitude de lui ce que la *Théologie arithmétique* dit de Speusippe, « qu'il puise ses opinions dans les enseignements des pythagoriciens, particulièrement de Philolaüs, qu'il suit constamment et avec une exactitude scrupuleuse [6]. »

Stobée même, qui prête à Xénocrate cette définition, reconnaît en même temps que les pythagoriciens faisaient de l'âme un nombre [7], et qui prétendra, en face du témoignage d'Aristote, que c'est un nombre immobile? Je n'hésite donc pas à croire que Xénocrate avait emprunté aux pythagoriciens, ses maîtres, la célèbre définition dont il passe pour l'inventeur.

Il est vrai qu'ils définissaient aussi l'âme une harmonie, mais ils ne faisaient par là que reproduire, sous une autre formule, absolument la même idée.

C'est Platon qui nomme Philolaüs comme auteur de cette définition, qu'il critique sévèrement et interprète assez peu loyalement [8], tandis que Macrobe l'attribue à

1. *De Gen. an.*, I, 5.
2. *Somn. Scip.*, 14 : « Plato dixit animum essentiam se moventem, Xenocrates numerum se moventem, Aristoteles ἐντελέχειαν, Pythagoras et Philolaüs harmoniam. »
3. In Aristt., *de An.*, f. 7.
4. *Id.*, *Id.*, f. 71 b.
5. *Id.*, *Id.*, p. 5. *In Analyt. Post.*, p. 78. *Scholl. Aristt.*, p. 242 b.
6. *Theol. Arithm.*, p. 61 f : Ἐκ τῶν ἐξαιρέτως σπουδασθεισῶν ἀεὶ Πυθαγορικῶν ἀκροάσεων μάλιστα δὲ τῶν Φιλολάου.
7. Stob., I, 862 : Τοῦτον (le nombre) ἁπλῶς μὲν οὕτως ἔνιοι τῶν Πυθαγορείων τῇ ψυχῇ συναρμόζουσιν, ὡς δ' αὐτοκίνητον Ξενοκράτης.
8. *Phædon*, 85 e.

Pythagore en même temps qu'à Philolaüs [1], et Philopon aux pythagoriciens en général [2]. C'est très-vraisemblablement à eux que pense Aristote quand il nous dit : « Quelques-uns appellent l'âme une sorte d'harmonie, ἁρμονίαν τινά; car ils font de l'harmonie le mélange et la composition des contraires [3]. » Mais Aristote a soin de nous dire que les pythagoriciens n'entendaient pas par là l'harmonie attachée aux cordes de la lyre, οὐ φασὶ ταύτην ἁρμονίαν τὴν ἐν ταῖς χορδαῖς; ou, comme le répète Modératus, « l'harmonie qui est dans les choses corporelles [4]. » Il semble qu'Aristote ait voulu ici corriger l'interprétation de Platon, et nous garder de croire que l'âme, suivant les pythagoriciens, ne fût que l'harmonie du corps, qu'elle n'était rien en dehors de cet accord, et pour. ainsi dire de cette musique.

L'harmonie n'est qu'un nombre, mais le nombre pythagoricien, tout mathématique qu'ils l'appellent, n'en est pas moins concret, vivant, puissant. L'âme est harmonie en ce qu'elle est la force et la loi efficace qui unit les contraires. Elle n'est pas un résultat : elle est une cause, mais une cause qui passe et subsiste dans son effet [5]. Elle n'est pas seulement l'harmonie harmonifiée,

---

1. *Somn. Scip.*, 15. Vid. supr., n. 2.
2. *In Arist., de An.*, 2, p. 15.
3. *De An.*, I, 4. *Polit.*, VIII, 5 : Διὸ πολλοί φασι τῶν σοφῶν, οἱ μὲν ἁρμονίαν εἶναι τὴν ψυχὴν, οἱ δ' ἔχειν ἁρμονίαν.
4. Stob., I, 864.
5. Il semble que c'est là ce que les pythagoriciens ont voulu exprimer en donnant à ce principe les noms, significatifs par leur diversité et à la fois leur rapport, de περαινόμενον, πέραινον, πέρα:. Il est impossible de ne pas se rappeler les formules presque identiques et assurément pythagoriciennes de Bruno : *causa causans*, et *causa causata;* de Spinosa : *natura naturans*, et *natura naturata;* de Fichte :

mais aussi et surtout l'harmonie harmonifiante [1], l'unité
de l'unité et de son contraire.

Répandue et tendue à travers le monde, chaîne toute-
puissante, autogène, *causa sui*, l'âme y dépose tout ce
qui est en elle, la mesure, le poids, le nombre, et constitue par là la permanence des choses [2]. Elle contient en
soi les rapports féconds, les raisons actives dont le
monde est le développement et l'acte [3]. Enfin, comme le
disait Hippase, le pythagoricien acousmatique, elle est
l'instrument intelligent du dieu qui a créé le monde :
formule trop monothéiste pour être vraiment pythagoricienne, mais d'où nous retenons seulement ceci : c'est
que l'âme est à la fois cause et élément inséparable du
monde. L'âme, unité de l'unité et du multiple, expression
et principe de toute mesure, de tout rhythme, de toute
harmonie, fait la vie de l'univers et en même temps le
rhythme, la mesure, l'harmonie de la vie universelle.

C'est de cette âme du monde que viennent les âmes
particulières des êtres vivants, chose que les pythagoriciens n'ont ni expliquée ni tenté d'expliquer, mais qu'ils

---

ordo ordinans et *ordo ordinatus*. Enfin la forme scolastique est tantôt
informans, tantôt *informata*.

1. Stob., I, p. 864 : Τὴν τὰ διαφέροντα ὁπωσοῦν σύμμετρα καὶ προσ-
ήγορα ἀπεργαζομένην, ἀναφέρει εἰς τὴν ψυχὴν Μοδέρατος.

2. Dans le fr. de Philolaüs, analysé par Cl. Mamert, *de Stat. an.*, II,
3, on voit le rapport de l'âme à la constitution harmonieuse de l'univers. Boeckh, p. 28 : « Priusquam de animæ substantia decernat, de
mensuris, ponderibus et numeris, juxta geometricam, musicam, atque
arithmeticam mirifice disputat, per hæc omnia universum exstitisse
confirmans. » Et plus loin, II, 7 : « In tertio voluminum, quæ de ρυθ-
μῶν καὶ μέτρων prænotat, de anima humana sic loquitur.... » *Philol.*,
Boeckh, p. 137.

3. Stob., II, 862 : Ὡς δὲ λόγους περιέχουσαν.... Iambl., *Arithm. Nic.*,
p. 11 : Προπόδισμον ἀπὸ μονάδος μεγέθει αὐτῆς.

affirmaient avec une conviction inébranlable : « Audie-
bam Pythagoram Pythagoreosque, dit Cicéron, nunquam
dubitasse quin ex universa mente divina delibatos ani-
mos haberemus[1]. » C'est la doctrine de l'émanation, implicitement enfermée dans tout le système, et qui se
combine avec le principe de l'immanence. L'âme est
donc d'origine comme de substance divine.
Nous rencontrons encore ici des confusions et des
contradictions inextricables. Le sentiment de l'opposition du fini et de l'infini, de l'âme et du corps, de l'esprit et de la matière se heurte contre le principe de
leur unité. Après nous avoir dit que ni l'infini ni le fini
n'ont d'existence en dehors des êtres qui les concilient
et les absorbent dans l'unité, voici que les pythagoriciens séparant absolument, au moins mentalement, les
deux substances, nous disent que l'âme nous vient du
dehors[2]; qu'elle est introduite dans le corps, on ne sait
ni par qui, ni comment, mais suivant les lois du nombre et la vertu d'une harmonie éternelle et incorporelle[3].
Cela revient à dire, j'imagine, d'une part, que c'est le
nombre qui est principe d'individuation, que c'est lui
qui incorpore, incarne les principes rationnels, les rai-

1. *De Senect.*, 21. Aristote rapporte cette doctrine aux Orphiques,
dont on connaît les rapports avec les pythagoriciens, *de Anim.*, I, 5,
n. 13 : « C'est encore ce que disent les traditions des poëmes Orphiques : l'âme est une partie du tout; elle quitte le tout, pour s'introduire dans un corps, où elle est comme poussée par le vent de la respiration, ὑπὸ τῶν ἀνέμων ἀναπνεόντων. »
2. Stob., I, 790 : Πυθαγόρας.... θύραθεν εἰσκρίνεσθαι τὸν νοῦν. Theodor., *Cur. Græc. Aff.*, V, 28.
3. Claud. Mam., *de Stat. an.*, II, 7. *Philol.*, Boeckh, p. 177 : « Inditur
corpori per numerum et immortalem eamdemque incorporalem con-
venientiam. »

sons idéales, et en fait autant d'individus séparés[1]. Comment? Parce qu'il aspire le vide, qui en s'introduisant en lui développe et divise les êtres, et du sein de la monade une, produit ainsi la pluralité des monades dont le monde est plein[2].

D'un autre côté c'est le nombre qui établit le rapport entre l'âme et le corps; ou plutôt l'âme, qui est le nombre, éprouve une inclination pour le corps qui est nombre aussi; et elle se porte naturellement vers lui : elle aime son corps, et d'autant plus que toute réalité étant sensible, toute connaissance étant une sensation, l'âme sans le corps ne pourrait user de ses sens, ni par conséquent connaître[3].

Le dualisme est ici si marqué qu'on admet la séparation de l'âme et du corps opérée par la mort, et, après cette séparation, une forme d'existence pour l'âme, que Claud. Mamert appelle incorporelle : mot qui ne veut exprimer sans doute qu'une existence séparée de son corps, mais non absolument immatérielle. Car c'est une conception de l'être que les pythagoriciens n'ont jamais eue.

Tous les êtres qui croissent et produisent se divisent en trois grands règnes : le végétal, l'animal, l'animal raisonnable ou l'homme. Celui-ci, semblable à un nombre supérieur qui renferme tous les nombres inférieurs,

---

1. *Philol.*, Boeckh, p. 141 : Σωματῶν τοὺς λόγους.... καὶ σχίζων χωρὶς ἑκάστους.

2. Simpl., in Aristt., *de Cœl.*, f. 150. Scholl., p. 514 : Καὶ γὰρ τὰς μονάδας τῷ κενῷ φασὶν οἱ Πυθαγόρειοι διορίζεσθαι.

3. Claud. Mam., l. 1. : « Diligitur corpus ab anima, quia sine eo non potest uti sensibus; a quo postquam a morte deducta est, agit in mundo incorporalem vitam. »

renferme aussi tous les principes vitaux qui appartiennent à chacune des deux autres classes. Tout ce qui vit participe du feu ou de l'élément chaud : les plantes sont des êtres vivants. Mais cet élément chaud n'est une âme que dans les deux genres supérieurs : les plantes n'ont donc pas d'âme à proprement parler [1].

L'homme étant un microcosme qui réunit en lui les forces les plus basses comme les plus hautes de la nature [2], a, comme tous les êtres destinés à se reproduire, un appareil géniteur, qui contient la semence et a la vertu de la projeter pour engendrer. En outre il possède une faculté de développement interne, d'accroissement sur place, et, pour ainsi dire, de radification, ῥίζωσις : c'est comme une force de vie végétative, qui se manifeste dans les plantes et surtout par les fonctions de la racine. Chez l'homme le siége de cette fonction est le nombril : mais cette force n'est pas une âme.

En outre l'homme a une âme véritable, laquelle se divise en deux parties ou facultés : l'âme inférieure, principe de la vie sensible, dont l'organe et le siége est le cœur ; l'âme supérieure, dont le siége et l'organe est le cerveau, la tête, et qui prend le nom de Νοῦς, la pensée, la raison [3].

1. Diog. L., VIII, 28.
2. Phot., Cod., 249.
3. Philol., Boeckh, p. 159. Cic., Tusc., IV, 5 : « Veterem illam equidem Pythagoræ primum, deinde Platonis descriptionem sequar : qui animum in duas partes dividunt, alteram rationis participem faciunt, alteram expertem. » Plut., Plac. Phil , IV, 4. « Pythagore et Platon ont deux divisions de l'âme : l'une en deux parties, raisonnable et irraisonnable ; l'autre en trois, parce qu'ils subdivisent la partie irraisonnable en courage et désir. » Stobée attribue cette triple division à Arésas dans ses Eclogæ, I, 848, et à la pythagoricienne Théano, dans ses Sermones,

Si la raison est propre à l'homme, l'animal possède en
commun avec lui l'âme et la vie, et comme cette âme
est dans l'un et dans l'autre une émanation ou parcelle
de l'âme universelle qui est divine, il en résulte que
tous les êtres vivants sont liés les uns aux autres par le
principe même de leur être, par le fond de leur nature.
Les animaux sont parents de l'homme et l'homme est
parent des dieux [1]. « Pythagore, Empédocle et presque
tous les philosophes de l'Ecole italique prétendent que
non-seulement les hommes ont entre eux et avec les
dieux, une sorte de communauté de nature, mais que
cette communauté existe entre eux et les êtres sans
raison. Car une seule vie est en tous: elle pénètre le
monde entier où elle agit à la façon d'une âme, et c'est
là ce qui fait l'unité de ces êtres et de nous. Voilà pourquoi ceux qui tuent les animaux et qui se nourrissent
de leur chair, commettent un crime impie, parce qu'ils
tuent des êtres qui leur sont unis par le sang. Aussi les
philosophes dont nous parlons recommandent-ils de
s'abstenir d'une nourriture vivante et appellent impies
« ceux qui rougissent l'autel des dieux bienheureux
du sang chaud versé par leurs mains meurtrières [2]. »

I, p. 9. Diog. L., VIII, 30, sans doute d'après Alexandre Polyhistor, la
reproduit également comme pythagoricienne; mais en ajoutant que
la raison, Νοῦς, et le courage sont communs à l'homme et aux animaux, tandis que la pensée, αἱ Φρένες, est le privilège exclusif de l'humanité.

1. Diog. L., VIII, 27 : Ἀνθρώποις εἶναι πρὸς θεοὺς συγγενείαν.
2. Sext. Emp., adv. Phys., IX, 580 : Ἐν γὰρ ὑπάρχειν πνεῦμα τὸ διὰ
παντὸς τοῦ κόσμου διῆκον ψυχῆς τρόπον, τὸ καὶ ἑνοῦν ἡμᾶς πρὸς ἐκεῖνα.
Senec., ep., 108 : « Pythagoras omnium inter omnia cognationem
esse dicebat, et aliorum commercium in alias atque alias formas
transeuntium. » Porphyr., V. P., 19 : Πάντα τὰ γινόμενα ἔμψυχα ὁμο-

Cette identité essentielle du principe vivant n'empêche pas la variété des êtres et le renouvellement incessant des formes. Comme des hôtes inconstants, les âmes viennent tour à tour habiter des demeures différentes et animer d'autres corps, qu'elles quittent successivement pour entretenir éternellement la variété des formes et le mouvement de la vie : variété ramenée à l'unité par l'identité du principe qui fait de tous les êtres comme une chaîne circulaire, dont les anneaux sont tous du même métal vivant et tous liés entre eux. C'est ce qu'on appelle la métempsycose et qu'on aurait dû plutôt, comme l'a fait remarquer Olympiodore, appeler métensomatose [2] ; car ce n'est pas le corps qui change d'âme, mais l'âme qui change de corps, et l'on ne peut pas dire que ce changement de corps soit précisément une renaissance, παλιγγενεσίαν[3]; car étant donné le système, l'âme éternellement vivante parcourt éternellement le cercle fatal, qui la lie successivement à des êtres vivants différents. Il ne saurait y avoir de renaissance, puisque la série des existences que l'âme traverse, ce voyage circulaire à travers toute les formes et tous les degrés de la vie, n'a ni suspension, ni repos, ni fin[4].

γενῆ.... Iambl., *V. P.*, 108 : Τὰ ὁμοφυῆ πρὸς ἡμᾶς ζῶα.... ὡσανεὶ ἀδελφότητι πρὸς ἡμᾶς συνέζευκται.

1. La métempsycose, ainsi entendue, entraîne la théorie de la mutabilité des formes, de la mutabilité des espèces, c'est-à-dire supprime une des lois de la nature, qui paraît le mieux démontrée par l'expérience, quoiqu'elle ait été récemment attaquée.

2. *Ad Phædon*, 81, 2.

3. Serv., *ad Æn.*, III, 68, où il y a sans doute interversion dans les noms : « Plato perpetuam dicit animam ad diversa corpora transitum facere *statim* pro meritis prioris vitæ; Pythagoras vero non μετεμψύχωσιν sed παλιγγενεσίαν esse dicit, hoc est redire per tempus. »

4. Diog. L., VIII, 14 : Κύκλον ἀνάγκης ἀμείβουσαν, et, VIII, 4 : Ὡς περιεπολήθη.

Cette théorie de la migration des âmes est attestée comme pythagoricienne par toute l'antiquité ; nous avons vu Xénophane l'attribuer à Pythagore lui-même[1]; Aristote l'appelle une fable pythagoricienne[2]; et c'est très-vraisemblablement aux pythagoriciens que fait allusion Hérodote quand il dit : « D'après les opinions des prêtres Égyptiens, les âmes des hommes, à un temps fixé, passent après la mort de l'un à l'autre[3]. C'est une doctrine que quelques Grecs dont je tais les noms, quoique je les connaisse, ont répandue en la faisant passer pour une doctrine qni leur appartient en propre[4]. » Dans un fragment des Thrènes de Pindare reproduit par Platon[5], on voit que le poëte croit à ce retour de l'âme à la vie, ἀνδιδοῖ ψυχὰν πάλιν, et Boeckh et Dissen, qui ont fait une étude spéciale de ce poëte, assurent qu'il suit ici ou les traditions orphiques ou les traditions pythagoriciennes.

Mais si le fait de la migration des âmes est universellement attesté comme faisant partie des dogmes pythagoriciens, il n'en soulève pas moins de grandes difficultés que les partisans de la doctrine ou n'ont pas vues ou n'ont pas pu résoudre.

Y a-t-il une loi qui préside à ces incorporations successives de l'âme? Cette migration s'étend-elle même aux végétaux? Y a-t-il un temps quelconque où cette migration s'arrête, et qni mette un intervalle entre les diverses incorporations, ou qui les termine définitive-

1. Diog. L., VIII, 36.
2. De An., I, 3.
3. C'est ici une forme plus réservée de la métempsycose, qui la limite à une renaissance de l'homme dans l'humanité, comme l'a soutenue, dans ces derniers temps, M. P. Leroux : De l'Humanité.
4. Herod., II, 123.
5. Men., 81 b.

ment? et alors y a-t-il eu un temps où cette incorpora-
tion n'avait pas encore commencée, ou y en aura-t-il un
où elle ne recommencera plus?

A la première question Aristote répond : non; aucun
principe rationnel, aucune loi ne préside à l'incorpora-
tion des âmes[1]. L'âme individuelle ne diffère de l'âme universelle qu'en quantité : elle en est une partie ; quand
cette partie s'en détache, c'est par le mouvement de la
vie et le jeu de la respiration que le phénomène se produit ;
il est donc fatal et fortuit : la première âme venue tombe
dans le premier corps venu[2]. Cependant cette opinion n'est
pas sans contradiction ; d'abord Philolaüs dit que l'âme est
liée au corps par la vertu du nombre et d'une convenance
réciproque; et il semble que la loi universelle et toute-
puissante de l'ordre et de l'harmonie exclut de tous les
phénomènes du monde, les désordres du hasard. En outre
Platon nous donne comme enseignée dans les mystères,
soit orphiques, soit pythagoriciens, la doctrine que l'âme
est dans le corps comme dans une prison[3]; et Cicéron
l'attribue expressément à Pythagore[4]. Dans le *Cratyle*
comme dans le *Gorgias* cette maxime, transformée en
celle-ci : La vie présente est une mort, l'âme est dans
le corps comme dans un tombeau, est rapportée « à une
espèce de mythologue fort habile de Sicile ou peut-être
d'Italie[5] : » désignation qui convient parfaitement à
Philolaüs, qui en serait alors l'auteur, comme l'affirme
saint Clément: « Il est bon aussi de se rappeler le mot

---

1. *De An.*, I, 5, n. 13.
2. *De An.*, I, 3 : Τὴν τυχοῦσαν ψυχὴν εἰς τὸ τυχὸν ἐνδύεσθαι σῶμα.
3. Plat., *Phædon.*, 62 b.
4. Cic., *Cat.*, 20. Athenag., *Leg. p. Christ.* 6, la donne à Philolaüs.
5. *Gorg.*, 403 a : Νῦν ἡμεῖς τέθναμεν. *Crat.*, 400 d.

de Philolaüs qui dit : Les anciens théologiens·et devins attestent que c'est en punition de certaines fautes que l'âme est liée au corps, et y est ensevelie comme dans un tombeau[1]. » La vie ne serait donc alors qu'un châtiment, et la mort une délivrance, opinion qu'Athénée nous présente comme celle du pythagoricien Euxithée[2].

Mais si cette loi du démérite et du mérite fonde la responsabilité morale et suppose même comme condition nécessaire le libre arbitre, si elle remplace, dans la diversité infinie que présentent les individus et les espèces, la loi froide de la beauté et de l'harmonie mathématiques par la loi supérieure de l'ordre moral et de la justice, par la notion du bien, elle n'en ruine pas moins le fondement même du pythagorisme. Le monde ne serait plus alors la beauté même, la vie réelle se changerait en un supplice[3], et il faudrait élever les regards vers un monde idéal, suprasensible, où son principe ne lui permet pas de pénétrer. En tous cas, on ne pourrait voir dans cette opinion qu'une contradiction qui lui en a fait comprendre l'insuffisance, et lui fait pressentir un principe plus complet. Diogène[4], Pline[5] et Théodoret[6] affirment que la migration de l'âme s'étend même au règne végétal; mais, sans être opposée au pythagorisme,

---

1. *Strom.*, III, p. 433. Cf. *Phil.*, Boeckh, p. 181.
2. Athen., IV, 175 c.
3. En une vraie mort, s'il fallait en croire S. Clément, *Strom.*, III, p. 434 : « Héraclite n'appelle-t-il pas la mort une naissance ? et Pythagore n'est-il pas d'accord avec Socrate, dans le *Gorgias*, quand il dit : « La vue que nous avons des choses pendant la veille est une mort; « celle que nous en avons en dormant, n'est que le sommeil. »
4. Diog. L., VIII, 4.
5. *H. N.*, XVIII, 12.
6. *Hæres.*, V, 297.

cette doctrine semble appartenir plus spécialement à
Empédocle [1].

Il y a une plus grande difficulté encore à suspendre le
mouvement de la vie générale en arrêtant les âmes pendant un temps quelconque, dans un séjour souterrain,
pour y recevoir leur récompense ou y attendre leur
condamnation. Car, d'une part, si elles sont dérobées au
mouvement général, le cercle fatal est brisé; de l'autre
entre ces diverses incorporations, l'âme reste sans corps.
A plus forte raison, si, à un moment donné, après une
purification opérée par une longue suite d'épreuves
qu'on appelle la vie et la mort alternées, elle monte à
l'Empyrée, au plus haut point du ciel, pour y mener une
vie incorporelle.

Je n'hésite pas à croire que ce sont là des additions postérieures qui attestent l'influence profonde de l'idéalisme
platonicien, et s'il fallait admettre que les anciens pythagoriciens les ont fait entrer dans leurs croyances, c'est
une concession qu'ils auront faite aux idées religieuses
de leur pays et de leur temps, sans s'inquiéter de la
contradiction qu'elles présentaient avec leurs principes.
L'âme est nombre, c'est-à-dire un composé, un mixte
du fini et de l'infini; et ni le fini ni l'infini ne peuvent
exister en dehors de l'Être qui les réunit dans son unité.
Il n'y a qu'un monde, le monde de la nature, indissolu-
blement uni à l'esprit. Une vie absolument incorporelle
de l'âme est donc contradictoire aux données essentielles du pythagorisme, et tout ce qu'on peut accorder,
c'est que l'âme est formée d'un corps plus subtil, plus
épuré, plus éthéré que celui auquel elle est unie sur la

1. Empedocl., *Sturz.*, 353, 466.

terre, et qu'elle peut s'en séparer pour vivre libre et affranchie de cette enveloppe grossière, à laquelle elle est attachée aujourd'hui. C'est ainsi qu'on devra interpréter ce mot de vie incorporelle que nous trouvons dans Philolaüs, si l'on ne veut pas y voir une contradiction choquante[1]. La vie des dieux[2], la vie immortelle, promise à l'homme de bien, n'enferme pas nécessairement le dualisme absolu de la matière et de l'esprit.

Nous avons vu que la lumière du feu central ne nous arrive pas directement : il en est de même de sa chaleur et de sa substance. Il les communique d'abord au Soleil, et c'est de là qu'elles se distribuent à toute la nature pour y répandre la vie jusque dans ses épaisses et ténébreuses profondeurs[3]. Mais ce rayon vivifiant est obligé, pour arriver jusqu'à la terre, de traverser l'air épais et froid. La substance de l'âme en est pénétrée et alors elle présente dans sa composition un élément éthéré, enflammé, et un élément épais et froid. Les pythagoriciens qui admettaient certainement l'immortalité de l'âme[4], avaient fait mortel le principe de la vie

---

1. Claud. Mam., *de Stat. An.*, II, 7 : « Agit in *mundo* incorporalem vitam. » *Phil.*, Boeckh, 177.

2. *Vers d'Or*, 70.

3. Diog. L., VIII, 27 : Διήκειν τ' ἀπὸ τοῦ ἡλίου ἀκτῖνα διὰ τοῦ αἰθέρος .... ταύτην δὲ ἀκτῖνα καὶ εἰς τὰ βένθη δύεσθαι καὶ διὰ τοῦτο ζωοποιεῖν πάντα.

4. Diog. L., VIII, 28. Cic., *Tusc.*, I, 17 : « Primumque (Platonem) de animorum æternitate non solum sensisse idem quod Pythagoram. » Max. Tyr., *Diss.*, XVI, 2 : « Pythagore a été le premier des Grecs qui ait osé dire que le corps, il est vrai, mourra ; mais, qu'une fois mort, l'âme s'envolera dans l'immortalité et jouira d'une vie sans vieillesse. » Alcméon (Arist., *de An.*, I, 2) fondait l'immortalité de l'âme sur le mouvement spontané et éternel dont elle est le principe : ὡς ἀεὶ κινουμένη.

commun aux plantes, aux animaux et à l'homme[1]. Nous n'avons aucun renseignement sur la manière dont les pythagoriciens expliquaient cette différence. Parce que l'une de ces âmes est raisonnable, l'autre irraisonnable, cela n'empêche pas qu'il n'y a entre elles qu'une différence de degrés et non d'essence, car elles ne sont et ne peuvent être l'une et l'autre que des parties du tout, comme le dit Aristote, μέρος τοῦ ὅλου. Il n'y a de différence qu'une différence de quantité, c'est-à-dire de nombre; et il est assez difficile d'expliquer la mortalité de l'une et l'immortalité de l'autre.

Tout ce qui vit vient d'un germe : ce germe est lui-même un composé, un mélange. L'un des éléments du mélange, corporel, matériel, fourni par la substance du cerveau, formera en se développant les nerfs, les os, les chairs qui recouvrent la charpente de l'être ; le second est un élément éthéré, une vapeur chaude qui formera l'âme. Le germe dans son unité contient en soi toutes les parties de l'organisme futur, qui se développeront harmonieusement: on peut donc dire qu'il contient tous les rapports, toutes les raisons de la vie[2]. Ce sont les raisons, les rapports, les nombres mêmes de l'harmonie.

L'âme irraisonnable est appelée par Plutarque le principe vital, et est localisée au cœur[3]. A en juger par le

---

1. Plut., *Plac. Phil.*, IV, 7, 4 : Τὸ ἄλογον φθαρτόν. Theodor., *Cur. Græc. Aff.*, V, 123.
2. Diog. L., VIII, 29 : Ἔχειν ἐν ἑαυτῷ πάντας τοὺς λόγους τῆς ζωῆς, ὧν εἰρομένων συνέχεσθαι κατὰ τοὺς ἁρμονίας λόγους. Comme ces renseignements sont d'accord avec la doctrine, je ne vois pas de motif pour les exclure parce qu'ils émanent d'Alexandre Polyhistor.
3. *Plac. Phil.*, IV, 5, 13.

siége qu'il lui donne, elle se confondrait avec l'âme de
la sensation, que Philolaüs localise dans le même organe [1]. Mais alors on ne comprend plus qu'elle soit
irraisonnable, ἄλογον, puisqu'elle sent, et pense par conséquent. Peut-être faut-il entendre par là non pas un
principe dénué de toute participation à la pensée, mais
seulement différent de la raison pure. Il semble que les
anciens pythagoriciens, moins que personne, étaient
autorisés à exclure la sensation de la pensée, puisque
la sensation, d'après Philolaüs, est la forme ou au moins
la condition nécessaire de toute connaissance, et que
c'est par cette loi de la connaissance qu'ils expliquaient
l'attachement de l'âme pour son corps : « quia sine eo
non potest uti sensibus. »

Quoique mortelle, l'âme vitale elle-même est invisible ; cependant elle a besoin d'une nourriture qu'elle
trouve dans le sang; semblable au corps qu'elle a animé,
après la mort qui l'en sépare, elle flotte dans l'air en se
rapprochant de la terre [2]. C'est peut-être ce que veut
dire le passage d'Aristote qui confond l'âme avec ces corpuscules qui flottent dans l'air [3] et dansent pour ainsi
dire dans un rayon de soleil. C'est pour cela que l'air
est tout entier plein d'âmes, qui, sous les noms de démons et de héros, font la fonction d'intermédiaires entre
les hommes et les dieux qui nous envoient par eux les
songes, les présages et nous font connaître les rites sa-
lutaires des expiations [4].

Tout être est double. Non-seulement l'homme est

1. *Theol. Arithm.*, 22. *Philol.*, Boeckh, p. 159.
2. Diog. L., VIII, 30.
3. *De An.*, I, 2 : ἐν τῷ ἀέρι ξύσματα.
4. Diog. L., VIII, 30.

composé d'une âme et d'un corps ; mais l'âme elle-
même est un composé de deux natures dissemblables
dont l'une est par rapport à l'autre comme le corps est
à l'âme, et qui toutes deux font cependant une seule
chose harmonieusement composée, vérité qui n'a certes
pas échappé à Pythagore[1].

Pythagore et Platon, dit Plutarque[2], pensent que les
âmes même des animaux sans raison, ἀλόγων, sont cependant raisonnables, λογικάς ; mais elles n'agissent pas
toujours rationnellement. Cela tient à deux causes :
l'une est l'imperfection de leur corps ; l'autre, l'absence
du langage articulé. Car les animaux ont une voix et
cependant ils ne parlent pas[3].

L'homme seul, par la supériorité de son organisation
physique, par la faculté du langage, est capable de penser et de connaître. Considérée comme faculté de connaître, l'âme, d'après quelques-uns de nos renseignements, se divise en deux facultés, tandis que, suivant
d'autres, elle reste indivise sous le nom de Νοῦς, et en
tout cas toujours localisée dans le cerveau.

Ceux qui la divisent distinguent le Νοῦς ou intelligence
instinctive, des Φρένες ou la pensée pure ; la première
appartient à l'animal comme à l'homme ; ce dernier a
seul en partage la raison, Φρένες[4]. Cette classification
imparfaite, vague, n'annonce pas une analyse et une
observation bien profondes des phénomènes psycholo-
giques, et il semble qu'Aristote a eu raison de dire que

---

1. Plut., *de Virt. mor.*, c. 3, p. 441.
2. *Plac. Phil.*, V, 20.
3. *Plac. Phil.*, V, 20 : Λαλοῦσι μὲν γὰρ, οὐ φράζουσι δέ.
4. Diog. L., VIII, 30. Plut., *Plac. Phil.*, V, 20, 4.

Platon est le premier qui ait distingué une connaissance rationnelle pure[1]. Il est évident que la distinction de la pensée et de l'instinct est tout autre chose. Nous serions disposés à croire que les pythagoriciens n'ont connu d'autre forme de la pensée que la sensation. Philolaüs, tout en prétendant que le nombre est la loi de l'intelligibilité comme de l'être, ne paraît reconnaître à l'âme d'autre faculté pour saisir le nombre que la sensation. L'essence des choses est un nombre; l'âme est un nombre. C'est ainsi que la connaissance est possible, parce que c'est une loi de la nature que le semblable seul connaisse le semblable[2]. La connaissance n'est que ce rapport des deux nombres de l'âme et de l'essence, du sujet et de l'objet : elle est donc elle-même un nombre : car elle est le lien et l'harmonie des choses connues et de l'être qui les connaît. On peut donc dire que le nombre est non-seulement la connaissance, c'est-à-dire le fait même du rapport, mais qu'il en est la cause. Or Philolaüs qui expose cette théorie l'exprime en disant que le nombre mettant en harmonie l'âme et les choses au moyen de la sensation, établit ce rapport qui

1. *Magn. Mor.*
2. *Philol.*, Boeckh, p.62,47,58 : Πάντα τὰ γιγνωσκόμενα ἀριθμὸν ἔχοντι· οὐ γὰρ δὲ ὅτιῶν οἴοντε οὐθὲν οὔτε νοηθῆμεν οὔτε γνωσθῆμεν ἄνευ τούτω. Sext. Emp., *adv. Log.*, VII, p. 388 : Ὑπὸ τοῦ ὁμοίου τὸ ὅμοιον καταλαμβάνεσθαι πέφυκε.... Διὸ ὁ κριτὴς τῶν πάντων λόγος. Οὐκ ἀμέτοχος ὢν τῆς τούτου δυνάμεως καλοῖτο ἂν ἀριθμός.... *Philol.*, Boeckh, p. 145 : Ἁ δ' ἀλάθεια οἰκεῖον καὶ σύμφυτον τᾷ τῶ ἀριθμῶ γενέᾳ. L'erreur est de sa nature l'indétermination, l'infini, qui n'a pas de nombre. Le nombre exclut donc l'erreur, parce qu'il apporte partout avec lui la limite, la mesure, la détermination. La connaissance vraie, la vérité est donc le caractère propre, l'essence du nombre : voilà pourquoi l'organe de la vérité est la raison mathématique, c'est-à-dire la raison qui pèse, qui mesure, qui compte. Sext. Emp., *adv. Math.*, VII, p. 888 : « Τὸν νοῦν ἀπὸ τῶν μαθημάτων περιγιγνόμενον.

est la connaissance et la loi de la connaissance [1]. La sensation serait donc ou la forme unique ou la condition nécessaire de toute connaissance, et cela s'accorde avec les principes du système, qui ne connaît d'autre réalité qu'une réalité composée, et qui fait du nombre, même du nombre de l'âme, une grandeur étendue.

Cependant il paraît certain que les pythagoriciens ont entrevu et signalé une forme supérieure de la connaissance. Il y a une science parfaite, qui consiste dans la connaissance de la nature et de l'essence éternelle des choses et plus particulièrement de l'ordre parfait qui règne dans les phenomènes célestes. Mais cette science dépasse la connaissance de l'homme, et lui est interdite [2]. C'est ce qu'on peut appeler la sagesse, σοφία, qui est le privilége des dieux. Mais si l'homme la désire, s'il y aspire, et si ce désir fait de lui un ami de la sagesse, ou un philosophe, il ne la possède jamais [3] dans sa perfection absolue ; sa science imparfaite se meut dans la région du changement, du phénomène, du désordre, et l'effort courageux et pénible qu'il fait pour y atteindre

---

1. *Philol.*, Boeckh, p. 140 : Οὗτος καττὰν ψυχὰν ἁρμόζων αἰσθήσει πάντα γνωστά καὶ ποτάγορα ἀλλήλοις ἀπεργάζεται. C'est ainsi que, d'après Claud. Mam., *de Stat. an.*, II, 7, Philolaüs aurait expliqué le penchant de l'âme à s'unir à un corps : parce que, sans ce corps, elle ne peut user de ses sens, *non potest uti sensibus.*

2. *Philol.*, Boeckh, p. 62 : Οὐκ ἀνθρωπίναν ἐνδέχεται τὴν γνῶσιν.... *Id.*, p. 95 : Καὶ περὶ τὰ τεταγμένα τῶν μετεώρων γίγνεσθαι τὴν σοφίαν.... τελείαν μὲν ἐκείνην.

3. Diog. L., I, 12. Pythagore est le premier qui ait usé du mot philosophie et se soit appelé philosophe. Car il disait, d'après ce que rapporte Héraclide du Pont, qu'aucun homme n'a la sagesse, qui n'appartient qu'aux dieux : μηδένα γὰρ εἶναι σοφὸν ὄνθρωπον, ἀλλ' ἢ θεόν. Cf. *Id.*, VIII, 8. Cicer., *Tuscul.*, V, 3. Iambl., 58, 159. Clem., *Strom.*, I, 300. Val. Max., VIII, 1. Plut., *Plac. Phil.*, I, 3, 14.

est sa vertu[1]. Mais ce désir et cette tendance, quoiqu'imparfaitement réalisés, supposent une notion quelconque de cette science supérieure et parfaite.

Aristote nous apprend que les pythagoriciens identi-
fiaient la raison pure au nombre 1, la science au nombre 2 ; l'opinion au nombre 3 ; la sensation au nombre 4[2]. Philolaüs identifie la Πίστις, la conviction absolue, la certitude au nombre 10[3]. Il est difficile de ne
pas reconnaître ici une distinction non pas, il est vrai,
des facultés de l'intelligence, mais des degrés et des
formes de la connaissance. Sextus Empiricus nous au-
toriserait même, si ses renseignements étaient plus
autorisés, à admettre une distinction de facultés. Les
pythagoriciens, dit-il, ne se bornaient pas à dire, comme
Anaxagore, que le critérium de la vérité est la raison ;
ils ajoutaient que c'est la raison mathématique, d'après
Philolaüs. C'est elle seule qui est capable de connaître

---

1. *Phil.*, Boeckh, p. 95 : Περὶ δὲ τὰ γενόμενα τῆς ἀταξίας τὴν ἀρετὴν....
ἀτελῆ δὲ ταύτην. Le parallèle établi par Philolaüs montre que l'ἀρετή
n'est pas seulement l'activité morale, mais l'activité intellectuelle.

2. *De An.*, I, 2, 9. Ce passage, extrait par Aristote lui-même de ses
livres *sur la Philosophie*, où il avait résumé les opinions de Platon et
des pythagoriciens (Philopon., in lib. *de An.*, p. 2, Brand., p. 49),
semble donner de l'autorité aux distinctions d'Archytas : Fragm. 5.
Hartenst. « Il y a deux facultés, suivant lui : la sensation et la raison. La raison est le principe de la science, ἐπιστημή; la sensation,
le principe de l'opinion, δόξα. L'une tire son acte des choses sensibles ; l'autre des choses intelligibles. Les objets sensibles participent
du mouvement et du changement; les objets intelligibles participent
de l'immuabilité et de l'éternité. Là raison voit l'être premier et le
paradigme; la sensation voit l'image et l'être second. » Cependant la
fin de ce fragment, visiblement copié sur la *République*, la précision
des distinctions, m'inspirent, même sur le commencement qui en est
peut-être séparé, des doutes et des scrupules qui m'ont empêché de
m'en servir.

3. *Phil.*, Boeckh, p. 140 : Πίστις γε μὴν (ἡ δεκὰς) κολεῖται

la nature de toutes choses, parce qu'elle a avec elles une certaine affinité d'essence, συγγενείαν πρὸς φύσιν[1]. Tout ressemble au nombre, comme le dit un vers célèbre d'un ἱερὸς λόγος, et par le nombre il faut entendre ici la raison qui juge, τῷ κρίνοντι λόγῳ, et dont l'essence est semblable aux nombres qui composent l'essence des choses[2].

Quoi qu'il en soit de ces renseignements confus et incertains, il y a du moins deux choses qui ne peuvent être niées : l'une c'est qu'ils ont affirmé que la connaissance était une assimilation du sujet et de l'objet[3], l'autre que cette assimilation avait pour condition une identité de nature. Le nombre est l'essence et la loi de l'intelligence, de l'intelligibilité et de l'être. C'est l'affirmation de l'identité absolue, sous une forme imparfaite et sans· développement, mais affirmation précise et ferme, et on ne peut s'étonner du penchant que Schelling éprouve et exprime pour les pythagoriciens où il retrouvait, et où peut-être il avait trouvé son principe.

Sont-ils allés plus loin? Ont-ils tenté une théorie systématique de la connaissance ? Nous ne pouvons guère décider la question. Aristote nous dit, dans la *Métaphysique*, qu'ils avaient été les premiers à s'occuper de l'essence, τί ἐστι, et à chercher à la fixer dans une définition. Mais leur procédé de définition est encore très-impar-

---

1. Sext. Emp., adv. Log., VII, p. 388 : Τῆς τῶν ὅλων φύσεως. Faut-il entendre par τὰ ὅλα l'universel, au sens platonicien? C'est peut-être exagérer la portée de l'expression.

2. Sext. Emp., adv. Log., VII, p. 392 : Ὁμογένει τοῖς τὰ πάντα συνεστακόσιν ἀριθμοῖς.

3. Le sujet doit envelopper et comme embrasser l'objet pour le comprendre, comme le Gnomon embrasse et enveloppe le carré dont il est complémentaire.

fait : ils s'arrêtent à la surface de l'objet à définir, et
n'en pénètrent pas le fond. Le premier objet en qui se
trouve la définition cherchée, est considéré par eux
comme l'essence de la chose : par exemple, dans le
nombre 2 se trouve la notion du double, et cependant
2 n'est pas l'essence ni la définition du double ; autrement 2 et le double auraient une même essence, et une
seule et même chose en serait plusieurs : ce qui d'ailleurs est la conséquence du système pythagoricien[1].

Dans le chapitre sixième dn même ouvrage, Aristote
reconnaît que les recherches systématiques sur les
principes, la nature et la méthode de la connaissance
n'ont guère commencé qu'avec Platon. « Ceux qui l'a-
vaient précédé, dit-il, ne se sont pas mêlés de dialectique[2]. Socrate fut le premier qui chercha à saisir, dans
les choses de morale dont il s'occupait exclusivement,
l'élément universel, τὸ καθόλου, et il arrêta sa pensée et
ses réflexions sur la définition[3]. Démocrite le physicien
y avait à peine touché, et s'était borné à définir tant
bien que mal le froid et le chaud. Avant lui les pythagoriciens avaient bien donné quelques définitions et
cherché l'essence, le τί ἐστι, de l'àpropos, du juste, du
mariage : pour cela ils ramenaient les raisons d'être des
choses à des nombres[4]. »

Cependant si Aristote ne considère pas, et avec raison,
comme une vraie définition, cette réduction des idées
générales à des nombres, il nous apprend que les pytha-

---

1. Arist., Met., I, 5.
2. Met., I, 6 : Οἱ γὰρ πρότεροι διαλεκτικῆς οὐ μετεῖχον.
3. Met., XIII, 4 : Ὁρίζεσθαι καθόλου ζητοῦντος πρώτου.
4. Met., XIII, 4.

goriciens ne s'en étaient pas tenus à ce procédé insuffisant et obscur. Il cite du moins d'Archytas quelques exemples de définitions qu'il produit lui-même comme parfaitement conformes à sa théorie de la définition. Par exemple Archytas a dit : Le calme est le repos de l'air ; la bonace est le repos de la mer : définitions excellentes puisqu'elles portent sur l'ensemble de la matière et de la forme[1] ; ces deux catégories auraient alors été non-seulement distinguées par Archytas, mais leur concours aurait été reconnu par lui nécessaire pour une définition logique.

Il ne faut pas trop s'en étonner : car aussi bien que Platon, son ami, Archytas a dû profiter des progrès qu'avait faits la dialectique entre les mains, des Mégariens et des Éléates. Il a même toute une théorie psychologique sur laquelle Platon n'a pas été sans influence, mais qui se présente avec un mélange d'idées originales qui nous font un devoir de l'exposer[2], en avertissant toutefois le lecteur qu'elle a dû être personnelle à Archytas et peut-être étrangère à l'esprit du vieux pythagorisme.

Comme Philolaüs, Archytas reconnaît l'existence nécessaire de deux sortes de principes des choses. L'un renferme la série des choses ordonnées et finies ; l'autre la série des choses sans ordre, sans mesure et sans limite. Les choses de la première série sont susceptibles d'être exprimées par le langage, et on peut en rendre

---

1. *Met.*, VIII, 2.

2. J'écarte, comme je l'ai déjà dit plus haut, la dernière partie du fragment et l'extrait d'Iamblique, qui continue celui de Stobée, parce que c'est une reproduction textuelle de la *Rép.*, VI, 510. Cf. Hartenst., Fr. 4, 5, 6.

compte parce qu'elles ont une essence rationnelle [1].
Elles s'étendent à tout ce qui est ; car elles donnent la
limite et l'ordre même au non être qu'elles font participer à l'essence et à la forme de l'universel. Au contraire la série des choses infinies se dérobe à la parole
et à la pensée, et en pénétrant dans les choses de la
série contraire, cherche à en détruire l'essence et à se les
assimiler. L'une est la matière, ou substance des choses, l'autre est la forme. Entre ces contraires qui doivent s'unir pour constituer les réalités, le rapport ne
peut être établi que par une cause efficiente, un moteur
premier intelligent, qui rapproche la matière de la
forme, suivant la loi de l'harmonie et du nombre. Ces
lois des choses, constitutives de leur essence, se manifestent dans les démonstrations de l'arithmétique et de
la géométrie, qui réalisent le plus parfaitement cette
harmonie.

Le principe de la connaissance est dans les faits qui se
manifestent dans l'être même. De ces faits les uns sont
constants, immuables ; les autres variables et changeants.
A ces deux genres d'objets correspondent deux genres
de connaissances : la connaissance sensible, et la connaissance intellectuelle. La sensation est le critérium
ou le juge des unes ; la raison est le critérium des autres [2].

Mais malgré cette attribution spéciale des deux facul-

---

1. Λόγον ἔχοισαν.
2. Le texte porte ὁ κόσμος. L'opposition de αἴσθησις appelle, à mon
sens, la correction ὁ νόος proposée par Jacobs, et adoptée par Orelli,
Meineke et Hartenstein. Les raisons par lesquelles on pourrait
(Boeckh, *Phil.*, p. 64) défendre la leçon vulgaire m'ont paru trop
subtiles pour être admises.

tés de connaître à leurs objets propres, la supériorité de
la raison se révèle en ceci : c'est qu'elle est juge et seule
juge de l'essence des choses soit intelligibles, soit sensibles. La vraie nature des choses, leur essence rationnelle, λόγος, ne peut être saisie que par elle. Ainsi dans
la géométrie, la physiologie, la politique, comme dans la
musique, il y a des effets qui se produisent dans la matière et le mouvement, et qui sont perçus par les sens ;
mais il y a aussi des rapports, des nombres, des proportions, des lois, c'est-à-dire des éléments purement rationnels qui ne peuvent être aperçus que par la raison.
La connaissance principale, fondamentale, porte sur
l'essence, le τί ἐστι, et est accomplie par la raison seule.
Mais avant de rechercher ce qu'est une chose, il faut
s'être assuré qu'elle est ; et comme ici il s'agit d'une
question de fait, cette recherche exige le concours
de la sensation et de l'intelligence, l'une attestant les
phénomènes, l'autre cherchant à l'aide du raisonnement
la loi qui les régit.

Cette loi est un universel : c'est donc à l'universel que
doit tendre la science, parce que celui qui est en état de
bien juger de l'universel jugera bien du particulier. C'est
pour cela que la science mathématique est si belle, et
que les mathématiciens, habitués à étudier les lois générales et les rapports universels, pénètrent si exactement
l'essence des choses individuelles [1].

Juger, c'est mesurer : pour mesurer, il faut une mesure. Dans les choses sensibles il y a trois genres : l'un
consiste dans l'impulsion ou la pesanteur ; le second

---

1. Fr. 14. Hart., p. 140. Cf. Iambl., *in Nic.*, p. 6 : Τοὶ γὰρ περὶ τοῦ
καθόλου, φησὶν Ἀρχύτας, καλῶς.... *Id.*, V, p. 136.

dans la grandeur continue [1] ; le troisième dans la grandeur discrète. La mesure dans le premier genre est la balance; dans le second, le pied, la règle, l'équerre [2] ; dans le troisième, le nombre. Or comme la sensation et la raison sont deux facultés parallèles, il doit y avoir aussi dans la raison une mesure des choses : mais ici c'est la raison elle-même qui sert de mesure : νόος ἀρχὰ καὶ μέτρον [3].

Quelque imparfaite qu'ait été la théorie psychologique des pythagoriciens, quelque petite place qu'elle occupe dans l'ensemble de leurs opinions, ce n'est pas une raison pour que les pythagoriciens ne soient pas partis d'une observation psychologique. Il n'est pas possible que ceux dont la prétention est de fonder une science, qui aspirent à connaître les choses, ne se posent pas d'une manière plus ou moins directe la question de savoir qu'est-ce que la science? qu'est-ce que penser? La philosophie est donc contrainte par sa nature et son but, de commencer par une analyse plus ou moins complète et méthodique de la pensée, de ses conditions, de ses principes, de ses lois.

En ne considérant même le philosophe que dans l'objet qu'il se propose de connaître, qui est l'être, comment pourrait-il éviter d'étudier son propre être, dont la manifestation la plus évidente est la pensée. Aussi sous cette philosophie de la nature, qui est la première

1. Simpl., *in Categ.*, f. 32.
2. C'est ainsi que j'entends du moins les mots στάθμα ὀρθαγωνία. Hart., p. 22, fr. 5.
3. Fr. 5. Le reste du fragment définit, comme Platon, quatre formes de la connaissance, suivant les quatre objets : 1° les idées; 2° les accidents nécessaires des idées ; 3° les choses sensibles qui participent des idées; 4° les choses qui offrent de la résistance.

forme de la science, se cache une philosophie de la
pensée, qui, à son insu peut-être, l'inspire et la gouverne. N'est-ce pas une doctrine psychologique que le
principe, que le semblable est connu par le semblable ?
Et n'est-ce pas de là que dérivent logiquement toutes
les propositions de l'ancienne philosophie de la nature ?
La connaissance n'est qu'un rapport : c'est-à-dire un
nombre. Donc l'être ne peut être qu'un rapport, c'est-à-
dire un nombre. D'un autre côté la connaissance est
sensation ; la sensation n'est possible que par le corps ;
donc l'être et le nombre, l'objet comme le sujet est un
tout concret où le fini et l'infini, la matière et la forme
sont en rapport, sont le rapport même. Donc sans donner à leur conception ni la forme ni le caractère d'une
psychologie, il est vraisemblable que c'est d'une donnée
psychologique, d'une opinion sur le fond de notre vraie
nature, qui est intime à elle-même, qu'est sorti le pythagorisme.

A l'étude de la pensée se joint naturellement celle du
langage, sur lequel les pythagoriciens avaient aussi porté
quelque attention. Mais il ne nous a été transmis sur ce
sujet que quelques maximes générales qui ne nous disent rien de bien précis ni de bien profond. Iamblique,
parmi les objets d'études proposés aux membres acousmatiques de l'ordre, nous cite cette question: « Qu'est-
ce qu'il y a de plus sage au monde? Le nombre, et en
second lieu ce qui donne les noms aux choses [1]. » Je

---

1. *V. P.* 82 : Τὸ τοῖς πράγμασι ὀνόματα τιθέμενον. Au § 56, il avait
déjà dit : « Le plus sage de tous les êtres est celui qui a amené à l'ordre la voix humaine, en un mot celui qui a inventé le langage, εὑρέτην
τῶν ὀνομάτων, et ce fut ou un dieu ou un homme divin. » C'est cette

n'oserais risquer, dit M. Max-Müller, une explication
de ce que Pythagore entendait par là[1] ; la phrase n'est
pas en effet des plus claires : il me semble qu'elle signifie
que dans la science, la chose la plus importante est le
nombre, c'est-à-dire la pensée même ; et en second lieu
la faculté de donner une forme sensible à la pensée par
le langage. C'est cette double faculté, « vis rationis et
orationis, » qui élève l'homme au-dessus des animaux.
On peut admettre, sur la foi d'une autre citation d'Iamblique que nous trouvons déjà dans Cicéron, que les
pythagoriciens croyaient à l'origine humaine du langage. Mais sauf ces indications très-générales, nous ne
connaissons rien des recherches qu'ils ont pu faire sur
ce sujet, si tant est qu'ils en aient fait[2].

Le semblable ne peut être connu que par le semblable : c'est le nombre de l'âme qui connaît le nombre des
choses. Ce nombre de l'âme n'est qu'une partie du nombre du tout : il y a donc entre eux une simple différence de quantité et par conséquent parenté, affinité de
nature, συγγένεια πρὸς φύσιν. Mais ce nombre du tout est
l'élément divin du monde. Donc en étudiant la nature,
et particulièrement les phénomènes célestes, nous nous
initions à la notion de l'ordre et de l'harmonie absolus,
par l'harmonie et l'ordre qui y éclatent partout ; nous
pouvons connaître l'essence et les œuvres vraiment di-

---

même pensée que nous retrouvons dans Cicéron, *Tusc.*, I, 25 : « Qui
primus, quod summæ sapientiæ visum est, omnibus rebus imposuit
nomina. » Cf. Ælien, *H. V.*, IV, 17. Procl., *in Crat.*, c. 16. Clem.
Alex., *Exc. e Script. Theod.*, c. 32, p. 805 d. Sylb.

1. *Leçons sur la science du lang.*, t. II, p. 11.
2. Héraclite, au contraire, paraît l'avoir étudié avec un soin curieux.
V. Zeller, t. I, p. 456.

vines du nombre qui fait tout, et tout parfaitement[1]?
Mais atteindre à cette science parfaite de la perfection
est impossible à l'homme, et réservé aux dieux seuls :
s'en approcher le plus qu'il lui est possible, et par là
se rapprocher des dieux[2], devenir meilleur et plus
parfait, voilà où doit tendre sa science et sa sagesse,
et c'est en cela que consiste sa vertu[3].

Tout imparfaite qu'elle est, et quoique circonscrite
dans la région des phénomènes qui changent et qui
passent, la vertu a son prix : car elle aussi est une harmonie; comme la santé et comme le bien[4], elle est
l'harmonie des principes contraires qui se disputent
l'esprit et le cœur de l'homme. Dieu a mis dans la nature l'harmonie : c'est à l'homme qu'il est réservé de la
mettre dans le monde moral, c'est-à-dire dans la vie
domestique, comme dans la vie sociale ou politique[5].
Cette harmonie est d'abord celle de la partie irrationnelle et de la partie rationnelle de l'âme : l'élément
rationnel doit toujours dominer. Le premier effet de
cette harmonie est la tempérance ; car l'amour du plaisir, la volupté, la licence de la partie irrationnelle est
la source de l'anarchie dans l'âme et dans l'état, la cause
de tous les maux pour les cités comme pour les particuliers. Elle affaiblit la faculté qui nous permet d'arriver à la sagesse, et si l'on n'arrêtait pas ses violences
et ses mouvements tumultueux et turbulents, elle fini-

---

1. *Phil.*, Boeckh, p. 139 : Θεωρεῖν δὲ τὰ ἔργα καὶ τὰν ἐσσίαν τῶ
ἀριθμῶ.... παντέλης καὶ παντοεργός.
2. Plut., *de Superst.*, c. 9 et *de Defect. orac.*, c. 7.
3. *Philol.*, Boeckh, p. 95.
4. Diog. L., VIII, 33 : Τήν τ' ἀρετὴν ἁρμονίαν.
5. Ocellus Lucanus, frag. *de Legg.* Stob., *Ecl.*, I, p. 33.

rait par l'anéantir complétement, et nous ôterait, avec
la science, la félicité qui en est la suite[1].

Ces vices sont les actes où nous porte la violence du
désir : le désir est un mouvement de l'âme, multiforme
et mobile, pénible en soi, qui la porte ou à se remplir
ou à se vider de certaines sensations. Il est des désirs
naturels, et il en est d'acquis ; il est des désirs
innocents, et des désirs coupables. Les désirs coupables
sont : l'indécence, ἀσχημοσύνη; l'oubli de la mesure,
ἀσυμμετρία; l'absence de l'à-propos, ἀκαιρία. Il faut les
chasser pour les remplacer par l'amour du beau,
φιλοκαλία, qui se propose ou l'action vertueuse, ou la
science[2]. Car la science ne suffit pas pour rendre
l'homme bon : il faut qu'il aime le beau, et surtout qu'il
aime l'homme[3].

Un des meilleurs moyens d'établir cette harmonie
dans notre âme, c'est la musique, qui pénétrant
l'homme tout entier de la douceur de ses sons, et de la
proportion de ses rhythmes, guérit l'âme aussi bien que
le corps, et donne le rhythme moral de la vie. La musique est une purification. La purification, dit Iamblique,
n'est à proprement parler qu'une médecine opérant par
la musique, τὴν διὰ τῆς μουσικῆς ἰατρείαν. Appliquée aux
maladies de l'âme comme à celles du corps, la vertu
des nombres cachés dans ces harmonies, dans ces incan-
tations magiques, ἐπῴδαις, produisait trois effets: ἐξάρτυσιν,
συναρμογάν, ἐπαφάν. D'abord l'âme, en qui se trouvent des
mouvements semblables à ceux des sons harmoniques,

---

1. Archyt. Cicer., de Senect., 12.
2. Aristoxène, Fragm. Hist. Græc., éd. Didot, t. II, p. 278.
3. Aristox. Stob., Floril., XLIII, 49 : Οὐ μόνον ἐπιστήμονας, ἀλλὰ
καὶ φιλανθρώπους.

s'adapte peu à peu à ces nombres et, pour ainsi dire,
vibre avec eux ; puis elle a conscience de l'harmonie
qui s'établit entre les diverses parties d'elle-même ;
enfin elle se sent touchée, vaincue, convertie [1].

L'éducation de la jeunesse, d'après Pythagore, doit se
pratiquer en lui exposant de belles formes, de belles
figures, en lui faisant entendre de beaux chants et de
beaux rhythmes. C'est par le charme pénétrant et délicieux de la musique particulièrement qu'on met l'harmonie et le rhythme dans les mœurs, dans l'âme et dans
la vie [2]; elle apaise la colère, éteint les ardeurs de la
volupté et calme même les folles fureurs de l'ivresse [3].

Toute musique est bonne : il est cependant des instruments préférables à d'autres. Quoique beaucoup de
pythagoriciens aient pratiqué l'aulétique, et parmi eux
Philolaüs, Euphranor et Archytas, dont les deux derniers
avaient laissé des traités écrits, σύγγραμμα, sur les flûtes [4],
ils n'en recommandaient pas volontiers l'usage : car
c'est un instrument passionné, bachique, voluptueux,
instrument bon pour les foules, et qui n'a rien de noble
et de digne, οὐδὲν ἐλευθέριον [5]. Pour apaiser l'élément bru-
tal de notre âme, il faut employer de préférence la

1. Porphyr., 30, 32, 33. Iambl., 110, 114, 164. Plut., de Isid., c. 81.
Quintil., I, 8; et IX, 4. Schol. Hom., Il., XV, v. 391 : Ἥτις καλουμένη
κάθαρσις.
2. Iambl., 111 : Δι' ὧν εὐφραίνεσθαι καὶ ἐμμελεῖς καὶ εὔρυθμοι.
3. Id., 111, 112, 163, 195, 224. Strab., I, 2, 3; X, 3, 10. Cic., Tusc.;
IV, 2. Senec., de Ira, III, 9 : « Pythagoras perturbationes animi lyra
componebat. » Sext. Empir., VI, 8. On connaît l'anecdote du jeune
homme ivre, que Pythagore rappelle à la raison par la musique. Æl.,
H. V., XIV, 23, rapporte le fait à Clinias; et le scholiaste d'Hermo-
gène, p. 383, à Empédocle.
4. Athen., IV, 184.
5. Iambl., 111.

lyre, instrument d'Apollon et dont le caractère est
calme, mesuré, grave, solennel. Mais surtout il faut y
unir la voix humaine, quelques passages des poëmes
d'Homère et d'Hésiode, ou des Pæans de Thalètas, en
choisissant certains rhythmes graves, tels que le spon-
daïque[1].

L'homme est un être essentiellement éducable : à tous
les âges il doit être soumis à une éducation et à une
discipline propres. L'enfant étudiera les lettres et les
sciences ; le jeune homme s'exercera dans la connaissance des institutions et des lois de son pays ; l'homme
mûr s'appliquera à l'action et aux services publics. Le
vieillard jugera, conseillera, méditera[2]. Tous appren-
dront par cette discipline réglée de la vie qu'en toutes
choses l'ordre et la mesure sont quelque chose de beau
et d'avantageux, le désordre et l'absence de mesure,
quelque chose de honteux et de funeste[3]. Il ne faut pas
chasser le plaisir de la vie ; mais il faut en chasser le
plaisir vulgaire, et n'admettre que le plaisir qui vient à
la suite de ce qui est juste et beau[4].

La Justice qui est le nombre également égal, et équi-
vaut à la parfaite réciprocité, est la mère et la nour-
rice de toutes les vertus. Sans elle l'homme ne peut être
ni sage, ni courageux, ni éclairé. La Justice est l'harmonie, la paix de l'âme tout entière, accompagnée de
la beauté et de la grâce[5].

---

1. Porph., 32. Iambl., 114.
2. Aristox., ubi supra.
3. Aristox. Stob., Serm., XLIII, 49.
4. Stob., Floril., IX, 54. Porphyr., 38, 39.
5. Stob., Floril., IX, 54 : Εἰράνα τὰς ὅλας ψυχᾶς μετ' εὐρυθμίας,
maxime du pythagoricien Polus.

La gymnastique et la danse qui n'est que l'harmonie dans les mouvements du corps utiles à la santé ne sont pas inutiles à l'âme, ce sont des exercices qui complètent nécessairement le système de cette éducation profondément grecque qui demande qu'à un corps de fer soit unie une âme d'or et que la force soit relevée de la grâce et de la beauté[1]. L'homme doit faire tous ses efforts pour atteindre à la vertu et au bonheur: mais il ne doit pas uniquement compter sur lui-même. La fortune, le hasard joue un rôle dans la vie humaine ; mais hâtons-nous de dire qu'il y a dans le hasard lui-même un élément divin. C'est comme un souffle d'en haut qui vient des dieux aux hommes, et pousse les uns au bien, les autres au mal[2]. L'homme n'est pas entièrement maître et libre de sa volonté et de ses déterminations: il se sent entraîné par des raisons plus fortes que sa raison[3]. Les songes, les symptômes de la maladie, les présages, les bruits de la nature sont des signes, des avertissements qui tombent de la douche des dieux: ce sont des voix divines[4].

L'homme est en effet placé sous la puissance, et aussi sous la protection et la providence des dieux. Dieu est non-seulement le maître et le guide de la nature ; il est le guide et le maître de l'humanité. L'homme ne s'appartient pas à lui-même: il appartient à Dieu[5].

1. Porph., 32. Iambl., 111, 97. Strab., VI, 1, 12. Justin., XX, 4.
2. Aristox. Stob., I, 206 : Περὶ δὲ τύχης τὰ δ' ἔφασκον · εἶναι μὲν καὶ δαιμόνιον μέρος αὐτῆς, γενέσθαι γὰρ ἐπιπνοίαν τινὰ παρὰ τοῦ δαιμονίου τῶν ἀνθρώπων ἐνίοις ἐπὶ τὸ βέλτιον ἢ ἐπὶ τὸ χεῖρον.
3. Aristote, Eth. Eud., II, 8 : Ἀλλ' ὥσπερ Φιλόλαος ἔφη, εἶναί τινα; λόγους κρείττους ἡμῶν. C'est le mot connu de Pascal.
4. Diog. L., VIII, 32. Ælien, H. V., v. 17.
5. Philol., dans Platon, Phæd., 62 b. Athenag, Leg. pro Christ., p. 6.

Toute vertu, toute morale peut se ramener à ce précepte : Suis Dieu, c'est-à-dire, efforce-toi de lui ressembler[1].

Quoique le caractère religieux et moral du pythagorisme soit incontestable, on ne peut cependant pas dire qu'il ait fondé une science de la morale, une éthique. On doit en croire Aristote qui nous dit: « Pythagore est le premier qui ait entrepris de traiter de la vertu. Mais il n'a pas réussi. Car en ramenant les vertus à des nombres, il n'a pas su en donner une véritable théorie, οὐκ οἰκείαν τῶν ἀρετῶν τὴν θεωρίαν ἐποιεῖτο[2]. » La morale pour les pythagoriciens se confond avec la religion, et la religion a deux parties: l'une toute théorique, la science de la nature ramenée à la science des nombres ; l'autre toute pratique ramenée à des œuvres et à des rites. La vie morale a pour but de délivrer l'âme des attaches grossières qui l'enchaînent au corps par sa partie inférieure, et de la mettre dans un état de liberté où elle ne connaît plus d'autre loi, d'autre chaîne, que celle de la pensée et de l'action[3].

Comme science, la morale est donc fondée sur la physique. Le bien et le mal sont le huitième membre des dix couples de contraires d'où dérivent toutes choses[4]. Le mal se rattache à la notion de l'infini, le bien à celle du fini[5]. Le bien est inhérent, immanent aux choses, ὑπάρχει : l'impair, le droit, les puissances de certains

1. Voir IIe partie.
2. *Magn. Moral.*, I, 1, p. 1182 a.
3. Diog. L., VIII, 31 : Δέσμα γίνεσθαι αὐτῆς τοὺς λόγους καὶ τὰ ἔργα.
4. Aristot., *Met.*, I, 5.
5. Id., *Ethic. Nic.*, II, 5.

nombres appartiennent à la série du beau[1], l'unité est placée dans celle du bien[2]. Ce n'est pas à dire que les pythagoriciens aient confondu l'idée de l'unité avec celle du bien. L'idée du bien ne joue pas un grand rôle chez eux : il n'y est pas principe. Le principe des choses, comme nous pouvons nous en assurer dans les plantes et les animaux, est dans un germe qui contient seulement à l'état enveloppé la perfection et la beauté qu'ils réalisent dans le développement[3].

Il semble qu'Aristote dans le passage qui nous occupe a voulu dire que les pythagoriciens, tout occupés des sciences mathématiques, n'ont pas pour cela exclu de leur doctrine la notion du beau : car, dit-il, c'est une erreur de croire[4] que ces sciences n'ont aucune relation avec les fins qui intéressent l'homme. Les mathématiques s'occupent peu du bien, parce qu'il réside dans une action et implique un mouvement ; mais il n'en est pas de même du beau qui, en partie au moins, s'applique à des choses sans mouvement. Les sciences mathématiques ont pour objet les formes générales de la quantité ; car rien n'est susceptible d'unité et de mesure que la quantité : c'est à la quantité qu'appartient l'opposition du fini et de l'infini, du parfait et de l'imparfait[5]. Elles ont ainsi pour objet des essences idéales, sans matière, que la définition constitue dans l'ordre

1. Arist., *Met.*, XIV, 6 : Τῆς συστοιχίας τοῦ καλοῦ.
2. *Ethic. Nic.*, I, 4 : Τιθέντες ἐν τῇ τῶν ἀγαθῶν συστοιχίᾳ τὸ ἕν.
3. Aristot., *Met.*, XII, 7 ; XIV, 4 et les citations de la thèse de M. Ravaisson sur Speusippe, III, p. 7, 8 et 9.
4. On croit que c'est Aristippe qu'il désigne sans le nommer.
5. *Phys.*, I, 1.

logique, et que l'art individualise et réalise dans l'ordre esthétique.

De plus les sciences mathématiques ont leurs raisons dernières et leur racine dans l'arithmétique qui est la science des nombres : or les nombres ne sont que des rapports. La géométrie, à son tour, n'est que le nombre, c'est-à-dire le rapport des grandeurs étendues. Toutes les deux font partout apparaître l'ordre, la symétrie, le déterminé, τὸ ὡρισμένον. Or ne sont-ce pas là les formes les plus imposantes du beau? car le beau n'est que l'ordre dans la grandeur [1]. Donc les pythagoriciens, tout en le plaçant dans la série du bien, ont eu raison de placer le fini, l'impair, dans celle du beau.

Je suis bien éloigné de croire que l'idée de l'ordre et de la beauté soit étrangère aux grandes découvertes des sciences et aux plus hautes spéculations de la mécanique et de la géométrie. La foi profonde, le principe tout esthétique que l'ordre, la symétrie, la proportion et la mesure sont des lois universelles, a pu et dû, en enchantant les imaginations, elever les intelligences vers des vérités que la raison seule n'aurait pas été capable de découvrir. Les pythagoriciens ont proclamé ce principe magnifique et vrai. Mais je ne crois pas qu'ils aient cependant distingué l'idée du bien de celle du beau. Le couple du beau et du laid manque dans leur table des contraires, et quoiqu'ils aient contribué au perfectionnement de la théorie et de la pratique de la musique, on ne voit pas qu'ils aient spéculé sur l'art et le beau. La κάθαρσις, dans laquelle la pénétrante analyse d'Aristote décou-

---

1. Arist., *Met.*, XIII, 3 : Τάξις καὶ συμμετρία. *Poet.*, VII : Τάξις ἐν μεγέθει.

vrira plus tard un élément esthétique, est encore pour
les pythagoriciens d'ordre purement éthique. Les harmonies purificatives ne font pas naître ce plaisir qui
rend l'âme légère, ce repos délicieux, cette joie sereine
et pure, où Aristote a trouvé, par une observation admirable de profondeur, le caractère propre de l'impression
esthétique[1] : l'art suivant les pythagoriciens a un effet exclusivement ou hygiénique ou moral.

Ce n'est pas que l'idée du beau, si elle se confond
avec celle de l'ordre, de l'harmonie, de la proportion,
soit absente de la conception pythagoricienne ; au contraire elle l'inspire tout entière ; mais elle est uniquement appliquée à leur conception mathématique et
métaphysique de la nature. A moins d'admettre la conjecture gratuite que la morale et l'esthétique pythagoriciennes se soient perdues avec les ouvrages qui les contenaient, nous sommes obligés de terminer notre longue
analyse par la proposition même qui l'a commencée : la philosophie pythagoricienne n'est qu'une physique.

Ajoutons cependant avec Aristote que les principes des
pythagoriciens vont plus haut et plus loin que leur système : la profonde pensée que tout est ordre, proportion,
mesure, beauté, deviendra facilement le germe de
grandes doctrines, car la notion de l'ordre ne convient
pas moins au bien qu'au beau et au vrai.

---

1. Arist., *Poet.*, XIV : Οἰκεῖα ἡδονή. *Probl.*, XVIII, 4 : Ἡδονῆς στο-
χαστικὴ ἡ δύναμις. *Polit.*, VIII, 7 : Ἀνάπαυσις.... χαρὰν ἀβλαβῆ.... κουφίζεσθαι μεθ' ἡδονῆς.

QUATRIÈME PARTIE

HISTOIRE

Pour comprendre complétement et sainement apprécier une école de philosophie, il est important, il est indispensable de connaître son histoire. C'est en retrouvant ce qui a survécu d'un système, ce qui en vit encore dans les autres doctrines, qu'on peut déterminer la part de vérités qu'il a apportées à la science et la mesure des services qu'il lui a rendus. Le temps laisse tomber peu à peu les erreurs, et ne conserve, en les modifiant et en les développant, que les germes sains et féconds. La durée est la vraie marque de la grandeur des systèmes de philosophie, parce qu'elle est la mesure de leur vérité.

A un autre point de vue l'histoire des influences d'une doctrine est nécessaire à une appréciation impartiale et juste. On n'estime à leur vraie valeur que les choses don on a pu connaître les effets et les conséquences soit

pratiques, soit théoriques. On commence à mieux respecter le gland lorsqu'on sait qu'il contient un chêne, et
pour apprécier dans leurs principes obscurs et leurs germes imparfaits les idées philosophiques, pour les pénétrer
d'un clair regard, et les juger avec ce respect qu'elles
méritent, il faut avoir sous les yeux la série souvent
longue des développements qu'elles ont eus.

Il importera donc non-seulement de suivre l'histoire
de la philosophie pythagoricienne dans l'enceinte de
l'école qui l'a professée, il nous faudra encore, il nous
faudra surtout en rechercher les traces à travers les autres systèmes, qui s'en approprient les principes pour
les développer et les modifier. Nous n'avons pas la prétention, ni, Dieu merci, l'obligation de faire sous ce
prétexte l'exposition des systèmes de la philosophie
entière : nous nous bornerons à relever dans les plus
considérables d'entre eux, l'élément pythagoricien que
nous aurons cru y découvrir.

Il faut toutefois se mettre en garde contre un danger
que le tableau des développements historiques peut
faire naître. En voyant un système ou quelques-uns
des principes qui le caractérisent, adoptés par les esprits postérieurs et les philosophies qui lui succèdent,
on peut être la dupe d'une illusion d'optique. C'est de
reporter au compte de celui qui les a le premier introduits dans la science, l'honneur de tous les développements, et de la signification dernière qu'ils ont reçus des esprits et des siècles différents. Or c'est là une
fausse représentation contre laquelle on doit se prémunir, parce qu'elle pousse à un jugement inexact des
hommes et à une vue infidèle des choses. N'est-il pas

évident qu'une suite d'interprétations, de développements, d'épurations, peuvent faire pénétrer dans une théorie philosophique un tel nombre d'éléments nouveaux qu'elle en soit, pour ainsi dire, dénaturée; et sans aller jusqu'à cette altération profonde, où la notion primitive ne serait plus reconnaissable, n'est-il pas certain que dans le cours de l'histoire de la philosophie les mêmes mots ne représentent pas toujours exactement les mêmes choses, et que les idées n'ont pas toujours exactement dans les époques diverses et les divers systèmes ni la même compréhension ni la même extension?

Or ce n'est pas de la générosité, comme on le dit, d'attribuer ainsi à un seul, le résultat du travail de tant d'esprits et de tant de générations : c'est véritablement une injustice ; car c'est ravir, au profit d'un privilégié, une gloire commune à plusieurs. De plus c'est une fausse représentation historique : car c'est confondre les temps, et donner une idée inexacte de la vraie valeur des individus. Il me semble dangereux d'attribuer à un philosophe les conclusions les plus nécessaires, les interprétations les plus logiques de ses doctrines, quand il ne les a pas formulées ainsi lui-même, et lorsque nous ne devons qu'à d'autres ces interprétations. Si l'on croit que c'est leur faire tort de leur appliquer une mesure si précise et si exacte, remarquons que c'est aussi les protéger contre d'injustes récriminations. Un philosophe ne doit répondre que de ce qu'il a dit et pensé lui-même : et c'est assez. Spinoza peut avoir tiré le panthéisme des principes cartésiens, et on a cherché et presque réussi à montrer la filiation nécessaire des idées : cela n'empêche pas qu'il est inexact d'appeler

Descartes un panthéiste, et qu'on ne doit lui imputer ni à honneur ni à crime le système de Spinoza. Après avoir brièvement indiqué et l'utilité et le danger que présente l'histoire des systèmes, je passe immédiatement à mon objet.

L'influence des idées pythagoriciennes ne fut pas longue à s'établir, mais elle s'exerça dans une étendue de pays assez circonscrite. Les premiers philosophes qui la reçoivent appartiennent, comme Pythagore, à l'Italie méridionale et à la Sicile, et ils sont souvent eux-mêmes désignés comme pythagoriciens. De ce nombre est d'abord Alcméon de Crotone, contemporain de Pythagore, peut-être son disciple; du moins il put l'être, parce qu'il était plus jeune. C'était un médecin qui, à ses études anatomiques, physiologiques, astronomiques joignait l'amour de la philosophie. Il admit, comme Pythagore, la doctrine des contraires comme éléments des choses, mais sans essayer de les ramener ni à une classification systématique, ni à un nombre déterminé. Il les prenait au hasard, composant les choses de blanc et de noir, d'amer et de doux, de bien et de mal, de grand et de petit [1]. Il enseignait l'immortalité de l'âme et la démontrait ainsi : Le mouvement éternel est la marque de l'être immortel. La lune, le soleil et tous les astres se meuvent, et leur mouvement est éternel parce qu'il est circulaire, c'est-à-dire que la fin d'un mouvement est le commencement d'un autre, et qu'à la fin du mouvement le corps se retrouve au point où il l'a com-

1. Aristot., *Met.*, I, 5.

mencé [1]. Les astres sont donc animés, vivants, divins :
ce sont les dieux mêmes [2]. Ils sont immortels. L'homme
au contraire meurt parce que le mouvement qui fait
sa vie physique s'arrête, et que la fin de ces mouvements ne retombe pas au point où ils ont commencé.
L'homme ne joint pas la fin au commencement : il est
mortel. L'âme échappe à la destruction, précisément
parce qu'elle a la faculté contraire, qui lui donne un
mouvement éternel et par conséquent une existence
éternelle. L'âme a deux facultés de connaissance. 1° La sensation, 2° la raison et la conscience. C'est par la différence
de leurs facultés de connaître que se distinguent les espèces des êtres animés : l'homme seul comprend, ξυνίησι;
l'animal a la sensation, et non l'intelligence [3] ; mais
l'intelligence humaine est imparfaite : elle ne sait pas,
elle conjecture. La science sûre et infaillible n'appartient
qu'aux dieux [4]. La vie humaine se meut entre les contraires ; le juste équilibre de ces contraires produit la
santé; la maladie arrive quand il est détruit [5]. C'est dans
cette dernière proposition qu'apparaît une faible lueur
de l'idée d'harmonie, fondement de la doctrine pythagoricienne. La notion du nombre et de l'ordre ne se montre pas dans Alcméon, qui aurait alors emprunté du pythagorisme plutôt le contenu et les conséquences que

1. Arist., de Anim., I, 2. Probl., XVII, 3. Cic., de Nat. D., I, 11.
Diog. L., VIII, 83.
2. Clem. Alex., Cohort., a 44.
3. Theoph., de Sens., c. 25.
4. Diog. L., VIII, 83.
5. Plut., Plac., V, 30. (Cf. Stob., Serm., 100, 25; 101, 2). Τῆς
μὲν ὑγιείας εἶναι συνεκτικὴν τὴν ἰσονομίαν τῶν δυνάμεων.... τὴν δ'ἐν αὐτοῖς μοναρχίαν νόσου ποιητικήν· φθοροποιὸν γὰρ δ'ἑκατέρου μοναρχία.

les principes supérieurs et métaphysiques. Cependant,
la théorie des contraires comme principes des choses,
la divinité des astres, l'immortalité de l'âme, la distinction de la sensation et de la raison, la notion d'une
science et absolue et parfaite, inaccessible à l'homme,
et d'une connaissance inférieure, faillible et troublée,
qui est le lot de l'humanité, toutes ces idées qu'il partage avec les pythagoriciens, autorisent à le rapprocher
de cette école, si l'on ne veut pas admettre qu'il en ait
fait partie.

Hippasus de Métaponte est également appelé un pythagoricien, mais c'est un pythagoricien dissident, le chef
des Acousmatiques [1]. Il tient le feu pour la matière primitive et le principe d'où tout se forme : de ce feu, qui
est la divinité même, dérivent toutes les choses par les
forces contraires de dilatation et de concentration. Le
monde est limité, doué d'un mouvement éternel, soumis à des révolutions et à des transformations périodi-
ques. Le temps fini appartient à la sphère du monde où
se produit le changement. Comme on le voit, Hippasus
appartient autant à l'école ou à la tendance d'Héraclite
qu'à celle de Pythagore.

Tout en raillant le savoir pédantesque de celui-ci,
Héraclite lui-même a mis à profit le principe que les
choses naissent de contraires conciliés et unis par l'harmonie. Le feu divin, élément vivant et intelligent, dont
la chaleur invisible donne la vie et la mort à toutes
choses, qui contient les raisons universelles et divines,
le feu, dont notre âme n'est qu'une étincelle entretenue

1. Iambl., *V. P.*, 81; Syrian., *ad Met.*, XIII, 6. *Scholl. Aristt.*, Br.,
1838, p. 304, 4; 313, 4.

par le souffle de la respiration qui nous met en rapport avec lui, est évidemment le feu central de Pythagore. Comme dans la doctrine de ce dernier, la contradiction ἐναντιότης, est la racine de tout être, ou plutôt de tout phénomène; car pour Héraclite l'être, qui se produit par la réunion et la séparation, est purement phénoménal [1].

C'est à Anaxagore et à l'atomisme ionien que se rattache un autre pythagoricien, Ecphantus de Syracuse, parce qu'il fait principes des choses le vide et des corpuscules indivisibles : il conçoit les monades comme corporelles, et ces atomes, dont il forme le monde, sont primitifs : Ecphantus ne les fait pas dériver de l'Un.

Néanmoins le monde est un ; il est gouverné par une providence. Les êtres premiers sont des corps indivisibles doués de trois propriétés : la grandeur, la forme,

---

1. La tendance d'Héraclite est d'ailleurs tout ce qu'il y a de plus opposé à l'esprit du pythagorisme. L'un voit dans les choses l'ordre, l'unité, l'harmonie, le nombre immuable et immobile; l'autre voit partout la multiplicité infinie, le changement et le mouvement incessants, la contradiction absolue. L'être se pose pour l'un dans la conciliation, le rapport des contraires; pour l'autre, il se perd et s'évanouit incessamment, dans le passage sans repos et sans fin d'un contraire à l'autre. *Fragm. d'Héracl.*, 37 (45) : Συναψείας οὖλα καὶ οὐχὶ οὖλα, συμφερόμενον καὶ διαφερόμενον, συνᾶδον καὶ διᾶδον, καὶ ἐκ πάντων ἓν καὶ ἐξ ἑνὸς πάντα. Fr. 48 (46) : Ταὐτό τ' ἔνι ζῶν καὶ τεθνηκός..., etc. Identifier les contraires dans le non-être, parce qu'aucun d'eux ne subsiste un seul moment dans une forme et une essence fixes, ἐναντία ῥοή, ἐναντιοτροπή, ce n'est pas la même chose que les concilier dans l'être qui les contient et les absorbe. Aussi je persiste à croire que, sauf le point que j'ai signalé, n'y a aucun caractère de pythagorisme dans la doctrine d'Héraclite. S'il parle d'une harmonie qui supprime les différences, Fr. 26, c'est l'harmonie du néant, l'indifférence absolue du non-être : Ἁρμονίη γὰρ ἀφανής.... ἐν ᾗ τὰς διαφορὰς καὶ τὰς ἑτερότητας ὁ μιγνύων θεὸς ἔκρυψε καὶ κατέδυσεν.

l'étendue. De ces corps sont formés les êtres sensibles les atomes forment une multitude déterminée et infinie : ὡρισμένον καὶ ἄπειρον¹. Ils se meuvent; leur mouvement n'est pas l'effet d'une force mécanique, la pesanteur ou le choc : c'est l'effet d'une puissance divine qui est l'âme et la raison, Νοῦν καὶ ψυχήν. Cette puissance une et unique a donné au monde la forme sphérique ; la Terre, placée au milieu du monde, se meut autour de son centre d'un mouvement dirigé de l'ouest à l'est ².

Le poëte Épicharme, physicien, moraliste et médecin, compté parmi les précurseurs de la théorie des Idées platoniciennes, se rattache plus directement aux pythagoriciens.

Epicharme le Comique, dit Plutarque, appartient à l'ancien temps, et avait fait partie de l'école pythagoricienne³. C'était, au dire d'Iamblique, un des disciples du dehors, τῶν ἔξωθεν, et il ne faisait pas partie de l'institut même. Arrivé à Syracuse⁴, la tyrannie d'Hiéron l'empêcha de professer publiquement la philosophie ; mais il mit en vers la pensée de son maître, et, en la dissimulant ous la forme d'un amusement, il en exposa

---

1. Peut-être le sens est que les atômes, déterminés en grandeur, figure, étendue, sont infinis en nombre; peut-être, comme Pythagore, Ecphantus veut-il dire que la multitude des êtres particuliers unit le fini à l'infini; peut-être aussi le texte est-il corrompu.

2. Il s'agit ici de la direction du mouvement de translation, et non de rotation; car ce dernier n'a été connu ou du moins exposé que par Hicétas.

3. Plut., Num., 8.

4. Il était né à Cos, fils d'un médecin nommé Hélothalès, qui appartenait probablement aux Asclépiades. Venu en Sicile vers l'Ol. 73=488, il avait résidé quelque temps à Mégare, d'où il passa à Syracuse, où furent transportés tous les habitants de cette ville lorsqu'elle fut conquise et détruite par Gélon (Ol. 74 = 484).

les doctrines[1]; on prétend qu'il avait entendu Pythagore lui-même[2]. Il est incertain s'il avait écrit des ouvrages spéciaux sur la philosophie, comme Diogène et Eudocia lui en attribuent[3]; mais ce qui paraît incontestable, c'est que, soit dans ses comédies, soit ailleurs, il avait exposé des théories philosophiques où des critiques anciens avaient déjà voulu voir le germe de la théorie des Idées de Platon[4]. Qu'il ait philosophé, c'est ce que prouvent ses fragments et un mot même d'Aristote[5], qui fait allusion à une objection d'Épicharme contre Xénophane son contemporain. Le fait qu'Ennius avait intitulé *Epicharmus* son poëme *de la Nature*, et les lignes suivantes de Vitruve : « Pythagoras, Empedocles, Epicharmus, aliique physici et philosophi hæc principia quatuor esse posuerunt, » achèvent de mettre la chose hors de doute; mais que ce fût un pythagoricien, ceci est moins certain, quoique probable[6]. Les frag-

1. Iambl., *V. P.*, 36. Cf. Theodor., *de*Fid.*, I, p. 478 : Κατὰ τὸν Ἐπ. τὸν Πυθαγόρειον.
2. D. L., VIII, 78 : Καὶ ἤκουσε Πυθαγόρου. Cf. Eudoc., p. 193. Clem. Alex., *Strom.*, V, p. 708. Phot., *Bibl.*, p. 371.
3. Diog. L., VIII, 78. Apollodore d'Athènes avait réuni et publié en dix volumes les œuvres complètes d'Épicharme. Iambl., *Vit. Plot.*, § 24, p. 117 Didot.
4. Diog. L., III, 10.
5. *Met.*, III, c. v, p. 79. Brand. : Οὕτω γὰρ ἁρμόττει μᾶλλον εἰπεῖν ἢ ὥσπερ Ἐπίχαρμος εἰς Ξενοφάνη, et s'il fallait lire, comme le propose Karsten, *Xenophanis reliqu.*, p. 186 : Ἡ Ξενοφάνης εἶπον, la conclusion serait plus certaine encore; car la phrase : « Ils ont vu que toute la nature est soumise au mouvement, mais que le changement qui emporte toute chose rend impossible la vérité, » se rapporterait à Xénophane et à Épicharme. Mais la leçon proposée donnerait des théories d'Épicharme une opinion contraire à celle de ses fragments, qui le représentent comme un adversaire de l'éléatisme.
6. Wyttenbach, *Dissert. de anim. immort.*, t. II, p. 537 : Hic ex Pythagoræ schola profectus.... philosophiam in theatro exhibuit. »

ments de sentences morales qu'on a conservés de lui
respirent, par leur forme aussi bien que par leur esprit,
la tendance pythagoricienne, et les fragments métaphysiques en contiennent deux qui expriment cette même
direction, sans en présenter un seul qui la contredise.
c'est à Épicharme qu'on doit cette maxime, fondement
de la psychologie spiritualiste, et, on peut ajouter, de la
métaphysique spiritualiste : c'est l'esprit qui voit, c'est
l'esprit qui entend, le reste est sourd et aveugle [1].

On a pu voir par l'exposition qui précède que cet
idéalisme de la connaissance, ce dualisme qui oppose
les sens à l'intelligence, la sensation à la raison, et conduit à opposer le monde à l'esprit, s'il n'est ni dans les
principes du système pythagoricien, ni même clairement énoncé dans ses développements, perce et se fait
jour néanmoins à travers les incertitudes et les tâtonne-
ments de leur psychologie, puisqu'Aristote lui-même
témoigne qu'ils distinguaient l'intelligence de l'opinion.

Un autre fragment où le caractère pythagoricien est
plus marqué et incontestable, est le suivant ; il est emprunté par S. Clément à un ouvrage d'Épicharme intitulé : Πολιτεία, qu'il est difficile, mais non impossible,
d'admettre comme une comédie : « La vie des hommes
ne peut se passer de raison et de nombre : nous vivons
de nombre et de raison ; c'est là ce qui fait le salut des
mortels. » Il est vrai que parmi les écrits supposés

---

1. Νόος ὁρῇ καὶ νόος ἀκούει, τᾶλλα κωφὰ καὶ τυφλά. Plut., de Fort.,
3; de Virt. et fort. Alex., II, 3, de Intell. anim., 3, 7. Cf. Platon
Phædon., p. 65. Aristot., Met., III, c. v.
2. Strom., VI, 719. Euseb., Præp. Ev., XIII, 682. On trouve l'écrit
cité comme pièce dramatique dans Bekker, Anecd., p. 105, 19, p. 112,
16, sous ce titre : Ἐπίχαρμος Πολίταις.]

qu'on faisait courir sous le nom de notre poëte, Aristoxène nommait cette Πολιτεία, qu'il attribuait à Chrysogonos, l'aulète[1].

Mais on ne conteste pas l'authenticité du fragment de l'*Ulysse naufragé*, où l'âme est attribuée aux bêtes avec toutes ses facultés, même la pensée. « Eumée, la pensée, τὸ σόφον, n'est pas l'attribut d'une seule espèce : Non! tout ce qui est a la pensée ; car si tu veux y faire une attention sérieuse, les poules ne mettent pas au monde des fruits vivants : elles pondent des œufs, les couvent, et leur donnent ainsi la vie. Or, cette pensée, qu'il en doit être ainsi, la nature seule a pu l'avoir : c'est elle qui les en a instruites[2]. » Il y a ici, il est vrai, une double question : la vie, l'âme, vient-elle du dehors ou du dedans? et la pensée, c'est-à-dire une certaine intelligence qui permet à tout être d'accomplir sa fonction et d'atteindre sa fin, est-elle commune à tous les êtres animés, de sorte qu'il y ait entre eux une chaîne non interrompue, dont les anneaux diffèrent de degré, mais non de nature, et que les hommes soient d'un côté reliés aux bêtes, et de l'autre aux dieux par une communauté de nature psychique? Or, à ces deux questions, le pythagorisme ré-

---

1. Athen., XIV, 648 d.
2. On retrouve dans les Fragm. d'Ennius (Hessel, p. 82) cette comparaison :

> Ova parire solet genu' pennis condecoratum
> Non animas :
> Unde venit divinitu' pullis insinuans se
> Ipsa anima.

Ce qui semble démontrer qu'en effet l'*Epicharmus* d'Ennius était une exposition poétique de certaines théories pythagoriciennes, telles que l'immortalité de l'âme, la métempsychose, l'identité d'origine et de nature de tous les êtres vivants.

pondait comme Épicharme, et il n'est guère possible d'attribuer cette communauté d'opinions à autre chose qu'à des relations personnelles ou à des communications épistolaires du poëte avec les pythagoriciens, qui habitaient dans un pays si voisin de la Sicile, et qui, après les désastres de leur parti, allèrent y chercher un refuge.

Les éléates[1], malgré la profonde différence qui les sépare des pythagoriciens, ne sont pas sans avoir avec eux quelque affinité ; ceux-ci, en effet, n'ont d'autre objet que d'expliquer le monde sensible; Parménide le supprime. Mais néanmoins, et malgré les railleries de Xénophane[2], qui cite comme une bizarrerie risible la doctrine de la migration des âmes[3], il semble évident que l'idée de ramener à un principe unique et à une forme pure l'Un-être, se rapproche de la conception pythagoricienne, dans laquelle l'être est également formel ; l'Un est principe universel.

Ce n'est pas le seul point par où se touchent ces deux systèmes de tendances d'ailleurs si opposées. Tout ce qui est pensé existe, disent les éléates, et existe tel qu'il est pensé. La pensée pose son objet. Le non-être n'est

---

1. Xénophane de Colophon quitta l'Ionie dans un âge déjà avancé, et vint dans l'Italie méridionale, où il entendit Pythagore, et alla s'établir ensuite à Vélie, Ὑέλην, colonie de Phocéens qui avaient fui la domination de Cyrus. Là il fonda l'École de philosophie appelée éléatique, vers l'Ol. 60=508 av. J. C., probablement sous l'influence, et comme sous le souffle fécond de l'École pythagoricienne. C'était un poëte, et un poëte élégiaque et symposiaque, comme Archiloque, Solon et Théognis.

2. Ce sont les quatre vers que nous avons déjà cités d'après D. L., VIII, 36.

3. C'est l'opinion de Proclus, in Parm., t. IV, 197, et t. V, p. 22, Cousin. Mais en rapprochant sur ce point les opinions d'Orphée et des Chaldéens, Proclus ôte à ses paroles toute autorité historique.

donc pas, car on ne saurait ni le concevoir, ni le connaître, ni l'exprimer. Au contraire l'être est, puisqu'il est pensé, et comme le non-être n'est pas, tout ce qui est pensé est l'être, et par conséquent l'être est un. Il contient en soi l'essence, exclut toute multitude, toute diversité, tout changement, tout rapport. L'être est un, et l'Un absolu. Comme l'être est tel qu'il est pensé, et que ce qui est pensé est une pensée, l'être et la notion de l'être ne sont qu'une seule et même chose. L'essence de l'être est l'essence de la pensée. Dans cette identification du sujet et de l'objet, qui ne retrouve la trace de la grande maxime pythagoricienne, que la pensée n'est possible que par le rapport qui s'établit entre le nombre de l'âme et le nombre des choses, sans quoi elles resteraient séparées, étrangères, l'une ne pouvant pas connaître, les autres ne pouvant être connues?

De son principe et de sa définition de l'Un, Parménide tire la conclusion que le mouvement et la vie de l'univers ne sont que des apparences sans réalité. L'être est absolument un, et sa vie consiste à se penser éternellement lui-même par une pensée sans mouvement. Cependant il a une limite, c'est-à-dire qu'il est parfait; car l'illimité, l'indéfini, c'est l'imparfait. Mais c'est une limite de perfection qui fait ressembler cet être à une sphère parfaite. L'illimité est l'imperfection. Toutefois, on peut dire de l'être qu'il est en même temps fini et infini, ἀτελεστόν καὶ πεπερασμένον[1]. Il est infini, parce qu'aucune chose ne le limite; il est fini, parce qu'il se limite lui-même en se pensant. Cela revient à dire qu'il

1. V. plus haut, p. 222.

est un être positif et déterminé. Il est clair' que cette
distinction de l'illimité et du fini, et cette définition de
l'être qui les unit en soi sont d'origine pythagoricienne.
M. Cousin va plus loin, et, à mon sens, trop loin
quand il dit[1] : « L'école pythagoricienne, qui renfermait
le germe de l'école d'Élée, et qui peut en être considérée comme la mère. » Mais, néanmoins, quelle
différence! La philosophie éléatique, surtout dans Xénophane, est un monothéisme spiritualiste, une théologie
idéaliste, tandis que le pythagorisme est, au fond, une
physique[2] : « Il n'est qu'un seul Dieu, qui n'a rien de
semblable aux hommes, ni par le corps, ni par la pensée : — Son essence est la pensée, et il est toute pensée[3],
et cette énergie puissante de la pensée lui permet de
gouverner le monde entier sans fatigue et sans effort[4].
Éternel, incréé, toujours identique à lui-même, il est
absolument immobile, et ne peut pas plus changer de
lieu que d'essence[5].

Αἰεὶ δ' ἐν ταὐτῷ τε μένειν κινούμενον οὐδέν,
Οὐδὲ μετέρχεσθαί μιν ἐπιτρέπει ἄλλοτε ἄλλη. »

Xénophane s'élève contre le grossier polythéisme
de ses contemporains, qui font naître les dieux comme
l:s hommes, leur donnent le corps, les passions, les vices,
la forme, même les vêtements de l'homme[6], comme le feraient des bœufs et des lions qui, s'ils savaient peindre ou

1. *Fragm. de philos. anc.*, Xénoph.
2. Fr. 1.
3. Fr. 2. οὖλος νοεῖ, *totus est sensus.*
4. Fr. 3. ἀπάνευθε πόνοιο νόου φρενὶ πάντα κραδαίνει.
5. Fr. 4. Cf. Aristot., *de Xenophan.*, ch. III.
6 Fr. 5 et 7.

sculpter, se feraient des dieux semblables à eux-mêmes[1].
La science n'est pas faite pour l'homme : sa connaissance n'est qu'une opinion conjecturale et incertaine[2].

Αὐτὸς ὁμῶς οὐκ οἶδε : δόχος δ' ἐπὶ πᾶσι τέτυκται.

Bessarion[3], reproduit le jugement de Théophraste
sur Xénophane, que suit également Simplicius[4], «Theo-
phrastus Xenophanem.... nequaquam inter PHYSICOS
numerandum, sed alio loco constituendum censet.
Nomine, inquit, unius et universi Deum appellavit,
quod unum ingenitum, immobile, æternum dixit : ad
hæc, aliquo quidem modo, neque infinitum neque fini-
tum, alio vero modo etiam conglobatum, diversa scilicet notitiæ ratione; mentem etiam universum hoc idem
esse affirmavit.» Il n'y a plus rien ici de pythagoricien,
et cette pensée est l'essence de l'éléatisme. Si de ce qu'il
est en tout et partout semblable, identique à lui-même,
Xénophane appelle dieu, l'un, la perfection, le parfait,
φύσιν χράτιστον, βέλτιστον[5], et le compare à la sphère,
σφαιροειδῆ, οὔτε ἄπειρον, δὖτε πεπερασμένον, οὔτε ἠρεμεῖν, οὔτε
χινητόν; ce n'est pas une raison pour qu'il ne fasse là
que répéter et expliquer la proposition pythagoricienne,
que la sphère est de toutes les formes de solides, le cercle de toutes les formes des plans, la plus belle[6]. Pour
Pythagore, le mot est pris au propre. Le monde, dans
sa réalité matérielle, dans sa substance physique, dans
sa forme sensible, est une sphère. Pour Xénophane,

1. Fr. 6.
2. Fr. 14.
3. Adv. Calumn. Platonis, II, 11, p. 32 bis.
4. In phys. Arist. Fr. 6 a.
5. Arist., de Xenoph., ch. III b.
6. Diog.. 1. VIII, 35.

ce n'est qu'une métaphore, une image, ἄγαλμα, de la
perfection absolue, comme dira Platon, dans le *Timée*,
L'être vrai, parfait, n'est que semblable à la sphère, suivant les expressions de Parménide, σφαίρης ἐναλίγκιον ὄγκῳ[1],
Toute réalité se ramène à l'unité absolue et suprasensible
pour les éléates. Le monde, dans son tout, comme dans ses
parties, est, aux yeux des pythagoriciens, l'unité concrète
et sensible de principes contraires, de l'infini et du fini,
qui ne s'anéantissent pas dans l'être, dont ils font toute
la réalité. Ici, l'un est la négation absolue de son contraire, là il en est la synthèse, c'est-à-dire l'unité de
l'unité et de la multiplicité. On a donc pu et dû dire
que ce sont deux thèses absolument opposées, et considérer Xénophane comme τῷ Πυθαγόρα ἀντιδοξάσας[2]. Peut-
être les pythagoriciens, poussés par leur ‑principe,
ont-ils posé, au-dessus du monde, un dieu, éternel,
identique à lui-même, immuable, immobile, distinct
des choses ; mais ils en font une cause, précisément la
cause, ὑποστάτην, de ce rapport entre l'infini et le fini,
dont la réalité concrète constitue l'être de toutes choses.
Pour l'éléate, Dieu n'est pas cause, il n'est que substance, il est la substance unique dont toute la réalité est
la pensée : non-seulement il n'y a qu'un Dieu ; il n'y a
que Dieu. L'unité intelligible épuise et constitue l'être.
C'est un spinosisme incomplet[3].

Il forme avec Héraclite l'opposition la plus complète :
l'Un posait l'éternel devenir, l'autre l'éternel repos ;
pour l'un toute réalité est le changement et le phéno-

1. V. 104.
2 Diog., l. IX, 18.
3. Cf. Bayle. Art. *Xénoph.* Fülleborn, *Beiträg. z. Gesch. der Philos.*, t. I, p. 1.

mène, le multiple, pour l'autre, c'est l'unité, l'immuabilité, la substance en soi.

Bien qu'Empédocle[1] célèbre Pythagore, ses doctrines ne se rattachent pas à lui, du moins au point de vue philosophique. Ritter, Zeller, Müllach, sont d'accord à cet égard. Comme Pythagore, il affecte de se produire en homme inspiré, possédant une puissance et une science qui surpassent celles de l'humanité ; il guérit miraculeusement les maladies, il exerce un pouvoir magique sur les éléments, dont il apaise les fureurs, il a le don de prophétie, et se considère lui-même comme un ami des dieux, et immortel comme eux. Du pythagorisme, il n'emprunte que les parties mythiques ; il croit à la migration des âmes[2], aux démons ; il pratique le régime de vie qui portait le nom de vie pythagorique, c'est-à-dire qu'il s'interdit toute nourriture animale et le meurtre des animaux. Il fonde cette prescription sur la parenté naturelle que nous avons avec tous les êtres, communauté d'essence et d'origine, qui n'en est pas moins réelle, quoique nous ne sachions pas tous la reconnaître. Tout dans le monde participe de la nature démonique ou divine.

Le principe des nombres, comme essence des choses, de l'infini en dehors du monde et du vide qui s'y introduit ; la doctrine de l'harmonie générale et particulière, comme constitutive de l'être, la théorie du feu central, du mouvement de la terre, de l'harmonie des sphères, la distinction des trois régions de l'univers sont complé-

1. Empédocle d'Agrigente, en Sicile, florissait vers la 84° Ol. = 445-444 av. J. C.
2. Aristot., *Rhet.*, I, 13. Sextus Emp., *adv. Math.*, IX, 127.

tement en dehors de la conception d'Empédocle[1]. Sa
physique relève en grande partie de la physique éléati-

[1]. A moins qu'on ne veuille voir une influence de la superstition des
nombres dans les τρισμυρίας ὥρας; mais en tout cas, ce n'est pas le
principe philosophique du nombre. Cependant M. Fouillée, t. II, p. 49,
voit dans le Sphærus le germe primitif des pythagoriciens. On peut
objecter que l'idée du germe et de son développement implique un
principe dynamique, tandis que la conception du Sphærus aboutit à
un pur mécanisme. En effet, si l'on écarte les interprétations capri-
cieuses qui font du Sphærus, tantôt la cause efficiente, tantôt le feu
primitif des stoïciens, tantôt le monde intelligible de Platon, qui ne
lui accordent qu'une existence idéale et en font l'expression symbolique
de l'unité et de l'harmonie (Zeller, t. I, p. 528), il faut reconnaître
que le Sphærus, qu'Aristote appelle toujours ou μῖγμα ou ἕν, est l'unité
indivise du mélange absolu des quatre éléments primitifs, sans aucune
distinction, aucun mouvement, aucune qualité, ἄποιος (Philopon., *in*
Arist., lib. *de Gen.*, 5).
C'était une sphère : « Là on ne voit apparaître ni la forme éclatante
du soleil, ni le corps couvert de végétaux de la terre, ni la mer : tant
est puissante la force immense d'harmonie qui en fait un tout com-
pacte. C'est une sphère circulaire, qui se complaît dans un repos qui
s'étend à toute sa masse » (v. · 170. Müllac. Οὕτως ἁρμονίης πυκίνῳ
κύτει ἐστήρικται).
Il est clair que l'harmonie est ici négative : elle supprime tout mouvement, toute distinction, toute essence. Il faut un principe de division, une cause externe, un choc mécanique, sans l'impulsion duquel
tout resterait dans cette unité chaotique, qui est l'absence même de
l'être. Ce branle, cette chiquenaude, comme dirait Pascal, c'est la Discorde qui le donne. « Le monde, ὁ κόσμος, dans son ordre et sa beauté ac-
tuels, ne peut être composé que d'éléments déjà formés, dont chacun se
distingue et se sépare des autres. » (Μονίη περιηγέι. Simplic., *in Phys.*,
272 b : Εὔδημος δὲ τὴν ἀκινησίαν.) On peut donc dire que, dans le
système d'Empédocle, « c'est la Discorde seule qui engendre le
Monde.» (Aristot., *de Gen.* et *Corr.*, II, 6, 334 a, 5, *de Cœl.*, III, 2,
301 a, 14.) La Discorde fait tout. (Alex., dans Simpl., in lib. *de Cœl.*,
Scholl. Arist., 507 a : Τὸν κόσμον τοῦτον ὑπὸ μόνου τοῦ μείκους κατὰ
τὸν Ἐμπ. γενέσθαι.) L'amitié régnait dans le Sphærus, mais c'était le
repos du sommeil, de la mort, du néant. Dans le monde réel règnent
la Discorde et l'Amitié, c'est-à-dire le repos agité, le mouvement
dans l'ordre, l'unité dans la multiplicité, en un mot la vie. (Hermias.
Irris. Gent., c. 4 : Τὸ νεῖκος ποιεῖ πάντα. *De Cœl.*, III, 2, 301 a, 14.) Il
faut d'abord que les éléments soient distingués et séparés par la Dis-

que, et, pour une partie moins considérable, de celle d'Héraclite [1].

Parmi les philosophes qui ont subi l'influence des doctrines pythagoriciennes, on m'a reproché de n'avoir pas nommé Anaxagore : « Anaxagore, venu peu après le chef de l'école italique, est le premier philosophe ionien qui ait reconnu dans le monde la présence d'un principe intelligent. Dès lors quel intérêt n'y avait-il pas à rechercher avec détail, en comparant les textes, en interrogeant les traditions, quels pourraient avoir été les rapports du philosophe de Samos avec de tels émules, ou en quoi avaient pu relever de lui, de tels successeurs [2] ? » Mais lorsque l'examen des textes et l'étude des témoignages de l'histoire, lorsque les conclusions unanimes de la critique philosophique aboutissent à la conviction que ces rapports ont été nuls, il faut pourtant bien admettre qu'il n'y a qu'un parti à prendre, et

corde. Puis de ces éléments, l'Amitié, qui les réunit suivant leurs affinités, compose un mélange harmonieux : Ἐκ κεχωρισμένων μὲν κατασκευάζων σύγκρισιν δὲ ποιῶν διὰ τὴν φιλότητα.... (Simplic., in Categ., O, f. 2 b. Scholl. Arist., 59 b, 45 : Ἐμπεδοκλεῖ.... ἀπὸ τῆς ἐναρμονίου τῶν στοιχείων μίξεως τὰς ποιότητας ἀναφαίνοντι.) Le pythagori-me n'a pas cherché le principe du mouvement : il se borne à contempler et à expliquer les choses telles qu'elles sont : et elles ne s'expliquent pour lui que par leur beauté et leur harmonie. Ce n'est pas là la conception d'Empédocle, où l'harmonie est postérieure et secondaire, conditionnée et produite par le mouvement, dont le principe est la Discorde. Il semble qu'Empédocle a senti que le nombre ne suffit pas pour expliquer les choses, parce que s'il en explique la beauté, il n'en expl que pas la vie.

1. Faire d'Empédocle un pythagoricien, parce que ses principes de morale pratique religieuse se rapprochent de ceux de cette École, ne serait pas une erreur moins grave, dit Zeller. t. I, p. 565, que de faire de Descartes un scolastique, parce qu'il pratiquait et professait les principes de l'Église catholique.

2. Rapport de M. Nourrisson, p. 224.

c'est de se taire. Or, il n'y a rien, du moins je ne vois rien, dans la philosophie d'Anaxagore qui atteste une influence pythagoricienne, et je ne sache pas qu'un seul critique l'ait considéré comme un successeur ou un émule de cette école, et l'ait signalé comme relevant de ses principes. Ce serait un cercle vicieux peut-être que de donner ici mon opinion sur la philosophie d'Anaxagore comme justification du silence que j'ai gardé sur son compte; mais qu'on me permette de produire le jugement autorisé de Zeller [1]. « Ce philosophe paraît avoir connu et employé la plupart des théories antérieures, *il n'y a qu le pythagorisme qui fasse exception :* il en est *si éloigné* que non-seulement on ne peut trouver une influence immédiate de l'un sur l'autre, mais qu'*on ne peut surprendr aucune rencontre fortuite entre les deux systèmes.*» La doctrine d'Anaxagore, dans ce qu'elle a de philosophique, est une réaction contre l'éléatisme, d'une part, qui niait la réalité du monde sensible, et les ioniens, de l'autre, qui croyaient que ce monde s'explique par lui-même. Il admet, avec Empédocle, un état primitif, un chaos, où tout était confusion, désordre, mélange informe, πάντα χρήματα γεγονέναι ὁμοῦ; mais ce n'est pas un mouvement mécanique, c'est-à-dire un fait physique, c'est une pensée, c'est une raison, qui intervient et institue l'ordre dans ce désordre, et par là crée le monde [2] : νοῦν δ᾿ ἐλθόντα αὐτὰ διακοσμῆσαι. Par une singulière dérision du sort, ce philosophe, qui proclamait au-dessus du monde des sens un Dieu-Esprit qui l'ordonne et le conserve par sa raison, fut accusé d'athéisme, parce que ses définitions n'étaient pas d'accord

1. T. Iᵉʳ, p. 704.
2. Diog. L., I, 4. Cf. Menag. ad. l. c.

avec les superstitions officielles, et parce qu'il refusait d'adorer les divinités du soleil et de la lune. Dans l'ardeur de son orthodoxie, Libanius, dont huit siècles n'avaient pas encore éteint les violences passionnées, s'écriait que c'était justice que la condamnation de cet impie [1].

Mais sauf la notion de l'ordre, διακοσμῆσαι, qui n'a pas pour lui la valeur d'un principe, je ne puis, encore une fois, rien voir de pythagoricien dans sa doctrine. Pythagore a peut-être entrevu le principe des causes finales : Anaxagore l'a vu, affirmé, appliqué, et s'il ne l'a pas étendu à toute la physique, domaine de l'expérience et de l'observation, et des causes secondes, je ne serais pas disposé à le lui reprocher aussi sévèrement que Platon. C'est à Empédocle et aux atomistes que se rattache Anaxagore; à Empédocle par son dualisme, qui oppose la force active à la matière inerte, aux atomistes par ses *Homéoméries*, qui substituent, aux quatre éléments matériels primitifs d'Empédocle, une multiplicité infinie de semences, de germes des choses[2], ayant des propriétés déterminées et qualitativement différentes. Quant à la question des rapports chronologiques de Leucippe, d'Empédocle et d'Anaxagore, nous ne pouvons pas la résoudre, faute de documents. Le mot connu d'Aristote[3], relatif à Anaxagore, ne peut même nous donner une indication certaine; car il est susceptible de deux sens : ou il veut dire que, quoique plus âgé qu'Empédocle, il n'a produit son système qu'après celui de son contemporain plus jeune, ou encore, par un sens propre à Ari-

1. Ἀναξαγόρας ἐδήθη δικαίως. Declam. 29.
2. Fr. 3, σπέρματα πάντων χρημάτων.
3. *Met.* I, 3, 984 a, II, τῇ μὲν ἡλικίᾳ πρότερος ὢν τούτου (Empédocle) τοῖς δ' ἔργοις ὕστερος.

stote du mot ὕστερος, que, quoique antérieure à celle d'Empédocle, sa théorie est plus développée, plus complète,
plus parfaite, et semble révéler une phase plus mûre,
un état postérieur de la science.

Socrate ne paraît pas avoir été touché par la philosophie pythagoricienne, avec laquelle il n'a rien de commun que la croyance à l'immortalité de l'âme. Ce libre
esprit, qui voulait rompre avec la tradition du passé,
et trouver la vraie philosophie dans la conscience interro-
gée avec sincérité et avec art, semble s'être donné pour
mission de purger la science, ivre des visions et des
rêves métaphysiques, et de chercher la vérité à l'aide
d'une raison froide et calme, νήφοντι λόγῳ [1].
Nous passons donc immédiatement à Platon.

L'influence des doctrines pythagoriciennes sur Platon
est certaine : elle est confirmée par les faits et attestée,
on peut dire exagérée, par les anciens critiques et quelques-uns même des critiques modernes. Si l'on en
croyait Aristote dans certains de ses jugements, il n'y
aurait aucune différence essentielle entre les deux systèmes, et Platon ne serait qu'un imitateur servile et
même un plagiaire peu loyal : « A ces différentes philosophies, dit-il [2], succéda celle de Platon, d'accord presque en tout, τὰ μὲν πολλὰ, avec les pythagoriciens, mais
qui a aussi quelques opinions propres par où il se distingue de l'école italique.... Le seul changement qu'il a
introduit, c'est un changement de terme. Les nombres
de Pythagore, ce sont les Idées de Platon.... Seulement
ceux-ci disent que les choses sont à l'*imitation* des nom-

1. Plut., de Gen. Socr., c. 9.
2. Met., I, 6, 987 a, 29.

bres, Platon, qu'elles sont par participation avec eux. »
Aristote réfutera lui-même cette évidente exagération
dont il n'est pas difficile de deviner, sinon l'intention,
du moins la cause, le mobile secret et caché peut-être
même à son auteur. C'est lui, en effet, qui nous dira
que Platon fut le premier qui chercha et réussit à concilier la méthode dialectique dont il avait hérité de son
maître, avec le principe d'Héraclite sur la muabilité et
le changement incessants, caractères propres à l'être sensible : il lui reprochera, peut-être à tort, d'avoir fait
double l'infini que les pythagoriciens avaient conçu
comme un, et surtout il fera ressortir ce point capital
qui met entre les deux systèmes une différence qui va
jusqu'à la contradiction, c'est qu'en opposition aux pythagoriciens, qui ne séparaient pas l'unité et les nombres des choses mêmes, Platon avait détaché et dégagé
les nombres du sein des choses où ils étaient emprisonnés par la physique pythagoricienne, et posé au-dessus
du monde sensible ce monde suprasensible des Idées,
devenues des êtres en soi et pour soi.

C'était, presque sans le vouloir, indiquer en quelques
traits la grande, l'incontestable, l'incomparable originalité
de son maître, et effacer cette accusation banale et immé-
ritée qu'il lui avait adressée de n'être qu'un plagiaire habile de Pythagore et de Philolaüs. Néanmoins, favorisée
par le principe général qui entraîne toute la philosophie
alexandrine, et lui fait apparaître à l'origine même de la
science, sinon son développement le plus parfait, du
moins l'expression la plus complète de la vérité, l'accusation d'Aristote l'emporta. Proclus dit dans son commentaire sur le *Timée*, que Platon réunit à la doctrine de So-

crate celle des pythagoriciens[1], auxquels il emprunta
l'élément sublime, divin, de sa pensée, le principe de
rattacher tout aux choses intelligibles, de tout définir par
des nombres, et même le procédé d'exposition symbolique et d'enseignement mystérieux. Dans le commentaire sur le *Parménide*[2], il répète deux fois que la théorie des Idées est une théorie pythagoricienne, et qu'elle
avait été élaborée dans cette école. Cependant il ajoute
aussitôt que néanmoins ceux qui donnèrent les premiers
à cette théorie sa forme scientifique furent Socrate et
Platon, et que celui-ci sut fondre dans son vaste système
les deux points de vue opposés de Pythagore et des ioniens. Cicéron s'était borné à dire avec plus de réserve
qu'il avait emprunté aux pythagoriciens, non-seulement
la thèse de la vie éternelle de l'âme, mais les arguments
mêmes par lesquels il cherchait à la démontrer[3].

Mais Asclépius va plus loin : commentant le passage
de la *Métaphysique*[4], où Aristote dit que Platon a emprunté aux pythagoriciens la plus grande partie, τὰ
πολλά, de ses opinions, il déclare qu'à son sens ce n'est
pas la plus grande partie, mais toutes ses opinions qu'il
leur doit, οὐ τὰ πολλά, ἀλλὰ τὰ πάντα. C'est un vrai pythagoricien, ajoute-t-il, et il ne se distingue des philoso-

---

1. Photius, *Cod.*, 249. La notice anonyme fait de Platon, disciple
d'Archytas, le neuvième, et d'Aristote le dixième successeur de Pythagore, dans l'École Italique.

2. In *Parm.*, t. IV, p. 55 et plus loin, p. 149 : Ἦν μὲν γὰρ καὶ παρὰ
τοῖς Πυθαγορείοις ἡ περὶ τῶν εἰδῶν θεωρία.

3. Cic., *Tusc.*, I, 17 : « .... De animorum æternitate non solum
sensisse idem quod Pythagoram, sed rationes etiam attulisse » Il est remarquable, en effet, que dans le *Phédon*, il y ait trois pythagoriciens :
Échécrate, Simmias et Cébès.

4. I, 6.

plñes de cette école que par la forme de l'exposition où
il a rejeté la plupart des voiles obscurs dont ils enveloppent leur pensée. Il ne faut donc pas s'étonner d'entendre M. V. Cousin lui-même dire avec les alexandrins :
« Je penche aussi à croire qu'en effet le fond des idées
platoniciennes a été puisé dans la doctrine pythagoricienne et les traditions orphiques [1]. » Et M. Cousin se
rappelant que Proclus avait écrit un ouvrage destiné à
prouver l'accord des théories d'Orphée, de Pythagore et
de Platon [2], que Syrianus, son maître, en avait fait un
autre ayant le même objet et le même titre [3], s'est laissé
entraîner jusqu'à écrire dans la préface générale de son
édition de Proclus [4] : « In Pythagora enim totus Orpheus
et ipse præterea Plato jam magna ex parte continetur....
Illius quoque esse videtur Theoria Idæarum et quod-
cumque in platonica doctrina superius. » Ainsi le fond
du platonisme, ou plutôt le platonisme lui-même dans
ce qu'il a de grand, de vrai, de sublime, appartient,
non pas même à Pythagore, mais à Orphée. Exagération
évidente que peut à elle seule détruire une exagération
contraire, quoique moins étonnante, celle de Brandis,
qui, dans sa dissertation *de Idæis* [5], dit nettement : « To-
tam fere Platonicam rationem ex Heracliti et Parmeni-
dis doctrina pendere sensit Aristoteles. »

Ce n'est pas ici le lieu de rechercher quelles sont les ori-
gines historiques du système platonicien : mais ce n'est certainement pas l'avoir compris que d'en trouver le germe

1. Trad. de Platon, t. VI, p. 493.
2. Marin., *Vit. Procli.*
3. Procl., *in Tim.*, p. 2. Fabric., *Bib. Græc*,, t. I, p. 142.
4. T. I, p. v, éd. 1826.
5. P. 62.

et le développement déjà presque satisfaisant exclusivement dans une quelconque des philosophies antérieures.
Il n'en est pas une seule de quelque valeur qu'il n'ait
mise à profit: le puissant et beau génie de Platon réunit
et concilie les points de vue les plus opposés et les thèses
les plus contradictoires; mais cette conciliation ne peut
s'opérer que grâce à un principe supérieur, resté jusqu'à
lui inconnu, et dont personne ne peut lui ravir ni même
lui disputer la gloire. A moins de vouloir revenir à la
maxime ionienne que tout est dans tout, on ne peut
contester que le platonisme est le système de philosophie sinon le plus complet et le mieux lié, du moins le
plus profond et surtout le plus original que nous fasse
connaître l'histoire. Sous couleur de chercher comment
les théories philosophiques se lient, s'enchaînent, se
développent, il ne faudrait pas arriver à tout confondre,
et il importe autant de séparer que d'unir. Platon a
transformé tout ce qu'il a emprunté, et il a fait siennes
et nouvelles les idées qu'on lui reproche d'avoir repro-
duites. Sa psychologie, du moins dans sa partie logique,
et comme théorie de la connaissance, se rattache à la
dialectique de Socrate ; Parménide et Héraclite, les Mégariques et les Cyniques l'ont mis sur la trace de la différence de la science et de l'opinion : Zénon et l'éristi-
que sophistique ont pu le faire réfléchir sur le caractère
ou plutôt sur l'élément subjectif de l'intuition sensible ;
c'est un éléate par sa définition de l'être, un héraclitéen
par sa doctrine de la pluralité et de la muabilité des
choses individuelles et matérielles, un disciple d'Anaxagore par sa notion de l'esprit, et surtout un disciple de
Socrate par sa dialectique qui l'a conduit à la théorie des

Idées, plutôt encore que le système des nombres. Mais cette théorie, quelle qu'en soit la valeur, est la conception originale et supérieure qui lui permet de concilier les contradictions des systèmes dans un système qui les contient et les supprime à la fois.

Ce n'est pas exposer clairement et fidèlement la théorie des pythagoriciens que de dire avec Aristote que les choses ne sont que par imitation des nombres, comme si les nombres étaient pour eux, comme les Idées pour Platon, un modèle, un exemplaire, un paradigme idéal de la réalité. Les nombres sont les choses mêmes, et celles-ci sont des nombres et non pas seulement leurs reflets, leurs images, leurs ombres, comme le dira la *République*. La μίμησις d'Aristote, si on la veut conformer à la vérité du système, doit être entendue non d'une imitation, mais d'une similitude, d'une analogie, d'une identité de nature. Car la notion d'un monde contenant les types exemplaires et éternels, dont l'être sensible n'est que l'ombre pâle et mourante, c'est la conception même que Platon expose dans le *Parménide*, tout en la trouvant lui-même insuffisante; mais elle est si clairement et si fortement dualiste qu'on ne peut l'attribuer aux pythagoriciens, dont la doctrine la plus incontestable est que le nombre est l'essence même des choses, et que toutes choses sont des nombres.

Mais si la théorie de la forme exemplaire ne peut être prêtée aux pythagoriciens que par une confusion qu'explique sans la justifier un mot impropre ou un jugement inexact d'Aristote, les nombres des pythagoriciens n'ont-ils pas aidé Platon à concevoir les idées?

Sans contester que le caractère abstrait du nombre mathémathique, que les pythagoriciens voulaient confondre avec le nombre concret et réel, l'Un composé, ait pu faciliter la conception de l'Idée platonicienne, sans nier que, sous le souffle d'un puissant génie métaphysique, ces nombres enveloppés et comme emprisonnés dans la réalité, aient pu s'idéaliser peu à peu et s'envoler enfin vers cette région supraterrestre, que dis-je, supracéleste, ὑπερουράνιον, où Platon pose le lieu des Idées, on ne peut s'empêcher de reconnaître que cette audace heureuse de couper, pour ainsi dire, le câble qui attachait le nombre à la terre, c'est le trait essentiel, caractéristique, original de la théorie, et qu'il appartient à Platon.

Si quelques-uns de ses prédécesseurs en avaient déjà ébauché le germe, sont-ce donc les pythagoriciens?

Aristote ne nous dit-il pas lui-même que c'est par la dialectique que Pluton a été amené à concevoir comme existant en soi et par soi, l'universel et l'immuable, sans lequel il n'y a pas d'être? Mais c'est Socrate qui lui a enseigné cette vérité, et non pas Pythagore. Ce sont les mégariques, et non les pythagoriciens, qui ont dit les premiers que la chose individuelle et sensible n'avait pas d'être véritable, que l'être n'appartenait réellement qu'aux genres incorporels, aux idées universelles, antérieures aux choses particulières et qui leur survivent. Mais qu'il y a loin du monde divin et vivant des Idées à ces formes intelligibles, inertes, inactives, qu'on peut supposer avoir été admises par les mégariques !

Platon, sans doute, admet comme facteurs de la réalité, comme les pythagoriciens, le fini et l'infini : mais ces deux éléments ne lui suffisent pas ; il lui faut une cause active et intelligente, qui opère le lien des deux termes, à chacun desquels il donne une réalité indépendante, sinon égale ; si l'être sensible est un composé de la forme et de la matière, il ne croit pas que la forme s'épuise dans l'être individuel produit, il veut qu'elle conserve, pour produire les autres êtres particuliers semblables, une existence séparée et supérieure [1], tandis que pour ses prédécesseurs ce ne sont là que des facteurs idéaux, qui n'ont aucune réalité en dehors du produit qui les contient et qu'ils suffisent à constituer. Comme ils ne reconnaissent pas d'autre être qu'un être mélangé composé du fini et de l'infini, les pythagoriciens n'ont jamais pu s'élever à la notion sublime du bien pur, parfait, indéfectible, universel, éternel, immuable, c'est-à-dire à la notion de Dieu. Le pythagorisme est une physique, le platonisme une sublime théologie.

Le grand problème qui tourmente l'esprit de Platon vient d'une vérité ou d'une hypothèse, comme on voudra l'appeler, qui ne s'est point présentée à l'esprit des pythagoriciens, ou du moins dont ils n'ont eu qu'un pressentiment obscur et passager, et qui n'occupe aucune place rationnelle et scientifique dans l'enchaînement de leurs idées : Platon est persuadé qu'il y a deux mondes, le monde de la nature et le monde de l'esprit ; deux genres d'être, l'être parfait et absolu, τὸ ὄντως ὄν, et l'être relatif et imparfait. Ces deux mondes, à ses

---

1. *Phileb.*, p. 23. Cf. Damascius, *de Princip.*, p. 133 et 147 : « Comment cet être mixte est-il défini par Platon et les Pythagoriciens ? Ne le disent-ils pas composé du rapport réel, de l'unité concrète, συμπέπηγεν, du fini et de l'infini ? N'est-ce pas là ce que Philolaüs appelle l'être ?

yeux, non-seulement coexistent, mais ils se touchent et
agissent l'un sur l'autre. Comment expliquer leur co-
existence? comment concevoir leur rapport? Si l'un
d'eux seulement est primitif, lequel est-ce? On ne peut
guère mieux comprendre la procession qui du parfait
fait sortir l'imparfait que la procession inverse. Mais ces
doutes, ces questions, où nous voyons, depuis Platon,
le problème de la philosophie, il ne semble pas que les
pythagoriciens se les soient posés. Ils ne connaissent
qu'un monde, la nature, et ils suppriment ainsi ce qui
fait le fond comme la grandeur du platonisme, qui
cherche le lien de deux mondes contraires. Cependant,
comme l'a profondément observé Aristote, leurs principes vont plus loin et plus haut que leur système, et dans
le système même il y a comme des échappées soudai-
nes, des élans peut-être inconséquents, mais sublimes,
qui impliquent le dualisme que semble nier leur théorie de l'unité. Pour eux, l'être est un rapport, le rapport de deux éléments, le produit de deux facteurs
idéaux, auxquels ils refusent toute existence indépendante et isolée. Le produit est seul primitif, seul réel.

La distinction des deux facteurs contraires est pour
eux d'ordre abstrait. Platon n'a fait que la concevoir
comme d'ordre réel; il n'a eu qu'à attribuer une existence distincte à chacun d'eux pour établir le dualisme
idéaliste qui, selon moi, est le fond de sa doctrine.
Mais c'est Anaxagore plutôt que Pythagore qui a pu lui
inspirer cette solution hardie, originale et féconde.

Quoiqu'il admette, avec les pythagoriciens, la notion
de la beauté, de l'harmonie, de l'ordre, il n'admet pas
comme eux que le monde soit l'ordre même, c'est-à-

dire la perfection ; il n'en est que l'image, εἰκών. C'est un dieu, sans doute, mais c'est un dieu engendré, et dont la fragile beauté, l'immortalité périssable ne lui est pas assurée par son essence même, mais seulement par la bonté de ce dieu suprême et souverain qui lui a donné la vie, et a promis de la lui conserver toujours. La notion de la beauté, de la proportion, sans vie et sans mouvement, où se ramène et s'épuise la notion mathématique du nombre, se transforme, s'élève, s'emplit, se vivifie dans l'idée du bien absolu et parfait, qui concilie le repos et le mouvement, la vie et l'ordre, également nécessaires à l'être véritable. Pour Platon comme pour les pythagoriciens et pour tous les philosophes de l'antiquité, la connaissance n'est qu'une assimilation du sujet et de l'objet, ou plutôt un fait qui ne s'explique que par leur analogie et leur identité. Mais les pythagoriciens n'ont distingué que très-superficiellement la connaissance sensible et la connaissance suprasensible; ils ne profitent pas de cette ouverture, tandis que Platon, approfondissant cette vérité expérimentale, en développe les graves conséquences, et appuie sur ce fait psychologique, comme sur le plus solide fondement, sa métaphysique tout entière.

L'être est tel qu'il est conçu, dit Platon ; donc les modes de l'être correspondent aux modes de la connaissance ; et puisqu'il y a deux sortes de connaissances qui ne peuvent se ramener à une seule, il y a deux sortes d'êtres : de là le dualisme platonicien, et, quoiqu'il l'oublie souvent, Aristote n'a jamais dit une chose plus juste et plus profonde que lorsqu'il reconnaît que la théorie des Idées est sortie de l'analyse de la pensée et de la critique des conditions et formes essentielles de la

connaissance : ἡ τῶν εἰδῶν εἰσαγώγη διὰ τὴν ἐν τοῖς λόγοις ἐγέ-
νετο σκέψιν [1].

Il est vrai que pour prouver le lien étroit des théories
pythagoriciennes avec le pythagorisme, on fait appel à
Aristote, qui accuse Platon d'avoir, vers la fin de sa
carrière, confondu lui-même les Idées avec les nombres,
et fait évanouir la science philosophique dans les mathématiques [2]. Mais comme pour justifier cette accusation d'A-
ristote, on est obligé de supposer un enseignement secret [3],
consigné dans des ἄγραφα δόγματα, écrits par les disciples,
mais qu'aucun critique ancien n'a dit avoir vus ; comme
il n'y a rien dans les dialogues [4] qui puisse fournir une
base à cette critique, je ne crois pas utile ici d'entrer
dans de grands détails sur le pythagorisme prétendu de
Platon. Loin d'être la philosophie tout entière, les mathématiques ne sont pour lui qu'un intermédiaire, τὰ
μεταξύ, par conséquent un échelon encore inférieur de
la science, de même que les choses ou êtres mathématiques, c'est-à-dire les lois générales du poids, du nombre, de la mesure, ne forment qu'un monde étrange
d'existences incompréhensibles [5] placées entre le ciel et
la terre, la réalité sensible et la réalité intelligible, la
nature et l'esprit, comme pour relier par un moyen

1. *Met.*, I, p. 21.
2. *Met.*, I, p. 33 : ἀλλὰ γέγονε τὰ μαθήματα τοῖς νῦν ἡ φιλοσοφία.
3. Brandis, *De perdit. libr. Aristot.*, p. 2 : « Princeps ille philosophorum in dialogis nihil affirmans et in utramque partem disserens,
philosophiæ suæ summa capita vulgo absconderit, paucisque solum-
modo e discipulorum corona electis in scholæ adyto aperuerit. » C'est
ce que répète également M. Ravaisson. t. I, p. 315.
4. Trendelenburg l'avoue, *de Idæis Platon.*, p. 64 : « Dialogi de his
omnibus silent. »
5. *Met.*, I, 6, 987 b.

terme ces deux extrêmes de la proportion harmonique universelle; et même il critique avec respect, mais avec une visible ironie, ces gens habiles, κομψοί, qui s'imaginent que l'art de mesurer suffit à expliquer tous les phénomènes, μετρητικὰ περὶ πάντα ἐστὶ τὰ γιγνόμενα. Si l'on veut connaître la valeur et le rôle des nombres dans l'école platonicienne, c'est dans l'*Épinomis* qu'il faut la chercher. Là il est dit que la science politique, l'art de rendre les peuples sages et heureux a pour condition essentielle la science du nombre, que nous a donnée l'auteur de toutes choses, et qui seule nous permet de pénétrer l'origine et l'essence des choses humaines, comme des choses divines, parce qu'il n'y a rien de juste, de beau ou de bon, où le nombre fasse défaut, le nombre qui produit tout ce qui est bon, et ne produit jamais rien de mal. Mais néanmoins la plus belle et la plus parfaite méthode pour arriver à la vérité absolue est encore la dialectique, c'est-à-dire l'art d'interroger, de réfuter et de ramener toujours l'individuel à l'universel du genre ou de l'espèce[1].

Mais il est un point que je ne puis m'empêcher de signaler, parce qu'il a échappé à la critique jusqu'à présent.

On a bien remarqué qu'Aristote n'est pas toujours d'une extrême exactitude dans l'exposé historique qu'il fait des systèmes philosophiques,soit de ses prédécesseurs, soit de ses contemporains[2]. On a même justement observé

---

1. *Epin.*, 991 c : Τὸ καθ'ἓν τῷ κατ'εἴδη προσακτέον.
2. Bonitz., *ad Met.*, p. 66 : « Interdum a veritate aliquantum deflectit. » *Id.* : « Qua est in judicandis aliorum philosophorum placitis, levitate; » et en ce qui concerne Platon, *id.*, p. 92 : « Immutavit Platonis sententias.... ita ut fundamentum doctrinæ Platonicæ everteret.»

que cette inexactitude avait sa source dans le but qu'il se propose dans cette histoire abrégée de la philosophie : il y cherche, et il le dit lui-même, quels sont les problèmes qui appartiennent à la science ; quelles sont les erreurs qui ont été commises par ceux qui ont essayé de les résoudre ; quelles sont les vérités qu'on peut et on doit considérer comme certaines et acquises. Son procédé se ressent naturellement de son but : il poursuit partout l'erreur et cherche partout la vérité, la vérité philosophique, et non la vérité historique. Aussi s'inquiète-t-il médiocrement de désigner avec précision quels sont les auteurs des doctrines qu'il expose pour les critiquer : si elles sont fausses ou vraies, voilà pour lui le point important.

Aussi, et c'est le point négligé sur lequel je voulais appeler l'attention, Aristote est loin de distinguer toujours avec clarté, dans son exposition critique[1], les théories de Platon de celles des platoniciens, et dans ces dernières les opinions fort diverses des divers platoniciens. Il en est qu'on ne sait même à qui attribuer. Dans les deux passages de l'*Éthique*[2] qui traitent du rapport des Idées au bien, Platon n'est pas nommé. Dans le fameux passage, du *de Anima* où il prétend que, suivant Platon, la

---

Brandis, *De perdit. lib. Ar.*, p. 28-48, Richter, *de Idæis*, p. 60, Stallbaum lui-même, en plusieurs passages, et particulièrement, *Proll. in Parm.*, p. 209 : « Non ea religione versatus est ut sibi ab opinionis errore vel a reprehensionis cupiditate satis caveret, » Maur. Carrière, *de Aristot. Plat. amico*, ont porté le même jugement.

1. La plupart du temps, ce sont des formules générales : Ὁ πρῶτος θέμενος, οἱ μὲν, οἱ δὲ πρῶτοι. Quelquefois le nom Socrate désigne la philosophie propre à Socrate, quelquefois l'interlocuteur des dialogues, et par conséquent Platon.

2. *Ethic. Nic.*, I, 4. *Magn. Mor.*, I, 1.

raison pure est le nombre 1, la science le nombre 2,
l'opinion le nombre 3, la sensation le nombre 4, Platon n'est pas nommé. Aristote assistait à un mouvement,
à un développement, ou plutôt à une décadence de l'école platonicienne contre laquelle il lutta de toutes ses
forces. La tendance mathématique, réglée et contenue
dans l'esprit de Platon par le sens métaphysique, prédominait dans des intelligences d'un rang inférieur et
d'une trempe moins forte. Est-il étonnant qu'Aristote,
devenu le chef d'une école opposée, ait enveloppé dans
sa critique l'école rivale tout entière, qu'il ait rendu le
maître responsable des excès ou des faiblesses de ses
disciples, et, ne surveillant pas assez sévèrement sa plume, ait quelquefois nommé Platon, quand il avait en vue
les opinions de Speusippe et de Xénocrate[1] ?

Car c'est en effet Platon qu'il nomme expressément
dans ce passage de la *Métaphysique*, où il signale entre
Platon et les pythagoriciens deux analogies et deux différences. Comme les pythagoriciens Platon fait de l'un,
non pas un attribut de l'être, mais l'être même, la substance ; et il fait des nombres les causes et les principes
des choses[2]. Il en diffère en séparant les nombres des

---

1. I, 6, 987 b, 22.
2. *Met*, I, 9, 991 b, 9 : Εἰσὶν ἀριθμοὶ τὰ εἴδη. *Id.*, l. 18 : Ἡ ἰδέα ἀριθμός. XIV, 2, 1088 b, 34 : Τὸν εἰδητικὸν ἀριθμόν. *Id.*, 3, 1090 b, 35 : Ποιοῦσι γὰρ αὐτὸν (le nombre mathématique) μεταξὺ τοῦ εἰδητικοῦ καὶ τοῦ αἰσθητοῦ. *Id.*, 6, 1093 b, 21 : Οὐχ οἱ ἐν τοῖς εἴδεσιν ἀριθμοὶ αἴτιοι. *Met.*, I, 9, 940 a, 30. Platon aussi admet et l'existence des nombres et celle des choses, et croit que les nombres sont les causes des choses ; et il appelle les nombres causes, νοητούς, et les choses ou nombres sensibles, αἰσθητούς. Conf. Theophr., *Met.*, 313, 7. « Platon, en ramenant les êtres à leurs principes, pourrait sembler toucher à d'autres points ; car il les ramène aux Idées, il ramène celles-ci aux nombres,

choses mêmes, et en dédoublant l'infini que les pythagoriciens avaient laissé un. C'est là cette fameuse dyade
indéfinie [1] qui, avec l'Un, forme les éléments de toutes
choses, même des nombres et des Idées; en sorte que la
différence des Idées et du monde sensible s'évanouit,
et que le dualisme apparent de Platon est ramené à
l'unité de substance. Les Idées elles-mêmes ont une
matière, ὕλη[2], comme l'âme elle-même, composée des
éléments[3].

Tout le monde a reconnu que rien de semblable ne
se trouve dans les dialogues, et si l'on veut continuer à
ne plus voir dans Platon qu'un pythagoricien, il faut ou
lui faire un procès de tendance, ou supposer un enseignement secret, et recourir à la *terra ignota* des ἄγραφα
δόγματα, c'est-à-dire prouver l'invraisemblable par l'inconnu : ni l'un ni l'autre ne me semble légitime.

τούτας δ' εἰς τοὺς ἀριθμοὺς, et des nombres il remonte aux principes,
τὰς ἀρχάς. » Mais Théophraste ne fait que répéter son maître et son
ami.

1. *Met.*, XIII, 7, 1001 a, 14 : Ὁ γὰρ ἀριθμός ἐστιν ἐκ τοῦ ἑνὸς καὶ τῆς
δυάδος τῆς ἀορίστου. M. Trendelenburg, *de Idæis*, p. 50, veut que partout où le mot ἀόριστος est précédé de l'article, il s'applique à la dyade
des pythagoriciens, et que partout où il est sans article, Aristote fasse
allusion à la dyade platonicienne du grand et du petit. Cette distinction
subtile, que ne confirment pas les textes, ne prouve qu'une chose :
c'est qu'Aristote confond dans sa critique toutes ces nuances, ou du
moins ne se donne pas la peine d'en séparer les différents auteurs.

2. *Id.*, *id.* : Ὡς μὲν ὕλην τὸ μέγα καὶ τὸ μικρὸν εἶναι ἀρχάς. *Met.*,
XIV, 1, 1087 b, 12 : Τρία ταῦτα στοιχεῖα τῶν ἀριθμῶν τὰ μὲν δύο ὕλην,
τὸ δ' ἕν, μορφῆς.... 1087 a, 4 : Ἐκ στοιχείων τε ποιῶσι τὰς ἰδέας.

3. *De An.*, I, 2, 405 b : Τὴν ψυχὴν ἐκ τῶν στοιχείων ποιεῖ. Et qu'on
y fasse bien attention, les éléments, τὰ στοιχεῖα, sont pour Aristote des
corps, les corps simples, τὰ ἁπλᾶ σώματα, c'est-à-dire ceux dont tous
les autres sont formés, et qui ne sont formés d'aucun autre. Conf. *Met.*,
I, 8, 988 b, 30; V, 8, 1017 b, 10; IX, 1, 1042 a, 8; XI, 10, 1067 a, 1.
Phys., III, 5, 204 b, 33.

Les points par où Platon se rattache au pythagorisme sont sa doctrine de l'âme du monde, la plus grande partie de sa cosmologie[1], la tendance aristocratique de sa politique. Il leur emprunte le procédé d'exposition symbolique et allégorique, mais son génie d'artiste sait le transformer et l'ennoblir. Les mythes du *Phédon* et du *Phèdre* ont une couleur pythagoricienne. Il professe l'immortalité de l'âme, croit qu'elle est placée sous la garde des dieux, qu'elle est dans le corps comme dans un tombeau, comme un voyageur dans une hôtellerie qu'il quittera bientôt pour une autre, dans une recherche incessante et toujours trompée d'un vrai et éternel repos. Il croit à la métempsycose, à la préexistence, et à la réviviscence des âmes ; mais à ces croyances purement religieuses, il ajoute la doctrine de la Réminiscence, qui est une explication du problème de la connaissance du suprasensible, de l'intuition des idées de l'universel et du parfait, sans lesquelles le monde même que nous appelons réel ne saurait ni être ni être connu, et par là il imprime à cette mythologie un caractère scientifique et philosophique.

Il ne faut donc pas s'étonner que Platon, qui a conscience d'avoir transformé tout ce qu'il a emprunté, ne mentionne que rarement l'école pythagoricienne, et encore à propos de choses qui ne sont pas essentiellement philosophiques[2]. Il appelle assez dédaigneusement Phi-

---

1. Plut., *Qu. Plat.*, VIII, 1 : « Théophraste raconte que Platon, dans sa vieillesse, se repentait de n'avoir pas donné à la terre, dans son système astronomique, sa vraie place, » c'est-à-dire la place que lui avait faite Philolaüs au centre du monde. Et voilà un des arguments dont on se sert pour prouver que Platon pythagorisait dans sa vieillesse!

2. *Rep.*, VII, 530 ; X, 600 b.

Iolaüs une espèce de mythologue sicilien ou italien, ignorance simulée sans doute, et qui ne pouvait être sérieuse dans la bouche de l'acquéreur des trois fameux livres, τὰ θρυλλούμενα, de Philolaüs, mais qui ne marque pas une grande considération pour le philosophe pythagoricien, dont il fait semblant de ne plus se rappeler le nom ni la patrie.

On lui a même reproché d'avoir été ingrat envers ses maîtres, et, dans sa manie de faire de Socrate l'interlocuteur constant de ses dialogues, d'avoir manqué d'art précisément parce qu'il avait manqué de cœur et de reconnaissance. Je ne crois fondées ni l'une ni l'autre de ces critiques. En mettant dans la bouche d'un pythagoricien [1] les doctrines d'un de ses plus grands dialogues, le *Timée*, il me semble avoir, et au delà, payé sa dette de reconnaissance envers cette école ; et j'accorderais encore moins facilement qu'il ait manqué d'art. Le rôle qu'il donne à Socrate est une preuve qu'il ne manquait pas de cœur, car comment pourrait-on se refuser à y voir un acte de vénération et de gratitude, un témoignage public éclatant de la grande influence que le maître avait exercée sur le disciple, et la plus belle louange de l'excellence de sa méthode; mais c'est en outre, à mon sens, un trait de génie et un coup de maître.

Il faisait revivre Socrate dans le rôle qu'il avait rempli

---

1. Timée de Locres, très-versé dans la physique et l'astronomie, contemporain de Platon, avec lequel il eut des rapports personnels. Cic., *de Finib.*, V, 20; *Tusc.*, I, 37; *de Rep.*, I, 10. L'écrit *sur l'âme du monde,* dont il passe pour l'auteur, et auquel on a supposé que Platon avait emprunté toute sa théorie cosmologique et physique, est au contraire un écrit évidemment apocryphe, fabriqué avec le *Timée* de Platon, peut-être vers le deuxième ou le troisième siècle de notre ère.

avec une puissance irrésistible qui avait fait de ce Silène, une Syrène, et continuait, pour ainsi dire, ses char-
mants entretiens. Socrate seul, par l'autorité de son
caractère, la beauté de sa vie, l'héroïsme de sa mort,
pouvait se prêter à une transfiguration semblable, et devenir comme l'idéal vivant de la vérité et de la vertu. L'artiste y trouve aussi son compte : l'unité des doctrines est
représentée et comme personnifiée par l'unité du per
sonnage idéalisé qui s'identifie avec elles ; c'est la thèse
en action, le raisonnement prenant corps et vie, l'idée
faite homme.

Platon n'est pas plus un pythagoricien, qu'il n'est un
éléate, un héraclitéen, un socratique : il est Platon.

Aristote était plus hostile encore aux principes philosophiques des pythagoriciens qu'à ceux de Platon : son
impitoyable bon sens se révolte contre les visions et les
chimères de leur système, et sa logique contre les obscurités et les confusions qui y règnent. Aristote, dont
il serait puéril de contester le vigoureux génie et la
grande originalité, est un platonicien dissident, mais c'est
un platonicien : quoi qu'il dise et quoi qu'il fasse, il reste
enfermé dans le cercle magique dont le charme est tout
puissant. L'influence que le pythagorisme a pu exercer
sur lui n'est qu'une influence médiate. Je vois peu de
chose en lui qu'on puisse y rattacher directement. Sans
doute il aspire, il tend à l'unité de principe, et en mettant l'espèce, la forme dans l'individu, il semble composer l'être, comme Pythagore, du fini et de l'infini ; mais
le dernier mot de son système est encore le dualisme,
et au-dessus de ce monde des êtres qui se composent de
forme et de matière, dont l'acte enveloppe l'infirmité de

la puissance, il pose pour l'expliquer, la forme pure,
l'acte pur, le principe immobile et simple du mouvement et du composé. Aristote est un idéaliste, et c'est,
je crois, méconnaître le sens profond de sa métaphysique que de l'appeler une physique[1]. Le vrai nom de la
science qu'il crée est philosophie première, ou mieux
encore théologie. Les scolastiques ne s'y sont pas trompés.

Aristote a presque aussi vivement attaqué les théories
pythagoriciennes que celles de Platon, entre lesquelles
il signale de profondes affinités : il semble particulièrement repousser le penchant pour les mathématiques,
dont il considère la prédominance comme nuisible,
comme mortelle à la philosophie. Lui-même, en effet,
malgré son formalisme logique, et son procédé général
d'exposition, qui a souvent la raideur et la séche-
resse géométriques, s'est très-peu occupé même des
hautes mathématiques, puisque le *Traité du Ciel*, est
son unique ouvrage en ce genre, et est d'ailleurs d'une
authenticité douteuse. Mais néanmoins, quoi qu'il en
dise, le pythagorisme, qu'il attaque, a pénétré, comme
le platonisme, dans bien des parties de sa doctrine, y a
pénétré profondément et y a laissé des traces manifestes
de son influence.

C'est ainsi qu'il emprunte au pythagorisme ce grand
et admirable principe, que l'ensemble des êtres, le
monde réel des substances, le tout, comme disaient les

1. M. Nourrisson, *Rapport*, p. 225 : « Il (l'auteur) n'a pas remarqué
davantage combien le Stagirite lui-même procède de Pythagore....
Plus on y regarde de près, plus on se persuade qu'il existe d'intimes
affinités entre la métaphysique de Pythagore et la métaphysique d'Aristote, qui, elle-même, par plus d'un endroit, n'est en réalité qu'une
physique. »

pythagoriciens, est une progression, forme une série liée dont chaque terme contient tous les termes qui le précèdent, comme, dans le système de la Décade, tout nombre contient les nombres placés au-dessous de lui dans le développement naturel des nombres identiques aux choses. Ces termes représentant des valeurs inégales, mais liées par une même raison, constituent des proportions, proportions continues dans l'ordre de l'être, discrètes dans l'ordre de la science.

Le monde des êtres inanimés obéit lui-même à cette loi souveraine, qui veut que l'inférieur soit soumis au commandement du supérieur, par ce qu'il est bien qu'il en soit ainsi; et pour les êtres inanimés, cette puissance souveraine c'est l'harmonie [1].

La notion de l'ordre, de la beauté, de l'harmonie, n'est pas encore celle de la cause; mais elle éveille naturellement cette dernière, et en se combinant avec elle produit la notion de la cause finale, dont Aristote a fait un si grand usage, qu'une réaction a peut-être été nécessaire. Mais en tout cas, c'est en lui que se manifeste surtout cette pénétration de ces deux idées si profondément philosophiques, dont l'une au moins appartient spécialement au pythagorisme.

La nature, d'après Aristote, est le fondement interne du mouvement. Mais tout mouvement a une direction, un but. Nous appelons but toute chose où se montre une fin vers laquelle tend le mouvement et qu'il réalise quand il n'y a pas d'obstacle [2], ou quand l'obstacle n'est

---

1. *Polit.*, I, 5, 1524 a, 33 : Καὶ γὰρ ἐν τοῖς μὴ μετέχουσι ζωῆς ἐστί τις ἀρχή, οἷον ἁρμονίας.

2. *Phys.*, II,1, 193 b, 12.

pas trop puissant. C'est ce but qui détermine la direction comme la mesure du mouvement, et c'est cette fin qui est véritablement identïque à l'essence et à la forme des choses, c'est cette fin qui est vraiment a nature.

Mais non-seulement la nature est le principe du mouvement, — qui peut lui-même être considéré comme une force vivante[1], — mais elle est aussi en même temps le principe de l'ordre[2]. Tout est en ordre, chaque chose est en rapport avec l'autre, et toutes ont un objet unique par rapport auquel elles sont ordonnées. Toutes choses conspirent, tendent, contribuent, participent au tout[3].

La nature aspire ainsi non-seulement à l'être, à la persistance dans l'être, mais à la perfection de l'être : l'être même est une perfection et si humble qu'il soit, il est un bien; il est supérieur au non-être[4].

L'être est la synthèse, ou plutôt l'*unité* d'une pluralité[5].

Le non être, c'est une pluralité qui n'est pas parvenue à former un tout, où l'harmonie n'a pas vaincu l'opposition et la répulsion des contraires, et ne les a pas réduits

---

1. *Phys.*, VIII, 1, init. : Οἶον ζωή τις οὖσα τοῖς φύσει συνεστῶσα πᾶσιν.

2. *Phys.*, VIII, 252 a, 11 : Ἡ γὰρ φύσις αἰτία πᾶσι τάξεως. Cf. de *Partib. anim.*, t. I, 641 b, 12; de *Cœl.*, n. 8, 289 b, 25; de *Gen. anim.*, III, 10, 760 a, 31. *Met.*, XII, 10, init. : Συντέτακται.

3. *Met.*, XII, 10, 1075 a, 24 : Κοινωνεῖ ἄπαντα εἰς τὸ ὅλον.

4. *Ethic. Nic.*, IX, 9, 1160 b, 1 : Φύσει γὰρ ἀγαθὸν ζωή ; et, *Id.*, 1170 a, 19 : Τὸ δὲ ζῆν τῶν καθ'αὐτὸ ἀγαθῶν καὶ ἡδέων. *De Gen. et Corr.*, II, 10, 336 b, 26 : Ἐν ἅπασιν ἀεὶ τοῦ βελτίονος ὀρέγεσθαί φαμεν τὴν φ σιν.... βέλτιον δὲ τὸ εἶναι ἢ τὸ μὴ εἶναι....

5. *Met.*, IX, 10, 1051 b, 11 : Τὸ μὲν εἶναι ἐστὶ τὸ συγκεῖσθαι καὶ ἐν εἶναι.

à l'unité[1]. Tout être vivant est un petit monde, qui, comme le grand, est un tout[2].

Le germe qui l'engendre est en puissance tout ce que sera l'être réalisé, et contient la série de tous ses développements futurs. A son principe, dans sa forme première et primitive, l'être est déjà complet, sinon parfait, et tel que le développera le mouvement de la nature[3].

A la fois pythagoricien et leibnizien, Aristote ramène les changements dans les êtres particuliers, au développement spontané des raisons, qui leur servent de fondement. Ces changements observés et manifestés dans les développements des divers êtres particuliers ont leurs lois harmoniques, leur ordre immuable; leur vrai principe c'est cette harmonie même, qui est l'harmonie éternelle. Le monde est l'ordre même, ὁ Κόσμος : cet ordre a une cause, — car il y a une cause avant la cause, Aristote n'en doute pas; — cette cause c'est l'unité, ou la perfection du principe commun et suprême de toutes les causes secondes et de tous les êtres particuliers, auquel il donne le nom significatif d'acte.

Ce n'est pas seulement dans le fond intime et secret de ses conceptions qu'a pénétré l'esprit du pythagorisme, et avec lui le sentiment profond et vrai, de l'unité, de l'ordre, de l'harmonie de toutes choses et en toutes choses : on saisit encore manifestement cette influence dans le caractère général de son exposition. Partout on

1. Id. : Τὸ δὲ μὴ εἶναι τὸ μὴ συγκεῖσθαι, ἀλλὰ πλείω εἶναι. De Interpret., c. 3 : Τὸ εἶναι.... προσημαίνει δὲ σύνθεσίν τινα.
2. Phys., VIII, 2, 242 b, 24.
3. De Gen. anim., II, 4, 470 b, 12 : Δυνάμει τοιοῦτόν ἐστιν οἷον φύσει τὸ ζῷον.... Ἐξ ἀρχῆς συνίστησι τὸ φύσει γιγνόμενον.

voit dans Aristote apparaître non-seulement les formules
mais les notions mathématiques, chères aux pythagoriciens. A chaque instant, dans l'analyse de la proposition,
du syllogisme, de la science, dans l'exposition et la définition des idées morales, on retrouve les idées et les
termes familiers aux pythagoriciens de la limite, de
l'intervalle, du nombre, des proportions, des progressions, soit discrètes, soit continues, soit arithmétiques,
soit géométriques.

Ainsi pour Aristote comme pour les pythagoriciens,
le cercle est l'image du développement que parcourt la
nature, et qui ramène par la mort l'être à son point de
départ. Il se sert même des expressions toutes pythagoriciennes : Ὥσπερ τῆς φύσεως διαυλοδρομούσης, καὶ ἀνελιττο-
μένης ἐπὶ τὴν ἀρχὴν ὅθεν ἦλθεν. Qui ne se rappelle ici le
diaule de Philolaüs dans la formation des nombres qui
sont, ne l'oublions pas, les choses mêmes? Seulement
Aristote approfondit et explique cette idée obscure, en
observant que ce qui dans tout être naît le premier
meurt le dernier, et réciproquement que ce qui naît le
dernier meurt le premier.

La logique nous permettra de saisir sur le fait ce rapport étrange des formules pythagoriciennes et des formules d'Aristote.

Toute pensée n'étant que la perception d'un rapport
entre deux termes, ces deux termes se présentent comme
les extrêmes, ἄκρα, d'une proportion, ou d'une ligne
divisée en parties proportionnelles, dont l'un forme le
point de départ du mouvement de l'intelligence, l'autre
son point d'arrivée ou de repos. Lorsque ces deux termes
n'en font pas manifestement un seul, lorsqu'il faut au

contraire que l'intelligence fasse un mouvement pour
aller de l'un à l'autre, il faut qu'elle traverse au moins
un intermédiaire, et cet intermédiaire est un troisième
terme, qui est alors évidemment une moyenne proportionnelle entre les deux extrêmes.

Bien plus, ces termes sont des termes quantitatifs : ils
expriment des quantités, et des quantités de même
espèce, de nature à être mesurées par une commune
mesure, à être comparées les unes avec les autres. Au
fond il est très-exact de dire qu'Aristote les traite comme
des nombres. C'est pour cela que les termes peuvent et
doivent être considérés comme contenus l'un dans l'autre, comme ayant une quantité susceptible de plus et
de moins. Ramené à sa forme la plus simple, le syllogisme n'est qu'une proportion ; A est en B ; B est en C,
et par conséquent, A est nécessairement en C. Et les
rapports de contenance et de quantité persistent en se
renversant, soit qu'on envisage la compréhension, soit
qu'on envisage l'extension des termes : car la compréhension comme l'extension enveloppent l'idée du plus
et du moins, de la grandeur, de la quantité. Les deux
extrêmes sont à cet égard dans le rapport inverse ; le
plus grand selon l'extension est le plus petit selon la compréhension ; on voit ainsi qu'ils se contiennent tour à
tour l'un l'autre : et de même le moyen doit être considéré tour à tour comme contenant chaque extrême, et
comme contenu dans chacun d'eux : soit A, B, C. Si B
est contenu dans A selon la compréhension, A est contenu dans B selon l'extension ; et de même si B contient
C, selon l'extension, C contient B selon la compréhension. Il n'y a donc, d'après Aristote, dans le syllogisme

que des rapports de grandeurs, c'est-à-dire des rapports numériques. Ce moyen terme est une limite, une limite commune aux deux termes limités; en même temps il est indivisible; indivisible et un en soi, mais double dans son rapport aux extrêmes dont il est l'intermédiaire, et réunissant à la fois les deux contraires, l'unité et la pluralité. La science tout entière dans son étendue n'est pas une quantité continue comme l'espace où se produit le mouvement ; elle se divise en un certain nombre déterminé d'intervalles : ces intervalles sont les propositions, qui ne sont pas, il est vrai, des quantités où la quantité même, en tant qu'elle exprime une matière infinie et continue, s'évanouit, mais où on en retrouve quelques éléments inéliminables. La science est un nombre; elle exclut donc l'infinité de la matière. La définition est un nombre, car elle est une limite ; en effet, on ne peut entre les deux termes d'une proposition, insérer une infinité de moyens termes, sans quoi la pensée, qui devrait les parcourir tous, n'arrivant jamais à l'extrémité, ne se réaliserait jamais. Il n'y aurait jamais ni définition ni démonstration.

Ce nombre trois, qui détermine et complète comme nous venons de le voir les conditions de la pensée et du raisonnement, détermine également les conditions de l'être. L'être est le rapport, l'unité, la rencontre, σύνοδος, de la forme et de la matière, de l'acte et de la puissance, et comme disait Philolaüs, du fini et de l'infini, et non pas comme on pourrait le croire, le lien, la synthèse, le mixte de deux substances, existant par elles-mêmes et unies entre elles[1]. De même encore ce nombre renferme

---

1. *Met.*, viii, 6-10-45, b. 11 et *Top.*, vi, 14.

les conditions d'existence de l'étendue : car l'étendue a
trois dimensions, et ces trois dimensions contiennen
toutes les dimensions possibles. Aristote lui-même reconnaît l'origine toute pythagoricienne de cette loi ternaire,
de ce rhythme à trois temps, de l'existence et de la pensée. « Toutes choses est trois ; trois est partout : car ainsi
que l'ont dit les pythagoriciens, le tout et tout est déterminé par le nombre trois,» qui épuise ainsi les conditions
de l'être, de la pensée, et de l'être et de la pensée dans
leur perfection [1].

Si nous passons à la morale, nous serons plus étonnés
encore des influences profondes que les notions mathématiques des pythagoriciens ont exercées sur les théories d'Aristote. Là encore nous retrouvons les idées de la
grandeur, de la quantité, de la limite, de la proportion.
Le mal est ou un excès ou un défaut, puisque la perfection pour une chose consiste à avoir tout ce qu'il
lui faut avoir, ni plus ni moins, *omnes numeros habens*.
Le bien est donc à la fois une fin, et un milieu ou
moyen terme entre les contraires : ce qu'on ne peut
comprendre, que si on considère ces trois points placés
il est vrai en ligne droite, mais en une ligne droite qui
forme le diamètre d'un cercle ou d'une sphère; et là on
peut voir, comme nous l'avons déjà fait voir, que le
centre est à la fois le point initial et final de cette ligne.
L'excès et le défaut forment les extrêmes d'une proportion continue dont le bien est le moyen terme ; il n'y a
pas entre eux simplement différence de quantité, mais

---

1. *De Cœl.*, I, 1 : Διὰ τὸ τρία πάντα εἶναι καὶ τὸ τρίς πάντη· καθάπερ
γάρ φασι καὶ οἱ Πυθαγορεῖοι, τὸ πᾶν καὶ τὰ πάντα τοῖς τρισὶν ὥρισται.
Cf. *Met.*, V, p. 97, 1. 17; XIII, p. 262, 1. 6. Brand.

une différence quantitative régulière, mesurée par un rapport d'ordre; en un mot ce rapport forme une proportion; de plus cette proportion n'est pas une proportion arithmétique ou par différence; mais une proportion géométrique ou par raison. Le bien, limite commune de l'excès et du défaut, n'est pas ainsi une moyenne différentielle, mais une moyenne proportionnelle.

Ces proportions sont continues : mais quand on arrive de la notion du bien absolu à celle de la justice particulière, on passe de la proportion continue à la proportion discrète.

La justice particulière se propose de répartir entre les personnes qui appartiennent au corps social les biens extérieurs qui sont le produit de l'activité sociale. Au lieu d'un seul moyen terme, également opposé aux deux extrêmes, nous en trouvons ici deux, et par conséquent la proportion ayant quatre termes indépendants, différents et séparés, devient une proportion discrète.

Il y a deux sortes de justice particulière, l'une de compensation, ou de correction, qui consiste à égaliser les biens entre les personnes, ajoutant là où il y a défaut, retranchant là où il y a excès; c'est une justice, une égalité par proportion arithmétique[1].

Mais il est une autre forme de la justice où il ne s'agit plus de réparer les inégalités, et de compenser les différences, mais au contraire pour ainsi dire de les créer et de les produire. Car s'il est vrai que sous un point de vue tous les hommes sont égaux entre eux et ont droit

---

1. *Ethic. Nic.*, V, 4 : Τὸ διορθωτικόν.... ἐστὶν μὲν ἴσόν τι..., ἀλλὰ κατὰ ἢν ἀριθμητικὴν (ἀναλογίαν).

à une part égale des biens sociaux[1], sous un autre point de vue, ils sont tous inégaux, et la justice veut que les biens soient répartis entre eux dans la proportion de leur valeur et de leur dignité relatives dans l'état social. Il s'agit donc ici de rapports à établir, et la justice distributive, qui mesure à chacun sa part suivant son mérite, est une proportion géométrique[2].

Aristote, dans sa théorie de la connaissance, pose en principe, que toute vérité a pour caractère d'être en tout parfaitement d'accord avec elle-même[3] : car tout ce qui existe réellement est en parfait accord avec la vérité, τῷ μὲν γὰρ ἀληθεῖ πάντα συνᾴδει τὰ ὑπάρχοντα[4]. On ne peut méconnaître ici et la pensée et presque les expressions mêmes de Philolaüs : « La nature du nombre et l'harmonie ne supportent pas et ne comportent pas l'erreur[5]. »

1. *Ethic. Nic.*, V, 4. Par exemple : « Feu importe que ce soit un homme noble qui ait volé un citoyen de basse origine,.... la loi ne regarde qu'aux délits : elle traite les personnes comme tout à fait égales : χρῆται ὡς ἴσοις. » Et Aristote, comme pour mieux marquer le caractère géométrique de ses définitions, y ajoute un exemple tiré de la Géométrie même : « Soient trois lignes égales. De AA retranchons A*e*, et à *Cc* ajoutons CD : il en résulte que la ligne entière Cc D surpasse A*e* de la partie *fc* et de la partie *c*D ; elle surpasse donc aussi BB de la quantité *c*D. » Je ne cite pas cet exemple pour éclaircir la théorie d'Aristote, car il l'obscurcit plutôt, mais pour en bien montrer le caractère, ou du moins pour montrer le caractère de l'exposition.

2. *Ethic. Nic.*, V, 312 : Τὸ γὰρ ἀνάλογον, μέσον· τὸ δὲ δίκαιον, ἀνάλογον. 13 : Καλοῦσι δὲ τὴν τοιαύτην ἀναλογίαν γεωμετρικὴν οἱ μαθηματικοί. Et en effet, dans la proportion géométrique, le premier total est au second total, comme chacun des deux termes est à l'autre. Platon avait aussi compris qu'il y a une justice de proportion qui établit l'égalité par l'inégalité même ; mais il ne s'était pas complu dans ces rapprochements et ces formules mathématiques, et peut-être n'avait-il pas eu tort.

3. *Analyt. Pr.*, I, 32, p. 47 a, 8.

4. *Ethic. Nic.*, I, 8, p. 1098 b, 11.

5. Stob., *Ecl. Phys.*, I, p. 10. Heeren.

Mais lorsqu'Aristote appelle la définition une sorte de
nombre, parce qu'elle forme un composé de l'essence
et des attributs essentiels, et que ce composé forme lui-
même une unité, un tout d'un nombre défini de parties indivisibles, auxquelles on ne peut rien ajouter ni
rien retrancher, sans en changer la nature [1], qui pourrait voir là une influence de la philosophie du nombre?
on pourrait en voir une plutôt dans le nombre des dix
catégories où Aristote ramène les principales déterminations de l'être, et qui rappelle la décade pythagoricienne?

Quant à la question de savoir si l'invention première de
cette table des catégories ou notions fondamentales, appartient à Archytas, comme cela ne fait pas doute pour
Simplicius et Iamblique [2], bien qu'il puisse rester quelques scrupules dans l'esprit d'un critique impartial, on
s'accorde cependant généralement à nier l'authenticité de
l'ouvrage où Simplicius puise les fragments qu'il nous a
conservés. Il est certain que Simplicius, Iamblique, qui
ne sont pas, dans l'ordre philosophique, des écrivains à
dédaigner, le considèrent comme d'Archytas, et s'en servent pour commenter les *Catégories* d'Aristote. Mais
alors comment Platon n'a-t-il pas connu cette théorie
logique? comment n'en trouve-t-on dans ses ouvrages
que des traces obscures, de vagues indications, au lieu
de la précision nette et claire que nous rencontrons
dans les citations de Simplicius? Comment Aristote qui
n'a jamais manqué de raconter les essais antérieurs des

1. *De partib anim.*, VIII, p. 169, l. 30 : "Οτε γὰρ ὁρισμὸς ἀριθμός
τις, et *de An.*, I, 3.
2. Voy. tome 1, *Fragm. d'Archytas.*

doctrines qu'il critique, rectifie, complète, ne mentionne-
t-il pas la théorie d'Archytas si complétement identique
à la sienne, et au contraire se vante-t-il de marcher
là dans une route que nul n'avait frayée avant lui[1]?
Il est évident qu'Aristote serait encore plus pythagoricien que nous ne le croyons, s'il était vrai qu'il eût
emprunté à cette école son système logique des catégories. Sans insister sur la question encore douteuse de
l'origine de cette classification célèbre des prédicats les
plus généraux de l'être, des idées les plus générales qui
peuvent être attribuées à un sujet, affirmées et dites
d'un sujet[2], nous ne pouvons nous empêcher de remarquer que la table des dix couples de contraires, considérés comme principes des choses, d'origine certainement pythagoricienne, était un antécédent de nature
analogue, sinon de contenu et de début identiques. Et
s'il est exact de dire que les catégories d'Aristote sont sor-
ties d'un besoin logique, et de la nécessité de définir les
idées, il n'en faut pas moins reconnaître qu'à l'origine
de la science, qui parcourt un cercle et revient toujours
à son point de départ, les principes réels des choses n'é-
taient pas nettement distingués des catégories logiques
qui les expriment, et qu'Hégel n'a pas été le premier à
confondre l'ordre de l'être avec l'ordre des notions. Aussi
Plotin appelle-t-il les catégories les genres de l'être, et
Zeller les rattache à la métaphysique, tandis que Tennemann compare la table des contraires aux catégories

---

1. *Sophist.*, *Elench.*, c. 35, p. 183 b, 34 : Ταύτης δε πραγματείας, οὐ
τὸ μὲν ἦν, τὸ δὲ οὐκ ἦν προεξειργασμένον, ἀλλ' οὐδὲν παντελῶς ὑπῆρχεν.
2. V. plus haut, t. I, p. 102 sqq.

d'Aristote[1], et Hégel les nomme nettement une table de catégories[2]. C'est parce qu'il veut à toute force déduire l'origine des catégories aristotéliques exclusivement de l'analyse des formes du langage, et croit que l'auteur n'y est arrivé que par la voie de la grammaire[3], que M. Trendelenburg refuse d'admettre cette analogie, qui me paraît certaine, quoique assurément imparfaite. Car il y a entre ces deux classifications, l'une surtout logique, l'autre surtout réelle, de profondes et nombreuses différences, et je crois que c'est par une violence faite aux choses que Pétersen a voulu ramener les catégories aux dix principes des pythagoriciens[4]. Mais il n'en reste pas moins d'une part le nombre 10 commun aux deux tables[5], et d'autre part la tentative commune de diviser systématiquement, en un certain nombre d'idées, les principes les plus généraux de la pensée ou les principes les plus généraux de l'être, qui ne peuvent pas être bien différents les uns des autres.

On se rappelle cette hiérarchie des degrés et des formes

---

1. *Gesch. d. Philos.*, I, p. 112.
2. *Vorles. üb. d. Gesch. Phil.*, I, p. 248.
3. Il manque cependant dans cette hypothèse même une Catégorie logique, répondant à la conjonction.
4. Chr. Petersen. *Philosophiæ Chrysippeæ fundamenta in notionum dispositione posita*, p. 12.
5. Aristote, sans les nommer toujours toutes, n'a jamais varié sur ce nombre, et il a cru certainement qu'il épuisait la matière. Les couples de contraires ne font guère que présenter sous des faces différentes l'opposition primitive et la contradiction essentielle du fini et de l'infini. Il y a plus de variété réelle dans l'analyse d'Aristote, quoiqu'il n'y ait pas plus d'ordre, et qu'on ne puisse même pas deviner le principe d'où il est parti pour les établir, ni s'il a eu l'idée que ces catégories se pouvaient déduire les unes des autres, et qu'elles devaient se réduire en un système.

de l'être, qui devait se présenter dans la doctrine pythagoricienne d'autant plus naturellement que les genres de
l'être y étaient exprimés par des nombres, ou plutôt iden-
tifiés avec des nombres. C'est le germe de cette profonde
et admirable pensée d'Aristote que l'ordre, la série, enchaîne et relie les uns aux autres tous les genres et tous
les degrés de perfection des êtres, que la nature est un
tout dont les extrêmes sont réunis par une série pro-
gressive et ascendante de moyens. La nature est une
force secrète qui remplit toute la catégorie de la substance d'une échelle d'existences, liées par la loi d'un
progrès continu, qui ne laisse aucun vide et ne permet
aucun saut[1], et telle que chaque existence supérieure
possède en puissance au moins toutes les fonctions de
l'existence inférieure[2] et les enveloppe sous une forme
plus haute et sans les supprimer, tout en effaçant dou-
cement les caractères spécifiques, et les fondant dans
une activité plus parfaite. Cette magnifique conception
de la nature, qui permet à Aristote de s'écrier, à la vue
de l'ordre qui partout y éclate, que tout y a quelque
chose de divin, πάντα φύσει ἔχει τι θεῖον[3], elle est véritablement d'origine pythagoricienne. Aristote l'applique à
la science comme à la nature ; entre la physique et la
philosophie première s'interposent, comme un terme
moyen qui les relie, les mathématiques ; de même entre
l'activité poétique et créatrice ou les arts, et l'activité

---

1. *Hist. anim.*, VIII, 1 : Οὕτω δὲ ἐκ τῶν ἀψύχων εἰς τὰ ζῷα μετα-
βαίνει κατὰ μικρὸν ἡ φύσις, ὥστε τῇ συνεχείᾳ λανθάνειν τὸ μεθόριον αὐτῶν καὶ τὸ μέσον ποτέρων ἐστίν. *De Partib. anim.*, IV, 1.

2. *De Anim.*, II, 3, § 5, 414 : Ἀεὶ γαρ ἐν τῷ ἐφεξῆς ὑπάρχει δυνάμει
τὸ πρότερον.

3. *Ethic. Nic.*, VII, 14, 1153 b, 38.

théorétique ou spéculative, interviennent les sciences
morales et les activités pratiques. Qu'est-ce que le syllogisme? si ce n'est l'imitation de cette méthode de la nature, qui comble par un ou plusieurs moyens le vide
aperçu entre deux idées extrêmes, c'est-à-dire une proportion, une harmonie, où chaque terme contient le
terme qui lui est inférieur, et cela dans les deux sens,
aussi bien quand on dispose les termes d'après la quantité de leur extension, que si on les dispose d'après celle
de leur compréhension.

Mais est-ce directement de Pythagore, n'est-ce pas
plutôt de Platon, qu'Aristote a emprunté ces profondes
pensées? C'est pour Platon un principe que nous ne
voyons pas affirmé avec cette précision, et avec ce développement dans Philolaüs[1], mais qui n'en respire pas
moins l'esprit du pythagorisme, que deux choses ne
sont pas bien liées entre elles si ce n'est par l'interposition d'une troisième qui tienne à la fois de l'une et de
l'autre. La proportion fait l'harmonie, et l'harmonie fait
l'unité, c'est-à-dire la perfection. La proportion la plus
simple est celle qui insère entre les deux extrêmes au
moins un moyen. Pour former le corps du monde, il en
a fallu deux, parce que le feu et la terre qu'il s'agissait
d'unir étaient pour ainsi dire incompatibles. Pour l'âme,
un seul a suffi : c'est l'essence mixte ou moyenne,
participant de l'intuition sensible et de l'intuition intelligible, et qui fait de l'ensemble un tout et une unité[2].

A côté de cette division ou composition de l'âme, qui
paraît avoir pour but de nous en faire connaître le fond

---

1. Philolaüs ne paraît l'avoir appliqué qu'à la musique et à l'astronomie.
2. *Tim.*, 35 a : Ποιησάμενος ἓν ὅλον.

et l'essence, il en est une autre dans Platon, qui en explique, également par des nombres enchaînés par la loi des proportions, les fonctions et les opérations.

Des deux cercles ou mouvements de l'âme, l'un échappe par son essence même à la division : il est indivisible et simple par nature : c'est le cercle du *même;* mais le cercle de *l'autre,* qui, au contraire, participe par essence à la divisibilité, se partage en six cercles ou mouvements, c'est-à-dire en six facultés enfermant toutes quelque sensation et se rapportant plus ou moins à des objets sensibles. Ces facultés sont entre elles comme les nombres de la double série proportionnelle suivante :

$$1, 2, 3, 4, 9, 8, 27,$$

où se trouvent deux progressions par quotient que nous avons déjà rencontrées dans l'octave ou harmonie philolaïque[1]. Platon va plus loin encore, et entre chaque membre des deux progressions il insère deux moyens , l'un harmonique , l'autre arithmétique. Les nombres obtenus par ces calculs mesurent, suivant lui, ou les distances des planètes à la Terre ou leur vitesse ou leur dimension relatives; on les retrouve comme constitutifs de la gamme diatonique ou de l'octave, et enfin ils manifestent encore leur puissance dans la composition de l'âme. L'âme n'est pas un nombre, suivant Platon, ni une harmonie, mais elle est faite avec nombre, proportion, harmonie[2]. Les nombres que nous venons d'établir se manifestent partout, dans les sons, dans les grandeurs, dans les mouvements ;

1. *Exposition,* ch. v; *l'Harmonie,* p. 111.
2. *Tim.,* p. 37 : Ἄτε ἀνὰ λόγον μερισθεῖσα καὶ ξυνθεῖσα.

comment l'âme ne les contiendrait-elle pas, puisqu'elle
doit les comprendre ? car une chose ne peut être connue que par son semblable. Voilà les doctrines de
Platon.

Il pourrait donc se faire que ce fût de Platon qu'Aristote ait tiré ce principe, que la loi du nombre règle le
monde physique comme le monde moral, l'échelle des
existences comme la série enchaînée de nos pensées et
de nos raisonnements; mais il est évident que l'origine et
l'esprit en sont vraiment pythagoriciens.

Une influence plus directe est celle qu'on aperçoit dans
la théorie esthétique d'Aristote, où le beau, défini par
l'ordre, la proportion dans la grandeur [1], est expressément ramené aux concepts mathématiques [2], et où les
effets de l'impression esthétique sont caractérisés par le
terme même des pythagoriciens, la célèbre purification
de l'âme, ou κάθαρσις. Quoique ce mot ne doive se rapporter sans doute qu'à une certaine sérénité, un certain
état, où l'âme affranchie du poids de la réalité et de la
vie, s'élance joyeuse et les ailes légères [3] vers les images
idéales du monde de la poésie et de l'art, l'élément moral n'est pas absent de cette conception ; car cette joie,

1. *Poet.*, 7 : Τὸ γὰρ καλὸν ἐν μεγέθει καὶ τάξει. *Met.*, XIII, 3, 1078 a,
36 : Τοῦ δὲ καλοῦ μέγιστα εἴδη τάξις, καὶ συμμετρία καὶ τὸ ὡρισμένον,
ἃ μάλιστα δεικνύουσιν αἱ μαθηματικαὶ ἐπιστῆμαι.
2. *Met.*, XIII, 3, 1078 a, 31 : Τὸ δὲ (καλὸν) καὶ ἐν τοῖς ἀκινήτοις,
c'est-à-dire les figures mathématiques. On a donc tort de dire que les
mathématiques ne s'occupent pas du beau. Si elles n'en prononcent pas
le nom, elles en montrent la chose, les résultats dans les œuvres de
l'art, τὰ ἔργα, et en démontrent les principes rationnels, τοὺς λόγους.
Aristote, à la fin de ce chapitre, promet même de traiter ailleurs avec
plus de développement ce sujet. L'a-t-il fait, et dans lequel de ses ouvrages ? Bonitz l'ignore, et l'avoue.
3. *Polit.*, VIII, c. 7 : .... Κουφίζεσθαι μεθ' ἡδονῆς.

cette délectation, pour être vraiment purificative, doit
être innocente et moralement pure[1], et presque religieuse[2]. On ne peut méconnaître dans toute cette théorie
une influence directe et profonde de l'esprit du pythagorisme, et même de ses pratiques encore plus que de ses
théories expresses.

Mais Aristote ne reçoit cette influence qu'indirecte-
ment et dans des détails qui ne touchent pas au fond et
à l'essence de sa doctrine et de son système, qui substituent la notion de l'activité et du bien vivants, au con-
cept mathématique et abstrait de la beauté et de l'ordre,
en soi sans mouvement et sans vie.

Il n'en fut pas ainsi des successeurs immédiats de Platon dans l'Académie : ils penchent, on peut dire qu'ils
tombent dans un pythagorisme extravagant, et d'autant
plus contradictoire, qu'ils essayent, sans y réussir, à le
concilier avec la haute et sensée doctrine de leur maître.

La théorie des Idées est certainement une théorie un
peu vague : elle n'a reçu de son auteur aucune détermination précise, aucune expression nette, ferme, tran-
chée qui aurait pu en prévenir les altérations, ou les
interprétations fausses ; il ne faut pas trop s'étonner
de la voir déjà méconnue par ses disciples les plus
intimes.

Platon avait posé, avec trop peu de netteté d'expression
peut-être, trois sortes d'Idées au fond très-distinctes et
très-différentes[3] : les Idées essences, de nature divine ;

1. *Id.*, *id.* : Τὰ καθαρτικὰ παρέχει χαρὰν ἀβλαβῆ.
2. Proclus se sert de l'expression ἀφοσίωσις, et peut-être d'après
Aristote lui-même. Cf. Bernays., *Abhand. der Bresl. Gesellschaft*,
164, 199.
3. Arist., *Met.*, VII, 2 : Πλάτων τά τε εἴδη καὶ τὰ μαθηματικὰ, δύο

les Idées genres, de nature logique et mathématique ;
les Idées physiques, essences des choses sensibles et individuelles. Par cette distinction féconde, il avait rompu
avec la tendance pythagoricienne et abstraite : ses disciples y retournèrent immédiatement. Le grand et sage
esprit, — car il n'y a pas de vraie grandeur sans la sagesse, — qui avait su faire au pythagorisme sa place, et
avait su la lui mesurer, n'étant plus là, les platoniciens se
laissèrent emporter par l'ivresse de l'abstraction logique ; c'est d'eux qu'il fut vrai de dire : La philosophie
s'est perdue dans les mathématiques ; car c'est à eux,
comme je l'ai dit, qu'il faut attribuer ces théories que.
dans son expression un peu trop vague, Aristote a l'air
de rapporter quelquefois à Platon même. Ce sont eux
qui confondirent les Idées avec les nombres, et la distinction des Idées nombres, ou nombres idéaux et des
nombres mathématiques ne sauva pas la théorie des absurdités que le bon sens implacable et la sévérité salu-
taire d'Aristote y signalent avec tant de vigueur.

Par une conception étroite et partielle de la doctrine
des Idées, les nouveaux platoniciens n'en voulurent voir
que le sens dialectique, logique ; on la ramena ainsi à la
doctrine de l'unité absolue dans son opposition à l'infini. Comme toute Idée, en tant que forme logique, se
résout dans une idée plus générale, jusqu'à ce qu'on
arrive au genre le plus haut, le genre généralissime,
comme on dira plus tard, la dialectique devenue purement abstraite et formelle retomba dans l'unité vide
des éléates ; le caractère vivant et réel de l'Idée s'éva-

ούσίας, τρίτην δὲ τῶν αἰσθήτων σωμάτων οὐσίαν. Conf. XIII, 6, et en
vingt autres passages, v. Bonitz, ad Met., p. 91.

nouit dans les concepts imaginaires de la dyade et de la triade, dont personne n'a jamais pu signaler la trace dans les textes de Platon.

De même que Platon avait posé trois sortes d'Idées, ou distingua trois sortes de nombres : le vrai nombre ou nombre idéal ; le nombre mathématique ; le nombre sensible [1]. Le premier contient les formes ou raisons du dernier, et le second, qui leur sert d'intermédiaire, mesure et détermine ces rapports. Les nombres idéaux sont distincts des nombres mathématiques en ce que, différents les uns des autres par leur qualité comme par leur quantité, ils ne sont pas combinables entre eux : ils ne sont pas de même espèce ; tandis que les nombres mathématiques ont au contraire pour caractère de se combiner entre eux. Mais au lieu de me borner à une analyse qui, dans un sujet si obscur, risque de n'être pas toujours suffisamment claire, j'aime mieux donner ici presque en entier l'exposition d'Aristote, et quelques-unes de ses réfutations qui la complètent. J'ai dû refaire la traduction de cette partie de la *Métaphysique*, car quelque service qu'ait rendu la très-louable traduction de MM. Pierron et Zévort, elle laisse encore dans l'esprit de celui qui la lit, sur ce point particulièrement, bien des incertitudes et des obscurités, que je ne me vante pas cependant d'avoir toutes dissipées.

Il en est [2] qui posent les nombres comme des essences

1. *Met.*, XIII, 8, 1083 b, 30 sqq.
2. *Met.*, XIII, c. 6, 1080 a, 15 sqq. Que la théorie des nombres idéaux n'appartient pas à Platon et ne doit pas être confondue avec la théorie des Idées, c'est ce qu'Aristote lui-même reconnaît parfois, et notamment, XIII, 4, 1078 b, 9, où il dit : « Nous allons d'abord traiter de la théorie des Idées, sans confondre la nature de l'Idée avec la nature du nom-

séparées, et causes premières des êtres : le nombre est
alors un être, φύσις τις, et il n'y a pas une substance
différente de lui, mais il est cela même. S'il en est ainsi,
il faut que, parmi les nombres, il y en ait de premiers,
d'autres postérieurs, et que chacun diffère de l'autre en
espèce [1].
En tant que différents en espèce, ces nombres sont
donc ἀσύμβλητοι : ils ne peuvent pas être combinés ou
mis en rapport entre eux.
Il y a trois sortes possibles de nombres :

1. Ou bien chaque unité de chaque nombre repousse
toute combinaison avec une autre unité, parce que
toutes ont chacune leur espèce et leur qualité propre ;

2. Ou bien les unités qui composent les nombres sont
combinables entre elles, comme dans le nombre mathématique où aucune unité ne diffère d'une autre unité,
mais ne sont pas cependant absolument incombinables :
car on peut admettre que chacune des unités qui composent le nombre 3, par exemple, est combinable avec les
autres unités de ce même nombre 3, mais qu'aucune des
unités de 3 n'est combinable avec celles du nombre 4,
ou du nombre 5. Ainsi la dyade n'est pas formée de deux

bre, mais en la présentant telle que l'avaient d'abord comprise ceux
qui les premiers ont soutenu l'existence réelle des Idées, ὡς ὑπέλαβον
ἐξ ἀρχῆς οἱ πρῶτοι τὰς ἰδέας φήσαντες εἶναι. » Pour Aristote, Platon
veut dire presque toujours l'École de Platon dans toutes ses phases de
développement et avec tous ses écarts.
1. Il ne s'agit pas d'un ordre de quantités, comme la série naturelle
des nombres, mais d'un ordre dans l'essence, par lequel certaines essences sont spécifiquement et qualitativement antérieures ou postérieures, en tant qu'essences. Conf. 1080 b, 12 : Τὸν μὲν ἀριθμὸν ἔχοντα
τὸ πρότερον καὶ ὕστερον.

unités identiques à l'unité de l'un : la triade se forme sans le deux, et ainsi de suite ; il y a donc :

1. Des nombres incombinables, tels que ceux que nous avons en premier lieu définis.

2. Des nombres combinables, tels que les nombres mathématiques.

3. Des nombres incombinables entre eux, tels que ceux que nous avons définis en second lieu.

On peut faire une autre distinction entre les nombres.

1. Ou bien ils sont séparés des choses, χωριστοί.

2. Ou bien ils n'en sont pas séparés, ils existent en elles, non pas, il est vrai, comme le concevaient ces platoniciens qui voyaient là deux substances, et les plaçaient dans le même lieu[1], ce qui est manifestement absurde, mais comme l'entendaient les pythagoriciens, qui composaient les choses avec les nombres, comme avec leurs éléments.

3. Ou bien enfin parmi les nombres les uns sont séparables, les autres ne le sont pas.

Et cette classification peut se réunir à la première qui porte sur la faculté de combinaison.

Ce sont là les seules manières d'après lesquelles on peut concevoir les nombres[2]; et c'est l'une d'entre elles qu'ont soutenue ceux qui prétendent poser l'Un comme

---

1. Cf. 1076 a, 38 b, 11, et III, 2, 998 a, 7-19; III, 2 : « Il y en a qui soutiennent l'existence de ce qu'ils appellent les êtres intermédiaires, placés entre les Idées et les choses sensibles, — qui ne sont pas séparés des êtres sensibles, mais sont placés en eux, ἐν τούτοις. — » C'est-à-dire qu'ils leur donnent une existence à la fois indépendante, et cependant non séparée des choses sensibles. Alexandre d'Aphr., p. 700, 31, attribue cette opinion aux pythagoriciens. Il est plus probable, d'après *Met.*, XIII, 6, 1080 b, 2, qu'elle appartient aux platoniciens.

2. 1080 b 4-36

principe, essence, élément de toutes choses, et ont voulu
tirer de cet Un et de quelque autre chose[1], le nombre.
— Les seules, disons-nous, si l'on ne compte pas l'opinion qui déclarerait que toutes les unités sont incombinables, opinion qui n'a pas eu de patron.

A. Parmi les philosophes, les uns[2] admettent à la fois
les deux genres de nombres :

I. Le nombre ayant l'antériorité et la postériorité,
τὸ πρότερον καὶ ὕστερον, dans l'ordre de l'essence, soit de la
perfection, soit de la généralité, c'est-à-dire les Idées ou
le nombre idéal.

II. Le nombre mathématique, distinct et séparé des
Idées et des choses sensibles.

B. Les autres n'admettent que le nombre mathématique, séparé des choses sensibles, dont ils font le premier des êtres[3].

C. Les pythagoriciens n'admettent qu'un nombre, le
nombre mathématique, mais ils n'en font pas une essence séparée : ils prétendent que c'est de ce nombre que sont formés tous les êtres sensibles. Ils composent le monde entier de nombres[4] : seulement ce ne
sont pas des nombres monadiques[5], car ils donnent

---

1. C'est-à-dire un élément ou matériel ou jouant le rôle de la matière, tels que l'ἄπειρον, le τὸ μέγα καὶ μικρὸν, la δυὰς ἀόριστος.
2. C'est probablement Platon dans l'esprit d'Aristote.
3. Alexandre, d'après Syrianus, attribuait cette opinion tantôt à Xénocrate, p. 722, 28 ; tantôt à Speusippe et à Xénocrate réunis, p. 761,
31 ; tantôt il oublie d'en nommer l'auteur, qu'il semble parfois croire
pythagoricien, p. 744, 15. Brandis, *De perd. lib.*, p. 45, Zeller, *Philos.*
d. Greeh., p. 433, l'attribuent à Xénocrate ; M. Ravaisson, t. I, p. 178,
et Schwegler à Speusippe.
4. Conf. XIII, 8,1089 b, 11 ; *de Cœl.*, III, 1, 300 a, 15. *Met.*, I, 5, 986 a, 13.
5. C'est-à-dire abstraits, combinables, les nombres de l'arithmétique,
comme il appert de *Met.*, XIII, 8, 1083 b, 11.

à leurs unités une grandeur Mais comment l'Un premier composé peut avoir grandeur, c'est ce qu'ils son bien embarrassés de dire.

D. Un autre n'admet qu'un nombre, mais c'est le nombre idéal.

E. Un dernier identifie le nombre idéal et le nombre mathématique [1].

Ces différences se reproduisent dans les objets de la géométrie :

Platon (οἱ μὲν) distingue :

1. Les corps naturels.

2. Les objets mathématiques de la géométrie (corps, plans, lignes, points).

3. Les objets idéaux de la géométrie, τὰ μετὰ τὰς ἰδέας.

Maintenant ceux d'entre les platoniciens dissidents qui n'admettaient qu'un seul genre de nombres, le nombre mathématique, en niant l'existence des Idées ou en n'en faisant pas des nombres, n'ont admis que des corps mathématiques, et se sont montrés fidèles à l'esprit des mathématiques.

Ceux qui n'ont reconnu que des nombres idéaux n'admettent que des objets idéaux de la géométrie.

1. On ignore absolument à qui rapporter ces deux dernières opinions qui semblent se confondre ; car aussitôt qu'on n'admet qu'un nombre idéal, il paraît nécessaire d'y ramener le nombre mathématique, dont e bon sens force d'admettre l'existence et de reconnaître la nature. Aussi, plus loin, c. 8, p. 1086 a, 5, Aristote ne reconnaît-il que trois systèmes :

1° Le système de Platon, qui distingue les nombres idéaux des nombres mathématiques, et les admet tous deux.

2° Le système qui n'admet que le nombre mathématique.

3° Le système qui n'admet que le nombre idéal.

Ceux qui identifient le nombre idéal et le nombre
mathématique en font autant ; et tous les deux arrivent
à cette belle conclusion, c'est que les grandeurs ne sont
pas toutes divisibles en grandeurs, ce qui est le renversement de la géométrie, comme ils soutenaient que tout
nombre n'est pas composé d'unités, ce qui est le renversement de l'arithmétique : conséquences absurdes
auxquelles échappent les pythagoriciens en posant l'Un
comme élément et principe des êtres, mais pour tomber
dans une autre difficulté, qui est de donner aux nombres
de la grandeur.

Arrivons à la critique d'Aristote, dans laquelle je ne
crois nécessaire d'entrer que parce qu'elle complète et
développe, en même temps qu'elle rend plus claire,
l'exposition de ces conceptions bizarres et subtiles ; elles
partent toutes de ce principe : le nombre est substance.

Il y a trois questions à faire, et on peut raisonner
dans trois hypothèses :

I. Les unités qui composent les nombres sont identiques d'espèce, ἀδιάφοροι, et par conséquent combinableş.

Ou elles sont différentes d'espèce, et par conséquent
incombinables, et cela de deux façons : ou bien

II. Aucune unité n'est combinable avec aucune
unité.

III. Ou bien les unités de chaque nombre étant combinables entre elles, ne le sont pas avec les unités d'un
autre nombre : ainsi les trois unités de la triade sont
combinables entre elles, mais ne le sont pas avec les
unités de la tétrade.

I. Dans la première hypothèse, les nombres se ramènent absolument à la notion abstraite qu'en donnent les

mathématiques ; leur caractère idéal et essentiel s'évanouit ; les nombres ne peuvent pas être des idées, les Idées ne peuvent pas être des nombres, et ne pouvant pas être des nombres, elles ne sont pas du tout.

II. La seconde hypothèse considère toute unité comme absolument différente en espèce de toute unité : Aristote la réfute, ce qui paraît bien superflu, puisqu'il reconnaît lui-même que personne n'a jamais eu une si singulière opinion ; et il la réfute par trois arguments :

1. L'auteur premier de ces théories [1] a admis que ces unités qui sont dans la dyade idéale, par exemple, sont simultanément engendrées de la dyade indéfinie[2], ramenée à la détermination par la vertu de l'unité. Mais alors, puisque par hypothèse toutes les unités sont différentes d'espèce, par conséquent incombinables, l'une sera logiquement et essentiellement antérieure, l'autre postérieure. — Alors la dyade qui en est formée, ne sera plus la dyade première, puisque par une de ses unités elle sera postérieure.

2. Second argument. En outre, elle ne sera plus première, puisqu'on pourra former une autre dyade antérieure à elle.

En effet, dans l'hypothèse, toutes les unités sont incombinables. On pose par conséquent :

1. L'Un *premier*.

2. L'Un *premier* de la dyade qui est *second* par rapport au précédent.

1. Ὁ πρῶτος εἰπών, 1081 a, 24. C'est sans doute Platon qu'il veut faire entendre sans vouloir le nommer.

2. Il n'y a pas entre elles de relations de dépendance, ni d'ordre logique, ni d'ordre de série naturelle numérique.

3. L'Un *second* de la dyade, *second* par rapport au précédent, mais *troisième* par rapport à l'Un premier.

Mais ce mot *troisième* annonce qu'il y aura dans la dyade une unité *troisième* antérieure au nombre 3 ; dans la triade une unité *quatrième* antérieure au nombre 4 ; et dans la tétrade une unité *cinquième* antérieure au nombre 5[1].

Il y aura ainsi des unités antérieures et postérieures, des dyades, des triades antérieures à la dyade et à la triade ; car la dyade formée de l'Un premier, et de l'Un premier de la dyade, sera certainement antérieure à la dyade formée de l'Un premier de la dyade et de l'Un second de la dyade, et cette dyade est cependant appelée première par les platoniciens. Car il n'est pas possible de, dire qu'en même temps elle est les deux choses, c'est-à-dire première et seconde. Par exemple : il est impossible de dire que l'unité qui est après l'Un premier est à la fois première et deuxième, et que la dyade est première et seconde.

Mais ils posent un Un premier, sans parler du second, ni du troisième ; une dyade première, sans parler de la seconde, ni de la troisième, etc.

3. Troisième argument. Enfin, si l'on admet cette hypothèse, il n'y aura plus de vrai deux, de vrai trois, ni aucun nombre vrai. En effet quelle que soit l'opinion qu'on adopte, on ne peut pas nier que tout nombre se forme par l'addition : deux en ajoutant un à un ; trois en ajoutant un à deux, et ainsi de suite. Alors deux est une partie de trois, trois une partie de quatre. Mais si cela est vrai, que devient cette génération des nombres qu'ils imaginent

---

1. Le passage ne me paraît pas compris par Bonitz.

engendrés de l'Un et de la dyade? Diront-ils que 4, par
exemple, n'est pas formé de 3+1, mais de la dyade idéale
ou première, et de la dyade indéfinie : alors nous voilà en
possession de deux dyades outre la vraie, c'est-à-dire le
vrai deux. S'ils trouvent que c'est trop, il faudra toujours qu'ils admettent dans le 4, le vrai deux qui en sera
une partie, et une autre dyade.

Mais la dyade est composée de l'Un premier, et d'un
autre Un : à quoi sert donc l'autre élément, la dyade
indéfinie, qui ne peut, d'après sa nature, engendrer
qu'une unité, et non la dyade déterminée, le vrai deux?
Nous voilà en présence de plusieurs triades et de plusieurs dyades, distinctes du vrai trois, du vrai deux.
Comment expliquer leur existence? comment concevoir
qu'il y a des unités antérieures et postérieures? Tout
cela n'est que vision et chimère, πλασματώδη, et ce n'est
cependant que la conséquence logique du principe,
que l'Un et la dyade indéfinie sont les éléments des nombres et des choses. Il est donc prouvé par l'absurdité
des conséquences que ce ne sont pas là des principes.

III. Arrivons à la troisième hypothèse : Les unités de
chaque nombre sont combinables entre elles, incombinables d'un nombre à l'autre [1] : les difficultés qu'elle présente ne sont pas moindres. Ainsi prenons la décade : on
peut la considérer comme formée de 10 unités, que par
hypothèse on veut bien considérer comme de même
espèce; mais ce sont cependant des unités propres et
particulières à la décade; on peut aussi la considérer
comme formée de deux pentades, composées elles-mêmes d'unités, mais d'unités propres et particulières à la

1. 1082 a, 1.

pentade et qui n'ont rien de commun avec les unités
précédentes. Alors ce nombre 10 sera formé d'unités
qui ne sont pas de même espèce et qui excluent toute
combinaison entre elles. Comment cela pourrait-il se
faire? En outre si l'on ne veut pas qu'il y ait d'autres
pentades que ces deux-là, c'est absurde : car dans tout
nombre qui dépasse cinq, il y a une pentade. Mais s'il
y en a d'autres, quelle sera la nature de la décade que
l'on en pourra former[1]?

Comment comprendre qu'outre les deux unités qu'il
y a dans deux, il y ait encore en ce nombre une nature spéciale, un être distinct, φύσιν τινά, qui ait son
existence propre et séparée? Comment comprendre
qu'une pluralité d'unités puisse se fondre, se lier,
s'unir dans un tout distinct d'elles, et former une unité
nouvelle? Est-ce par participation, comme on peut dire,
que l'homme blanc forme un tout et une unité distincts
et du blanc et de l'homme? Mais ici c'est la qualité
qui s'unit à la substance ; ou comme la différence s'unit
au genre, par exemple : outre l'animal et le bipède,
il y a l'homme, être un, formé de ce genre et de
cette différence? Est-ce par contact, et par une sorte
de soudure comme des métaux? est-ce par un mélange,
tel que celui par lequel les vertus chimiques opèrent
l'unité du produit? ou par position, comme une certaine
position de points fait l'unité de la ligne? Évidemment

---

1. Aristote revient ici sur la manière dont on forme la tétrade, qui
ne se forme pas de toute dyade indifféremment ; mais la dyade indéfinie est censée recevoir en soi la dyade définie, et former ainsi les
deux dyades qui entrent dans la composition de la tétrade ; car c'est
en prenant quelque chose que la dyade indéfinie a pu devenir δυοποιός.... τοῦ γὰρ ληφθέντος

non; aucun de ces moyens d'unification ne peut s'appliquer aux unités dont sont formées, dit-on, la dyade et la triade. Les unités subsistent à côté les unes des autres, comme des hommes à côté les uns des autres, sans pouvoir se confondre en une nouvelle unité[1]; et ce n'est pas parce qu'elles sont indivisibles que les unités seront différentes d'espèce; car les points aussi sont indivisibles, et néanmoins il n'y a pas pour eux une dyade distincte et différente de deux points[1].

Remarquons bien qu'il faut, étant donné le système, admettre des dyades antérieures et des dyades postérieures, et cela pour tous les nombres, προτέρας καὶ ὑστέρας.

Supposons, si l'on veut, que les dyades qui entrent dans la tétrade, soient simultanées[2], c'est-à-dire iden-

---

1. Cependant, comme Kant l'a fait observer, on ne peut nier que la *sommation*, si je puis ainsi parler, c'est-à-dire l'acte de l'esprit qui conçoit comme un tout un nombre composé d'unités individuelles, ne crée une synthèse rationnelle, mais naturelle, une sorte d'être idéal, de nature métaphysique au nombre, φύσις τις, distincte des unités qui entrent dans la somme. Chaque nombre a, dans l'esprit qui le conçoit, sa forme précise distincte, sa notion vraie, son idée au moins possible, et suivant la très-solide pensée de Platon, on ne peut pas dire que ces êtres mathématiques, métaphysiques, soient sans aucune réalité. Le possible est déjà quelque chose, et l'idée, qui, étant dans un esprit et ne pouvant être que dans un esprit, n'est qu'une forme de l'esprit, participe alors à sa réalité et à son existence. La quantité pure est quelque chose d'indéfini; le nombre est certainement défini, c'est-à-dire a forme, essence, qualité, limite, détermination, nature, φύσις τις.

2. Pour éviter cette consécution mathématique des nombres, ou ce enveloppement des Idées les unes dans les autres, on a imaginé une sorte de génération. La dyade définie, ou le vrai deux, naît de l'unité par le moyen de la dyade indéfinie, qui s'appelle δυοποιός; la tétrade naît de la dyade définie et de la dyade indéfinie, et ainsi de suite. V. p. 40. La dyade s'appelle tantôt δυο-, tantôt ποσοποῖος, parce qu'elle fait la quantité matérielle, la matière des nombres, le plus ou moins

tiques d'espèce, et sans différence l'une par rapport à
l'autre : il n'en est pas moins vrai qu'il y a dans la dyade
deux unités qui sont postérieures à la vraie unité, de
même dans la tétrade deux dyades, postérieures à la
vraie dyade, et ainsi de suite, car les deux dyades de la
tétrade sont antérieures aux dyades de l'octade, et de
même que la dyade a engendré ces deux dyades de la
tétrade, de même ces deux dyades ont engendré les té-
trades de l'octade.

Mais de plus il résulte de là que si la dyade première
est une Idée, les autres seront aussi des Idées, et il en
est de même des unités ; car les unités de la dyade première engendrent les 4 unités de la tétrade ; en sorte
que toutes les unités seront des Idées, et que, la dyade
étant composée d'unités, la tétrade étant composée de
dyades, l'Idée sera composée d'Idées, et par conséquent
les choses mêmes, qui ont pour essences ces Idées, seront elles-mêmes composées, et on verra alors les animaux composés d'animaux[1].

Ce ne sont là que des visions fantastiques ; et pour en
revenir à la réalité, toutes les unités des nombres sont
identiques d'espèce ; et numériquement égales, elles ne
diffèrent ni de quantité ni de qualité. Il serait curieux
de savoir quelle sorte de dyade on formerait d'une unité
de la dyade, et d'une unité de la triade ; et aussi de savoir si cette dyade, quelle qu'en soit la nature, sera antérieure ou postérieure à la triade ; il semble que 2 doit

---

ndéfini ; l'Un, l'unité détermine cette quantité, et pour ainsi dire la
qualifie.

1. L'homme, qui est un animal, sera composé de l'animal, du bipède,
du musicien, etc.

être antérieur à 3 ; mais il faut remarquer que ce *deux*
dont nous parlons est formé d'une unité qui naît en
même temps que la dyade et par ellé, et d'une autre qui
naît avec la triade. De sorte qu'il est difficile de répondre
à la question que nous venons de faire.

Enfin, on peut en faire encore une autre qui n'est
pas moins embarrassante :

Trois est-il plus grand que deux? dire non, c'est bien
hardi; mais s'ils disent oui, il y aura dans trois un nombre égal à deux et absolument de même espèce, et ils
nient cette identité de nombre à nombre, et ils sont bien
obligés de la nier, puisqu'ils posent des nombres premiers, des nombres seconds, une dyade première, une
dyade seconde ; et s'ils ne la niaient pas, les Idées ne seraient plus des nombres, puisque toute Idée diffère d'espèce de toute autre Idée [1]. Il n'y aurait même plus d'I-
dée : ils sont obligés de poser comme incombinables,
séparés, les nombres, pour empêcher une Idée d'être
dans une autre, et toutes les Idées d'être des parties
d'une seule [2]. Mais c'est détruire la vraie nature des
nombres [3], pour défendre une insoutenable hypothèse.

Ils pourront peut-être à leur tour nous faire quelque
difficulté et nous demander : et vous, quand vous comp-
tez, quand vous dites un, deux, trois, que faites-vous?
ne comptez-vous qu'en additionnant [4], ou envisagez-vous

1. 1082 b, 26 : Ἐν γὰρ τὸ εἶδος. Ils seraient obligés de compter
comme tout le monde, d'abandonner leur prétendue généalogie des
nombres par la dyade indéfinie.
2. *Id.*, l. 31 : Ἐνυπάρξει γὰρ ἑτέρα ἰδέα ἐν ἑτέρᾳ, καὶ πάντα τὰ εἴδη
ἑνὸς μέρη.
3. *Id.*, l. 33 : Πολλὰ γὰρ ἀναιροῦσιν.
4. Προσλαμβάνοντες, c'est-à-dire comme plus haut κατὰ πρόσθεσιν.

chaque nombre à part, individuellement, isolément[1]?
Nous répondons : nous faisons l'un et l'autre[2], et voilà
pourquoi il est absurde de pousser la différence qu'il
y a entre les nombres jusqu'à une absolue différence
d'essence[3].

Le nombre ne peut différer du nombre qu'en quantité; mais l'unité ne peut différer de l'unité ni en
quantité ni en qualité : car si les unités différaient entre
elles de quantités, deux nombres égaux, c'est-à-dire formés d'un même nombre d'unités, seraient inégaux; et
d'où viendrait leur différence de qualité? il n'est pas dans

1. Je crois que c'est le sens de κατὰ μερίδας, qu'Alexandre n'entend
pas ainsi.

2. En effet, si le nombre, en tant que nombre, n'admet que des différences de quantité, il a aussi cependant sa détermination qualitative; mais il n'est pas facile de comprendre le sens de cette qualité,
qu'Aristote lui-même donne aux nombres, v. Met., V, 14, 1020 b, 3, — où
il paraît vouloir exprimer le rapport des nombres à la géométrie : « Dans
un sens, la qualité se dit de la différence d'essence; dans un autre,
on applique le terme aux êtres immobiles et mathématiques, comme
on donne certaines qualités, certaines dénominations qualitatives aux
nombres : ὥσπερ οἱ ἀριθμοὶ ποιοί τινες.... » Par exemple, on appelle
nombres plans, nombres rectangles, nombres carrés, ceux qui sont le
produit des deux facteurs autres que l'unité. Ainsi 6=2.3, est un
nombre rectangle; 9=3.3, est un nombre carré. On appelle nombres
solides ceux qui sont le produit de trois facteurs autres que l'unité :
par exemple, les nombres parallélépipèdes, nombres cubes. — Mais ne
pourrait-on pas dire que les nombres produits de deux facteurs, dont
l'Un est l'unité, comme 6 = 1.6, est aussi un nombre qualifié, que c'est
un nombre linéaire? Quoi qu'il en soit, Aristote reconnaît ici qu'à la
notion de la quantité s'ajoute celle de la qualité, de la forme, pour
achever la notion du nombre; et il semble que ce doive être le sens
du passage 1082 b, 35 : Ποιοῦμεν δὲ ἀμφοτέρως, que nous avons cherché à rendre plus clair par cette longue note. Si nous n'y avons pas
réussi, on nous le pardonnera; car le meilleur commentateur de la
Métaphysique, arrivé là, dit modestement : « Non habeo quomodo cum
aliqua veritatis specie explicem. » Bonitz, p. 552.

3. Ch. 8

leur nature de posséder aucune qualité essentielle, οὐθὲν ὑπάρχειν πάθος…. et l'élément qualitatif, τὸ ποιόν, eux-mêmes le disent, ne peut appartenir aux nombres qu'après l'élément quantitatif. Ce n'est pas en effet l'*Un* absolument indifférent, ἀποιός, ce n'est pas la dyade, qui ne fait que produire la grandeur extensive ou intensive, ποσοποίος, qui leur donneront la qualité, τοῦ γὰρ πολλὰ τὰ ὄντα εἶναι αἴτια αὐτὴ ἡ φύσις.

De ce qui précède nous pouvons conclure ; si les Idées sont des nombres,

1. Il n'est pas possible que les unités soient toutes combinables.

2. Il n'est pas possible qu'elles soient incombinables d'aucune des deux manières dont on peut concevoir cette impossibilité de combinaison.

A ceux qui nient l'existence des Idées et des nombres idéaux, et y substituent l'hypothèse des nombres mathématiques comme principes des choses, il faut répondre qu'ils ont le tort de conserver à côté de l'unité mathématique, l'αὐτὸ τὸ ἕν, l'Un premier, en soi, de Platon, comme principe, parce qu'ils seront entraînés par cette concession, à placer une dyade en soi à côté du nombre deux, et une triade en soi à côté du nombre 3. Ils retombent donc dans les impossibilités du système précédent et y ajoutent en outre le vice de l'inconséquence.

Quant à ceux qui confondent le nombre idéal et le nombre mathématique, leur nombre idéal est soumis à toutes les erreurs déjà signalées, et il ne 'saurait être le nombre mathématique [1].

1. Au fond, c'est là la seule, mais la grande objection contre le système : Si votre nombre est le vrai nombre mathématique, il n'explique

Conclusion définitive :

Le nombre n'est pas l'essence des choses, et il n'est pas un être séparable.

Outre cette critique d'ensemble, la *Métaphysique* contient encore contre la théorie philosophique des nombres, des objections isolées qu'il n'est pas inutile de reproduire :

1. On[1] a posé pour principes de l'unité, de chaque

a nature ni des idées ni des choses; si ce n'est pas le nombre mathématique, d'où vient alors ce dernier nombre dont vous prenez sans droit le nom? Ce n'est plus qu'un jeu de mots. Il semble que la critique d'Aristote aurait pu être plus brève, plus précise et sans doute plus claire.

1. Dans le XIIIᵉ livre, c. 8, de la *Métaphysique*, Platon n'est pas nommé, mais il l'est au Iᵉʳ livre, c. 6, où Aristote lui attribue avec raison d'avoir distingué trois genres d'êtres : 1° les Idées; 2° les êtres mathématiques, intermédiaires, τὰ μεταξύ, qu'Aristote croit qu'il a confondus absolument avec les nombres; 3° les choses sensibles. Mais on ne comprend plus qu'après cette distinction Aristote ajoute : Il réduisit les Idées en nombres, qui devinrent les causes uniques de toutes choses et dont les éléments furent les éléments et les principes de tout. En effet, s'il dit que Platon pose les Idées comme causes de tout le reste, αἴτια τὰ εἴδη τοῖς ἄλλοις, c'est-à-dire causes des nombres et des choses sensibles, il dit aussi que les éléments des Idées sont : 1° l'Un, l'essence, la forme; 2° le grand et le petit, c'est-à-dire l'infini, τὸ ἄπειρον, la matière, ὕλη, la quantité indéfinie, indéterminée, qu'i appellera plus loin la dyade : or la matière, par la communication de l'Un, engendre les Idées qui sont les nombres, τὰ εἴδη εἶναι τοὺς ἀριθμούς; il en résulte que ce sont en définitive les nombres qui sont les causes premières, les êtres premiers, τοὺς ἀριθμοὺς αἰτίους τοῖς ἄλλοις τῆς οὐσίας. En sorte qu'on ne voit plus quelle différence peut subsister entre les Idées et les nombres de Platon; et Aristote, tout en affirmant que Platon en faisait une, arrive à la supprimer. Bien plus, il supprime même la différence des nombres et des choses; car les Idées, ou nombres, sont formées, comme les choses, de l'Un premier et de la matière. Il y a une matière qui sert de substrat aux choses, ἡ ὕλη ἡ ὑποκειμένη, καθ' ἧς τὰ εἴδη μὲν ἐπὶ τῶν αἰσθητῶν, et c'est cette matière qui sert également de substrat aux Idées, τὸ δ' ἓν ἐν τοῖς εἴδεσι λέγεται...; et cette matière, commune aux choses et aux Idées, c'est la dyade du grand

unité, c'est-à-dire de chaque nombre idéal : 1° le grand et le petit, 2° l'un premier, αὐτὸ τὸ ἕν.

Examinons 1° comment les nombres peuvent être produits de ces principes,

2° Le rapport des nombres et des objets de la géométrie.

1. Chaque unité vient-elle du grand et du petit égalisés, ἰσασθέντων? ou les unes viennent-elles du grand, les autres du petit?

2. Les nombres qu'on suppose des êtres réels en acte, et non pas existant seulement en puissance, sont-ils infinis ou' ont-ils une limite?

La limite de 10 est tout à fait arbitraire, et elle n'explique pas l'infinie variété des choses à chacune desquelles doit correspondre un nombre. Ils veulent sans doute résister à la pente qui les fait rouler au fond de l'abîme de l'infini; mais il n'y a dans le système aucune raison de s'arrêter à dix, et s'ils le font par une incon-

et du petit, αὔτη δυάς ἐστι, τὸ μέγα καὶ τὸ μικρόν. *Met.*, I, 9, 991 b, 9.

Ainsi les Idées sont des nombres : c'est-à-dire que la notion du nombre contient, exprime la nature des idées. Mais alors

I. Comment ces nombres seront-ils causes des êtres réels et sensibles? On peut 'concevoir de deux manières le rapport des nombres idéaux et des choses.

1° Les choses sensibles sont des nombres mêmes; Socrate est tel nombre, Callias tel autre; — comment, en ce cas, expliquer la génération des uns par les autres ?

2° Les choses sensibles ne sont que des rapports numériques, λόγοι ἀριθμῶν; mais un rapport suppose des termes réels, un substrat, une multiplicité d'éléments dont il est le rapport. En sorte que l'Idée, comme le nombre lui-même, n'est plus la substance des choses, et qu'il reste toujours à la trouver. Les nombres ne sont plus des êtres, et à plus forte raison ne sont pas des causes.

II. En outre, un nombre un peut se composer de plusieurs nom-

séquence ou prudente ou superstitieuse, les nombres leur manqueront pour l'explication des choses[1].

3. Quel est le nombre antérieur, l'unité ou la dyade, ou la triade? en tant que composés, les nombres sont postérieurs; mais en tant qu'on les considère comme

bres. Comment une Idée une pourra-t-elle se composer de plusieurs Idées?

Diront-ils que ce ne sont pas les Idées, c'est-à-dire les nombres mêmes, mais les unités, qui se composent, qui se rassemblent en un seul nombre? on tombe alors dans les difficultés exposées plus haut sur a nature du rapport qu'il faut admettre entre les unités, c'est-à-dire 1 faut déterminer si elles sont de même espèce, combinables, et sans différences entre elles, ou au contraire. Mais

1° l'unité est de sa nature absolument sans différence.

2° Si l'on en admet qui aient des différences, c'est un genre nouveau, qui n'a aucun rapport avec les unités arithmétiques et mathématiques.

3° La dyade indéfinie est mère des nombres, et par conséquent de 'unité ; mais elle comprend deux unités, qui seront aussi engendrées par une dyade, nécessairement antérieure à celle que l'on considère, et ainsi de suite à l'infini.

4° Si les unités d'un même nombre sont différentes d'espèce, comment pourront-elles ne former qu'*un* nombre, et d'où viendra l'unité de ce nombre?

5° Enfin, si les unités sont différentes d'espèce, ce n'est plus l'unité identique à elle-même, vague et abstraite qu'il fallait donner comme principe, mais les unités spécifiquement différentes, qui jouent dans le système des nombres les rôles du feu, de l'air, de l'eau, dans la physique ionienne. Il est clair qu'on emploie, sans en rien dire, le mot unité dans des sens très-différents.

6° La génération des nombres ne peut se comprendre ni par le mélange, ni par la composition, ni par le développement d'un germe interne, ὡς ἀπὸ σπέρματος (XIV, 1092 a, 29), ni par les contraires, qui supposent une matière où se réalise l'un de ces contraires, et est distincte de tous les deux.

1. *Met.*, XIII, 1084 a, 12. Aristote a-t-il bien compris la pensée des pythagoriciens et des platoniciens pythagorisants. Ils ne disent pas qu'il n'y a que dix nombres, mais que chaque nombre, chaque être, est un nombre décadique; et c'est ce que lui-même semble reconnaître plus bas, XIII, 1084 a, 15 : Αὐτὸ γὰρ ἕκαστος ἀριθμὸς μέχρι δεκάδος.

une unité de forme et d'espèce, ils sont antérieurs à leurs propres unités qui ne sont que leur matière.

4. L'unité est-elle un élément formel, ou un élément matériel? on lui fait jouer tour à tour ces deux rôles. Aristote n'a pas eu de peine à renverser ce fragile échafaudage de vides abstractions où disparaît l'ombre même de l'être. Disons pourtant que nous ne connaissons ces bizarres et fantastiques conceptions que par celui qui les a si rigoureusement attaquées, et qu'il ne nous a fait connaître peut-être de leurs doctrines que ce qui méritait le moins d'être connu.

Il semble que Speusippe, au moins, a eu sur quelques points des opinions moins étranges et même originales et profondes. Il posait d'abord l'unité; puis un principe particulier pour chaque espèce de choses, un pour les nombres, un autre pour les grandeurs, un troisième pour l'âme[1]. Il suivait, dit Aristote[2], les pythagoriciens qui plaçaient l'unité, τὸ ἕν, dans la série des biens : non pas qu'ils l'identifiassent au bien; mais il veut dire simplement que dans la table des contraires, ils le rangeaient dans la série où étaient placés eux-mêmes le fini et le bien. Ailleurs[3] il ajoute en propres termes : « Quelques théologiens d'aujourd'hui ne regardent pas le bien comme principe, mais ils disent : ἀλλὰ προελθούσης τῆς τῶν ὄντων φύσεως τὸ ἀγαθὸν καὶ τὸ καλὸν ἐμφαίνεσθαι. Cette phrase obscure est expliquée par un autre passage de la Métaphysique, où nous lisons, que « Speusippe, et les pythagoriciens ont pris pour principe premier non

1. Arist., Met., VII, 2.
2. Ethic. Nic., I, 4, 1096 b.
3. Met., XIV, 4.

e parfait, mais le germe, comme le prouvent les plantes
et les animaux. Or ce n'est pas dans le germe que se
montrent la beauté et la bonté des êtres : c'est dans ce
qui se développe du germe, dans le développement
complet de la nature de l'être. Donc le premier principe n'est pas le bien [1]. » Le rapprochement de ces deux
passages prouve clairement que par ces mots du premier : « Quelques théologiens d'aujourd'hui », Aristote a
bien en vue Speusippe. M. Ravaisson qui le soutient
doctement croit même que la phrase grecque que j'ai
citée, contient les expressions mêmes de Speusippe : « ab
Aristotelico scribendi more, dit-il [2], præcipue in Metaphysicis, satis aliena et Platonicam quamdam ἔμφασιν spirantia, » et il ajoute, avec raison, suivant moi, que c'est
ici une idée nouvelle qui n'appartient en aucune façon
aux pythagoriciens, dont le système exclut précisément
la notion du développement et du mouvement, parce
qu'ils conçoivent le monde comme la beauté réelle, réa-
lisée. Il n'y a donc pas place dans leur conception pour
une fin, ni par conséquent pour le mouvement qui y
pousse l'être. L'ordre est réel, et non idéal; il est actuel, et non pas seulement possible. Le monde comporte,
il est vrai, des degrés divers de beauté, mais il ne faut
pas les confondre avec les phases diverses du développement, avec ce procès, ce progrès que Speusippe a eu
la gloire d'introduire dans la philosophie [3].

Toutefois il est juste de remarquer, et M. Fouillée l'a
déjà fait, que la procession alexandrine, contrairement

---

1. *Met.*, XII, 7.
2. Dans sa thèse : *de Speusipp.*, III, p. 8.
3. Ravaiss., l. l. : « Nec forte absurdum si quis prima hic celebratæ
a Neo-Platonicis προόδου initia deprehendere sibi videatur. »

à l'idée d'un progrès, est un mouvement en sens inverse, une chute. Car pour produire l'être, le Parfait s'abaisse, ὕφεσις, et s'abaisse de plus en plus à chaque degré de l'être.

Mais si Speusippe ne suit pas ici, autant qu'on l'a cru, la trace des pythagoriciens, sur beaucoup d'autres points, il se rapproche d'eux : il conçoit le monde comme un être animé et vivant[1]; la matière est pour lui l'infini considéré comme un; il pose l'Un et les nombres qui en dérivent, comme l'*autre* principe des êtres; mais obéissant à la tendance spiritualiste et dualiste de Platon, il considère l'Un et l'autre comme des éléments réels, et non comme des facteurs simplement idéaux de la réalité. Il distingue l'Un en soi, l'Un avant les unités, l'Un primitif, de l'unité qui est le premier des nombres[2], et identifie la cause motrice, la raison, avec l'âme du monde et le feu central[3].

De la pluralité et de l'unité, opposées comme elles le

1. Cic., *de Nat. D.*, I, 1.
2. *Met.*, XIII, 8.
3. Cic., *de Nat. D.*, I, 13. Conf. Théophr., *Metaph.*, 322, 12 : Σπεύσιππος σπάνιόν τι τὸ τίμιον ποιεῖ τὸ περὶ τὴν τοῦ μέσου χώραν.... Le reste est corrompu et ne s'entend que par un changement de leçon. On lui attribue cette définition de l'âme : l'idée de ce qui est étendu en tout sens : ἰδέα τοῦ πάντη διαστατοῦ, qu'il n'y a aucune raison de changer en ἀδιαστατοῦ, comme le propose M. Ravaisson. Iamblique (Stob., *Ecl.*, I, 862. Cf. Diog. L., III, 67) la rapporte à Platon même. Et Plutarque, *de Gener. anim.*, c. 22, la reproduit, développée comme de Posidonius : Ἰδέαν τοῦ πάντη διαστατοῦ καθ' ἀριθμὸν συνεστῶσαν ἁρμονίαν περιέχοντα. C'est tout à fait la doctrine du *Timée*, p. 36 e, identique elle-même à celle du feu central, ou âme du monde, qui, suivant les pythagoriciens, du centre où elle a sa demeure s'étend aux extrémités du monde, qu'elle enveloppe tout entier. Sext. Emp. IV, 331. *Fragm. Philol.* Boeckh., p. 167 : Τὰς τὸ ὅλον περιεχούσας ψυχᾶς. C'est une conception toute pythagorique.

sont dans la table des contraires, naissent les nombres[1],
mais les nombres seuls et les nombres mathématiques[2].

Il célèbre les vertus de la décade dont les éléments,
c'est-à-dire les 4 premiers nombres, contiennent le fondement de tous les rapports géométriques ; il admet les
cinq éléments, la migration de l'âme, qu'il fait immortelle, même dans sa partie irrationnelle, plus fidèle en
cela aux principes pythagoriciens qu'à ceux de Platon.
Xénocrate partage avec Speusippe[3] la tendance pythagoricienne et la prédilection pour les mathématiques[4].
Il rétablit le nombre idéal que Speusippe avait supprimé, mais il le confond avec le nombre mathématique ;

1. *Met.*, XIV, 1091 b, 24 : Οἱ τὸ μὲν ὁμολογοῦντες ἀρχὴν εἶναι πρώ-
την καὶ στοιχεῖον, τοῦ ἀριθμοῦ δὲ τοῦ μαθηματικοῦ.

2. Mais, pour éviter l'objection et la difficulté de faire provenir du
nombre mathématique abstrait la grandeur concrète et étendue, après
avoir en commençant posé l'Un, il multipliait les essences sans les relier ni les déduire, et, supprimant la causalité du nombre, posait différentes espèces d'essences et de principes, les unes pour les nombres,
les autres pour les grandeurs, les autres pour l'âme. *Met.*, VII,
2, p. 1028 b, 19; XII, 10, 1075 b, 37. Mais en juxtaposant ainsi des
principes et des essences, sans coordonner par une action de l'un à
l'autre, par le lien de cause et d'effet, les êtres antérieurs aux êtres
postérieurs (*Met.*, XIV, 3, 1090 b, 13 : Τὸ μηθὲν ἐπιβάλλεσθαι ἀλλήλοις
τὰ πρότερα τοῖς ὕστερον), il déchirait l'unité du tout, et ne faisait plus
du drame admirable de la nature qu'une mauvaise tragédie, où, comme
des épisodes sans rapport entre eux, les phénomènes se succèdent et se
juxtaposent sans se lier, et sans former un tout réel, une unité vivante. *Met.*, XII, 1075 b, 37 : Ἐπεισοδιώδη τὴν τοῦ παντὸς οὐσίαν
ποιοῦσιν. XIV, 3, l. i. : Οὐκ ἔοικε δ'ἡ φύσις ἐπεισοδιώδης οὖσα ἐκ τῶν
φαινομένων ὥσπερ μοχθηρὰ τραγῳδία.

3. Il suivait l'opinion de Speusippe, dit Asclépius, *Schol. in Aristt.*,
p. 740. C'est à lui que Sext. Empir., *adv. Math.*, VII, 16, rapporte la
division précise et développée de la philosophie considérée comme un
tout systématiquement lié, en trois parties, division que Platon n'avait
fait qu'indiquer vaguement.

4. Il les appelait λαβαὶ φιλοσοφίας. Plut., *Virt. Mor.*, c. 12. Diog.
L., IV, 10.

de l'unité et de la dyade indéfinie il déduit immédiatement les nombres, et l'âme est, d'après sa définition célèbre, dont on lui dispute, il est vrai, l'invention, un nombre se mouvant lui-même[1], un nombre, parce qu'elle participe du même et de la permanence, se mouvant, parce qu'elle participe de l'autre et du changement. Comme Speusippe, il admet cinq éléments; de plus, il considère Dieu, auquel s'applique surtout cette définition de l'âme, comme répandu dans le monde et pénétrant en toutes ses parties, jusque dans les êtres privés de mouvement[2]. Ce Dieu est l'Un, principe mâle, nombre impair; la dyade est le Dieu femelle : d'eux naissent le ciel et les planètes. Comme Platon, Xénocrate reconnaît trois sortes d'êtres : l'essence intelligible figurée par le triangle équilatéral; l'essence matérielle, figurée par le triangle scalène; l'essence mixte, ou le monde sensible et réel, figurée par le triangle isocèle.

Héraclide du Pont qui appartient à l'école académique, avait cependant entendu les pythagoriciens, et écrit un ouvrage sur eux. Si dans sa théologie il s'éloigne peu de Platon, il se rapproche beaucoup des pythagoriciens dans sa cosmologie, qui nous présente un atomisme assez semblable à celui d'Ecphantus. La raison divine a fait de ces atomes le monde : la terre tourne quotidiennement autour de son axe tandis que le ciel des étoiles fixes est immobile. Les étoiles et la lune sont des corps semblables à la terre. L'âme humaine composée d'une

---

1. *Tuscul.*, I, 10 : « Xenocrates animi figuram et quasi corpus negavit esse, verum numerum dixit esse, cujus vis, ut antea Pythagoræ visum erat, in natura maxima esset. » Cf. Plut., *de Gen. anim.*, 3.
2. Clem., *Strom.*, V, p. 590.

matière éthérée et légère habite la voie lactée avant son
entrée dans le corps.

De près ou de loin, ces philosophes touchent à l'école
pythagoricienne ; mais le pythagorisme se continue et
revit dans d'autres écoles très-distinctes entre elles et
de lui. Nous avons déjà vu que le platonisme s'en inspire, mais ce sont les stoïciens surtout, qui renouvellent, étendent et approfondissent les principes essentiels de la doctrine. Comme les pythagoriciens, en effet,
les partisans de Zénon font de la nature entière un être
vivant. Sans nier la réalité distincte d'un principe idéal
et rationnel des choses, qu'ils appellent également λόγος
et dont ils font aussi un germe, ils en nient l'existence
séparée et transcendante, et par leur doctrine précise
et nette de l'immanence sont, comme eux, tout près de
confondre Dieu et le monde. Seulement le stoïcisme, à
l'idée de nombre, principe où le mouvement apparaît
moins dans son essence que dans sa qualité, substitue
l'idée de la force tendue à travers la matière et la travaillant péniblement pour lui donner la forme. Mais
néanmoins la matière n'existe pas sans la force ni la
force sans la matière ; point de corps sans âme, point
d'âme sans corps.

Le principe des stoïciens est ainsi le principe des
pythagoriciens : l'unité concrète, active et passive, vivante et mouvante, loi interne, essence même de l'être,
enveloppant les contraires et produisant de son sein le
développement des raisons séminales [1] contenues dans
l'unité, ἐξ ἑνὸς πάντα γίγνεσθαι [2]. Par une imitation évidente

---

1. Arist., *Met.*, XIV, p. 300, l. 31.
2. Cleanth., *Stob.*, I, 11, 372.

de la technologie pythagoricienne, ce principe prend
l'épithète d'ἀρρενοθῆλυ, qui est comme le synonyme
d'ἀρτιοπέρισσον. La monade première est le feu qui relie
toutes parties de l'univers et en forme un tout éternel;
διαμονῆς συνόχην, disaient les pythagoriciens.

Tout en mettant plus volontiers en relief la notion de
la force, de l'activité, de l'effort, le stoïcisme n'avait pas
négligé le principe de l'harmonie, qui se ramène au
nombre. Il compare l'ordre et la convenance des choses
à l'accord d'une lyre, à une proportion, à un rapport
homologue, ὁμολογία, en un mot à une harmonie; et
il réduit la perfection et la beauté au nombre qui renferme tous les nombres, καλὸν δὲ τὸ τελεῖον.... πρὸς τὸ πάντας
ἔχειν τοὺς ἐπιζητουμένους ἀριθμούς [1], « quod omnes numeros
habet [2]. »

Tout participe à la raison séminale, quoiqu'à des
degrés différents ; tout être est lié aux autres et au tout
lui-même par une communauté de nature. Les individus
ne sont que des fragments d'un seul système : μέρη γὰρ
αἱ ἡμέτεραι φύσεις τῆς τοῦ ὅλου. L'idée de la sympathie universelle, non-seulement des hommes, non-seulement
des êtres vivants, mais de la nature entière avec laquelle notre être individuel doit s'unir, et dans laquelle
il doit, pour ainsi dire, se plonger et se perdre (toti te
mundo insere), cette idée stoïcienne est en germe dans
le pythagorisme.

On pourrait dire qu'ici s'arrête l'histoire de l'école;
précisément parce que ses principes essentiels ont été
adoptés par le platonisme et le stoïcisme, ils subissent,

---

1. Diog. L., VII, 100.
2. Cic., de Off., I, 4, 28, 40.

au sein de ces systèmes, des modifications profondes qui
souvent les défigurent. Ceux qu'on appellera désormais
du nom de pythagoriciens n'en auront guère plus que
l'enseigne : ce sont des éclectiques, qui composent leurs
opinions d'un mélange des idées d'Aristote, de Platon, de
Zénon. Les doctrines qu'ils cherchent à remettre en honneur, pythagoriciennes d'origine et de nom, ont reçu
déjà des altérations et des développements considérables.
C'est par des caractères extérieurs, pour ainsi dire, étrangers à la philosophie, que la marque de l'école se laisse
reconnaître. Le néopythagorisme n'est que l'union des
idées platoniciennes et des formules numériques pythagoriciennes. Le premier mélange des Idées et des
nombres avait produit dans l'ancienne Académie la
symbolique et la mystique religieuses. Nous reverrons
dans le néopythagorisme ce double caractère, c'est-à-
dire le penchant à la symbolique des nombres et par
une suite naturelle la pratique des sciences mathématiques. Quand l'école proprement dite disparaît dans le
cours du quatrième siècle, le nom s'en conserve encore et
s'applique à une association vouée à une règle de vie
pratique, qui n'est ni sans affinité ni sans analogie avec
la vie ascétique des cyniques. Nous retrouverons également dans le néopythagorisme, ces pratiques ascétiques
et religieuses, auxquelles, sans doute, mais nous ne savons dans quelle mesure, se mêlaient des idées philosophiques. Enfin une dernière marque de son origine,
c'est le penchant à la culture des arts magiques, caractère qu'on aperçoit déjà dans le fondateur de l'Institut ; nous avons vu, en effet, qu'il passait pour avoir
possédé une puissance et une science surnaturelles qu'il

tenait, disait-on, des mages et peut-être de Zoroastre.

Au point de vue philosophique, voici ce que le néopythagorisme nous présente : les Idées de Platon déjà devenues des nombres dans l'Académie de Xénocrate et de Speusippe, en prennent de plus en plus le caractère. Mais ces nombres, formes ou Idées, tendent à se distinguer du principe premier ou de Dieu dont ils dérivent, et de la matière ou dyade qu'ils produisent. Comme les Idées sont devenues pour lui des pensées divines, et que la dyade dérive de l'unité, on voit que malgré la triplicité de leurs principes, au fond les néopythagoriciens rétablissent l'unité de Pythagore. C'est en effet à concilier l'unité avec la multiplicité des causes premières que tendent leurs efforts.

L'immanence panthéistique, c'est-à-dire la présence réelle et immédiate de Dieu dans la nature, de l'unité dans la multiplicité, cherche à s'accorder avec le principe oriental de la transcendance, qui élève Dieu au-dessus et le place au delà et en dehors du monde. Les néopythagoriciens en cherchant des intermédiaires qui relient ces deux mondes, de plus en plus séparés par le mouvement des idées nouvelles, préparent la doctrine de l'immanence alexandrine, dont le caractère est purement dynamique et suivant laquelle Dieu n'est plus présent que médiatement et virtuellement dans les choses. En donnant à tout être et au monde lui-même une âme, qui se répand en tout et répand avec elle la mesure, le nombre et l'harmonie, les anciens pythagoriciens conduisaient déjà à ce principe, qui place la perfection au-dessus de la quantité et

de la matière, et la considère comme antérieure à elles.
L'unité se distingue déjà, si elle ne s'en sépare pas encore, de la multiplicité. Dans le rapport qui les rapproche
et ne peut pas, tout en les conciliant, complétement les
identifier, l'élément supérieur devait bien vite dévorer
l'élément inférieur. C'est en effet ce qui se produisit, et
ce même résultat se manifeste encore, quoique obscurément, dans le nouveau pythagorisme. De plus, précisément parce que l'unité divine, sans mélange, invisible,
n'est plus liée à la nature, elle échappe à la fatalité des
lois inflexibles qui enchaînent le monde physique, et on
peut la concevoir comme susceptible de changer de pensées et de volontés : la science et l'art d'obtenir ces changements de la puissance divine, constituent la magie[1].

La conception de la matière, que les nouveaux pythagoriciens empruntent à Platon, à Aristote et aux Stoïciens, se rattache cependant encore, au moins dans quelques-uns de ses développements, au vieux pythagorisme :
le point, en effet, est pour eux le principe des corps et
répond à l'unité; 2 est la ligne ; 3 la surface ; et 4 le corps.
Leur morale est insignifiante et terne : c'est un syncrétisme sans originalité, et qui n'a d'affinité avec l'ancienne école que la couleur mystique des préceptes et
le penchant à l'ascétisme dans la pratique.

Après ce tableau d'ensemble, nous pourrons glisser
plus rapidement sur les opinions particulières de chacun des néopythagoriciens, pris individuellement, pour
montrer en quoi elles se rapprochent et en quoi elles
s'écartent des doctrines des anciens pythagoriciens.

1. Voyez l'ouvrage très-savant et très-intéressant de M. Alf. Maury
La Magie dans l'antiquité. Paris, Didier.

Il est assez singulier que ce soit à Rome que renaquirent, vers le temps de Cicéron, les doctrines de Pythagore profondément modifiées et en partie assimilées et absorbées par l'Académie et le Portique. Le vrai berceau de cette résurrection philosophique était-il à Alexandrie, comme le croit M. Zeller? C'est en effet à Alexandrie qu'ont vécu Alexandre Polyhistor, Eudore et Arius, les plus anciens historiens de la secte; Sotion qui avait uni à la doctrine des Sextius [1] le dogme de la

1. Dans une revue si rapide des influences de la philosophie pythagoricienne, je n'ai pas cru devoir insister sur l'École des Sextius. On me l'a reproché : « Il est fâcheux également, dit l'honorable rapporteur, p. 227, qu'il (l'auteur) n'ait fait qu'à peine articuler le nom du philosophe pythagoricien Sextius, dont les *Sentences* sont parvenues jusqu'à nous, qui vivait sous Auguste, pour lequel Pline l'Ancien professait une estime particulière, et auquel Sénèque (*Ep.*, 59, 6), un de ses admirateurs, accordait cette louange, qu'il avait écrit en grec, mais qu'il pensait en romain : « Sextium ecce maxime lego, virum acrem, « græcis verbis, romanis moribus philosophantem.» N'était-ce donc point une bonne fortune que de rencontrer en plein monde romain, dans ce monde généralement si pauvre en philosophes, un représentant assez accrédité des doctrines pythagoriciennes, pour avoir donné naissance à une secte, la secte des Sextiens.» (*Quæst. nat.*, l. VII, c. 32.) On pourrait croire, à entendre ces paroles, que c'est une chose certaine que l'École des Sextiens a été une École vraiment pythagoricienne, et que les *Sentences* de Sextius, qui sont parvenues jusqu'à nous, nous en ont transmis les doctrines? Les faits, tels du moins que je les ai pu recueillir et comprendre, sont loin de confirmer ces assertions, et puisque je suis mis en demeure de le faire, j'essayerai d'expliquer pourquoi je n'ai pas cru devoir insister sur cette secte. La secte des Sextius était d'un caractère profondément pratique, et partant vraiment romain : « Sextiorum nova et romani roboris secta, » et ne fut qu'un phénomène isolé et passager « inter initia sua, quum magno impetu cœpisset, exstincta est. » (Sen., *Quæst. nat.*, VII, 32, 2.) Sa tendance philosophique la rapprochait du stoïcisme, avec lequel on peut dire qu'elle était confondue. « Liber Qu. Sextii patris, magni, si quid mihi credis, viri, et, licet neget, Stoïci.» (Sen., *Ep.*, 64, 2.) Ils font bon marché de la science, et ne sont que des médecins de l'âme, des guides de la vie, des directeurs de la conscience et du cœur hu-

migration des âmes ; enfin Philon, dont le système n'est pas sans rapport avec le néo-pythagorisme. Faut-il admettre, au contraire, que les associations secrètes qui pratiquaient la règle de la vie pythagorique, et s'étaient répandues en Italie et jusque dans Rome, y avaient ap-

main : « Contra affectus, impetu, non subtilitate pugnandum. » Les deux seuls traits pythagoriciens qu'on signale en eux, sont, le premier : l'obligation d'un examen de conscience à la fin de chaque journée (Sen., de Ira, III, 36), comme le prescrivent les Vers d'Or, v. 40), et le second, l'interdiction de la nourriture animale, que Sotion seul fondait sur la doctrine de la métempsycose et que Sextius justifiait uniquement par des considérations générales de douceur et d'humanité. (Senec., Ep., 108.) J'avais relevé ce dernier point, qui seul intéresse l'histoire de la philosophie, et je me croyais quitte envers les Sextiens. Mais si je n'ai point usé des Sentences de Sextus, c'est par des raisons plus graves sur lesquelles il faut bien que je m'explique.

On trouve dans Origène (Contr. Cels., VIII, p. 397), dans Jean Damascène (Sacr. Parall. Tit., IX, XI, XVII), dans Porphyre (Quæst. Homer., 26), dans Antonius Mélissa, moine grec du huitième siècle d'après Saxius (Onomastic. Litt., vol. II, p. 333-370), dans S. Maxime, d'abord secrétaire de l'empereur Héraclius, puis moine et abbé, tous deux auteurs de recueils et d'Anthologies assez semblables à ceux de Stobée, on trouve, dis-je, un certain nombre de sentences morales, écrites en grec, citées sous le titre Σέξτου ou Σίξτου γνῶμαι. Si l'on en excepte celles qu'on lit dans le recueil attribué à Démophile, le n° 104 des Similitudes pythagoriciennes, les n°' 9 et 23 des Sentences pythagoriciennes, et le fragm. n° 127 de Démocrite, les Γνῶμαι grecques de Sextus sont au nombre de quatorze, et forment à peu près quatorze lignes de texte. Elles n'ont absolument aucune valeur philosophique, aucun caractère pythagoricien, et ne se recommandent par aucun mérite de style ni d'originalité, de tour, ni de fond. Seulement Origène (C. Cels., VIII, p. 397) et Eusèbe (n° 2010) appellent l'auteur un py-thagoricien. Outre cela, un prêtre d'Aquilée du septième siècle, nommé Rufin, qui avait traduit en latin Eusèbe et Origène, a également traduit en latin 427 sentences, qu'il a réunies sous le titre Annulus, et qui forment, comme il le dit lui-même, un Manuel pratique de piété et de dévotion. Il parle de l'auteur de ces sentences, dans le Prologue de son ouvrage, en ces termes : « Sixtum in latinum verti, quem Sixtum ipsum esse tradunt, ·qui apud vos idem in urbe Romana Sixtus vocatur, episcopi et martyris gloria decoratus. » Ce Sixtus serai ·

porté depuis longtemps des traditions et des principes philosophiques qui, à un moment donné, se formulèrent en un ensemble nouveau ? C'est un point d'histoire encore obscur, et sur lequel on ne peut fournir aucune solution vraiment fondée.

pape Sixte II, ou Xyste, mort en 257. Il s'agit de savoir si, comme le croient God. Siber, Hamberger, Reines, Mich. Lequien, l'auteur est le pape Sixte ou Xyste, ou bien le philosophe pythagoricien cité par Origène et Eusèbe sous le nom de Sextus, ou enfin l'un des Sextius connus et célébrés par Sénèque, comme le croit encore M. de Lasteyrie, *Sentences de Sextius*, Paris, 1842. Ajoutons qu'il y a de ce recueil une traduction syriaque conservée, sur la composition de laquelle MM. Ewald et Meinrad Ott ne sont pas d'accord.

Non nostrum hos inter tantas componere lites.

Sans aborder ce point de la discussion, ouvrons ce livre, et lisons en quelques lignes.

1. L'homme fidèle est l'homme élu.

2. L'élu est l'homme de Dieu.

5. Celui qui chancelle dans la foi est déjà infidèle.

20. L'âme est purifiée par le verbe de Dieu au moyen de la sagesse.

29. L'ange est le ministre de Dieu pour les hommes.

30. L'homme est aux yeux de Dieu d'un aussi grand prix que l'ange.

400. L'âme monte à Dieu par le verbe de Dieu.

387. Personne ne possède solidement ce que le monde donne, — *mundus dat.*

17. Rends au monde ce qui est au monde, et à Dieu ce qui est Dieu.

367. Le fidèle parle peu; mais ses œuvres sont nombreuses.

368. Le fidèle qui se prête à être instruit deviendra lui-même un ouvrier de la vérité.

10. Il faut couper tout membre de votre corps qui vous invite à agir contre la pureté. Il vaut mieux vivre avec un seul membre, que d'en avoir deux et être puni.

Il me paraît inutile de multiplier, comme cela serait très-facile, les rapprochements. Bornons-nous à citer ce texte connu de S. Matth., XVIII, 8 : « Si votre main ou votre pied vous est un sujet de scandale, coupez-les, et les jetez loin de vous. Il vaut bien mieux pour vous que vous entriez dans la vie, n'ayant qu'un pied ou qu'une main, que d'en avoir deux et être jeté dans le feu éternel. »

La conclusion saute aux yeux. Maintenant que; dans ces sentences

Quoi qu'il en soit, P. Nigidius Figulus, ami et contemporain de Cicéron [1], est cité par celui-ci comme le premier qui ait rétabli l'École et la doctrine pythagoriciennes [2]. Les titres de ses ouvrages perdus annoncent qu'à des études philologiques, il avait uni des recherches sur l'Astrologie, la Théologie, la Physique [3], et justifient les épithètes dont se servent pour le caractériser saint Jérôme et la Chronique d'Eusèbe [4].

probablement empruntées pour la plupart aux philosophes païens, il s'en trouve de Sextius le Romain, sans doute cela est possible, vraisemblable si l'on veut; mais comment peut-on l'affirmer ou le prouver? Toute preuve historique fait défaut, et si l'on veut s'appuyer sur les arguments internes, on n'en trouve pas davantage. Rien de ce qui caractérise le pythagorisme n'apparaît dans ces maximes, plutôt stoïciennes, mais d'un stoïcisme attendri, épuré, idéalisé par l'influence chrétienne.

Ce n'est pas là un ouvrage chrétien, en ce sens que le symbole de la confession chrétienne n'y est pas exprimé. Mais évidemment c'est l'ouvrage philosophique d'un chrétien, dont l'esprit est plein de la lecture du Nouveau Testament.

En résumé les sentences de Sextius, traduites par Rufin, n'ont rien de pythagoricien; on ne sait pas quel en est l'auteur; il n'est pas probable que ce soit le pythagoricien nommé par Origène, et il est possible que ce soit le pape Sixte II. Ce qu'il y a de plus invraisemblable, c'est qu'elles appartiennent à l'un des Sextius célébrés par Sénèque, lesquels d'ailleurs étaient plutôt des stoïciens que des pythagoriciens.

Et maintenant je pense qu'on approuvera ma réserve et qu'on me pardonnera de n'avoir point usé d'un document plus que suspect.

1. Mort en 45 avant J. C., en exil, après la défaite de Pompée, dont avait embrassé la cause.

2. Cic., *Tim.*, I : « Hunc extitisse qui illam revocaret. » Id., *Vatin.*, 6 : « Ad quem plurimi convenirent. »

3. *De extis; de Auguriis; de Diis*, en XIX livres; *de Sphæra; de Animalibus; Commentarii grammatici.* Cicéron l'appelle : « Acer investigator earum rerum quæ a natura involutæ videntur; » et Sammonicus, dans Macrobe, II, 12 : « Maximus rerum naturalium indagator. »

4. S. Jerôm. : « 709, 45 ant. Christ. Nigidius Figulus Pythagoricus et magus in exilio moritur. Cf. Hertz : *de P. Nigidii Figuli studiis*,

Déjà peu goûtés de son temps, à cause de leur obscurité et de leur subtilité, ses livres sont aujourd'hui perdus, et Dion, qui nous en marque la tendance à un syncrétisme astrologique, emprunté aux Grecs, aux Égyptiens, et à la divination des Étrusques [1], ne nous en fait pas connaître le contenu.

On n'en sait pas davantage sur les opinions de Vatinius qui voulait se faire passer pour pythagoricien, mais que Cicéron accuse d'avoir voulu cacher sous ce beau nom toutes sortes d'infamies [2].

Quel fut le succès, quelle fut l'importance de cette renaissance prétendue de l'École pythagoricienne à Rome? C'est ce qu'il est assez difficile de savoir [3]. Si nous apprenons par David l'Arménien que Juba II, roi de Mauritanie, à l'époque d'Auguste, fit réunir tous les écrits de Pythagore, comme Ptolémée avait fait réunir ceux d'Aristote [4], ce qui suppose un certain réveil de la curiosité philosophique, Sénèque nous rapporte que la secte pythagoricienne, qui haïssait le bruit et la foule, ne pouvait pas trouver à Rome un seul professeur [5]. On est donc porté à croire que cette étincelle rallumée, dit-on, par Nigidius, s'éteignit bientôt dans l'indifférence.

Berlin, 1845. Dreysig, de Nig. Figuli fragmentis apud Schol. Germanici servatis, Berlin, 1854.

1. Dio., 45, 1.
2. Cic., in Vatin., 1, 1, et 6, 14.
3. Il est difficile de voir autre chose qu'une hyperbole de rhétorique dans ces mots de S. Jérôme : « Respice omnem oram Italiæ quæ quondam Magna Græcia dicebatur ; et Pythagoreorum dogmatum incisa publicis litteris æra cognosces. » Mais elle ne prouverait d'ailleurs rien pour l'Italie Romaine.
4. Scholl. Aristt., in Categ., p. 28 a.
5. Qu. Nat., VII, 32.

Mais avant de s'éteindre, elle eut le bonheur d'enflammer le génie de deux grands poëtes, chez lesquels l'influence des idées pythagoriciennes est incontestable et forte. Ce sont Virgile et Ovide.

Virgile, le plus érudit des poëtes, et l'un des hommes les plus érudits d'une époque d'érudition, où l'école d'Alexandrie avait cherché à raviver par le savoir, la philosophie et l'histoire, la flamme expirante de l'inspiration poétique, Virgile a adopté et exprimé, en vers admirables, trois des opinions les plus considérables du pythagorisme : la théorie d'une âme du monde, qui, sous la forme d'un feu éthéré, pur, céleste, le pénètre, l'enveloppe et l'anime ; la théorie de l'identité du principe de la vie, commun à tous les êtres qui en ont le privilége ; enfin le dogme de la Préexistence et de la Renaissance, c'est-à-dire de l'éternité indéfectible de l'Ame et de la Vie.

Ces théories se montrent vaguement indiquées dans *Silène*, v. 30.

« Namque canebat uti magnum per inane coacta
Semina terrarumque, animæque, marisque fuissent,
Et liquidi simul ignis. »

Mais de cette description encore tout ionienne de l'origine des choses, le poëte passe à une précision plus grande dans les *Géorgiques*, IV, où le principe divin de la vie apparaît circulant à travers la nature entière, et par sa vertu éternelle ne laissant pas de place à la mort.

« Deum namque ire per omnes
Terrasque, tractusque maris, cœlumque profundum.
Hinc pecudes, armenta, viros, genus omne ferarum,
Quemque sibi tenues nascentem arcessere vitas,

Scilicet huc reddi deinde, ac resoluta referri
Omnia ; nec morti esse locum ; sed viva volare
Sideris in numerum, atque alto succedere cœlo.»
Non-seulement rien ne meurt et tout vit, mais tout vit
de la même vie, du même principe de vie. Le rocher
battu par la vague, et l'astre qui rayonne dans les
profondeurs infinies du ciel, le Dieu, l'homme et la bête,
la plante, le ver de terre et l'étoile, ne sont que des degrés divers de l'être, et non des êtres différents. Dieu
immanent à tous et à chacun, les unit entre eux, s'il ne
les confond pas et ne les absorbe dans son propre être.
Cette âme du Tout est un feu divin qui l'alimente de sa
flamme éternelle :

« Principio Cœlum ac terras, camposque liquentes
Lucentemque globum Lunæ, Titaniaque astra
Spiritus intus alit, et magno se corpore miscet.
Inde hominum pecudumque genus, vitæque volantum.
Igneus est ollis vigor,
. . . . Atque aurai simplicis ignem.»

Ce feu ne pouvant s'éteindre, la mort n'est qu'une apparence; elle est un mode de la vie, et comme une de
ses fonctions, une de ses phases. La métempsycose est
donc la conséquence du système, et il n'est pas étonnant
que....

« Has omnes, ubi mille rotam volvere per annos,
Lethæum ad fluvium, Deus evocat agmine magno,
Scilicet immemores supera ut convexa revisant,
Rursus et incipiant in corpora velle reverti.»

Quant à Ovide, qui suppose que Pythagore servit de
maître à Numa, on sait qu'il fait paraître Pythagore lui-
même au milieu de son poëme des *Métamorphoses* (l. **xv**).

Il vient, comme un prophète, révéler aux hommes le
secret de la vie, et fonder le dogme de l'immortalité sur
un principe qui est loin de lui donner plus de prix.

« Morte carent animæ; semperque priore relicta
Sede, novis domibus vivunt habitantque receptæ: »
L'âme ne connaît pas la mort : comme un voyageur
éternel, lorsqu'elle a quitté une demeure, elle s'en va
vivre dans une autre et y jouir d'une hospitalité passa-
gère.

« Omnia mutantur : nihil interit. Errat, et illinc
Huc venit, hinc illuc, et quoslibet occupat artus
Spiritus ; eque feris humana in corpora transit,
Inque feras noster. . . . »

On voit ici affirmer non-seulement la persistance de
l'être, l'éternité de la vie, mais encore la transformation
infinie et illimitée des genres naturels, et la variabilité
des espèces : en quoi Ovide se moutre plus fidèle à
l'esprit panthéistique du pythagorisme qu'à la vérité des
faits et aux principes supérieurs de la raison.

Müllach place vers la même époque, mais sans en
donner aucune raison, l'ouvrage d'Ocellus Lucanus *sur
la nature du Tout*[1]. Si cette hypothèse est exacte, nous
avons dans ce livre un témoignage de l'existence d'une
École pythagoricienne de nom, mais plutôt platonicienne de doctrine. La métempsycose n'y est pas men-
tionnée ; en revanche, il est prouvé, par des arguments
empruntés à Parménide et à Aristote, que le monde est
éternel, sans commencement ni fin : il en est ainsi, par
conséquent, des parties qui le composent, et des parties

---

1. Lucien fait de l'auteur un disciple immédiat de Pythagore.

de ces parties. La Terre a donc toujours existé, et sur la terre ont toujours vécu des hommes, des animaux, des plantes [1]. Les corps sont contenus dans leur forme par la vie; la cause de la vie est l'âme. Le monde subsiste en vertu de l'harmonie dont la cause est Dieu. Le devenir, dont l'existence est manifeste, suppose une matière sensible. La matière toujours changeante et muable, divisible à l'infini, est distincte des formes éternelles et immuables, qui sont les vraies réalités, et que l'intervention de Dieu fait seule descendre dans la matière informe; mais apte à la forme. Mais ces choses composées sont elles-mêmes toujours changeantes, et ne méritent pas le nom d'êtres qu'on leur donne ordinairement.

Il est facile de reconnaître, dans ces opinions, l'influence des platoniciens ; cependant, quelques traces des idées et des doctrines de Philolaüs se retrouvent dans Ocellus : ainsi il admet les cinq corps, les deux parties du monde, l'une douée d'un mouvement éternel sans changement, l'autre où le changement règne. Ces deux parties sont liées étroitement entre elles, et ne font qu'un tout harmonieux, où se trouvent, disposés en une série ordonnée croissante, tous les degrés de l'existence, depuis l'imperfection la plus grossière jusqu'à l'absolue perfection. Les êtres sont composés de contraires au nombre de douze, qui sont répartis entre les quatre éléments.

Apollonius de Tyane en Cappadoce vivait à peu près vers la moitié du premier siècle de notre ère [2]. On le con-

---

1. *De natur. universi*, c. 33.
2. Philostrate a écrit sa vie, mais en y mêlant beaucoup de fables, si bien qu'on ne sait plus comment en dégager l'élément historique.

sidère comme fondateur d'une forme de la philosophie
pythagoricienne qui mêlait aux doctrines modifiées déjà
de Platon, des idées orientales. Son pythagorisme consiste moins dans les doctrines, car il considère même la
théorie des nombres comme secondaire et subordonnée,
que dans la pratique. Il cherche à reprendre la tentative d'une réforme religieuse de la vie morale, et, comme
Pythagore, il essaye la restauration d'un culte divin plus
pur, dans le sens d'une pratique sévère et au moyen de
miracles et d'exemples de sainteté.

L'unité est le principe suprême; cette unité simple,
indivisible, immatérielle, n'arrive pourtant à l'existence
réelle qu'en s'unissant à la matière, dont elle se distingue sans pouvoir s'en séparer. Quand la matière vient
à remplir l'être, il naît [1]; quand elle le quitte, l'être
rentre dans l'état de pure et invisible essence : et c'est
ce qu'on nomme la mort. Cette alternative, ce mouvement et ce repos, qui rappelle l'ancien pythagorisme,
constitue la vie du monde et toute la réalité de l'être.
Le monde est, en effet, un grand vivant qui se suffit à
lui-même, parce qu'il est mâle et femelle : il est doué
de raison et d'intelligence. En lui se manifeste, sous
toutes les formes, Dieu, qui le remplit de sa puissance
et de sa présence. L'homme est d'origine et d'essence

---

1. *Ep. ad Valer.*, trad. lat. d'Olearius : « Nulla omnino res interit,
nisi in speciem; quemadmodum nec gignitur quidquam nisi specie.
Ubi enim aliquid ex statu essentiæ in naturæ statum transit, id gene-
ratio videtur; mors contra, ubi ex statu naturæ ad statum essentiæ
redit; quum interea vere nihil quidquam generetur aut corrumpatur,
sed tantum conspicuum sit modo, modo conspectui subducatur rur-
sum; illud quidem propter materiæ crassitiem, hoc vero propter essentiæ tenuitatem, quæ semper eadem est, motu tantum et quiete differt.

divines. L'âme immortelle passe de corps en corps, c'est
à-dire de prison en prison, et ne peut être délivrée de
cette longue série de supplices que par la pratique des
règles de vie morale instituées par Pythagore.

Modératus de Gadès·est également nommé un pythagoricien, et appartient, comme le précédent philosophe,
au premier siècle [1]. Il essaye d'unir le pythagorisme au
platonisme, et de rattacher le principe matériel au principe divin, sans les confondre en un seul. La matière,
élément informe, n'est que la quantité : cette quantité,
dans son état idéal et primitif, est contenue en Dieu qui,
au jour où il veut produire le monde, la sépare de lui,
se sépare d'elle, et par là la prive de la forme dont il est
le principe et dont il conserve en lui l'essence. Puis,
sans qu'on sache comment, cette quantité idéale et primitive est le paradigme et le principe de la quantité
étendue, divisée, dispersée, qui s'éloignant du bien autant que de l'être, se confond presque avec le mal [2]. Cette
opposition inconciliable de la matière et de l'Idée est,
comme on le sait, purement platonicienne. Si la
quantité est le nombre, comment un pythagoricien aurait-il pu dire qu'elle s'éloigne de l'être et du bien ?

En opposition et en concurrence avec la matière, Modératus admet trois sortes d'unités :

I. L'unité première, supérieure à l'être et à l'existence.

1. Sous Néron ou Vespasien. Plutarque l'introduit comme interlocuteur dans un de ses dialogues Symposiaques, VIII, 7, 1. Conf. Jons.,
de Script. Hist. Phil., III, v. 2.
2. Simplic., in Phys., 50 b : Παραδείγματά ἐστι τῆς τῶν σωμάτων
ὕλης.... διὰ τὴν ἀπὸ τοῦ ὄντος παράλλαξιν· δι' ἃ καὶ κακὸν δοκεῖ ἡ ὕλη
ὡς τὸ ἀγαθὸν ἀποφευγοῦσα.

II. La seconde unité, ou l'être intelligible, les Idées.

III. La troisième unité est l'âme, qui participe de l'unité absolue et des Idées.

Tout en adoptant la doctrine pythagoricienne des nombres, Modératus en supprimait la signification pythagoricienne en ne les considérant que comme des symboles des idées, des espèces de signes destinés à en préciser le sens. 1 exprimait ainsi l'idée de l'unité, de l'égalité, la cause de l'harmonie, de la permanence, de la régularité des choses : c'est l'expression numérique de l'ordre, de la perfection, de Dieu.

2 représente la différence, la multiplicité, l'inégalité, la division, le changement : c'est l'expression de la matière et du mal [1]. Il est clair que nous n'avons ici que la notion de la dyade, telle que l'avaient conçue Speusippe et Xénocrate.

Je ne vois pas trop pour quelles raisons on compte habituellement Plutarque parmi les platoniciens pythagorisants. Ce qui est surtout à signaler chez lui, c'est un éclectisme sage, qui accueille avec le platonisme les idées péripatéticiennes et adoucit la rigueur morale et les excès logiques du stoïcisme. Ses écrits attestent, il est vrai, qu'il était versé dans la connaissance du pythagorisme ancien et nouveau, et son maître Ammonius plaçait, comme il le dit lui-même, une partie de la philosophie dans les mathématiques [2]. Quant à lui, il identifie les nombres aux Idées, et les dérive de deux principes : l'Un et la dyade. Les nombres naissent lorsqu'une partie plus ou moins grande de l'infini est limitée par le

1. Iambl., *V. P.*, 48.
2. Plut., *de εἰ*, c. 17.

fini. Les corps naissent des points, qui engendrent les lignes, d'où se développent les surfaces. Comme l'ancien pythagorisme, il admet une âme du monde, mais il la suppose primitivement sans ordre et sans raison ; c'est Dieu qui dépose en elle l'harmonie en la divisant en parties suivant des nombres harmoniques ; il admet également les démons, les cinq éléments, et la division tripartite de l'âme. Mais ces analogies n'ont rien de proprement pythagorique, et relèvent toutes du platonisme et de l'École académique.

Nicomaque de Gérase, qui vivait vraisemblablement avant les Antonins, est encore nommé par les historiens de la philosophie, un pythagoricien : il pose l'Un ou la monade comme l'être premier qui, en se dédoublant, fournit la dyade ; l'une de ces essences est l'esprit ou Dieu, l'autre est la matière. Nicomaque distingue deux unités, l'unité première et l'unité engendrée, ἕν πρωτόγονον, image et produit de la première. Dieu porte en son sein, en germe, toutes les choses de la nature [1]. Le principe immédiat, le modèle des choses, est le nombre, qui les précède dans l'esprit de Dieu. On reconnaît ici à peu près toutes les opinions de Modératus. Si les nombres sont des paradigmes des choses, ils ne sont plus, comme dans le vrai pythagorisme, les choses mêmes. Dans sa *Théologie arithmétique*, Nicomaque avait cherché à montrer la signification philosophique et la nature divine de chacun des nombres depuis 1 jusqu'à 10, et dans ces interprétations symboliques et mystiques, il s'était livré à tous les caprices d'une imagination intempérante, comme l'ob-

---

1. *Theol. Arithm.*, p. 6 : Σπερματικῶς ὑπάρχοντα πάντα τὰ ἐν τῇ φύσει ὄντα.

serve l'auteur anonyme de l'ouvrage intitulé : *Theolo-goumena Arithmetica* [1].

Théon de Smyrne, qui appartient à cette époque, se traîne dans les mêmes idées; il célèbre également la haute importance des nombres, et distingue l'unité pure de la monade qui se multiplie dans les nombres. Alcinoüs est un platonicien comme Atticus : l'âme du monde qu'ils admettent tous deux avec la démonologie, n'a rien de particulièrement caractéristique.

Il faut en dire autant de Numénius d'Apamée : c'est le précurseur du néo-platonisme. Si on l'appelle un pythagoricien, c'est qu'il est d'avis que Platon a tout emprunté de Pythagore d'une part, et de Moïse de l'autre; car c'est lui qui appelle le disciple de Socrate un Moïse parlant grec, Μώσης ἀττικίζων. Il unit la spéculation grecque aux conceptions orientales, ouvrant ainsi la voie aux alexandrins. Ce qu'il y a en lui de pythagorique, c'est d'admettre la préexistence et la migration des âmes, et de placer l'essence de l'âme dans le nombre.

De même que le néo-pythagorisme était né de la tentative de conciliation entre les doctrines de Platon et celles de Pythagore, de même le néo-platonisme est issu d'une fusion semblable entre les doctrines de Platon et celles des néo-pythagoriciens.

Ce sont les néo-pythagoriciens qui ont été les premiers à interpréter la théorie des Idées, de manière à ne faire des Idées que des formes de l'entendement divin, des pensées de Dieu. Plotin fut même accusé de n'être que le plagiaire de Numénius le pythagoricien, et l'on peut dire du moins que toute l'école pythagorisante

1. P. 142.

a exercé une très-sérieuse influence sur son esprit. Comme les pythagoriciens, Plotin est panthéiste ; il croit comme eux à l'immanence de Dieu dans les choses ; mais il spiritualise cette idée, et cherche à sauver la perfection, l'immatérialité, la simplicité, l'unité du principe divin, sans les séparer du monde sensible. Non-seulement il distingue le Dieu suprême des puissances divines qui agissent directement sur la nature, mais il élève Dieu, l'Un absolu, au-dessus même de l'acte de la pensée et de l'intelligence. Tout dérive de l'Un ; mais tout n'en dérive pas immédiatement. Dans ce panthéisme dynamique, Dieu est à la fois immanent et transcendant, c'est-à-dire qu'il est dans les choses et à la fois en dehors d'elles. Il y a une progression transcendante de principes liés entre eux :

I. L'Un, le Bien, causalité absolue;

II. L'être identique à la pensée et qui est pluralité dans l'unité ; car la pensée n'est possible que par les Idées qui sont conçues en même temps comme nombres, et le nombre est l'anneau intermédiaire par lequel on voit la pluralité sortir de l'Un. Plotin nomme quelquefois l'être nombre ; quelquefois il fait des nombres , la racine et la source des êtres.

III. L'âme est le troisième principe ;

Plotin admet deux âmes : la première qui est absolument immatérielle, produit la seconde, laquelle est unie au corps du monde. C'est dans cette seconde âme que sont les λόγοι σπερματικοί, c'est-à-dire les raisons actives et agissantes enveloppées dans les germes des choses; ces raisons sont déterminées dans leur acte par le nombre.

Le monde est un tout sympathique, et cette sympathie,

cette harmonie des parties, et pour ainsi dire des membres qui le composent, constitue sa beauté et sa perfection.

Quoique l'influence pythagoricienne soit ici bien évidente, on ne peut s'empêcher d'observer que le spiritualisme de Plotin transforme et épure les idées qu'il accueille, et qu'il a d'ailleurs reçues déjà modifiées par les interprétations antérieures, données à la doctrine de Pythagore par Platon et par le stoïcisme. Iamblique a plus de goût encore que Plotin pour la mystique des nombres dont il célèbre, pour ainsi dire, avec des hymnes, les merveilleuses puissances[1]. Si les mathématiques ne sont pas toute la philosophie, du moins toutes les parties de la philosophie en reçoivent l'influence. Cependant il ne faut voir dans les nombres que des symboles de vérités supérieures.

Plus conforme à la tradition platonicienne qu'à celle de Pythagore, Iamblique admet que le nombre est une essence incorporelle, existant par elle-même, placée entre le fini et l'infini, les formes indivisibles et les formes divisées, en un mot, entre les Idées et les λόγοι, l'intelligible et le psychique.

Les nombres se distinguent des âmes en ce qu'ils sont immobiles, et cependant l'âme et l'Idée sont un nombre. Le nombre est le modèle d'après lequel l'intelligence démiurgique a formé le monde. Il faut distinguer les nombres mathématiques et les nombres géométriques. Les principes des nombres mathématiques sont l'Un et la cause première de la pluralité ; les

---

1. Procl., in Tim., 206 a : Ὁ δὲ θεῖος Ἰάμβλιχος ἐξυμνεῖ τοὺς ἀριθμοὺς μετὰ πάσης δυνάμεως.

principes des nombres géométriques sont le point et l'extension. Dans les formes géométriques et dans les nombres se manifestent l'être et la beauté, qui, par conséquent, ne sont absents que dans les compositions les plus élémentaires et les ébauches les plus grossières d'organisation; cette absence de nombre constitue toute la réalité du mal.

C'est moins par ces opinions, qui ne se séparent pas essentiellement de celles de Plotin et de Porphyre [1], que par sa tendance mystique et religieuse, que Iamblique se rattache aux pythagoriciens : il prétendait ramener, il est vrai, à leurs principes, le platonisme tout entier ; il suivait leur règle de vie, qu'avait déjà célébrée Porphyre, et se vantait de renouveler leurs miracles. Nous avons vu, dans l'exposition de la doctrine, qu'Eudore distinguait déjà deux sortes d'unités : l'unité ou le nombre concret et étendu, πρῶτον ἐν ἔχον μέγεθος, et l'unité qui, sous le nom de πέρας, s'oppose à l'ἄπειρον. C'est en approfondissant ces nuances, encore confuses et obscures, que Proclus arrivera, à l'aide de la participation ou procession, à distinguer les trois unités suivantes :

1. L'unité du multiple ou du sujet participant.

2. L'unité multiple de la forme participée, ou la monade participable.

3. Enfin l'unité absolue ou monade imparticipable.

L'Un est principe souverain : comme principe, il engendre par son être même, et comme son être est l'u-

---

1. Je ne trouve rien de particulièrement pythagoricien dans les théories philosophiques de Porphyre ; car la procession par laquelle l'un devient pluralité, sans sortir de sa nature, n'a nullement cette origine.

nité, il ne peut engendrer, du moins immédiatement, que des unités, αἱ ἑνάδες : car le produit immédiat de l'unité ne peut être que le nombre. Le nombre est antérieur et supérieur à l'idée, comme le disait déjà Syrianus : « Quiconque s'appliquera à connaître les doctrines théologiques des pythagoriciens et le *Parménide* de Platon, verra clairement qu'avant les Idées sont les nombres. »

Toute la doctrine de Proclus se ramène, on le sait, à des triades et même à trois triades : la triade psychique, la triade intellectuelle, la triade divine.

La triade divine est engendrée par l'Un ; chacune des triades forme avec l'Un, le sacré quaternaire ; toutes les trois réunies avec l'Un, constituent la sainte décade qui réalise toutes les perfections et tous les nombres.

On le voit : ces trois triades sont pythagoriciennes, non-seulement par leur nombre, mais encore par leurs éléments composants : en effet, la première est le composé ou mélange de la limite et de l'illimité fait par l'Un, principes, celle-là de toute forme, celui-ci de toute matière, réunis et unis dans l'être ; la seconde comprend la limite, l'illimité et la vie ; la troisième, la limite, l'illimité et l'intelligence.

De tous les alexandrins, Proclus est certainement celui où l'influence des pythagoriciens est la plus manifeste, non-seulement dans le fond, mais encore dans la forme toute mathématique des classifications et des divisions.

Le platonisme ancien et nouveau, en s'introduisant dans le christianisme, y apporta les éléments pythagoriciens qu'il avait lui-même adoptés. L'unité se concilie déjà dans la philosophie chrétienne avec la Triade ou Trinité, au moyen de la procession incompréhensible et ineffable du Père. Mais outre ces influences générales, on peut en observer de plus directes et de plus particulières, surtout dans le gnostique Valentin, et dans saint Augustin.

Les Syzygies de Valentin et ses classifications des principes portent l'empreinte profonde de la doctrine des nombres. L'emploi des rapports numériques de certaines oppositions considérées comme constitutives des êtres, aussi fréquent chez lui que chez les pythagoriciens, constituent des analogies frappantes, remarquées déjà et signalées par S. Irénée [1], la principale source pour l'histoire des doctrines gnostiques.

Le principe suprême est la monade représentée comme le commencement avant le commencement, προαρχή, qui rappelle la cause avant la cause des pythagoriciens. Cette unité fait, par sa vertu, l'unité de toutes les parties du monde qu'elle réunit et unit en un tout.

Dieu est antérieur au monde et supérieur à l'être, principe, il est vrai, assez peu pythagoricien, quoi qu'on en dise ; mais les Syzygies le sont davantage.

Le premier couple de ces contraires, principes de tout ce qui est, se compose de Bythos, principe mâle, et de Sigé, principe femelle, qui repose dans le sein de Bythos et est sa pensée silencieuse. De ce couple procèdent la raison et la vérité, qui engendrent à leur tour le Verbe et la Vie, d'où naissent l'Homme et l'Église.

Ces quatre couples forment la première octoade, à la-

1. II, 14, 7.

quelle succèdent dix Æons produits par le Verbe et la Vie;
ces dix Æons sont distribués en cinq syzygies, et douze
autres, nés de l'Homme et de l'Église, sont divisés en six
syzygies. Nous avons donc le nombre total de trente
principes, somme des nombres 8, 10, 12, qui étaient
considérés par les pythagoriciens comme parfaits; ces
trente Æons forment le plérôme divin, le monde suprasensible d'où, par une faute de la Sagesse, est né le
monde matériel.

Quoique le caractère pythagoricien soit manifeste dans
ces nombres et dans le jeu de ces oppositions disposées
par couples, cependant les analogies sont purement extérieures et apparentes. D'abord la procession change
le fond du système. Bythos enfante tous les contraires,
et cette génération n'est pas pythagoricienne, car elle fait
naître l'imparfait du parfait, tandis que, pour les pythagoriciens, ils coexistent de toute éternité. En outre,
les Syzygies sont des couples, mais non des couples de
vrais contraires : ce sont plutôt des représentations orientales, empruntées peut-être au culte de la Syrie, et
tirées, par une analogie matérielle, des relations et affinités sexuelles.

Dans saint Augustin les théories numériques sont
moins grossières, mais elles tombent parfois dans la
puérilité qu'on reproche aux pythagoriciens.

L'âme, dit-il, mue par une espèce d'inspiration mira-
culeuse, a soupçonné qu'elle était un nombre, et le
nombre même par qui tout est nombré. Du moins,
si elle n'est pas réellement le nombre, on peut dire
qu'elle aspire à l'être. Tout dans la nature tend à réaliser le nombre, et le nombre par excellence, l'Unité.

L'arbre n'est arbre que parce qu'il est un. Si l'homme est supérieur à l'animal, c'est parce qu'il connaît et produit les nombres ; car l'âme est pleine de formes, c'est-à-dire de nombres ; formes, nombres, c'est tout un. Au-dessus des nombres sensibles et changeants, il y a les nombres spirituels et éternels, intelligibles et invariables, que domine l'unité parfaite et absolue. Le principe de toute chose est cette unité suprême[1]. En outre, c'est parce qu'elles sont unes que les choses nous plaisent ; l'unité est belle, nous l'aimons pour elle-même ; elle est le principe de tout ce qui est aimable ; c'est la forme même de la beauté. Pourquoi ? C'est que nous aimons l'être, l'être vrai et réel, et que la réalité ou la vérité d'un être est en proportion de son unité. Etre n'est rien autre chose qu'être un. L'unité est la mesure de l'être, c'est l'être même[2].

C'est ce qui prouve que l'âme est un nombre ; car ce qui renferme l'unité et comprend le nombre, ne peut être que nombre et unité. En effet, pour connaître, le sujet doit être ou se faire semblable à l'objet. Unie par la connaissance à l'unité et au nombre, l'âme ne peut manquer d'être nombre et unité.

L'unité est tellement le principe de l'être, que dans l'homme même, composé d'un corps et d'une âme, le

---

1. *De Ordin.*, II, 14, 6.
2. Doctrine toute Alexandrine. Cf. Plotin. *Enn.*, VI, 1. IX, 81 : « Tous les êtres ne sont des êtres que par leur unité. Que seraient-ils, en effet, sans cela ? Privés de leur unité, ils cesseraient d'être ce qu'ils sont. L'être est identique à l'unité. » Cf. Id., *Enn.*, VI, 1. VI, § 16 : « Comment le nombre existe-t-il en soi ? C'est qu'il est constitutif de notre essence. Le nombre de l'âme est une essence de la même nature que l'âme. »

corps et l'âme ne font qu'un être, une seule personne
et de là cette tendance, cet amour naturel que l'âme a
pour son corps[1].

Nous venons de le voir : parce que l'unité est la forme
de l'être, elle est en même temps la forme de la beauté.
Dans les choses composées et changeantes, ce qui constitue l'unité, c'est la proportion, le rapport, l'ordre,
l'harmonie, c'est-à-dire le nombre, qui imite l'unité.
Tout ce qui plaît, plaît par le nombre ; la beauté des
formes comme celle des mouvements est un nombre.
Demandez-vous ce qui vous plaît dans la danse, dans la
musique, dans tous les arts[2], le nombre vous répondra :

1. Proposition où il est facile de reconnaître la pensée et les formules mêmes de Philolaüs : « Anima inditur corpori per numerum....
diligitur corpus ab anima. » Claud. Mamert., II, 7.

2. Dans le sixième livre du *de Musica*, VI, il distingue cinq espèces
de nombres musicaux.

1, Le nombre dans le son, le nombre sonore, le nombre objet, *numeri sonantes*.

2, Le nombre de la sensation, le nombre du sujet, de l'âme, en tant
que percevant l'impression, le nombre passif, *numeri occursores*.

3, Le nombre en acte, le nombre du sujet qui ne se borne plus à
entendre, mais à prononcer les sons, à faire et à produire les nombres,
numeri progressores.

4, Le nombre qui retentit encore dans la mémoire, alors que les
sons se sont depuis longtemps évanouis, *numeri recordabiles*.

5, Le nombre de la raison, qui saisit dans ces sons, juge et goûte
avec joie l'égalité qui en fait le charme, comme il repousse l'inégalité
qui la choque et l'offense, *numeri judiciales*.

C'est un fait remarquable et déjà remarqué par Plutarque, *de Musica*, que les sons ne produisent une sensation qu'en communiquant
aux nerfs auditifs un nombre de vibrations égal à celui des vibrations
qui les constituent : et, comme le son affecte l'intelligence aussi bien
que l'ouïe, on peut et on doit dire qu'il y a un nombre dans l'esprit
comme dans le sens. De là ces propositions qu'on rencontre dans Platon, *Tim.*, 80, comme dans Aristote , *Polit.*, VIII, 5, que le rhythme
et l'harmonie des sons de la voix humaine ne sont que l'image de
l'harmonie et du rhythme intérieurs de l'âme.

c'est moi. Partout vit et règne le nombre, mais le nombre éternel qui rayonne du sein de Dieu, unité suprême, absolue, parfaite.

Toutes les créatures ressemblent à Dieu, en ce qu'elles ont le nombre, dont il est le principe. L'homme est un être tombé de l'unité dans la multiplicité[1]. Dans l'application de cette doctrine des nombres, saint Augustin se rapproche encore des opinions pythagoriciennes, et, en particulier, de celles qu'on se rappellera avoir trouvées dans Philolaüs. A l'âme, en effet, est attribué le nombre 3, image de la trinité divine; au corps le nombre 4, car il contient évidemment les quatre éléments. L'homme, dans son être complet, est donc le nombre 7. Ce nombre 7 se retrouve partout, et spécialement c'est le nombre des actes de l'âme, qui sont :

1º La vie animale, « animatio »; 2º la vie sensible, « sensus »; 3º la vie active, « ars »; 4º l'activité vertueuse, « virtus »; 5º la sérénité, « tranquillitas »; 6º le mouvement vers Dieu, « ingressio »; 7º la contemplation. De même, il y a dans la vie de l'individu six âges que couronne un septième terme, la mort; il y a dans la vie de l'homme intérieur six mouvements qui aboutissent à un septième: le repos éternel et la béatitude sans fin.

La vie du genre humain peut être comparée à celle d'un individu, et si on retranche de l'histoire, où ils ne méritent pas de trouver place, les peuples impies qui n'ont pas connu Dieu, on trouvera sept périodes dans la

---

1. *De Trinit.*, l. IV, n. 30. *Epist.*, II, n. 4 : « Ab unitate in varietatem lapsi sumus. » C'est la théorie qu'on retrouve au VIᵉ livre du *de Musica*.

vie des peuples élus, dont l'ancien Testament est l'histoire.

La sixième de ces périodes, que saint Augustin compare aux sept jours de la Création, est commencée par la prédication de l'Évangile et remplie par son règne ; elle dure encore et durera jusqu'à la fin du siècle. Son soir, sera le moment terrible où le Fils de l'Homme viendra sur la terre ; c'est alors que se lèvera le septième jour de l'Humanité, le jour de l'éternel matin, de l'éternel repos, de l'éternel sabbat.

Il serait facile, mais il est inutile de poursuivre dans saint Augustin ces analogies arbitraires [1]; nous en avons

1. Je croyais en avoir dit assez sur le pythagorisme de S. Augustin. Le docte auteur du Rapport, qui le connaît bien, me reproche d'avoir « omis les six livres de son Traité de Musica. » Cet ouvrage est, en effet, un de ceux où l'influence presque superstitieuse des nombres se donne pleine carrière; mais son sujet, trop spécial, et absolument étranger à la philosophie, m'avait engagé à le passer sous silence, quoique je l'aie attentivement lu, et même analysé; car il traite d'une matière dont je me suis autrefois beaucoup occupé, la Métrique. En effet, malgré son titre, cet ouvrage, où il est à peine question de musique, n'est qu'un traité de métrique. Il est vrai qu'il est incomplet, comme presque tous les ouvrages philosophiques de S. Augustin, et que, comme eux, il ne traite pas ou à peine de l'objet qu'il se propose. De même que le de Ordine, qui avait pour but de montrer comment l'ordre de la Providence peut renfermer à la fois le bien et le mal, aboutit à un plan d'études; de même que le de Quantitate animæ, qui devait résoudre six questions sur l'âme, n'en traite que trois; de même le de Musica, qui devait avoir douze livres, n'en a que six, et l'objet, que l'auteur s'est proposé, dit-il, à savoir d'élever l'âme à Dieu par la contemplation des nombres, ne se laisse deviner qu'au sixième livre; car les cinq premiers sont, comme je l'ai dit, un traité de métrique, où, chose curieuse, je retrouve quelques-unes des hypothèses de God. Hermann, et non pas les plus raisonnables. Après avoir posé au premier livre les principes généraux qui doivent guider la composition du vers, et montré que son essence et sa beauté consistent dans l'unité, qui ne peut être qu'une unité de proportion, et qu'en outre sa mesure doit être en proportion avec les facultés de nos sens, S. Au-

dit assez pour prouver que la doctrine des nombres avait exercé sur ses opinions une influence considérable et qui n'a pas toujours été heureuse.

Je ne vois dans la scolastique aucune trace marquée et directe d'influences pythagoriciennes; peut-être, en l'étudiant de près, pourrait-on en découvrir quelques-

gustin traite successivement des pieds, du rhythme et du mètre, de la quantité, du vers. Et partout il montre que le vers est fondé, dans son ensemble commè dans ses parties, dans son tout comme dans ses césures, sur la loi du nombre, sur l'égalité des rapports, sur la proportion des membres. Mais cédant à cette tendance à l'exagération qui est le propre de son esprit, il tombe dans de véritables puérilités dont on va juger : Il trouve dans ce trochaïque tétramètre hypercatalectique les nombres suivants :

Rōmă, cērnĕ quāntă || sīt Dĕūm bĕnīgnïtas.

Il coupe, à tort assurément, son vers après quāntă, et il obtient, par cette césure, faussé à tous égards, six demi-pieds dans le premier membre, et sept dans le deuxième. Maintenant 6 se décompose en 3+3, et 7 en 3 + 4.

Rōmă cērnĕ quāntă || sīt Dĕūm bĕnīgnītăs.

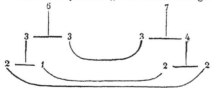

Et il remarque que le 3 final du premier membre fait le pendant du 3 du second; que la somme de ces deux 3 égale 6, c'est-à-dire la valeur du premier membre. Il était plus difficile de montrer l'égalité du premier 3 et du dernier 4. Pour cela, l'auteur a recours à une véritable supercherie : il divise 4 en deux parties égales : 2 + 2; et 3 en 2 + 1; il obtient ainsi deux 2, l'un au premier et l'autre au dernier membre, qui se balancent et s'équilibrent. Mais comment égaler le 2, qui reste au dernier membre avec le 1 du premier? — Il faut se souvenir que l'unité a en soi une telle vertu de concorde, un tel amour pour les autres nombres qu'elle s'identifie ou s'égalise avec eux tous : *Propter illam Unius cum ceteris numeris amicitiam etiam ista tria* (3) *tanquam sint quatuor accipimus.* Néanmoins, comme

unes dans J. Scott Érigène, qui aurait emprunté cet élément au platonisme alexandrin[1].

$3+3=6$, mais que $2+2$ d'une part, et $2+1$ (doit être ici considéré comme $=2$) $=8$, qu'ainsi on ne peut pas équilibrer parfaitement ces deux parties l'une par l'autre, S. Augustin rejette de son autorité privée cette forme métrique : *Ideo istud genus copulationis a lege versuum separatur.* En appliquant ce procédé singulier au vers dactylique héroïque, S. Augustin obtient les nombres suivants :

Arma virumque cano ‖ Trojæ qui primus ab oris.

5 *demi-pieds.*   7 *demi-pieds.*

Quelle égalité peut-il y avoir entre 5 et 7? Voici l'ingénieuse ressource : On élève 5 au carré, et $(5)^2=25$; puis on divise 7 en deux parties $4+3$. On carre chacun de ces nombres $(4)^2=16$ et $(3)^2=9$, et en additionnant ces deux carrés, $16+9$, on a 25, nombre égal au carré de 5. C'est ainsi que le premier membre du vers héroïque contient, sous une inégalité apparente, une égalité profonde et secrète qui en explique la beauté. Je termine cette note, peut-être trop longue, par une remarque assez curieuse : S. Augustin ne veut pas scander le vers héroïque par dactyles, mais par anapestes, et il ramène également le mètre ïambique au genre trochaïque : « Heroïcum, quod usus metitur spondeo et dactylo, subtilior ratio, anapæsto et spondæo : eadem ratione iambicum genus invenitur trochaïcum. » Or, c'est la thèse de M. God. Hermann, *Element. doctr. metricæ.* Il y a plus : S. Augustin, pour obtenir cette césure et ce rhythme, pose en principe que le premier membre doit être, que le second ne doit pas être terminé par un pied complet. Il scande donc ainsi :

ār | mă vĭrūm | qué canō ‖ Trōjǣ | quī prī | mus ăb ŏ | rīs.

On voit de plus qu'ici le rhythme commence par une syllabe, et finit de même. Mais ces deux syllabes, si on les additionne, constituent le sixième pied qui est nécessaire à l'hexamètre héroïque, devenu anapestique. C'est l'origine de la théorie de l'*anacrusis*, de M. Hermann; mais l'*anacrusis* est plus extraordinaire en ce que cette syllabe initiale est, dans son système, pour ainsi dire en l'air, et ne doit compter pour rien dans la mesure du vers. Les métriciens grecs et latins n'ont rien connu de pareil. Quoi qu'il en soit, si l'influence pythagoricienne est visible ici, on peut dire qu'elle n'a aucun caractère philosophique, et l'on me pardonnera peut-être d'avoir cru que je pouvais me dispenser de la signaler. Du reste, S. Augustin caractérise lui-même ces cinq premiers livres en ces termes : « Adeo plane pueriliter.... morati sumus.... quam nostram nugacitatem excuset..., etc. » c. 1.

1. V. Taillandier, *Scott. Érigène*, Strasb., 1843.

Ce n'est guère que par Aristote que le moyen âge a pu connaître Pythagore, et les ouvrages où Aristote mentionne Pythagore n'ont été répandus dans l'Europe occidentale que par les versions arabes-latines. Jusque-là, je doute que le moyen âge en ait connu autre chose que le nom, ou ce que les Latins Cicéron et Senèque, ont pu lui en apprendre. Dans son Anti-Claudianus [1] Alcuin de Lille, décrivant les effigies des grands hommes qui ornent le palais de la Nature, y place celui de Pythagore à côté de ceux de Platon, de Ptolémée, de Virgile, de Cicéron et d'Aristote, et, d'ailleurs, donne à chacun des traits qui les catérisent assez exactement.

Dans le livre *de Vegetabilibus et Plantis*, d'Albert, aux premiers chapitres, on trouve cité le nom du philosophe *Abrutatus*; c'est, dit Albert, le nom que les Arabes donne à Pythagore. Dans l'histoire des animaux, *Historiæ animalium*, du même docteur, le nom d'Alcméon, cité deux fois par Aristote, est transcrit par Albert en Halkamian, Alkyménon ou Altirnemon, et par Michel Scott, dont la version était certainement sous les yeux d'Albert, en Alkakalnéon, Alcaméon, Alkakaroti. Ce qui prouve que les docteurs scolastiques n'avaient pas les textes grecs, ni même des versions latines faites sur le grec d'Aristote et à plus forte raison de Pythagore.

Avant même qu'Aristote fût parfaitement connu, on trouve des influences pythagoriciennes dont le mode de transmission nous échappe.

Amaury, dont les livres et les opinions furent condamnés par un concile de Paris, en 1209, enseignait

---

1. Liv. I, c. 4 et liv. III, c. 2.

que tout est un, tout est Dieu, Dieu est tout; que les
idées créent et sont créées; que Dieu signifie le but final
des choses, parce que tout doit retourner en lui pour
y former un être unique et immuable; que Dieu est l'essence de tous les êtres. Suivant David de Dinant également, tout est essentiellement un; toutes choses ont
une même essence, une même substance, une même
nature.

Ces doctrines alexandrines ont pu être puisées dans
les ouvrages de Denys l'Aéropagite, et surtout dans le
Traité *de la division de la Nature* de Scott Érigène ou
peut-être dans le *De Causis*, faussement attribué à Aristote, et où saint Thomas ne voyait qu'un extrait de
l'*Elevatio theologica* de Proclus. Ajoutons encore le *Fons
vitæ* d'Avicebron, par où s'introduisit le pythagorisme
contenu dans la philosophie alexandrine et platonicienne.

Il est possible que l'autorité de saint Augustin ait
favorisé, au xvi⁰ siècle, ce rétablissement du platonisme
confondu avec le pythagorisme, qui marque la renaissance de la philosophie. A l'influence prodigieuse de
saint Augustin s'ajouta, pour recommander ce syncrétisme, l'erreur accréditée qui faisait naître le pythagorisme des livres hébraïques; ce pavillon sacré couvrait
une marchandise profane et d'autant plus suspecte
qu'on croyait trouver dans la Cabbale la vraie doctrine
philosophique de l'Écriture sainte. La philosophie platonicienne offre, à l'époque où elle renaît, un mélange
confus des idées alexandrines avec les opinions, à tort
ou à raison, attribuées à Pythagore et avec les théories
de la Cabbale.

Les Juifs avaient connu par les Arabes la philosophie
néo-platonicienne; de là est née chez eux une direction
d'esprit religieuse et philosophique, qui participe du
gnosticisme chrétien du IIe siècle, admet les doctrines
des anges et des démons de la religion des Perses, et
s'efforce de s'approprier le contenu du christianisme et
les résultats du néo-platonisme alexandrin et juif. Cette
tentative se réalise dans la Cabbale (traduction), dont le
contenu religieux et philosophique est caché dans une
mystique des nombres aussi obscure que fantastique,
qui atteste l'influence, au moins indirecte, du pythagorisme.

Le monde dérive de la lumière divine et éternelle, qui
ne peut être perçue que par ses manifestations. Dieu est
le néant, l'infini, l'ensophe, qui est tout et en dehors de
quoi rien n'est. Cet ensophe se révèle avec une libre sagesse, et par là devient la raison de toutes les raisons;
il se développe donc par émanation; et de même que
tout est sorti de l'ensophe et qu'il a formé divers rayon-
nements ou degrés du monde des esprits, tout doit remonter et retourner à l'unité dans la lumière primitive.

Tout d'abord, l'ensophe se retire en lui-même pour
former un vide qu'il remplit d'une émanation de lumière qui diminue par degrés. D'abord, la lumière primitive se manifeste par sa sagesse et sa parole dans
l'être premier, type de toutes les choses créées, dans l'A-
dam Kadmon d'où sort la création, en quatre degrés.

Les dix cephiroth ou cercles de lumière forment
quatre mondes qui s'ordonnent dans une série progres-
sive. Avilah est le plus parfait et n'est soumis à aucun
changement; le second est Beriah, le monde du chan-

gement, composé de substances spirituelles inférieures.
Il en émane un troisième, le monde séparé, Jezirah,
dans lequel les êtres individuels unissent la lumière et
la matière; enfin, de celui-ci émane le quatrième, Ariah,
le monde matériel, essence des choses changeantes et
périssables. L'homme appartient, par sa nature complexe, aux trois derniers degrés, et s'appelle le petit
monde.

C'est comme restaurateur du pygthagorisme que se
présente Reuchlin ; dans une lettre adressée à Léon X,
il dit : « Marsile a fait connaître Platon à l'Italie; en
France, Le Fèvre d'Étaples a restauré Aristote; je veux
compléter leur œuvre, et moi, Capnion[1], je ferai renaître
en Allemagne Pythagore, dont je publierai les ouvrages
en te les consacrant sous ton nom. Ce projet ne peut
être réalisé qu'en faisant connaître la Cabbale hébraïque,
parce que la philosophie de Pythagore a été tirée des
maximes de la science chaldéenne. »

C'est donc dans ses livres sur la Cabbale[2] qu'il faudrait aller chercher cette exposition de la philosophie
pythagoricienne, dénaturée et profondément altérée,
que nous retrouvons plus complète et plus développée
dans Fr. Georgio, de Venise, platonicien et pythagoricien, qui écrivit, en 1525, un livre intitulé : *De Harmo-
nia totius mundi*. Suivant lui, tout, en ce monde, est
disposé selon les nombres qui, intimement unis à l'essence divine, en émanent pour régler les harmonies du
ciel d'abord, et descendre, de là, jusque dans les choses

---

1. Traduction grecque du mot *Raüchlein*, diminutif de *Rauch*,
fumée.
2. *De verbo mirifico*, et *de Arte cabbalistica*.

sensibles dont ils déterminent les divers modes d'être et les diverses natures. Il y a donc unité de substance, et une chaîne ininterrompue lie les plus infimes des êtres à l'être premier et parfait. Cette doctrine, révélée par Dieu aux Hébreux, a été communiquée également à quelques gentils, tels que Platon et Pythagore. Dieu est l'Un premier : il produit, par sa pensée, un fils d'où émanent, d'une part, l'amour qui lie le père au fils, et, d'autre part, le monde. Le monde a été fait en 6 jours, parce que 6 est le premier nombre parfait résultant de la combinaison des 3 premiers nombres ; en effet :

$$6 = \begin{cases} 6 \times 1 \\ 3 \times 2 \\ 2 \times 3 \\ 1 + 2 + 3 \end{cases}$$

Or 3 est l'image de la forme, qui, au moyen de 2, expression de l'angle, ramène la matière à l'unité. Voilà pourquoi le monde est formé d'éléments triangulaires. On reconnaît ici le pythagorisme numérique de la *Théologie arithmétique*, et celui d'Iambique et de Nicomaque.

Par l'harmonie, qui est l'unité dans la multitude, l'unité se développe, et c'est le nombre $27 = 3 \times 9$ qui régit ses développements ; car il y a 27 genres primitifs de choses, lesquels se répartissent en 3 ennéades :

I. L'ennéade supracéleste ;

II. L'ennéade céleste ;

III. L'ennéade élémentaire.

La première renferme 9 degrés sériés et liés d'Intelligences ; la seconde, 9 degrés sériés et liés de Cieux ; la

troisième, 9 degrés sériés et liés de choses corruptibles.
De même qu'il y a trois ennéades, il y a trois triades :
La triade simple ou Dieu ;
La triade plane ou carrée ;
La triade cubique ou solide.

Dans cette dernière, Dieu a créé les éléments au nombre de quatre, parce que ce nombre est la racine et le principe de tous les nombres, et contient toute l'harmonie musicale. La proportion harmonique manifeste l'identité des choses dans l'intelligence divine, qui contient les germes et les idées de tout ce qu'elle produit. La proportion arithmétique manifeste la différence des choses produites. La proportion géométrique en exprime les rapports et les fond dans l'unité.

Dieu prend d'abord une unité ; il la double par la formation de la matière ; il la quadruple par celle des éléments ; il l'octuple par celle des êtres vivants. Les nombres pairs représentent l'élément inférieur et femelle ; les nombres impairs l'élément supérieur et mâle. C'est par ces derniers qu'on arrive au cube, expression de l'harmonie parfaite. L'harmonie musicale et ses intervalles donnent la raison des choses ; les intervalles de quinte règlent la création des choses divines ; ceux de quarte, la création des êtres démoniaques et des âmes individuelles qui remplissent les sphères ; ceux du ton, sont relatifs aux âmes des brutes ; ceux du leimma ou demi-ton s'appliquent aux règnes inférieurs des minéraux et des végétaux.

Dieu se communique à toutes choses, mais dans une proportion différente ; aux unes, dans la proportion sesqui-altère (3 : 2); aux autres, dans la proportion sesqui-tierce (4 : 3); à celles-ci, dans la proportion sesqui-octave (9 : 8); à celles-là, dans la proportion sesqui-seizième (16 : 15); proportions qui constituent les intervalles de quinte, de quarte, du ton et du leimma, dont l'ensemble compose l'octave ou harmonie des anciens. Tout est ainsi fait avec poids, nombre et mesure; par poids il faut entendre les éléments solides, ou les dispositions des choses au bien ou au mal : c'est le moyen harmonique. Par mesure, il faut entendre les forces, propriétés, facultés assignées à chaque chose : c'est le moyen arithmétique. Par nombre, il faut entendre les formes spécifiques des choses : c'est le moyen géométrique. Tous ces nombres, exemplaires éternels des réalités sensibles, existent dans l'intelligence divine. Le monde est un vivant immense et infini, que Dieu maintient et soutient en agissant en lui à la façon d'une âme.

Par cette analyse, on peut juger jusqu'où l'auteur a poussé la minutieuse et puérile application des nombres. On y retrouve très-certainement l'influence, peut-être directe, des anciens pythagoriciens, mais troublée par une érudition intempérante et indigeste.

Cornélius Agrippa de Nettesheim, d'un savoir un peu moins indiscret, poursuit sa chimère d'une philosophie occulte et les secrets de la magie, dont les nombres lui donnent la clef.

Toute chose individuelle, est triple. Ajouté à l'unité, 3 fait le nombre 4 qui, à son tour, multiplié par 3, fait 12, nombre sacré entré tous. Maintenant 3 ajouté 2 fois à 4 arrive, en passant par 7, à la grande unité, 10, qui est la perfection. Néanmoins, chaque nombre a sa vertu propre et sa fonction particulière.

1, sans principe et sans fin, est la fin et le principe de tout.

2 est le nombre du mal, du démon, de la pluralité matérielle.

3 est le nombre des formes idéales, de l'âme, de l'esprit, de Dieu.

4 est le fondement de tous les autres nombres.

5 est le nœud qui lie tout, etc.

Dieu est la première monade; il se développe et se répand par émanation, d'abord dans le nombre 3, puis dans le nombre 10, qui représente les formes et les mesures de tous les nombres et de toutes les choses.

Jusqu'ici nous n'avons guère rencontré que des reproductions de la partie extérieure et formelle du pythagorisme. Le cardinal Nicolas de Cusa, un des précurseurs de Bruno, semble avoir pénétré plus profondément dans l'esprit philosophique du pythagorisme, qu'il avait peut-être connu particulièrement par les philosophes de l'école d'Alexandrie.

Le principe de contradiction proclamé par Aristote a sa valeur et son application dans l'ordre des choses finies : appliqué à l'infini, il faut le repousser, et poser le principe de la coïncidence des contraires. La circonférence d'une sphère infinie se confond avec la ligne droite; le mouvement d'un corps circulaire sur son axe, si on le suppose infini de vitesse, supprime les oppositions de distance comme de temps : en effet la vitesse infinie du mouvement fera que chacune des parties sera au même point, et cela en même temps; la succession comme la contiguïté sont supprimées. C'est, on le voit, l'application, au mode d'existence de l'absolu, du principe pythagoricien : l'un est le rapport et la synthèse des contraires.

Dieu est ainsi, selon Nicolas de Cusa, à la fois l'infini de grandeur et l'infini de petitesse, le Maximum et le Minimum, ou plutôt l'unité, le point qui les contient tous deux en les absorbant l'un dans l'autre. Les formes des choses sont des nombres intelligibles, qui en constituent l'essence ; mais ces mêmes nombres sont dans notre intelligence, et la connaissance n'est autre chose que l'opération par laquelle les nombres de l'âme s'assimilent les nombres des choses : notre esprit est ainsi la mesure des choses. Cette âme est elle-même le nombre 4, ou un carré ; mais, comme l'ont dit les pythagoriciens, c'est un nombre qui se meut, un principe de mouvement spontané de vie : c'est pour cela qu'elle est immortelle.

Jérôme Cardan de Pavie[1], médecin, mathématicien et philosophe, s'occupe surtout de la science de la nature et de la morale. L'Un est le bien et le parfait, qui porte tout en soi, vers quoi tout tend et aspire, c'est l'être éternel dans lequel seul un devenir des choses particulières est possible ; c'est la substance unique d'où tout part et où tout revient. Cet Un est Dieu, et le monde est le développement continu de sa vie. La matière est partout ; mais nulle part elle n'est sans forme ; de même partout, dans la liaison de la forme et de la matière, se montre l'âme, activité motrice et ordonnatrice, qui donne une forme à la matière, et se présente par la matière comme vie. Son organe est la chaleur qui remplit et lie tout, qui agit partout

_____

1. 1501, mort en 1570.

en renouvelant toutes choses, de sorte que la vie dans
l'univers est dans un état perpétuel de transformation.
Comme but et fin du développement de la vie terrestre,
comme milieu de l'être et lien des deux mondes,
l'homme unit en lui l'éternel et le périssable : il est à la
fois plante et animal; il s'élève au-dessus de ces deux
règnes par la raison qui le lie à Dieu, en sorte qu'il ne
vit véritablement qu'en tant qu'il pense. L'esprit dans
son essence est simple : c'est une lumière intérieure qui
s'éclaire elle-même. Les esprits individuels renaissent
dans des formes de vie toujours nouvelles, tantôt supérieures, tantôt inférieures, suivant les tendances et les
forces de leur existence antérieure.

Bernardin Telesio [1] suit la direction des idées de Cardan. Tout naît de deux principes actifs opposés, le chaud
et le froid, et d'une matière indéterminée, passive,
inerte. Ces principes informent la matière de telle sorte
qu'aucune partie ne reste ou simple masse, ou force
pure, mais que dans toute partie, et jusque dans la plus
petite, on trouve la force unie à' la masse : toute masse
est la masse d'une force; toute force est la force d'une
masse. L'espace, vide en soi, est la possibilité d'être
rempli, ou la capacité de contenir des corps. La matière
des corps est, en toute chose, égale et la même, mais
les actions des deux principes sur elle sont différentes.

Le plus grand des pythagoriciens de la Renaissance est
certainement Jordano Bruno, qui avait été, comme il le
dit lui-même, très-frappé des doctrines de Pythagore, et
surtout de cette conception qui consiste à considérer la

1. 1508 + 1588.

monade comme un point représentant et contenant
l'univers en raccourci, en germe, et d'où l'immensité
multiple se développe et pour ainsi dire émerge.

Pythagore, dit Bruno, qui confond ici les époques et
tient peu de compte de l'histoire, Pythagore a réuni les
doctrines d'Héraclite et de Xénophane, qui admettaient
la mutabilité perpétuelle des choses visibles, et celles de
Parménide et de Mélissus, qui croient à l'immobilité et à l'infinité de l'être un et unique: il concilie ces pointsde vue en
apparence opposés et contradictoires par le système des
nombres, qui place au-dessus des propriétés mécaniques
et dynamiques des choses les attributs mathématiques.
La monade est l'essence et le fondement de toutes choses, et les nombres qui en dérivent représentent tout le
développement et le système de la création. Les nombres
ne sont en effet que certains principes, soit métaphysiques, soit physiques, soit rationnels, qui expliquent le
mieux la relation de l'unité à la pluralité, et du simple
au composé. L'intime rapport signalé par les pythagoriciens entre l'arithmétique et la musique est de nature à
nous faire comprendre l'ordre du monde et l'harmonie
des êtres. Ces points particuliers et d'autres encore, tels
que le mouvement de la terre, la position centrale du
soleil, la transmutation des choses créées, la distinction
de l'âme et du corps, la migration des âmes, propositions que Bruno croit également appartenir au vieux
pythagorisme, lui paraissent si complétement l'expression de la vérité, qu'il n'hésite pas à dire : « la scuola
pitagorica e nostra. » Une analyse un peu détaillée de
ses idées nous prouvera qu'il n'a pas tout à fait tort de
se rattacher, comme il le fait, à l'école de Pythagore.

La nature n'a qu'un petit nombre de matériaux qu'elle combine d'un nombre infini de manières. Cette infinité de combinaisons les déroberait à notre esprit, si le calcul, qui n'est autre chose que l'activité logique, ne nous mettait en état de la ramener à un nombre : de là, pour Bruno, l'importance de la logique et de l'art de Raymond Lulle, qu'il essaya de perfectionner et de réformer : car cette chimère séduisait encore Bruno, comme elle avait séduit le moyen âge, et Leibniz lui-même n'en fut pas complètement désenchanté.

La logique n'est pas cependant le côté par où Bruno se rattache directement aux pythagoriciens. L'influence de leurs principes et de leur méthode se manifeste surtout dans l'exposé de ses doctrines métaphysiques, contenu dans l'ouvrage qui a pour titre : *De minimo, de maximo*. Dans des analogies et des allégories plus obscures que la plus obscure nuit, selon la comparaison de Brucker, Bruno joue comme les pythagoriciens avec les figures géométriques et les nombres ; il exalte les mathématiques comme le moyen de monter d'abord à la connaissance des secrets de la nature et de s'élever ensuite à la contemplation de Dieu : « sic e mathematicis ad profundiorum naturalium speculationem, et diviniorum contemplationem adspiramus [1]. »

En effet le point, l'unité, la monade, c'est-à-dire le minimum incommensurable et indivisible, ou l'infini de petitesse, est le principe d'où l'on s'élève au maximum, c'est-à-dire à l'infini de grandeur. Entre ces deux infinis se meuvent et roulent les grandeurs finies. Mais

---

1. *De minim.*, p. 134.

ces trois termes et par conséquent les deux extrêmes
ou contraires n'en sont au fond qu'un seul. Le minimum
est le maximum en germe, à l'état d'enveloppement;
le maximum est le minimum à l'état de développement:
ils se renversent l'un dans l'autre, se confondent, se
pénètrent l'un l'autre. Le minimum est donc, comme
on le voit immédiatement, le πρῶτον ἓν ἁρμοσθέν des
pythagoriciens : il est tout et le tout ; c'est le germe
universel : ἓν ἀρχὰ πάντων, le foyer vivant de tous les
êtres, l'unité des unités, la monade des monades. Il est
aux choses leur substance, leur essence, leur cause : il
est donc Dieu.

M. Chr. Bartolmess dont les analyses exactes m'ont
été très-utiles dans cette partie de mon travail, croit
que ce minimum est immatériel[1] : ce serait une différence qui distinguerait la doctrine de Bruno de celle
des pythagoriciens. Pour moi j'en doute : je ne voudrais
d'autre preuve de la non-immatérialité de la monade
première que les propriétés que Bruno lui attribue. A
vrai dire, le minimum n'est ni matériel, ni immatériel:
il est à la fois l'un et l'autre ; car il est la synthèse des
contraires. Sans avoir précisément ni étendue ni figure
ni mouvement, le minimum est ce d'où se développent
le mouvement, la figure, l'étendue. Il engendre les
nombres, mais il engendre également la ligne et par
la ligne les surfaces et les solides. En outre, il est un
point vivant, la molécule primitive, la cellule embryon-
naire du corps; enfin il est la forme de ce corps, l'âme
interne qui préside à sa vie et à son développement. Il

1. *Jord. Bruno*, t. II, p. 207.

est donc à la fois matière et forme ; car l'être dans son expansion la plus grande ne se sépare pas du germe qui l'a produit, comme le cercle et la sphère ne se séparent pas du centre d'où ils se répandent et se déploient :

Nam nihil est cyclus præter spectabile centrum,
Et sine fine globus nihil est nisi centrum ubique.

Comme l'a très-justement remarqué Hégel, c'est ici le trait caractéristique et profond de la pensée de Pythagore qu'adoptent Bruno et Spinoza, et qu'il a adopté lui-même. Ces philosophes soutiennent tous également, avec plus ou moins de clarté, l'immanence de la forme dans la matière, et l'identité de ces deux éléments, distincts mais non séparés ni séparables, οὐ χωριστά. Les formes de la matière lui sont ainsi primitivement inhérentes, en sont la puissance interne. L'acte se confond avec la puissance, l'être pour soi avec l'être en soi, l'idéal avec le réel : tout contraire est identique à son contraire. Par conséquent le petit est contenu dans le grand, et le grand dans le petit. Or comme c'est le cercle qui nous donne la notion et l'image la plus claire de cette coïncidence des termes extrêmes d'un rapport, on peut croire que le mouvement circulaire et la figure circulaire sont la forme de toute figure et de tout mouvement. « Omnia quodam modo circuire et circulum imitari[1]. » Aussi, dit Bruno, « ex minimo crescit et in minimum omnis magnitudo extenuatur[2]. »

Cette unité du minimum n'empêche pas la variété de ses manifestations : au contraire, tout est divers et tout

1. *De minim.*, p. 41.
2. *De minim.*, p. 99.

est un. Tout être est une monade ; toute semence renferme un monde ; l'univers se cache dans chaque objet. Il y a une progression sériée, tour à tour croissante et décroissante qui part, comme dans le diaule pythagoricien, de l'unité et y retourne : « Progressio a monade ad pauca, inde ad plurima, usque ad innumera [2], » L'unité est dans tout nombre, et chaque nombre est dans l'unité : ce qui revient à dire que Dieu pénètre partout, non pas successivement, mais d'un seul et simple acte ; il se communique et s'étend à toutes les choses de la nature. On ne peut pas dire que Dieu est la nature même; mais il est la nature de la nature, l'âme de l'âme du monde : la nature est Dieu dans les choses : « Natura est Deus in rebus…. Ogni coza hà la divinità latente in se [1]. » Voilà comment toutes choses se meuvent et vivent, les astres, les animaux, les plantes, comme l'univers lui-même [2]. La mort n'est pour ce principe vivant en chaque être qu'un changement d'enveloppe. et pour ainsi dire de vêtement [3] : ce n'est pas cesser d'être. L'âme est donc immortelle. Mais que deviendra-t-elle à la fin ? Continuera-t-elle de vivifier éternellement sur cette terre d'autres formes et d'autres corps, ou voyagera-t-elle de planète en planète à travers l'immensité de la création pour y remplir cette même fonction ?

Bruno nie l'existence du vide infini que les pythagoriciens plaçaient en dehors du monde : Dieu présent par tout, comble tout, remplit tout.

1. *Id.*, p. 130.
2. Christ. Bartolmèss., t. II, p. 113.
3. Pour Campanella aussi, le monde est un grand et parfait animal.

La pensée est la connexion intime, l'union parfaite
entre l'esprit qui voit, et l'objet qui est vu. Pour que
cet acte s'accomplisse, il faut qu'il n'y ait point d'intermédiaire, point d'intervalle, d'interstice entre les deux
termes, mais un rapport intime et tellement intime,
qu'ils s'y confondent : c'est ce que Philolaüs appelait
l'harmonie.

Pour Bruno comme pour Pythagore, la figure n'est
pas séparée du nombre, et c'est la figure qui donne aux
choses leurs propriétés et leur essence. Les nombres
expliquent donc tout. La tétractys est le nombre parfait,
et figure la perfection, la plénitude de l'être, parce qu'elle
est à la fois elle-même et l'unité et la décade.

Bruno est donc bien un vrai pythagoricien; il est panthéiste, quoiqu'il admette l'existence de l'Un avant les
choses, parce que s'il place l'Un au-dessus du tout, d'un
côté, de l'autre il l'identifie avec ce tout, l'Un ne se manifestant que dans les choses, et l'Idée, la forme, c'est-
à-dire la chose même, se confondant pour lui avec le
nombre.

Le platonisme nouveau eut ses adhérents en Angleterre, et là, comme partout, il ne resta pas étranger à la
théosophie et aux rêveries de la Cabbale, caractères du
néopythagorisme des modernes. En Belgique, Van Helmont [1] essaya de transformer en métaphysique l'alliage
de chimères qu'il trouvait dans le mysticisme théologique de Henri More et de Cudworth.

L'élément pythagoricien qui caractérise sa doctrine,
qu'il nomme l'église philosophique, est reconnaissable :

---

1. De Vilvorde, près Bruxelles.

d'abord à l'influence qu'y joue la théosophie ; et ensuite au penchant au mysticisme des nombres : car Van Helmont se décore lui-même du titre de « philosophe par l'Un dans lequel est tout. » Tout émane en effet d'un seul principe, parce que l'unité est la loi et le principe de l'ordre qui se manifeste dans l'univers. Dieu est donc différent, mais non séparé de la nature ; il réside en elle, ou plutôt l'essence des choses réside en lui, parce qu'il en est la perfection. Comme il est par essence créateur, le monde est nécessairement éternel. Dieu l'a créé, mais il l'a créé de toute éternité ; car il ne peut pas être sans agir, et son efficace créatrice ne peut pas plus avoir eu de commencement qu'elle ne peut avoir de fin. Tout est éternel dans l'éternel [1].

Cependant il ne crée ainsi que les germes des choses, lesquels se réalisent et se développent dans le temps : c'est en ce sens que l'imparfait existe avant le parfait.

Nulle espèce ne se peut changer en une autre espèce, quoiqu'il n'y ait entre elles qu'une différence de degrés et non une différence d'essence, puisque toute créature porte en elle un reflet de l'essence divine. Le corps n'est qu'un degré inférieur de l'esprit. Voilà comment on s'explique que l'âme aime son corps : c'est qu'ils son homogènes.

Van Helmont admet la préexistence des âmes ; la naissance est pour lui le développement de l'esprit hors du corps. Tout âme est une monade centrale, et la migration des âmes est un simple déplacement de ce cen-

---

1. C'est ainsi que S. Augustin est d'avis que Dieu est éternellemen Seigneur, et par conséquent qu'il y a de toute éternité dés créature sur lesquelles il règne.

tre, qui se porte d'un cercle dans un autre. Les âmes
n'entrent pas fortuitement dans leur corps. Leur corps
est formé par leur constitution propre, et le développement continu de l'âme entraîne comme conséquence le
développement continu des formes corporelles. Cependant ce développement a un terme. L'âme, monade
centrale, doit rentrer dans l'unité absolue, en Dieu.
Quoique ces idées ne soient pas sans rapports avec celles
de Bruno, Van Helmont lui est ici supérieur : le spirituel
est supérieur au corps qu'il construit. Le philosophe
hollandais cherche ainsi à spiritualiser la matière ; la cor-
poralité des choses n'est que leur limite, l'obstacle qui,
en elles, s'oppose à leur pénétration réciproque, à une
unification complète. Tout être vivant procède d'atomes
ou de monades physiques que nulle force externe ne
peut diviser. Une lumière chaude, le soleil, principe
mâle, une lumière froide, la lune, principe femelle,
sont les deux forces génératrices de la nature, et leur
concours est nécessaire à toute production.

A la doctrine des monades s'enchaîne celle d'un esprit central dont la fonction est de maintenir l'unité et
l'ordre, dans les individus comme dans le tout ; car
tout est composé de parties nombreuses tenues ensemble
par une monade centrale. Comme nous l'avons dit,
l'âme est une monade centrale. En se déplaçant, elle
devient un autre centre, où elle s'assujétit d'autres monades dont elle se forme un autre corps ; c'est ce qui
constitue la migration ou évolution des âmes.

Il n'est pas nécessaire de croire que Leibnitz[1] a connu
les ouvrages de Nicolas de Cusa, qu'il ne cite jamais,

---

1. Leibnitz, ed. Dutens, tom. IV, 1, p. 253 sq.; *Nouv. Ess.*, I, 1, p. 27.

mais il a connu personnellement Van Helmont le Jeune, dont il rappelle le nom avec celui de Henri Morus. Il s'était familiarisé dans sa jeunesse avec les doctrines des Théosophes et des théologiens mystiques ; il avait été en relation avec les Rose-Croix et les chimistes, et, sans tomber dans leurs extravagances, il trouvait dans la théologie mystique un élément poétique qui parlait à l'âme et qui méritait d'être recueilli. Sa monadologie contient évidemment un élément pythagoricien ; lui aussi admet que tout est un, que le tout est une unité ou monade. Tout est dans tout, et l'âme est une unité où les relations les plus diverses se réunissent comme des angles à leur sommet. L'âme est un germe indivisible du sein duquel tout se développe. Partout il existe un germe de vie semblable. Ce sont là des principes que nous nous rappelons avoir rencontrés partout où s'est exercée l'influence pythagoricienne, particulièrement dans Nicolas de Cusa. La notion pythagoricienne du germe qui contient, à l'état d'enveloppement, la série ordonnée de ses développements postérieurs, fait une partie considérable des doctrines de Leibnitz. D'accord avec les Théosophes qui l'avaient accueillie, il enseigne que les choses n'acquièrent aucune perfection dont le germe ne réside en elles ; elles contiennent, préformé en elles-mêmes, leur avenir tout entier. La vie n'est que le développement, la mort que le renveloppement des germes.

Les mathématiques exercent sur son esprit, comme sur celui des pythagoriciens, une influence visible. Dans son plan de caractéristique universelle, il prend les mathématiques pour modèle, il veut créer un calcul phi-

losophique, et la découverte scientifique n'est pour lui
qu'un travail mathématique. Dieu agit en parfait géomètre : il calcule, il pèse ; τίς ποιεῖ ὁ Θεὸς : γεωμετρεῖ, et le
monde est fait. Tout est soumis au nombre. Nous ne
pouvons rien comprendre que mathématiquement, précisément parce que tout se fait mathématiquement dans
l'univers. Ce sont les mathématiques qui donnent le
seul moyen d'en expliquer les phénomènes, en ramenant tout le sensible aux figures et au mouvement. La
musique elle-même n'est qu'une opération mathématique que l'âme accomplit à son insu.

Hamann, dont Schelling s'inspire, avouait avoir emprunté à Jordano Bruno le principe pythagoricien de
l'identité des contraires ou coïncidence des extrêmes
opposés ; mais chez lui ce principe se transforme et se
spiritualise. L'unité qui concilie, contient et absorbe
toutes les oppositions et les différences réelles, l'unité,
pour Hamann, est idéale.

C'est par un autre côté que Novalis se rapproche du
pythagorisme panthéiste. La philosophie est pour lui le
mariage de l'esprit et de la nature, et par là il se rapproche de Schelling, pour qui la nature est l'existence
positive du principe divin. La philosophie est l'image ou
plutôt la formule du monde réel, de l'univers, dont la
vie est un concert de mille voix, une harmonie de toutes
les forces et de toutes les activités. Voilà pourquoi les
mathématiques sont la vraie science. La science mathématique est, en effet, l'intuition de l'entendement pris
comme image de l'univers ; c'est l'entendement réalisé,
et les rapports mathématiques sont les rapports du
monde réel. La force mathématique est la force ordon-

natrice, et dans la musique, elle apparaît même comme créatrice : ce qui ne l'éloigne pas de la philosophie, bien au contraire. Car, pour comprendre la nature et ses rapports, il faut remonter par l'esprit à ce moment primitif où elle a été créée par la pensée, réproduire en soi cet acte, et pour ainsi dire la créer une seconde fois. Novalis, en construisant la nature avec les rapports idéaux de l'espace pur, supprime la matière sensible. Ainsi entendue, sans application possible à un monde matériel et inférieur, la science mathématique prend un caractère qui s'élève beaucoup au-dessus de celui qu'y avaient reconnu même les anciens pythagoriciens. C'est la vie la plus haute, la plus spirituelle, la plus pure, la vraie religion de l'humanité. Seuls les mathématiciens sont heureux, parce que le savoir parfait, que les mathématiques seules donnent, est félicité parfaite.

Mais le grand et vrai pythagoricien moderne est Schelling, surtout dans le beau, mais obscur dialogue intitulé *Bruno*.

Toutes choses bien considérées, dit-il, il ne peut rien y avoir dans la nature de défectueux, rien d'imparfait : chaque chose doit être en complète harmonie avec le tout. L'harmonie, l'ordre est donc la loi de toute existence, la condition et même l'essence de tout être. L'idée du beau et du divin en soi existe dans l'individu comme son idée immédiate et en même temps comme idée absolue : l'individuel a son fondement dans l'universel.

L'unité du principe divin et de l'être naturel est telle qu'elle n'admet pas de contraires. Dans l'idée de l'absolu, tous les contraires sont un, plutôt qu'unis. L'unité est l'unité de l'unité et de son contraire la différence.

Tout est ici identité absolue. L'unité absolue ne réunit point le fini et l'infini ; elle supprime leur différence, et les contient tous deux d'une manière indivise. Le fini n'a aucune réalité par lui-même, et son rapport à la substance est de telle nature qu'il ne lui est égal qu'après avoir été multiplié par son carré. L'idée générale qui se rapporte immédiatement au fini est exprimée dans la chose par la dimension ou la longueur pure, la ligne, qui est l'acte de séparation de l'espace et l'âme de toutes les figures.

La ligne, en s'unissant à l'angle, forme le triangle qui rattache l'un à l'autre le particulier et le général, en tant que la chose reste simplement pour soi. Mais en tant que l'objet particulier se lie à l'idée infinie des choses, laquelle se rapporte à son fini, comme le carré à sa racine, cette idée infinie ne peut se rattacher à la chose isolée que comme en étant le carré. Or, si on multiplie le carré par ce dont il est le carré, on a le cube, image sensible de l'unité et de son contraire ; car dans le cube, les deux premières dimensions s'effacent et s'évanouissent dans la troisième. Tout est ordonné avec nombre, mesure et harmonie. L'univers s'est formé du centre à la circonférence. Le principe divin inspire aux êtres organiques une partie de la musique céleste qui est dans tout l'univers, et il enseigne à ceux qui devaient habiter l'éther à rentrer dans l'unité absolue, en s'oubliant eux-mêmes dans leurs propres chants.

Plus exactement encore que *le Timée* de Platon, le *Bruno* de Schelling peut être appelé un hymne pythagoricien.

Quelques développements, quelque profondeur qu'ils

aient pris entre ses mains, qui méconnaîtra l'influence des principes du pythagorisme dans ces propositions où se résume la doctrine de Hegel? L'être qui pense et la chose pensée sont identiques ou plutôt deviennent identiques dans l'acte de la pensée. L'idée — substituons ici le nombre — est antérieure à tout; substance de tout, elle produit tout.

Tout ce qui est réel est rationnel; la vraie réalité est l'esprit. Les faits sont les idées devenues corps.

La contradiction est inhérente aux choses comme à l'esprit, la loi de l'être et de la pensée; elle est le fond de la dialectique : ce qui revient à dire que les notions ne sont pas isolées, ni dans la nature ni dans l'esprit; elles tiennent à un ensemble qui les limite, et en les limitant les nie en quelque sorte : « Omnis limitatio negatio est. » Tout dans l'univers se touche, s'enchaîne, se limite, se mesure, se prolonge, tout a son commencement, sa fin, son sens ailleurs qu'en soi. Le *même* pose éternellement *l'autre*, et éternellement le supprime, en s'y reconnaissant. Ce rhythme ternaire est le mouvement nécessaire de la vie et de la pensée. Les jugements absolus sont faux, parce qu'ils isolent ce qui n'est pas isolé, fixent ce qui n'est pas immobile. Tout est relatif, tout est devenir, changement, mouvement. Tout être, en un mot, n'est qu'un rapport, et c'est ce que les pythagoriciens voulaient dire par leur fameuse définition : l'être est un nombre ; car le nombre n'est qu'un rapport; mais c'est un rapport concret, réel, vivant; l'unité du contenu et du contenant, de la forme et de la matière, parce qu'il est leur limite commune, où ils se pénètrent, se réalisent et s'identifient.

CINQUIÈME PARTIE

CRITIQUE

Le pythagorisme est une conception philosophique d'un caractère parfaitement grec ; je ne sais pourquoi on craint de détruire cette originalité caractéristique et presque de diminuer le génie qui a produit cette doctrine, en accueillant les traditions qui nous le montrent en relation personnelle avec l'Orient. Qui ne sait que les intelligences, pour être fécondes, ont besoin, comme les races physiques, de se mêler, de se croiser les unes avec les autres ? Les littératures et les philosophies ont le sentiment que, par le contact avec d'autres tendances et d'autres idées, elles ne peuvent que se compléter, s'enrichir, se développer. Leur originalité n'a rien à redouter de ce commerce ; il provoque un instinct de répulsion qui leur donne une conscience plus pleine et plus forte de leur nature propre, en même temps que les rapports renouvellent, pour ainsi dire, leur sang et le principe de leur vie. Au contraire, lorsqu'elles s'obstinent à vivre et à se tourner constamment sur elles-mêmes, elles s'épuisent, s'énervent et sont bientôt réduites à la stérilité et à l'impuissance. C'est au moment où la France est touchée par le génie espagnol, où l'Angleterre est éprise de l'imitation italienne, où l'Allemagne est ouverte au goût français, que chacune de ces littératures a manifesté par des chefs-d'œuvre son génie le plus pur et le plus original. Originaires de l'Orient, le plus noble et le plus beau rameau de cette famille de peuples et de langues qu'on désigne aujourd'hui sous le nom d'Arienne, pourquoi donc les Grecs auraient-ils rompu toute relation et oublié complétement leur parenté avec leurs frères d'Asie? Les épopées homériques nous conduisent à supposer que, dans la période héroïque de leur histoire, les peuples riverains des deux côtes opposées de la mer Égée, les habitants de Troie et leurs vainqueurs, parlaient encore presque la même langue. Les Grecs eux-mêmes n'avaient pas entièrement perdu ce souvenir, s'il faut rapporter le mot singulier de διαλεκτὸς Θεῶν[1], à un état historique, à une phase réelle du développement de la langue grecque. Platon rattache encore aux langues de la Phrygie l'étymologie de quelques noms grecs[2], et Hécatée, cité par Strabon, ne rougit pas de rappeler que la Grèce tout entière n'a été primitivement qu'une colonie de barbares[3]. La langue et la religion sont encore empreintes de cette parenté. Comment, avec les expressions et les formules religieuses,

---

1. Greg. Corinth., *Kœn.*, p. 92. Lobeck. *Aglaoph.*, n'y voit qu'une fiction.
2. *Cratyl.*, 410 a.
3. Strab., VII, p. 321.

les Grecs n'auraient-ils pas emporté le souvenir de quelques idées philosophiques? pourquoi n'auraient-ils pas conservé ce commerce intellectuel? Depuis Thalès jusqu'à Platon, tous les documents nous rapportent des voyages entrepris par les philosophes dans l'Orient, c'est-à-dire dans l'Égypte et dans la Perse. Je ne vois aucune raison pour repousser ce témoignage. La Grèce elle-même n'y a pas songé un instant. Pleine de la conscience de l'originalité de son génie, elle ne cache pas, elle exagère ses emprunts; elle sait qu'elle a le don des fortes races. En recueillant les éléments étrangers, elle sait qu'elle se les assimilera, les transformera, se les appropriera. Ce beau génie a conscience que tout ce qu'il a touché se convertit en or [1]. On peut donc, sans crainte de porter atteinte à son originalité, reconnaître les relations personnelles de Pythagore avec les sages de l'Égypte, et l'on pourrait même admettre qu'il a connu les livres de Zoroastre. Quand les traditions égyptiennes lui auraient inspiré une vague pensée de la métempsycose, dont les Mystères contenaient plutôt déjà quelques germes, quand il aurait emprunté à ce peuple quelques usages, tels que l'ensevelissement des morts dans des linceuls de lin, usage orphique, quand le dualisme théologique des Mages, l'opposition de la lumière et des ténèbres, du bien et du mal, aurait éveillé chez lui plutôt que développé un vague pressentiment du dualisme métaphysique, il n'en serait pas moins l'au-

---

1. Plat., *Epinom.*, 987 e : ... Ὅτιπερ ἂν Ἕλληνὲς βαρϐάρων παρα-λάϐωμεν, κάλλιον τοῦτο εἰς τέλος ἀπεργάζονται.... κάλλιον καὶ δικαιοτε-ρον ὄντως; τῆς ἐκ τῶν βαρϐάρων ἐλθούσης φήμης τε καὶ θεραπείας ... ἐπι-μελήσεσθαι τοὺς Ἕλληνας.

teur d'une doctrine profonde et originale [1], et dont la forte influence s'est exercée dans presque tous les systèmes de philosophie postérieurs.

Il est difficile de présenter la doctrine dans un tableau à la fois court et fidèle. Épris et amoureux de l'harmonie, les pythagoriciens n'ont pas eu le bonheur ni la force de réaliser leur idéal; car il n'est pas possible d'attribuer uniquement, soit à l'insuffisance de nos fragments mutilés, soit au caractère collectif de leurs travaux philosophiques, l'incohérence, la confusion, la contradiction qui éclatent manifestement dans leur conception systématique; car c'est un système, c'est-à-dire un effort, quoique parfois manqué, de lier en un tout et de ramener à un seul principe les vues diverses des choses.

Au sommet est l'Un, antérieur et supérieur aux êtres et aux choses; au-dessous de lui, le nombre dont il est le père, nombre concret, rapport substantiel, symphonie ou harmonie de nombres; c'est l'Un, mais étendu, la monade vivante, le germe. De même que l'Un est le père des nombres, l'Un nombre est le père des figures. Le point a une valeur arithmétique comme unité, mais il a une valeur géométrique comme principe et limite de la ligne; de plus, il a une puissance interne d'exté-

1. D'autres ont voulu que la philosophie pythagoricienne ne soit que la généralisation systématique des idées doriennes (Boeckh, *Philol.*, p. 38; Ottf. Müller, *Die Dorier*, I, 368; Schwegler, *Geschichte d. Griech. Philos.*, p. 54). On le prouve en montrant la tendance commune à une morale sévère, l'analogie des règlements de la vie pratique, la communauté du culte particulier d'Apollon. Je ne vois rien de sérieux dans cette déduction hasardeuse, toujours fondée sur le développement historique, et je ne trouve pas utile de la réfuter longuement.

riorisation et de développement, la puissance autogène de s'étendre dans l'espace et d'engendrer ainsi la quantité réelle, le corps.

Quoique l'Un, père du nombre et le nombre un soient parfois distingués, il semble que, dans l'esprit des anciens pythagoriciens, les deux unités n'en faisaient qu'une; ce qui porte à le croire, c'est que la doctrine, malgré la tendance idéaliste de ses principes, a au fond un caractère exclusivement physique, comme l'a justement remarqué Aristote. Ce germe, cet Un réel et idéal à la fois est la synthèse des deux principes contraires : le pair et l'impair, l'infini et le fini; le premier placé dans la classe des choses mauvaises; le second, dans celle des bonnes. Tout être n'étant que le développement d'un germe est donc l'unité de couples contraires.

Le double élément, fini et infini, parfait et imparfait, unité et pluralité, dont l'Un premier lui-même se compose, semble indiquer que dans la pensée des pythagoriciens ces contraires que domine, absorbe et réalise le rapport, la limite, πέρας, le nombre, ne sont que les facteurs idéaux de la réalité. L'Un, le nombre, pénètre dans son contraire, la multiplicité, puisqu'il est immanent aux choses et en est la véritable essence. On peut même dire qu'il est son propre contraire, et que le pythagorisme ne fait aucune différence essentielle entre le τὸ περαινόμενον et le τὸ πέραινον ou πέρας. La multiplicité est l'Un développé : or le développement de l'Un n'en change pas l'essence, puisqu'il est de son essence de se développer. C'est à l'exemple et à l'imitation des pythagoriciens que Bruno confondra la *causa causans* et la *causa causata;* Spinoza, la *natura naturans* et la *natura naturata;* Fichte, l'*ordo ordinans* et l'*ordo ordinatus*.

L'Un qui fait l'unité de tous les êtres uns et par conséquent de tous les êtres, puisque tous les êtres sont uns, l'Un est lui-même composé : πρῶτον ἓν ἁρμοσθέν. Voici comment je me représente le sens de cette proposition : l'être est un système et fait en même temps partie d'un système, ce que les pythagoriciens exprimaient en disant toute décade est une et toute unité est décadique. L'unité est ainsi le tout et la partie d'elle-même, l'enveloppé et l'enveloppant. Ceci ne peut guère se comprendre que par la définition pythagoricienne de l'être. L'être, disent-ils, n'est qu'un nombre, c'est-à-dire un rapport, la limite où pénètrent, s'absorbent, s'identifient, se réalisent les deux termes idéaux, les deux facteurs intelligibles de la réalité. La grande question de la métaphysique est celle-ci : Si le parfait et l'imparfait existent tous deux, quel est, des deux, le principe de l'autre? Si l'imparfait est premier, comment expliquer l'existence du parfait? Si c'est le parfait qui est premier, comment expliquer l'existence de l'imparfait? Les systèmes absolus résolvent la question d'une manière opposée, quoique analogue : ils nient l'alternative. Les uns soutiennent que l'imparfait seul existe; les autres, que le parfait existe seul. Pythagore répond : Ni l'un ni l'autre n'existent séparément. L'existence n'est que l'unité qui les contient tous deux, les assimile l'un à l'autre, le point de coïncidence où ils se rencontrent, se renversent l'un dans l'autre, en perdant ainsi leur différence. Le nombre ou rapport n'est donc pas dans cette conception quelque chose d'abstrait et de subjectif;

c'est un nombre réel, concret, vivant. Qu'est-ce que
le fini ou la forme qui constitue le monde? C'est l'infini *finifié*, l'informe transformé. Le nombre est l'acte
et le développement des raisons séminales contenues
dans l'unité : il est cause matérielle, efficiente, formelle, finale.

Tout être n'est, en effet, qu'une matière liée par une
forme : on peut même dire que l'être n'est que le lien
même, le rapport de la forme à la matière et de la matière à la forme. Des deux termes qui constituent ce
rapport, l'un est le sujet d'inhérence de l'autre, où s'expriment les qualités essentielles qui le déterminent et le
font être ce qu'il est. On ne peut les concevoir l'un en
dehors de l'autre que par une abstraction; mais dans
l'ordre de l'existence et de la réalité, ils sont vraiment
inséparables : on peut dire qu'ils ne font qu'un dans le
rapport qui les rapproche et les contient. Si, par exemple,
on dit que l'homme est l'harmonie du corps et de l'âme,
il est clair que cette harmonie entre le corps et l'âme,
qu'on appelle l'homme, enveloppe le corps et l'âme. Le
jugement n'est qu'un rapport du sujet et du prédicat,
et il est clair également que la réalité de ce jugement
repose sur l'unité et l'identité des deux termes qui se
fondent en lui; car, qu'est-ce qu'un prédicat sans sujet
et un sujet sans prédicat?

Lorsque Platon et Aristote définissent la sensation, le
rapport, le contact, le commerce de l'objet senti et du
sujet sentant, et montrent que la couleur, par exemple,
n'est rien sans l'œil qui l'aperçoit, la vision n'est rien
sans la couleur qui est son objet, et qu'en conséquence
la sensation est l'acte commun du sensible et du sen-

tant, la forme où ils ne font plus qu'un, n'expriment-
ils pas en d'autres termes l'opinion même de Pythagore,
à savoir : 1° que cet acte est un rapport, c'est-à-dire un
nombre, un point commun, une limite ; 2° que ce rapport est une réalité, un acte, et même que c'est en lui
seul que se réalisent les deux termes, les deux facteurs
du rapport ? Bien plus, Aristote va jusqu'à appeler cet
acte, comme Pythagore, une harmonie; car il dit positivement que le rapport du sentant et du sensible doit
être harmonieux pour subsister, que le choc violent
d'une lumière trop grande contre une vue faible, détrui-
sant l'harmonie des deux termes, anéantit par cela même
la sensation, et il se sert même ici de la comparaison
de l'harmonie de la lyre [1].

Par le rôle qu'il attribue aux deux éléments de la réalité, Pythagore paraît avoir voulu conserver l'équilibre
entre les deux solutions contraires de l'idéalisme et du
réalisme; mais au fond, et sans le savoir peut-être, il
sème le germe d'où naîtra plus tard l'idéalisme absolu.
Implicitement, en effet, ce physicien, qui ne reconnaît
que l'être naturel et matériel, conduit à l'idéalité de la
matière, à l'identité des termes contraires et à l'immanence transcendantale de Bruno et de Schelling. En
effet, en mettant en présence et en contact l'un avec
l'autre, le fini et l'infini, le parfait et l'imparfait, la forme
et la matière, il est certain que l'un de ces deux éléments
aura bien vite dévoré l'autre, dans le mélange qui les
réunit. Le parfait ne peut manquer de dissoudre l'imparfait, et alors, malgré les résistances du sens commun

---

1. Aristot., *de Sens.*, II, XII, 23.

et de l'expérience, naîtra la doctrine de l'unité, de l'identité absolue. Il me semble voir dans le pythagorisme le pressentiment obscur, mais puissant, de l'idéalisme luttant contre le dualisme, le moment de l'immanence combattu par la transcendance; mais, malgré l'unité qu'il affirme dans l'ensemble des choses, sous le nom magnifique de l'ordre, dont il décore l'univers, malgré l'idéalité de la cause première dont il a le sentiment et l'instinct, il ne peut pas se détacher du dualisme. L'unité pythagoricienne recèle en ses flancs la contradiction. Tout être, en effet, sauf un seul, la porte en soi comme la marque de sa misère; mais, et c'est là le vice de la doctrine, suivant les pythagoriciens, l'être premier lui-même n'échappe pas à cette condition, qui le déshonore et le nie : L'être premier, l'Un premier est composé πρῶτον ἐν ἁρμοσθέν.

Il est vrai qu'en examinant la table des contraires, on s'aperçoit que les pythagoriciens ont conçu l'un des termes comme supérieur à l'autre : on pourrait même croire, d'après un mot d'Aristote, que la seconde série est purement privative. Il dit, en effet, dans la *Physique*[1], τῆς δὲ ἑτέρας συστοιχίας αἱ ἀρχαὶ διὰ τὸ στερητικαὶ εἶναι ἀόριστοι. Du moins Eudème appliquait ce mot aux pythagoriciens [2]. Dans cette hypothèse, il n'y aurait plus entre les choses que des différences de degrés, d'intervalles, de rapports, de nombres. Rien n'est vil dans la maison de Jupiter; le mal est, non pas le lieu du bien, mais un degré inférieur, un nombre du bien. En effet, les choses n'étant que des nombres, des points, des unités, elles

1. *Phys.*, III, 2.
2. *Scholl. Simplic.*, ad l. l., f. 98.

ne peuvent avoir entre elles aucune différence substantielle et vraiment qualitative; elles n'ont qu'une différence quantitative. De là tout vit, car tout a sa part de l'Un, du feu central, dont le développement et l'individuation constituent le monde réel, et tous les êtres sont liés par une série de degrés, mesurés par des rapports harmoniques. Mais cette harmonie des contraires ne supprime pas la contradiction qui est posée jusqu'au sein de l'absolu.

La contradiction qui réside, suivant les pythagoriciens, au fond des choses, n'est pas absente de leur système, et il s'y trouve des propositions entre lesquelles il est difficile d'établir l'harmonie. C'est ainsi qu'à côté de ce panthéisme qui ne reconnaît que l'être naturel, ils semblent admettre un principe divin, placé au-dessus de la nature, et qui précisément, parce qu'il ne présente pas cette unité mixte et mélangée, composée des contraires, se dérobe à la connaissance de l'homme, Θείαν, καὶ οὐκ ἀνθρωπίναν ἐνδέχεται γνῶσιν.

Ce germe, cet Un mixte, doué de vie, de chaleur, de mouvement, contient en soi une raison, λόγος, se développe suivant une raison pleine d'harmonie et mesurée par le nombre, et acquiert par et dans ce développement la perfection qui lui manque. Le monde entier est formé de ces germes, est rempli de ces nombres ; lui-même est un être vivant, un, qui a également pour principe un nombre. Car si l'on dit que l'univers est constitué par trois choses, le poids, la mesure et le nombre, il faut se rappeler que le poids et la mesure ne sont que des espèces du nombre : le nombre est le principe unique du monde; c'est la force incréée, autogène, tendue comme une chaîne à travers le monde, et y produisant l'être, répandant la vie, maintenant la permanence des individus, des espèces, du tout. Tout ce qui est et vit, vit et est par l'Un et est un.

Le nombre est matière; il est forme; il est cause, cause motrice, efficiente et finale; il est principe de l'être, principe du connaître, principe d'unité, et en temps que principe d'unité, il est principe d'individuation, comme de totalité et de multiplicité, puisqu'en réunissant autour de leur centre propre les éléments dispersés, συνόχην, il fait un et plusieurs, il divise et il rapproche. En un mot, il est le principe universel de tout et du tout. Tout et le tout est nombre, ordre, mesure, harmonie. L'ordre est l'essence de l'être et l'être même L'Un est immanent aux choses, puisqu'il en constitue l'essence; mais, en même temps, il est transcendant, puisqu'il est commun à toutes et n'est épuisé par aucune d'elles.

La loi de l'être est non pas le progrès, car le progrès est un procès, c'est-à-dire un mouvement, mais l'ordre mathématique ou la beauté, dont l'immobilité est le caractère.

Mais ici encore, les principes de la doctrine protestent contre elle et en déchirent les conclusions, car le pythagorisme reconnaît la vie; la vie est pour lui l'assimilation éternelle de l'infini par le fini qui le transforme, le réduit successivement et incessamment à l'Un, au nombre, à l'ordre, c'est-à-dire le détruit. Il y a donc mouvement et même développement des raisons internes contenues dans le germe. La vie n'est pas agitation, tourbillon, tempête; elle est ordre dans le mouvement,

c'est-à-dire progrès, car jamais aucun pythagoricien
n'a dit ou fait entendre que l'infini envahira à son tour
le fini.

La pensée, comme l'être, est un rapport, une mesure, un nombre, car toute pensée est la pensée de quelque chose, ne fût-ce que d'elle-même. Il y a donc en
toute pensée deux éléments, la forme et la matière, dont
le rapport est la pensée elle-même. Car assurément, la
pensée n'est autre chose que le rapport du sujet à l'objet. Bien plus, aucune pensée n'est absolument simple.
Toute idée est plus ou moins riche de contenu, plus ou
moins pleine de déterminations, et son essence propre
est le rapport précis et mesuré des éléments intelligibles
qui la déterminent et la composent. Or, comme le même
est connu par le même, ce qu'on dit du sujet, on le doit
affirmer de l'objet, et réciproquement. Tous les deux
ne sont qu'un nombre, voire le même nombre : la pensée est donc identique à l'être. On peut contester la
vérité de ces propositions, on n'en peut guère contester
la force, la profondeur, l'originalité, qui apparaîtront
plus clairement encore si on les ramasse en quelques traits : il n'y a pas d'autre existence que l'être naturel, la nature; l'unité est l'essence de cet être. Cette
unité est un nombre, c'est-à-dire un rapport; elle est
donc simple et composée, une et plusieurs. La multiplicité est unité, l'unité est multiplicité, πολλὰ τὸ ἓν ἔσται [1].
Le nombre, essence de l'être, est une forme immobile; son vrai nom est la mesure, l'harmonie, l'ordre,
la beauté. Le hasard, l'accident, le désordre, la laideur

---

1. Arist,, *Met.*, I, 5.

n'ont de place ni dans le mon le, la vie et l'être, ni dans la science qui prétend les connaître et les expliquer. Le nombre est raison, en même temps que mesure. La beauté est donc non-seulement la cause exemplaire et finale de l'être, elle en est l'essence et la substance. Le monde est l'apparition de la beauté. Cette pensée, à demi vraie, méritait d'être proposée par un Grec; c'est le rêve d'un artiste amoureux de la forme.

Il est facile d'apercevoir l'insuffisance et le danger de ces formules. En réduisant l'être et la beauté au nombre, à la quantité, on peut craindre que le système ne penche à n'y voir que le nombre mathématique, abstrait, glacé, c'est-à-dire une beauté sans vie, sans mouvement : une statue de marbre[1]. La qualité serait ramenée à la quantité. C'est un des points où se porte la vive critique d'Aristote : « Les pythagoriciens, dit-il, prennent leurs principes en dehors des êtres sensibles, car les êtres

---

1. Aristote, *Met.*, XIII, 3, a emprunté une partie de leur théorie pour constituer ses principes d'esthétique. Tandis que le bien se trouve toujours, dit-il, dans des actions, le beau se trouve aussi dans des êtres immobiles. Ceux-là sont donc dans l'erreur qui prétendent que les sciences mathématiques ne parlent ni du beau ni du bien : car elles traitent surtout du beau; elles démontrent surtout le beau, et en indiquent les effets et les rapports. Les plus imposantes formes du beau, ne sont-ce pas l'ordre, la symétrie, la limitation? Or, c'est là ce que font apparaître les sciences mathématiques. L'esthétique est donc, aux yeux d'Aristote, une science mathématique ; la beauté, une forme immobile, qui n'a d'autre essence qu'un rapport abstrait, sans mouvement et sans vie : Ἐν τάξει καὶ μεγέθει. *Poet.*, VII. Mais comment concilier ces principes avec l'observation autrement vraie et profonde, qui fait de l'action, où se manifestent les caractères et les passions, l'essence et l'âme de la tragédie et de la poésie en général. *Poét.*, 1, 6 : Μιμοῦνται καὶ ἤθη, καὶ πάθη καὶ πράξεις. 1, 2 : Μιμοῦνται οἳ μιμούμενοι πράττοντας, ἀνάγκη δὲ τούτους ἢ σπουδαίους ἢ φαύλους εἶναι. *Poet.*, 6, 10, 14 : Ὁ μῦθος τέλος τῆς τραγῳδίας.... ἀρχὴ καὶ οἷον ψυχή.

mathématiques sont privés de mouvement. Comment alors aura lieu le mouvement, s'il n'y a pas d'autres substances que le fini et l'infini, le pair et l'impair? Ils n'en disent rien, et s'il n'y a ni mouvement ni changement, comment expliquer la production et la destruction dans la nature,·comment expliquer même les révolutions des astres[1]? » L'erreur des pythagoriciens n'est peut être pas aussi grave. Le nombre est pour eux une chose concrète et ils conçoivent le rapport comme une réalité. Ce rapport subsiste, indépendamment du quantum des termes; son essence, en effet, est la limite, la forme qui donne vraiment la qualité à la matière. Mais leur faute est d'identifier ce nombre vivant avec le nombre mathématique; et c'est là qu'ils échouent; c'est contre cette erreur qu'Aristote s'élève, en leur faisant des objections qu'ils ne peuvent résoudre et qui ne trouvent pas dans les principes du système une réponse même implicite.

Car ou bien les nombres mathématiques sont les choses mêmes, et alors ou ils sont des grandeurs et ne sont plus nos nombres; ou ils sont nos nombres, et alors ils ne sont plus des grandeurs et ne peuvent plus être les causes des grandeurs[2].

Ou bien les nombres mathématiques, tels que nous les concevons tous, ne sont plus les choses, sont seulement immanents en elles et en forment un élément supérieur et transcendant. Mais alors il y a deux principes et non plus un seul. Au-dessus de l'Un ἔχον μέγεθος,

---

1. *Met.*, I, 8.
2. Arist., *Met.*, XIV, 5. « Comment les nombres sont-ils causes? C'est une question à laquelle les pythagoriciens ne répondent pas et ne peuvent pas répondre. »

il y a un autre Un, sans grandeur. En supposant même que les anciens pythagoriciens aient admis, ce que je ne crois pas, ces deux sortes d'unités, quel rapport auraient-ils conçu entre elles? Ils sont incapables de le dire, ἀποροῦσιν εἰπεῖν, et par cela même d'expliquer l'origine de l'Un premier, τοῦ μὲν περίττου γένεσιν οὔ φασιν[1]. S'ils disent que le monde doit sa naissance à la respiration, par laquelle le fini s'assimile à l'infini, on peut leur demander d'où vient au fini cette puissance, et quelle est la fin de ce mouvement. De plus l'infini ferat-il partie du Tout? alors le Tout est infini. S'il n'en fait pas partie, il y a donc quelque chose au delà et en dehors du Tout, et le Tout ne comprend pas tout.

Aristote va plus loin encore : il concède un instant à Pythagore que le corporel, l'être étendu dans l'espace puisse se développer du point mathématique; mais après cette concession, il demande d'où viennent entre les corps différents les différences de pesanteur et, en général, les propriétés constitutives des espèces différentes et même des caractères individuels? Où est, suivant les pythagoriciens, le principe spécifique et le principe d'individuation? Le pose-t-on dans la différence des nombres, et les choses diffèrent-elles entre elles comme 1 diffère de 2? Mais alors, d'une part, les nombres manqueront bien vite, et ne suffiront même pas aux espèces d'un seul genre, par exemple, le genre animal, puisqu'on prétend que la série des dix premiers nombres suffit à l'explication de la nature entière, et que chaque être est plusieurs nombres, 1, 4, 10. D'autre part si 3 est

1. *Met.*, XIV, 4.

l'homme en soi, le 3, qui se trouve dans 4, dans 5, dans 6, est-il, oui ou non, le même que le premier? Si oui, il y a plusieurs espèces d'homme en soi, et même puisque la série des nombres est infinie, il y a un nombre infini d'espèces d'homme en soi. En outre chacun de ces 3 étant l'homme en soi, chaque 3 c'est-à-dire chaque individu homme, se confond avec son genre, et le nombre des genres est égal au nombre des individus qu'il contient. Enfin 3 étant les 3/4 de 4, l'homme sera les 3/4 du cheval ou de la justice, si 4 exprime la justice ou le cheval; c'est-à-dire que, puisque le nombre plus petit est une partie du nombre plus grand, l'objet exprimé par le plus petit nombre est une partie de l'objet représenté par le plus grand. Mais si l'on dit que ce ne sont pas les mêmes nombres, à savoir que les 3 qui existent dans 4, dans 5, dans 6, ne sont pas les mêmes 3 que le 3 premier, et ne sont pas identiques entre eux, il ressort de cette explication des conséquences qui ne sont pas moins absurdes que celles qu'on a d'abord relevées. D'abord, en effet, 3 n'est pas égal à 3, et il y a différentes espèces de 3 et de tout nombre: or cela est contraire à la doctrine pythagoricienne qui, non-seulement n'admet qu'une seule espèce de nombres, mais confond même le nombre abstrait, mathématique, avec le nombre réel, le point étendu, le germe fécond, la molécule vivante. En second lieu, d'où viendrait la différence de ces nombres? car c'est toujours à cela qu'on revient, et les pythagoriciens, comme les platoniciens, sont enfermés dans ce dilemme: ou bien, pour expliquer la différence des choses, ils sont forcés d'admettre diverses espèces de nombres, ou bien pour

conserver l'unité des nombres, ils sont forcés de nier
la différence des choses. Enfin pourquoi les nombres
jusqu'à 10 représentent-ils seuls des êtres, et pourquoi
les nombres suivants n'en représentent-ils plus? Je
trouve Aristote, dans sa précision, sévère, cruel et
inexorable : ne serait-il pas même un peu injuste, en
pressant dans un sens si étroit et si propre toutes les
formules des pythagoriciens? Que veulent-ils dire en
effet? Tout être a pour loi un développement mesuré, et
comme tous ces développements, représentés par des
nombres, se ramènent à quelques nombres premiers, qui
eux-mêmes se pénètrent eux-mêmes, on comprend la
formule de la décade. Tout être est unité ; toute unité
est tétradique et décadique ; toute tétrade est unité et
décadique ; toute décade est une et tétradique. Mais d'où
vient que ce sont ces nombres et non d'autres qui mesurent le développement de l'être? Nous dirions, nous :
c'est un fait d'observation, une loi de la nature enseignée par l'expérience; Pythagore ne voulait pas sans
doute exprimer une autre pensée en disant que ce sont
là les nombres divins, les vrais nombres de l'Être. Au
fond, la pensée générale de la formule est que le mouvement harmonieux et régulier du développement de l'être,
marche suivant une loi numérique. Tout est produit
suivant le nombre. On comprend donc que 11 ne soit
pas la loi de l'être, ne soit pas un être, parce que ce
nombre ne se ramène pas aux rapports harmoniques,
qui gouvernent et constituent toutes choses. Mais le
point le plus véritablement défectueux du système, c'est
dans l'explication du principe de différence : non seulement il n'en donne, mais il n'en fournit aucune raison.

Cause, substance, forme de tout, le nombre identifie
tout, et la différence même du bien et du mal s'évanouit ;
car une différence quantitative ne peut devenir spécifique
et qualitative. D'ailleurs, tout nombre est bon : or toute
chose est un nombre ; donc toute chose est bonne.
L'optimisme est au fond du système en même temps
que l'identité absolue. Ce n'est que dans un développement postérieur du pythagorisme, et parmi les successeurs de Platon, que la dyade sera considérée comme le
principe de la différence, du mal, de la matière, en
opposition à l'identité, au bien, à l'esprit. Ce n'est pas
que les pythagoriciens nient la matière ; mais en tant
que séparée et distincte du nombre, elle n'est qu'un fac-
teur idéal, un élément abstrait de la réalité. L'être vrai
est l'unité de la forme et de la matière. Leibnitz adopte
la monade des pythagoriciens ; mais il ajoute à leur conception, qu'elle renferme en soi le principe interne et
actif de différenciation, d'individuation, qu'elle tient,
on ne sait comment, de la monade infinie, ou de Dieu.
Les pythagoriciens ne semblent pas s'être sérieusement
préoccupés de cette dernière question.

Les objections qu'on peut leur faire sur la manière
arbitraire, capricieuse et superficielle dont ils appliquent
leurs nombres, et dont ils les dérivent ; l'impuissance
où ils sont d'expliquer comment l'Un premier est un
germe ou noyau vivant, qui attire à soi et absorbe en
soi l'infini, et développe de soi le fini ; la confusion du
nombre abstrait et mathématique avec la monade, la
molécule, la cellule primitive et vivante, substance de
l'être, et principe de son développement ; les propositions insoutenables de leur cosmologie et de leur phy-

sique ; toutes leurs erreurs, en un mot, ne doivent pas cependant fermer les yeux sur l'importance de leur doctrine et le mérite relatif de leur système. C'est chez eux qu'on commence à apercevoir, distincte et dégagée, la vraie notion de la philosophie, c'est-à-dire qu'elle se présente comme une conception générale des choses, une explication scientifique et systématique de la nature, de l'homme et de Dieu.

La difficulté qu'on éprouve à les juger vient, comme celle qu'on éprouve à les comprendre, de la contradiction qui s'élève entre leurs principes et leurs doctrines. Le principe du nombre évidemment est idéaliste : mais néanmoins les voilà qui font entrer l'étendue dans le nombre, ἐν ἔχον μέγεθος, et ne l'en veulent pas séparer. Cependant l'élément idéaliste l'emporte, sinon dans leur conception même, du moins dans l'influence qu'elle exerce, et c'est cet élément qui annonce et prépare l'idéalisme platonicien, où la forme, l'Idée, prendra une essence à part, supérieure, absolue même. Le germe de l'Idée est évidemment dans le nombre. Ce nombre est la mesure, l'harmonie, la beauté ; le monde est un système de rapports : il est l'ordre ; et l'ordre est non-seulement sa qualité, sa loi, mais son essence, sa substance.

Sans doute on peut reprocher au système de pencher et d'aboutir à un formalisme abstrait qui n'explique réellement ni la substance ni le mouvement ni la vie, mais cependant il faut savoir en reconnaître la profondeur et l'originalité. Au début de la civilisation et de la science, il a fallu sans doute une rare puissance de génie pour s'élever au-dessus des désordres qui troublent le monde physique et le monde moral, et pour saisir et affirmer, sous ces apparences qui semblent les déshonorer, l'ordre profond, l'harmonie interne, la beauté réelle de la nature et de la vie morale. Le monde, dit Pythagore, est ordre et beauté ; de là à l'Intelligence d'Anaxagore, il y a un pas, mais il n'y a qu'un pas. De quelque, manière qu'on l'entende, le nombre se distingue de la chose nombrée, et fournira tôt ou tard un principe idéal. Il est plus qu'une forme subjective de l'intelligence, en ce qu'il n'est pas seulement une manière dont l'homme conçoit les choses, mais un mode de l'existence de ces choses. Le nombre n'est pas posé dans l'être pour les besoins de l'esprit humain : il est une réalité objective ; il est la réalité même, et constitue l'essence. Tout ce qui est réel est nombre, c'est-à-dire est rationnel. Maintenant l'essence des choses ne diffère pas de l'essence de l'intelligence qui les pense, c'est-à-dire qui les mesure : l'une et l'autre est un nombre et le même nombre ; de plus, la pensée est un rapport, c'est-à-dire encore un nombre. Le sujet et l'objet se confondent donc dans l'acte de la connaissance.

Le nombre est la mesure, la limite des contraires ; il est le point où pénètrent et se réalisent les contraires, principes nécessaires de toute existence et de toute pensée. Ainsi la contradiction est inhérente à l'être, elle est la loi de la nature et de l'esprit.

Les pythagoriciens, plus prudents que Hégel, en limitant l'application de ces principes, qu'il a évidemment adoptés, en rendent la justification plus facile. L'absolu, disent-ils, s'il existe, n'est pas connu de l'homme, précisément parce qu'il n'est pas un rapport. La science de l'homme, comme son existence, n'est qu'une science des rapports, des relations, une constatation des circonstances et conditions nécessaires à la production du phénomène. La loi du phénomène, — et la pensée humaine est phénoménale,—est d'être essentiellement relative. Le phénomène est et il n'est pas ; ce n'est que par ses rapports, par son nombre, qu'il est ce qu'il est. En effet, changez les rapports des choses, et vous aurez changé les choses mêmes ; changez les rapports d'un membre quelconque de l'organisme, et vous aurez modifié, peut-être détruit sa fonction. Si l'ordre consiste pour un être à réaliser sa fin, la notion d'ordre se confondra avec l'idée de cause finale dont les pythagoriciens ont eu le mérite d'introduire ainsi le premier germe dans la philosophie.

A côté et au-dessus de ces services rendus à la métaphysique, il faut encore rappeler que la doctrine pythagoricienne a, la première, cherché à fonder scientifiquement la science et la morale, et par ses tendances propres, fait faire d'immenses progrès aux sciences mathématiques.

Les diverses parties des sciences mathématiques qui comprenaient alors la musique, ont été perfectionnées par Pythagore dont il est difficile de séparer les travaux personnels de ceux de son école, qui fit gloire de les rapporter tous à son maître et à son fondateur.

On connaît les célèbres propriétés du triangle rectangle qui portent le nom de théorème de Pythagore, et dont la découverte lui causa une joie si vive, qu'en dépit de son système, il offrit un sacrifice sanglant aux

Muses en témoignage de sa reconnaissance[1]. Il démontra que parmi les figures planes de même périmètre, celle qui a la surface la plus grande est le cercle, et parmi les solides, la sphère; que le rapport de la diagonale du carré au côté est incommensurable; il fonda enfin une théorie qu'on regarde aujourd'hui comme inutile, mais qui suppose une étude et une connaissance étendue de la géométrie, la théorie des corps réguliers. En astronomie il a imaginé une division plus ou moins rationnelle de la sphère céleste, affirmé l'obliquité de l'écliptique, la sphéricité de la terre et du soleil, l'existence des antipodes, suivant la tradition douteuse rapportée par Diogène; inventé une hypothèse à moitié vraie, pour expliquer la lumière de la lune, les éclipses de cet astre et celles du soleil; théories qu'il trouva sans doute ébauchées ou préparées par ses prédécesseurs, comme on affirme qu'il tenait des Égyptiens la connaissance de la révolution de Mercure, de Vénus, autour du soleil, de l'identité de l'astre du soir et de l'astre du matin. C'est à Philolaüs, ou peut-être à Hicétas de Syracuse, qu'on rapporte la première notion du mouvement de rotation de la terre sur son axe, combiné avec son mouvement de translation autour du soleil, ou plutôt du feu central, par où s'expliquait le mouvement diurne des astres, qui n'était ainsi qu'une apparence.

En arithmétique ils s'occupèrent surtout des propriétés des nombres, et découvrirent une infinité de leurs rapports; mais en étendant leurs propositions au delà de la sphère propre des nombres, comme ils y étaient conduits par leur principe, que les nombres étaient les

1. Diog. L., *Vit. Pyth.* Cic., *de nat. Deor.*, l. III.

choses mêmes, ils compromirent l'arithmétique qui n'eut plus d'objet propre, déterminé, limité : elle se confondit avec la physique et avec la théologie, c'est-à-dire qu'elle fut détruite. Leur classification des nombres en plans et solides, triangulaires et carrés, les problèmes sur les triangles rectangles en nombres, annoncent une confusion des notions de la géométrie avec l'arithmétique, confusion malheureuse, et qui n'a que peu d'analogie avec les applications fécondes de l'arithmétique à la géométrie, découvertes par les modernes. Mais dans la musique, qui fut pour toute l'antiquité une branche des mathématiques, les découvertes de Pythagore furent importantes. Quels qu'aient été les expériences ou les faits accidentels qui l'aient conduit à ces calculs, il paraît certain qu'il eut le premier l'idée de mesurer, et qu'il mesura avec exactitude les rapports de longueur des cordes dont les vibrations constituent l'échelle des sons musicaux. Il calcula ainsi les intervalles de quarte, de quinte, d'octave, de tierce majeure et de ton majeur, de demi-ton, de comma; sur le principe que tout ce qui est, et surtout tout ce qui est beau, doit reposer sur les rapports les plus simples, il avait rejeté la réplique de la quarte quoiqu'il soit manifeste à l'oreille que les sons qui sont à l'octave l'un de l'autre sont absolument semblables de caractère.

En somme s'ils ont nui à l'arithmétique, ils ont fait faire de véritables progrès à la géométrie, et en astronomie ils ont presque tout embrassé, et presque deviné le vrai système du monde.

En essayant de ramener les principes de la morale à des nombres, les pythagoriciens ont évidemment cher-

ché à en donner une théorie scientifique. Ils n'ont pas
réussi : du moins Aristote l'affirme[1], et les fragments
que nous avons conservés d'eux sur ce sujet ont en effet
un caractère pratique plutôt que spéculatif et théorique. Il ne faut pas trop s'en étonner. L'objet de la
morale, la vertu, appartient au domaine du devenir[2] :
il lui appartenait bien plus encore chez les anciens, qui
ne voyaient dans la morale qu'une partie de la politique. En opposition aux lois constantes et universelles
qui régissent les phénomènes de la nature, à l'ordre
éternel et immuable qui gouverne le monde et l'esprit,
la vertu, que l'homme doit réaliser librement en lui,
n'existe qu'en tant qu'il la crée[3] : elle est donc contingente, n'est ni universelle ni nécessaire; elle a un caractère de relativité qui l'enlève au domaine de la
science pure, lequel a pour objet ce qui est, et non ce
qui peut être, et peut ne pas être. Sans doute si l'on
prend la morale par ce côté pratique, le plus important
sans doute, comme le dit Aristote[4], elle est essentiellement relative et contingente : car son objet, qui est l'action vertueuse, doit exister, mais n'existe pas. Sans
doute limitée au monde de l'humanité périssable et
changeant, elle ne peut pas être plus éternelle, plus

1. *Magn. Mor.*, I, 1.
2. La science a pour objet le parfait, l'ordre absolu, immuable; la vertu
se rapporte au devenir, περὶ τὰ γενόμενα. (*Philol.*, Stob., *Ecl. Phys.*, 490.)
3. Aristot., *Anal. Post.*, 1, 6. « La science, obtenue par démonstration, dérive de principes qui sont nécessaires; ce qu'on sait ne pouvait
être autrement. »
4. *Ethic. Nic.*, sub fin. « Dans les choses de pratique, la fin véritable
n'est pas de connaître théoriquement les règles, c'est de les appliquer....
Il ne suffit pas de savoir ce que c'est que la vertu, il faut s'efforcer
de la posséder et de la mettre en usage. »

universelle, plus nécessaire, plus absolue que l'homme lui-même, et il ne serait pas difficile de montrer que les lois morales les plus respectables et les plus saintes, ont eu un commencement, ont leur histoire, et qu'on en peut suivre les développements et les accidents, les formes successives, progressives, et quelquefois les décadences au moins apparentes. Ainsi le mariage lui-même, c'est-à-dire, au fond, la famille, n'a pas toujours existé : Platon le condamne comme une institution funeste, et l'Église romaine le tolère plus qu'elle ne le loue.

Mais néanmoins, à moins de dire que l'homme ne peut pas se connaître lui-même, il faut bien avouer qu'il y a une notion de la perfection humaine, qu'il y a une idée de la vertu ; cette idée est une réalité en soi, existant actuellement, indépendante des temps, des lieux et des circonstances extérieures qu'elle subit et des formes positives qu'elle revêt. Si cette idée, étant relative à l'homme, qui la possède et se l'impose, ne peut être considérée comme vraiment absolue et universelle, il faut cependant reconnaître qu'elle a une sorte d'universalité et de nécessité qu'on peut appeler relatives.

Étant donné l'homme tel qu'il est, les principes de sa vie morale peuvent être déduits avec nécessité de sa nature, et auront le degré d'universalité que comporte la nature de l'humanité même.

Il y a donc une science possible de la morale, c'est-à-dire une déduction systématique des droits et des devoirs de l'homme, en tant qu'homme ; mais on comprend que le côté pratique l'emportant dans les esprits même des plus grands philosophes, il soit entré dans

cette science, plus qu'en toute autre, un assez grand
nombre d'éléments tout positifs, accidentels, arbitraires
et relatifs, dont elle a beaucoup de peine à se dégager [1].

Les pythagoriciens ont eu le mérite de poser au
moins quelques-uns des principes universels de la
science, tirés d'une saine et profonde observation de
l'homme en tant qu'être moral. La grande et admirable maxime que l'Évangile proclame par ces mots : Soyez parfaits comme votre Père
céleste est parfait, — les pythagoriciens l'ont formulée
et posée les premiers : La fin de l'homme, et son essence est d'imiter Dieu [2]. Dans tous les cas où il est incertain de ce qu'il doit faire ou ne pas faire, que
l'homme prenne pour règle, à la fois claire et infaillible,
d'imiter Dieu [3].

Cette perfection, dont ils appelaient la science, la
science de la perfection des nombres [4], se présentait
comme un nombre, comme le nombre parfait, ou
comme l'harmonie, l'harmonie des forces et des facultés de l'âme entre elles [5]. La vie de l'homme vertueux
ressemble à une lyre parfaitement montée, parfaitement
d'accord, et dont un excellent musicien sait tirer une ex-

---

1. Leibnitz ne la regardait pas comme une science : Dutens, t. II,
VII, 315. Doctrina de moribus non est scientia.... Principia enim ejus
ab experientia pendent.

2. Stob., *Ecl. Eth.*, Τέλος ὁμοίωσιν Θεοῦ.... Πυθαγόραν δὲ ἐπ'αὐτὸ
εἰπεῖν· ἕπου Θεῷ.

3. Iamb., *V. P.*, 137. ἅπαντα ὅσα περὶ τοῦ πράττειν ἢ μὴ διορίζουσιν,
ἐστόχασται τῆς πρὸς τὸ Θεῖον ὁμιλίας.

4. Clem. Alex., *Strom.*, II, p. 417. Theodoret, *Serm.*, XI, p. 165.

5. Diog. L., VIII, 33. ἁρμονίαν. Theagès, Orell., *Opusc.*, t. II, p. 318,
συναρμογά τις.

cellente harmonie[1]. Nulle harmonie n'est plus harmonieuse que l'harmonie des vertus[2]. L'homme doit chercher à imiter l'ordre parfait du monde. La vertu est pour ainsi dire le kosmos de l'âme[3].

L'homme est un être libre, puisqu'il est responsable, et c'est parce qu'il est libre que les dieux lui réservent dans une vie future, le châtiment ou la récompense que mérite sa conduite. Mais si l'homme est libre, il n'est pas absolument libre. Les circonstances extérieures qu'il ne dépend pas de lui de changer, auxquelles il ne peut pas complétement, même en le voulant, se soustraire, pèsent d'un poids qu'on ne peut déterminer, mais certain, sur ses actes et ses déterminations morales : « Il y a des raisons plus fortes que nous, » dit Philolaüs ; c'est-à-dire que Dieu nous mène par une force secrète, irrésistible, à un but souvent ignoré, et qu'il nous fait concourir sans notre volonté, et parfois contre elle, à l'exécution de ses desseins. Même pour être heureux, même pour être vertueux, il faut autre chose que notre volonté : Une certaine grâce divine[4] est nécessaire pour bien agir et pour bien penser : « Aie conscience, disent les pythagoriciens à l'homme, aie conscience de ta faiblesse et de ton impuissance! Reconnais que tu es incapable de te conduire seul, et qu'il faut te soumettre à une puissance souveraine et parfaite. Mets-toi donc, complétement,

1. Euryphamus, Orell., id., p. 302.
2. V. plus haut, t. I, p. 295.
3. Τὰ τοῦ παντὸς διακόσμασιν ἐμιμήσατο ὁ τᾶς ψυχᾶς διάκοσμος. Euryph., Orell., II, p. 302.
4. Aristot., Stob., Ecl. Phys., 206. Γενέσθαι γὰρ ἐπιπνοίαν τινὰ παρὰ τοῦ δαιμονίου τῶν ἀνθρώπων ἐνίοις ἐπὶ τὸ βέλτιον ἢ ἐπὶ τὸ χεῖρον

sincèrement, sous le gouvernement et comme à la garde de Dieu ! Car il y a des conditions du bonheur et de la vertu, qui nous viennent sans raison, et sans que la raison en soit la cause. Ainsi c'est une chance heureuse d'être bien né, d'avoir reçu une bonne éducation, d'avoir été habitué à obéir à une règle juste, d'avoir eu des parents et des précepteurs sages et vertueux[1]. » Nous ne sommes pas véritablement nos maîtres : nos maîtres, nos seuls maîtres[2], sont les dieux.

On a vu plus haut quelle magnifique idée les Pythagoriciens s'étaient faite de la Justice et de l'Amitié. Si leur morale pèche, comme toute la morale antique, par le caractère de discipline extérieure et formelle, s'ils n'ont pas vu que le vrai problème moral n'est pas de faire en sorte que les hommes produisent de bonnes actions, comme les poiriers produisent de bonnes poires, mais de faire en sorte que chaque être humain arrive à comprendre ce que c'est que le bien et à le vouloir, librement et sciemment, c'est-à-dire devienne une vraie personne morale, du moins on ne peut nier que toute leur doctrine ne respire une simplicité, une pureté, une grandeur véritablement religieuses et morales.

Terminons en rappelant qu'on leur doit l'ébauche d'une théorie de l'art, qu'ils ont, comme Platon, trop exclusivement envisagée au point de vue éthique et rationnel ; car, s'il faut en croire les témoignages, c'est à la raison seule que l'art, suivant eux, doit s'adresser et chercher à plaire, et son unique but est d'apaiser,

---

1. V. plus haut, t. I, p. 295.
2. Plat., *Phæd.*, 62. τοὺς ἀνθρώπους ἐν τῶν κτημάτων τοῖς θεοῖς

de guérir, de purifier le corps et l'âme ; principes excessifs sans doute, qui ne font pas une part suffisante à la faiblesse de la nature humaine, mais dont on ne peut contester l'élévation et la pureté.

Ce sont là des titres suffisants pour assurer au pythagorisme une vraie gloire : et la vraie gloire n'est que l'admiration respectueuse et reconnaissante de l'humanité pour les services rendus à la vérité et à la vertu.

FIN.

TABLE ANALYTIQUE

DES

MATIÈRES CONTENUES DANS LES DEUX VOLUMES

FIN DE LA TABLE ANALYTIQUE DES DEUX VOLUMES.

TABLE DES MATIÈRES

DU TOME SECOND

—

—